D1694194

Ortwin Dally |
Norbert Zimmermann (Hrsg.)
STUDIEN ZUR VATIKANNEKROPOLE

Palilia 37

DEUTSCHES ARCHÄOLOGISCHES INSTITUT

PALILIA 37

herausgegeben von
Ortwin Dally und Norbert Zimmermann

DEUTSCHES ARCHÄOLOGISCHES INSTITUT
Abteilung Rom

Ortwin Dally | Norbert Zimmermann (Hrsg.)

STUDIEN ZUR VATIKANNEKROPOLE

Studientag aus Anlass des 70. Geburtstages von Henner von Hesberg

Deutsches Archäologisches Institut, 19.–20. Februar 2018

mit Beiträgen von Henner von Hesberg | Harald Mielsch | Dietrich Boschung | Werner Eck | Giandomenico Spinola

Harrassowitz 2024

Autoren/*Authors*:
Dietrich Boschung (ORCID iD: https://orcid.org/0000-0002-6490-1057),
Werner Eck,
Henner von Hesberg (ORCID iD: https://orcid.org/0009-0008-5241-3989),
Harald Mielsch,
Giandomenico Spinola
Herausgeber/*Editors*:
Ortwin Dally (ORCID iD: https://orcid.org/0000-0002-4592-5862),
Norbert Zimmermann (ORCID iD: https://orcid.org/0000-0002-0051-8577)
Titel/*Title*: Studien zur Vatikannekropole. Studientag aus Anlass des 70. Geburtstages von Henner von Hesberg, Deutsches Archäologisches Institut, 19.–20. Februar 2018
Reihe, Band/*Series, Volume*: Palilia 37
Reihenherausgeber/*Series Editor*: Ortwin Dally, Norbert Zimmermann
Herausgebende Institution/*Institutional Editor*: Deutsches Archäologisches Institut
Umfang/*Length*: X, 222 Seiten/*Pages* mit/*with* 155 Abbildungen/*Illustrations*, 1 Beilage/*Folded Plan*
Peer Review: Dieser Band wurde einem Peer-Review-Verfahren unterzogen./*The volume is peer-reviewed.*
Verantwortliche Redaktion/*Publishing Editor*: Deutsches Archäologisches Institut, Abteilung Rom,
Via Sardegna 79/81, 00187 Rom, Italien, redaktion.rom@dainst.de
Redaktionelle Bearbeitung/*Editing*: Federica Giacobello, Marion Menzel
Prepress: Punkt.Satz, Zimmer und Partner, Berlin
Buchgestaltung und Coverkonzeption/*Book Design and Cover Concept*: hawemannundmosch, Berlin
Umschlagfoto/*Cover Illustration*: Rom, Vatikannekropole, Fassadenrekonstruktion der Grabbauten I–E
(W. Bruszewski) D-DAI-ROM-A-B-41, Vatikannekropole
copyright Deutsches Archäologisches Institut

Nutzungsbedingungen/Terms of Use
Das Werk einschließlich aller seiner Teile ist urheberrechtlich geschützt. Eine Nutzung ohne Zustimmung des Deutschen Archäologischen Instituts und/oder der jeweiligen Rechteinhaber ist nur innerhalb der engen Grenzen des Urheberrechtsgesetzes zulässig. Etwaige abweichende Nutzungsmöglichkeiten für Text und Abbildungen sind gesondert im Band vermerkt./*This work, including all of its parts, is protected by copyright. Any use beyond the limits of copyright law is only allowed with the permission of the German Archaeological Institute and/or the respective copyright holders. Any deviating terms of use for text and images are indicated in the credits.*

Druckausgabe/Printed Edition
Erscheinungsjahr/*Year of Publication*: 2024
Druck und Vertrieb/*Printing and Distribution*: Otto Harrassowitz GmbH & Co. KG, Wiesbaden • https://www.harrassowitz-verlag.de
Druck und Bindung in Deutschland/*Printed and Bound in Germany*
ISBN: 978-3-447-12150-7
Bibliographische Metadaten/*Bibliographic Metadata*: https://zenon.dainst.org/Record/003068409
Bibliografische Information der Deutschen Nationalbibliothek: Die Deutsche Nationalbibliothek verzeichnet diese Publikation in der Deutschen Nationalbibliografie; detaillierte bibliografische Daten sind im Internet über https:// dnb.de abrufbar./*Bibliographic information published by the Deutsche Nationalbibliothek: The Deutsche Nationalbibliothek lists this publication in the Deutsche Nationalbibliografie; detailed bibliographic data are available online at https://dnb.de.*

Inhaltsverzeichnis

Vorwort der Herausgeber *Ortwin Dally und Norbert Zimmermann* ... VII

Vorwort *Werner Eck, Henner von Hesberg und Harald Mielsch* ... IX

Einleitung *Henner von Hesberg* ... 1

Bauherren, Grundstücksmakler und Bauunternehmer der Grabbauten unter St. Peter *Henner von Hesberg* ... 5

Zu den Programmen der Innenausstattung *Harald Mielsch* ... 61

Sarkophage als Ausdruck familiärer Konstellationen
Dietrich Boschung ... 81

Grabbauten, errichtet für wen? Familien und ihr soziales Umfeld, gespiegelt in den Inschriften und Grabbauten der Nekropole unter St. Peter *Werner Eck* ... 129

Zur Nutzung der Grabbauten und zur Errichtung der Fundamente für die Basilika Konstantins *Henner von Hesberg* ... 149

La necropoli vaticana lungo la via Triumphalis. Il contesto topografico e sociale, i rituali familiari *Giandomenico Spinola* ... 175

Bibliographie ... 201

Vorwort der Herausgeber

Ortwin Dally und Norbert Zimmermann

Mit dem Band 37 der Palilia-Reihe freuen wir uns, die Akten des Studientages »Studien zur Vatikannekropole – Studi sulla Necropoli Vaticana« vorzulegen. Mit diesem Ereignis am 19. und 20. Februar 2018 hatte das Deutsche Archäologische Institut, Abteilung Rom, die Freude und Ehre, den 70. Geburtstag seines vormaligen Ersten Direktors, Henner von Hesberg, zu begehen. Das Germanico hat Henner von Hesberg zeit seines wissenschaftlichen Werdegangs eng begleitet:

Von 1976–1979 war er bereits in verschiedenen Funktionen am Institut tätig. Nach seiner Habilitation und während der Bekleidung von Professuren in München und Köln blieb er dem Institut durchweg durch zahlreiche Forschungsvorhaben eng verbunden, u. a. durch seine Forschungen zum Theater im Albanum Domitians und zum Augustusmausoleum. Als er dann von 2006–2014 das Germanico leitete, war er gleich 2006 mit der wohl schwierigsten Periode der jüngeren Geschichte des Instituts konfrontiert: der Schließung wegen Baufälligkeit des Dienstgebäudes in der Via Sardegna. Erst 2009 konnte das Institut seine Pforten in einem Ausweichquartier in der Via Curtatone 4b wieder öffnen. Henner von Hesberg hat es jedoch vermocht, trotz dieser gravierenden Einschränkungen, den Forschungsbetrieb des Instituts nicht nur aufrecht zu erhalten, sondern sogar ausbauen zu können, u. a. durch die Wiederaufnahme von Forschungsvorhaben in Nordafrika (Karthago, Chemtou), neue Forschungen in Apollonia (Albanien) und nicht zuletzt in Italien selber, so in der Villa des Domitian in Castelgandolfo oder in Selinunt. In all diesen Jahren gab es gleichwohl auch Konstanten: das unverminderte vitale Interesse am Hellenismus, der römischen Urbanistik, an der Semantik und der Formgebung römischer Architektur, aber auch Orten wie dem Dioskurentempel in Cori, Minturno und der heidnischen Nekropole unter St. Peter in Rom, die er 1986/1995 mit Harald Mielsch vorgelegt hatte, die ihn aber nicht wirklich losgelassen hatte. Von daher lag es nahe, neben dem festlichen Anlass, zugleich auch der eingeladenen Gruppe von Forschern den Anlass zu bieten, nach langer und intensiver Beschäftigung mit der Vatikannekropole knapp 25 Jahre nach dem Erscheinen der genannten Publikation ein neues Resümee zu ziehen und die vorgelegten Befunde in ein neues und untereinander abgestimmtes Gesamtbild zu fügen. Die nun zum Druck gebrachten Beiträge nutzen genau diese Aspekte, die lange Beschäftigung mit Architektur, Ausstattung oder Fundgruppen aus den behandelten Grabbauten in eine Gesamtschau der Resultate einzubeziehen. Dankenswerter Weise hat hierzu der Jubilar den umfangreichsten Anteil mit zwei Studien in diesem Band selbst beigesteuert.

Die in den späten 70er Jahren des letzten Jahrhunderts unter Theodor Kraus begonnene Involvierung des DAI Rom in die Erforschung der Vatikannekropole unter St. Peter findet damit, nach der Vorlage der Bände zu den Grabbauten A–D (1986) und E–I bzw. Z–Psi (1995) ihren lang erwarteten, vorläufigen Abschluss.

Unser herzlicher Dank gilt an aller erster Stelle für die einmalige Arbeitsmöglichkeit unter dem Petersdom und die stets freundschaftliche Kooperation der Fabbrica di San Pietro. Insbesondere haben wir ihrem Präsidenten, seiner Eminenz Kardinal Mauro Gambetti, sowie ihrem Direktor Pietro Zander zu danken, auch für die großzügige Gewährung der Bildrechte. Sodann danken wir nicht weniger herzlich allen beteiligten Wissenschaftlerinnen und Wissenschaftlern, der Redaktion des DAI Rom und besonders Marion Menzel, und schließlich Henner von Hesberg selbst, für sein jahrelanges und so ertragreiches Engagement.

Rom, Dezember 2023
Ortwin Dally und Norbert Zimmermann

Vorwort

Werner Eck, Henner von Hesberg und Harald Mielsch

Die Beschäftigung mit den Grabbauten unter St. Peter in Rom geht in die siebziger Jahre des vorigen Jahrhunderts zurück. Seinerzeit bezog Harald Mielsch deren Stuckreliefs in seine Dissertation mit ein. Später erweiterte er die Betrachtung in eigenen Studien auch auf die gemalte Dekoration. Aus diesen Arbeiten erwuchs der Wunsch, diejenigen Grabanlagen, die noch nicht in den beiden Bänden der ›Esplorazioni‹ publiziert waren, in ihrem Bestand unter den Aspekten der Bauforschung aufzunehmen und mitsamt ihrer bildlichen und mobilen Ausstattung zu dokumentieren und zu rekonstruieren.

Diese Initiative ging seinerzeit von Georg Daltrop aus. Sie machte sich 1979 Theodor Kraus zu eigen, und er ermunterte Henner von Hesberg und Harald Mielsch, einen entsprechenden Antrag an die Deutsche Forschungsgemeinschaft vorzubereiten. Grundlage bildete eine Konvention zwischen der Rev. Fabbrica di San Pietro mit Lino Zanini, der Pontificia Accademia Romana di Archeologia mit Carlo Pietrangeli und dem Deutschen Archäologischen Institut mit Theodor Kraus. Die Bauforscher und Bauforscherin Woytek Bruszewski (Bau I), Kai Gärtner (Bauten A–E), Rainer Roggenbuck (Bauten Z–Psi) und Jutta Weber (Bauten F–H und Gesamtpläne) nahmen das Projekt 1980 in Angriff. Besonders durch den unermüdlichen Einsatz Jutta Webers konnten diese Arbeiten 1984 zum Abschluss gebracht werden. Wichtige Impulse ergaben sich aus der Mitarbeit von Werner Eck, der von Beginn des Projekts an die Inschriften bearbeitete und gesondert publizierte. Ursula Wolf stellte ihre von der Görres-Gesellschaft und der Fabbrica di San Pietro geförderte Arbeit zur den mobilen Ausstattungselementen in den Grabbauten zur Verfügung. Der erste Band mit den Bauten A–D erschien 1985, der zweite 1995.

Eine zusammenfassende Auswertung war geplant, wurde aber von anderen beruflichen Verpflichtungen der Bearbeiter immer wieder verzögert. Hinzu kamen die neuen Erkenntnisse durch die umfassenden, von Pietro Zander geleiteten Arbeiten der Restaurierung und Systematisierung in der Nekropole selbst. Deshalb erschien es als beste Lösung, zu der Ortwin Dally und Norbert Zimmermann die Initiative ergriffen hatten, in einem 2018 ausgerichtetem Kolloquium einzelne Aspekte aufzugreifen, um auf diese Weise den Dialog über die wissenschaftliche Auswertung zu fördern und dabei auch vieles zu berücksichtigen, was seit den ersten Publikationen, die aus dem Projekt hervorgegangen waren, erschienen ist.

Köln, Berlin, Bonn 2023
Werner Eck, Henner von Hesberg
und Harald Mielsch

Einleitung

Henner von Hesberg

Vom heutigen Standpunkt aus gesehen mag der Aufwand für die genaue Dokumentation der Grabbauten in der Nekropole unter St. Peter in Rom kaum gerechtfertigt erscheinen, die in den Jahren von 1980–1984 von einer Gruppe von Bauforschern und Jutta Weber geleistet und in den beiden von Harald Mielsch und Henner von Hesberg betreuten Bänden 1986 und 1995 herausgegeben wurde. Denn inzwischen liegen eine Fülle an Studien zu antiken Grabbauten allgemein und auch speziell zu Ziegelgräbern aus dem 2. und 3. Jh. n. Chr. vor und die Erforschung der römischen Grabkultur der Kaiserzeit ist zu einem zentralen Thema der archäologischen Disziplinen avanciert.

Das war in den siebziger Jahren des vorigen Jahrhunderts noch anders. Trotz der groß angelegten, 1951 erschienenen Publikation von Bruno M. Apollonj Ghetti, Antonio Ferrua, Enrico Josi und Engelbert Kirschbaum »Esplorazioni sotto la confessione di San Pietro in Vaticano eseguite negli anni 1940-1949« und der 5 Jahre später erschienenen Studie von Jocelyn Toynbee und John Ward Perkins »The Shrine of St. Peter and the Vatican Excavations« blieben eine Reihe von Fragen offen. Überdies waren nicht alle in den Grabungen von 1940–1949 freigelegten Grabbauten nach einheitlichem Standard dokumentiert und vorgelegt worden. Es fehlten etwa Bau C–E, G–I, Phi und Chi. Vor allem aber konzentrierte sich das Interesse in der Folgezeit naturgemäß ganz auf den publizierten Bereich der Nekropole im Westen mit dem Grab des Petrus im Zentrum. Zu dessen Interpretation erschienen eine kaum mehr überschaubare Fülle an Studien, die allerdings übergreifende Fragen der Grabkultur der römischen Kaiserzeit und der Interpretation der paganen Grabbauten nur am Rande streiften.

Den Umgang mit den kaiserzeitlichen Grabbauten charakterisierte seinerzeit eine Erwartung zwischen Interesse und Zweifel, ob eine weitere Beschäftigung wirklichen Erkenntnisgewinn bringen könnte. Bezeichnenderweise hatten sich schon Toynbee und Ward Perkins auf wenige markante Beispiele beschränkt. Gewiss trug zu diesem Umgang die Vorstellung bei, dass es sich bei den seriell errichteten Bauten scheinbar um Gebilde mit dem architektonischen Reiz von Reihenhäusern einer Vorstadtsiedlung handelte, die in ähnlicher Form aus anderen Bereichen Roms und vor allem aus der Nekropole der Isola Sacra zwischen Ostia und Portus hinreichend bekannt waren.

Dennoch machten die Bedeutung der Bauten unter St. Peter zwei Eigenschaften aus, die den anderen zuvor genannten Nekropolen abging. Zum einen wurden die Anlagen mitsamt ihrem Dekor und ihren Bestattungen nach der Auflassung der Grabbauten für den Bau der Basilika für Petrus relativ rasch und einheitlich versiegelt und für die Folgezeit konserviert. Es liegen also geschlossene und vergleichsweise gut erhaltene Kontexte mit einem zeitlichen Fixpunkt für das Ende vor. Auch wenn während der Grabungen die entsprechenden Indizien sehr unterschiedlich beachtet, ausgewertet und konserviert wurden, sind in einigen Grabbauten noch die späteren Einbauten erhalten, und in anderen – etwa H – soweit rekonstruierbar, dass auch die Nutzungsgeschichte der Bauten von ihrer Errichtung an bis hin zu ihrer Übernahme in die Fundamente der Basilika ablesbar ist. Zum zweiten handelt es sich um eine Abfolge unterschiedlicher Anlagen, die nahe am Kern der Urbs liegen. Ihre Untersuchung versprach also auch Einblicke in Vorgänge sozialer Interaktion von Erbauern und Nutzern, die tief in der Gesellschaft des kaiserzeitlichen Roms verwurzelt waren.

Überdies hatte schon zuvor Harald Mielsch den Dekor der Bauten an Stuckreliefs in seine 1975 erschienene Dissertation über »Römische Stuckreliefs« mit einbezogen, denn einige Grabbauten besaßen den Vorteil, über Ziegelstempel oder andere Kriterien vergleichsweise genau datiert zu sein und damit Anhaltspunkte für eine stilistische Entwicklung dieser Gattung zu bieten. Später erweiterte er seine Betrachtung auf die gemalte Dekoration, die ebenfalls wichtige Kriterien für die stilistische Entwicklung der römischen Wandmalerei für jenen Zeitraum bot, der nicht über die vor allem aus Pompeji bekannten Beispiele abgedeckt ist.

Alle diese Arbeiten beflügelte zusätzlich der Wunsch, diejenigen Grabanlagen, die noch nicht in den beiden Bänden der »Esplorazioni« publiziert waren, in ihrem Bestand unter den Aspekten der Bauforschung aufzunehmen, und mitsamt ihrer bildlichen und mobilen Ausstattung nach gleichen Kriterien zu dokumentieren und zu rekonstruieren. Ziel war es, die Bauten als Einheit zu erfassen, in ih-

EINLEITUNG

ren Veränderungen zu begreifen und zugleich damit die gesamte Abfolge der Anlagen innerhalb der Nekropole selbst und des sie umgebenden Areals in den Blick zu nehmen. Um den verbindlichen Standard zu erzielen, wurden auch die schon von Toynbee und Ward Perkins behandelten Bauten B, F und Z mit einbezogen.

Georg Daltrop als damaliger Leiter der Antikenabteilung der Vatikanischen Museen schuf die entscheidenden Grundlagen für den Beginn des Projekts, indem er die erforderlichen Kontakte zur ›Fabbrica di San Pietro‹ und zur Leitung des Antikendienstes des Vatikans vermittelte. Theodor Kraus als damaliger Erster Direktor des Deutschen Archäologischen Instituts machte sich den Plan zu eigen und half bei der Einwerbung der erforderlichen Mittel bei der Deutschen Forschungsgemeinschaft.

Im Zuge der Arbeiten wurden zum ersten Mal eine Serie römischer Ziegelgrabbauten nach den Kriterien der Bauforschung im Maßstab von 1 : 25 aufgenommen. Diese genaue Aufnahme führte dazu, dass mit den baulichen Strukturen und der Ausstattung zusätzlich eine Fülle an Details erfasst wurden. Die Arbeiten erlaubten zum einen eine Rekonstruktion. Sie ermöglichte aber vor allem eine Fülle von Einblicken in die Vorgänge bei der Planung, der Ausführung und schließlich der Nutzung der Bauten bis hin zum Ende der Bestattungen, welche durch die Errichtung der konstantinischen Basilika bedingt waren.

Auf diesem Wege wurde etwa deutlich, dass alle Bauten auch bis hin in kleinere Details wie der Größe der Urnennischen durchgehend nach römischen Fußmaßen bemessen waren, ferner, dass auch die Schmuckteile aus Ziegel, Travertin oder Marmor sich darin fügten und folglich entsprechend normiert oder bemessen waren. Diese Analysen waren seinerzeit den Bauforscherinnen und Bauforscher vorbehalten gewesen, aber aus Mangel an zeitlichen Ressourcen ist es zu einer entsprechend geplanten abschließenden Ausarbeitung von Seiten der beteiligten Wissenschaftlerinnen und Wissenschaftler nicht mehr gekommen. Immerhin aber legte Werner Eck, der ebenfalls in das Projekt eingebunden war, gleichzeitig eine größere Zahl an Studien zu den Inschriften der Nekropole vor.

Einmal von der Nekropole unter St. Peter abgesehen gewann in dem Zeitraum von 1950 bis 1980 die Region des Vatikangebietes durch verschiedene, bei Erdarbeiten im Areal gemachte, eher zufallsbedingte Funde und systematische Grabungen im Zusammenhang mit Umbauten und der Neunutzung von Bauten ein klareres Profil. Den besten Überblick dazu bietet Paolo Liveranis 1999 erschienene Studie »La topografia antica del Vaticano«. Immer deutlicher zeichnete sich ein ausgedehnter Bereich von Nekropolen im Bereich des aufgelassenen Circus des Caligula und entlang der Via Triumphalis ab.

Sehr schnell traten allerdings auch innerhalb dieses Gebiets die Unterschiede zu Tage. Entlang der Via Triumphalis belegten vier Areale eine kleinteilige und scheinbar unregulierte Erschließung der Hänge mit Bestattungsplätzen und kleinen baulichen Anlagen. Zum ersten Mal wurde diese Disposition in den 1930 erfolgten und nur knapp dokumentierten Grabungen in der ›Annona‹ greifbar, wobei die regelmäßige Anordnung der Bauten in diesem Bereich noch vergleichsweise konventionell wirkte. Im gleichen Jahr wurden auch in einem anderen Bereich, am Brunnen ›Galea‹ bei Grabungen Reste derselben Nekropole gefunden, wobei allerdings die begrenzte Größe des Areals kaum weitere Aufschlüsse ermöglichte. Die 1956–1958 durchgeführten Grabungen am ›Autoparco‹ hingegen gaben einen ersten repräsentativen Einblick in die ganze Fülle unterschiedlicher gestalterischer Möglichkeiten mit ihrem Spektrum von einfachen Bodengräbern bis hin zu Grabbauten. Weitere Grabungen, die sich 1994–1995 an der ›Galea‹ anschlossen und vor allem die ausgedehnten Grabungen von 2003–2006 im Bereich ›Santa Rosa‹ ließen immer klarer den Charakter dieser ausgedehnten Nekropolenlandschaft auf der Westseite der Via Triumphalis an den Hängen des Vatikanischen Hügels erkennen. Eine Zusammenfassung aller Ergebnisse – auch jener zu den Abschnitten unter und südlich der Peterkirche – und einen guten Einblick in Strukturen und Forschungsprobleme bietet der 2010 erschienene Band von Paolo Liverani – Giandomenico Spinola zu den ›necropoli vaticane‹.

Südlich der Peterskirche zeichnet sich im Bereich des einstigen Circus des Caligula und damit in Richtung auf die Via Cornelia und Aurelia eine abweichende räumliche Organisation ab. Davon stellt der unter St. Peter ergrabene Abschnitt den am besten erhaltenen Teil dar. Die sehr hohe Verschüttung erschwerte Einblicke und weitere Hinweise ergaben sich aus zufälligen Konstellationen, etwa durch eine 1957 von Ferdinando Castagnoli durchgeführte Grabung am Sockel des Obelisken auf der Spina des Circus. Denn aus Anlass dieser Unternehmung legte er östlich anschließend im Zuge dieser Arbeiten die Reste eine Ziegelgrabbaus frei. Zehn Jahre später stieß Filippo Magi bei den Ausschachtungen für die Fundamente der ›Sala delle Udienze‹ noch weiter im Süden auf einen weiteren Grabbau flavischer Zeitstellung mit gleicher Ausrichtung wie der auf der Spina oder die unter St. Peter, was insgesamt eine Vorstellung der regelmäßigen Erschließung dieses Areals vermittelte. Dazu könnten die Reste wohl von Grabbauten in der Krypta der Kirche S.to Stefano degli Abessini im Westen der Peterskirche in Widerspruch stehen, aber die Mauern sind vorerst auch nur unzureichend dokumentiert.

Vor dem Hintergrund dieser meist durch Bauarbeiten bedingten und damit vielfach auch nur zufällig erfolgten Erschließung der römischen Nekropolen im Vatikangebiet ist die Bauaufnahme von 1980–1984 zu sehen. Sie sollte die Grundlage zugleich für eine Synthese bieten, die Anlage der Grabbauten in diesem Bereich, die offenbar seit der flavischen Zeit erfolgte, besser zu verstehen.

Seit den achtziger Jahren hat sich allerdings das Interesse an römischen Nekropolen grundlegend verändert. Das zeichnet sich nicht zuletzt auch international in einem raschen Anstieg der Forschungen zu römischen Nekropolen ab. Dieser Trend wurde nicht zuletzt in der immer schnelleren Folge von Kolloquien oder Sammelbänden zu dem Thema deutlich. Die Nekropolen im Vatikanbereich wurden dabei im vom 28. bis 30. Oktober 1985 von Henner von Hesberg und Paul Zanker ausgerichtetem Kolloquium, Römische Gräberstraßen. Selbstdarstellung, Status, Standard in München (erschienen 1987) thematisiert.

Durch die neueren Forschungen rückten viele neue Aspekte in den Vordergrund. Es wurden die Nekropolen ganzer Städte in den Blick genommen, etwa durch Valentin Kockel (1983) und Stefano di Caro und Antonio D'Ambrosio (1983) in Pompeji, oder später durch Michael Heinzelmann (2000) in Ostia. Gattungen der Ausstattung wurden grundlegend neu aufgearbeitet wie etwa die Loculusplatten durch Daniele Manacorda (1979), die Grabaltäre durch Dietrich Boschung (1987) oder die Urnen durch Friederike Sinn (1997).

Hinzu kamen neue Methoden für die Mikrogeschichte der Grabnutzung, der Belegung der Urnen und der Abfolge einzelner Bestattungen wie sie etwa exemplarisch von Henri Duday und William van Andringa in Pompeii, aber etwa auch in dem Nekropolenabschnitt von S. Rosa an der Via Triumphalis durchgeführt wurden.

Neben solchen Aspekten gewannen Fragen nach dem Habitus der städtischen Gesellschaften, die solche Formen der Grabpflege trugen und immer weiter ausformeten, ein immer schärferes Profil. Die Komplexität in dem Zusammenspiel von Gestaltung der Bauten, ihrer bildlichen und ornamentalen Ausstattung zusammen mit den Riten der Bestattung und der Erinnerung an die Toten geben eine bestimmte Mentalität zu erkennen. Sie auch in ihren sozialen und geschlechtsspezifischen Unterschieden und Facetten zu erkennen und zu beschreiben, stellt immer wieder eine Herausforderung dar, die eine Fülle der jüngeren Studien leitete. Ein neuerer systematischer Überblick fehlt und dürfte auch schwer zu geben sein, da er eine inzwischen schwer zu überschauende Menge an Daten erfassen und je nach regionalen und zeitlichen Bezügen abgleichen müsste. Hinzu kommt ferner die Frage, wie sich Nekropolen entwickeln, und wie dabei Konzepte der Erinnerung an die Toten im Laufe der Zeit nicht zuletzt auch angesichts der mit den Bauten vorgegebenen Muster verändert und angepasst wurden.

Die vorliegende Studie muss also einem Dilemma Rechnung tragen. Sie hat als Grundlage die vor etwa 40 Jahren angefertigte Dokumentation der Bauten im westlichen Abschnitt der Nekropole unter St. Peter. In der Zwischenzeit hat sich vieles verändert: allgemein – wie zuvor angedeutet – die Kenntnis von römischen Grabbauten und der Blick auf ihre Funktion im Rahmen der Erinnerung und rituellen Umgangs mit den Toten; speziell aber nicht zuletzt die Erweiterung unserer Kenntnisse der Bauten unter St. Peter und ihrer Ausstattung selbst, die im Zuge der seit 1999 unter Pietro Zander initiierten Restaurierungsmaßnahmen zu Tage traten.

Vor diesem Hintergrund standen in dem hier vorgelegten Sammelband einzelne Aspekte im Vordergrund, die schon am Anfang die Motivation für das Projekt bildeten. Zum einen sollten die Bauten in ihrer Ausstattung erfasst werden. Deshalb hat Werner Eck noch einmal alle einschlägigen Inschriften zusammengestellt und Dietrich Boschung alle Urnen, Altäre und Sarkophage. Wünschenswert wären auch die übrigen Materialien wie Lampen und Keramik gewesen, aber die Grabungsunterlagen erlauben kaum einmal eine sichere Zuordnung. Ferner sollten die Fragen von Bodenerwerb, Planung der Bauten und Ausstattung noch einmal zusammenfassend thematisiert werden. Eine Analyse Bau für Bau hätte dabei ermüdend gewirkt und am Ende auch keine weiteren Erkenntnisse erbracht, denn die Vorgehensweise und die Art der Interaktion zwischen Auftraggeber und Bauunternehmer war in allen Fällen gleich. Schließlich bildet die Auflassung der Nekropole und die Nutzung des Areals und der baulichen Reste der Grabbauten für die Fundamentierung der Basilika ein eigenes Thema, das zwar auch schon in den Publikationen der Einzelgräber angesprochen, aber nicht übergreifend ausgearbeitet wurde.

Zu der Nekropole unter St. Peter bildet jener Abschnitt an der Via Triumphalis einen deutlichen Kontrast. Besonders deutlich wird er im Abschnitt unter ›Santa Rosa‹, und es hat sich glücklich gefügt, dass er durch den Beitrag von Giandomenico Spinola hier präsent ist. Unterschiede in den Konzeptionen der Bestattungen, aber zugleich auch Gemeinsamkeiten in

EINLEITUNG

der Mentalität zeichnen sich so untereinander kontrastierend ab. Zugleich werden darin auch die Veränderungen in den Erkenntnismöglichkeiten dank neuerer Methoden deutlich.

Hinter alle dem steht die Frage nach den Strukturen der Gesellschaft, die nicht allein im sozialen Gefüge etwa der *familia* im römischen Sinne mit Sklaven und Freigelassenen oder eines Kollegiums – wozu es im Abschnitt der Nekropole unter St. Peter kein Zeugnis gibt – sondern sich auch immer wieder neu organisiert. Wie sich die Gruppen definierten, und in welchem Verhältnis der Einzelne dazu stand, lassen die Gräber auf verschiedenen Bezugsebenen erkennen. Das Spektrum und die Veränderungen der Grabanlagen gibt in diese Verhältnisse und Verschiebungen einen Einblick.

Am Schluss bleiben immer noch viele Fragen offen. Das hängt ein wenig auch mit der ausstehenden Publikation der Grabungen, und ihrer Funde und Befunde zusammen. Andererseits könnten kleinere Sondagen oder auch Bohrungen zu klären helfen, ob es vor der Errichtung der Bauten frühere Bestattungen gab, und seien es lediglich in der Art einzelner Gräber wie im Bereich im Westen rund um das Petrusgrab oder auch wie auf der Isola Sacra. Überhaupt könnte ein Einblick in die früheren Phasen Aufschluss über die Transformation des Geländes geben. Ferner fehlen bis auf wenige Ausnahmen Untersuchungen zu den zahlreichen Skeletten und Brandbestattungen, die Einblicke in Verwandtschaftsverhältnisse oder auch andere anthropologische Details wie Krankheiten, Ernährung und Lebensalter bringen könnten. Es bleibt also auch in Zukunft noch einiges zu tun.

Bauherren, Grundstücksmakler und Bauunternehmer der Grabbauten unter St. Peter

Henner von Hesberg

Einleitung

Der Abschnitt der römischen Nekropole unter St. Peter bietet dank seiner vergleichsweisen guten Erhaltung und einer entsprechenden Dokumentation eine Grundlage[1], bestimmte Vorgänge in der Verteilung und dem Erwerb der Grundstücke, der Errichtung und Ausstattung der Bauten und schließlich der Belegung genauer als in anderen Nekropolen vergleichbarer Art erfassen zu können. Zu diesen Themen gibt es zwar allgemein für die Nekropolen Roms und Ostias eine kaum mehr überschaubare Fülle an Studien[2], aber einige Aspekte fanden auch weniger Beachtung. Die folgenden Überlegungen versuchen, aus den Befunden an den Grabbauten unter St. Peter drei Momente bei der Einrichtung einer Grabstätte besser zu verstehen: den Kauf des Grundstücks, die Planung und bauliche Ausführung der Anlagen – also den Anteil der Bauunternehmer daran – und schließlich die Ideen und Konzeptionen der Auftraggeber, die sie mit dem Bau, dessen Ausstattung und Wirkung verbanden. Während über die Lage des Grundstücks der Grabbesitzer entschied, wurden die beiden zuletzt genannten Vorgänge zwischen Bauherrn und Unternehmern geklärt[3]. Erstrebt wird so etwas wie eine Mikrogeschichte des Areals. Dazu eröffnen weniger typologische und kunsthistorische Kategorien, sondern eher allgemeine Analysen der Befunde einen Zugang[4].

A. Wahl und Erwerb eines Bestattungsplatzes

1. Die unterschiedliche Bemessung der Bestattungsplätze

In der römischen Kaiserzeit existierte bekanntermaßen ein buntes und schwer überschaubares Nebeneinander unterschiedlicher Möglichkeiten an Bestattungen, damit verbunden an Ritualen und schließlich in den Gestaltungen der letzten Ruhestätte. Die gängigen Betrachtungen konzentrieren sich schnell auf die Fülle von verschiedenen Mustern an Grabbauten mit einer größeren Zahl von Bestattungen in ihrem Innern, also auf die Monumente selbst und die Nekropolen[5]. Das gilt besonders für Rom, wobei in der Vergangenheit Nekropolen mit ausgedehnten

---

1 Die vorliegenden Bemerkungen stellen eine völlig überarbeitete Fassung meines seinerzeit gehaltenen Vortrags dar. In der vorliegenden Form bildet der vorliegende Beitrag auch eine Auswertung der damaligen Aufnahmen der Grabbauten unter St. Peter. Daraus erklärt sich sein Umfang. Leider hat es bei der Ausarbeitung große Verzögerungen gegeben, so dass das späte Erscheinen des Bandes allein darauf zurückgeht.
Dankbar bin ich Dietrich Boschung, Harald Mielsch, Werner Eck, Wolfgang Ehrhart, Johannes Lipps und Pietro Zander, die mir mit vielen Hinweisen und Diskussionen der einzelnen Probleme stets geholfen haben. Zu besonderem Dank verpflichtet fühle ich mich den BauforscherInnen, welche die Dokumentation der Bauten seinerzeit unter teilweise schwierigen Umständen geleistet haben und mit denen ich die Ergebnisse vor Ort diskutieren konnte: Woytek Bruszewski (I), Kai Gärtner (A-E), Rainer Roggenbuck (Z-Psi) und Jutta Weber (F-H).
Fedora Filippi hat am Ende meine Arbeit an dem Manuskript geduldig mitgetragen. Nicht nur dafür bleibe ich ihr zutiefst verbunden.
2 Zusammenfassend: Liverani – Spinola 2010, 42–139; Weber 2011, 67–80; Zander 2014, 41–50.
3 Selten werden die Vorgänge in Inschriften thematisiert, vgl. CIL VI 16033.
4 Siehe hier den Beitrag Eck S. 130. Ein nicht mehr überbrückbares Defizit besteht in der fehlenden Dokumentation der Grabungen und Einzelfunde: Weber 2011, 80–84. Zum Konzept der Mikrogeschichte für solche Befunde: Brenk 1995, 169–205; vgl. auch die neueren Ansätze zur Analyse römischer Gräber in Pompeji, Van Andringa u. a. 2013, oder der Isola Sacra, Nava u. a. 2018, 259–265. Sie belegen allerdings auch, dass ganz neue Methoden für die Analyse der Befunde zum Einsatz kommen müssen, wofür ein grundsätzlich anderer Ansatz erforderlich wäre.
5 Toynbee 1971; von Hesberg 1992; Gros 2001, 380–468.

Arealen einfacher Erdbestattungen selten einmal Aufmerksamkeit geschenkt wurde[6]. Erst in jüngerer Zeit gewährt man auch ihnen stärker Beachtung[7]. Mit ihnen ist häufig die Frage nach der Bevölkerungsstruktur, sozialen Unterschieden oder praktizierten Ritualen verbunden.

In der näheren Umgebung aber sind diese Formen gemischt, ohne dass die Gründe für die Wahl der Bestattungsform eindeutig zu fassen sind. Guido Calza etwa hatte solche Bestattungen in der Nekropole der Isola Sacra als »sepellimenti dei poveri« interpretiert und sie damit aus sozialen und ökonomischen Unterschieden zwischen den Bestatteten erklärt[8]. Die ›isolierten‹ Bestattungen stehen häufig im engen räumlichen Zusammenhang mit den Grabbauten, und die Grenzen verschieben sich dabei immer wieder. Einfache Gräber werden etwa späterhin überbaut oder Einzelbestattungen rücken nahe an Grabbauten heran[9]. Im Folgenden geht es darum, welche Überlegungen die Wahl einer Bestattungsform bestimmen: wie hängen Landaufteilung und Erwerb bzw. Vermögen, Einzelperson und Familie, Dauer des Grabes und seine Pflege untereinander zusammen?

2. Einzelgrab versus gebaute Grabanlage

Bei der Betrachtung isolierter Einzelgräber ist eine Zuordnung reduziert auf den Kontrast von arm und reich kaum ausreichend. Deshalb sind zusätzliche Kriterien erforderlich, etwa soziale Kategorien, die zwischen ›Einzelperson‹ und ›*familia* oder sozialer Kleingruppe‹ und einer großen Fülle an Abstufungen unterscheiden, in denen die Entscheidung für eine bestimmte Art der Bestattung durch unterschiedliche Lebensformen oder individuelle Entscheidungen bedingt sein konnte.

Das kann im Extrem die Verweigerung der gesellschaftlichen Konventionen enthalten, etwa wenn nach Plinius d. J. (epist. 9, 19, 6) Sex. Iulius Frontinus für sich ablehnte, dass ihm ein Grabmal errichtet werde. Denn nach seiner Überzeugung beziehe sich die wahre Erinnerung (memoria) auf die Leistungen im Leben[10]. Einmal abgesehen davon, dass wir nicht wissen, wie in seinem Fall am Ende der Tote oder seine Asche beigesetzt wurde, liegt es auf der Hand, dass eine derartige Haltung archäologisch nicht zu fassen und damit der Grad ihrer Verbreitung nicht zu bestimmen ist. Das gleiche gilt für Seebestattungen, die immerhin überliefert sind[11]. Zweifel an Dauer und damit dem Wert der Monumente gab es, aber das hatte wohl kaum Auswirkungen auf die Verhaltensweise vieler, die Fülle der unterschiedlichen Anlagen spricht in jedem Fall dagegen[12]. Denn neben der kaum quantifizierbaren Zahl der Bauten, die den hier interessierenden einfacheren Bauten unter St. Peter ähneln, gibt es in Rom auch im späten 1. und im 2. Jahrhundert n. Chr. immer noch eine überraschend große Zahl an sehr aufwendigen Anlagen, die gerade mit Hilfe der Monumente eine lang dauernde Memoria erstrebten.

3. Exponierte und reiche Einzelgräber in Rom

Ihre Erbauer waren dabei sehr unterschiedlich motiviert. In unserem Zusammenhang müssen Beispiele genügen. Die Eltern des Q. Sulpicius Maximus errichteten ihrem hoch begabten und früh verstorbenen Sohn einen Grabaltar an der Via Salaria, auf dem dessen bei den Capitolia siegreiches Gedicht verzeichnet war[13]. Ähnlich verewigte sich der äußerst erfolgreiche Wagenlenker P. Aelius Gutta Calpurnianus mit einem großen Bau in exponierter Lage an der Porta Flaminia, wenn auch der Bezug zu den bekannten Reliefs mit siegreichen Gespannen nicht eindeutig ist[14]. Die erfolgreiche Unternehmerfamilie der Haterii

---

6   Ein Überblick über diese Art der Nekropolen fehlt und wäre nur regional oder in Bezug auf die Ausfallstraßen möglich, vgl. Griesbach 2000, 220; Di Gennaro – Griesbach 2003, 131–146 (zur Situation vom 3.–5. Jahrhundert n. Chr.); De Filippis 2001a, 55–61.
7   Vgl. auch diverse Beiträge Catalano u. a. 2001; Di Gennaro 2001; De Filippis 2001a; De Filippis 2001b; Egidi u. a. 2003, 31–54. Ganz offensichtlich gibt es vor allem in größerer Distanz vom Stadtzentrum Areale nur mit Erdbestattungen: Pagliardi – Cecchini 2002/2003.
8   Calza 1940, 44. 54. 80 Abb. 9. 10; vgl. Toynbee 1971, 101–103 Abb. 18. 19; Heinzelmann 2000, 56 f. 103–107; Baldassarre 2002, 20 f. Abb. 8. 13. 14.
9   Siehe Anm. 159–162.
10 Eck 1987, 79. Vgl. zum Umgang mit den Bestimmungen in Testamenten: Hope 2000, 106 f. Die Vergänglichkeit des Grabes angesichts literarischen Ruhms war ein weiterer Allgemeinplatz (Mart. Epigr. 8, 3, 5 f.; 10, 2, 9), aus dem sich in vielen Facetten eine an der Senatsaristokratie diskutierte Auffassung breit machte (Tac. Agric. 46). Die Menge der großen Grabinschriften und der Marmorfragmente monumentaler Gabbauten spricht dagegen, dass sich diese Haltung umfassend in der Praxis auswirkte: von Hesberg 2002, 33–49 Abb. 3–12; s. hier Mielsch S. 62.
11 Dig. 28, 7, 27.
12 Vgl. etwa ein Epigramm augusteischer Zeit: Ziehen 1898, 53 f.; Häusle 1980, 32–40, oder auch die Beschreibung des Grabes des Pompeius bei Lucan. 8, 806–832.
13 CIL VI 33976; Eisner 1986, 121 f. Taf. 49; Boschung 1987, 113 f. Nr. 957.
14 CIL VI 24119. 33954; Manodori 1976, 185–197 Taf. 64–68; A. Illuminati in: Panciera 1987, 292–296 Taf. 76; Grosser 2021, 23 Anm. 139.

strebte mit einem prunkvollen Grabtempel aus Marmor an der Casilina nach bleibender Memoria und verwies auf ihre Leistungen[15]. Marcus Nonius Macrinus, eine der Spitzen der Senatsaristokratie in der Zeit Marc Aurels, erhielt hingegen einen noch deutlich aufwendigeren Marmortempel an der Flaminia[16]. Die Vestalin Cossinia wurde eher bescheiden bestattet, aber immerhin auf einem Grundstück, das die Stadt Tibur zur Verfügung gestellt hatte. Zusätzlich erhielt sie einen Marmoraltar als Bekrönung[17]. Im Bereich der Nekropole unter St. Peter fehlen derartige Bauten, aber sie sind für die nähere Umgebung nicht auszuschließen, wie verschiedene isolierte Marmorteile belegen[18]. Alle diese Beispiele führen vor Augen, dass in Einzelfällen Grabanlagen erstaunlich aufwendig ausfallen konnten. Das Spektrum der Möglichkeiten war groß, und abgesehen davon, dass man die kaiserlichen Mausoleen nicht übertreffen sollte, war alles möglich.

4. Die Erschließung des sozialen Status anhand der damit verbundenen Kosten – Einzelgrab versus Grabbau

Kehrt man zu dem eingangs skizzierten Spektrum zwischen ›armen‹ und ›reichen‹ Gräbern zurück, wird man die gerade erwähnten monumentalen Bauten mit Einzelbestattungen im Innern als eigene Kategorie absetzen müssen[19]. Jenseits dessen aber ist es nicht mehr so einfach, den sozialen Status einfach nur aus der Vereinzelung der Anlage abzuleiten. Inschriften bezeugen schon Areale von 1 × 1 rF, also 30 × 30 cm, etwa für einen Malchius Amphio, das ihm drei Mitsklaven für 300 Sesterzen erwarben[20]. Diese Fläche kann eigentlich nur Platz für die Urne einer einzigen Person geboten haben. Wäre das Areal auch für ihre eigenen Bestattungen vorgesehen gewesen, hätten sich seine Mitsklaven wohl anders dazu geäußert. Von diesen kleinen Arealen für Beisetzungen führt der Index des CIL für Rom eine beträchtliche Zahl an, von solchen mit 2 rF Größe etwa 70, von solchen mit 3 rF etwa 100. Wie mit derart gering bemessenen Grundstücken die relativ großen Inschriften dauerhaft verbunden bleiben konnten, belegen miniaturhafte Bekrönungen, die aus verschiedenen Resten auf der Isola Sacra und anderswo zu rekonstruieren sind[21].

Die Standardgröße der Grundstücke für Monumente lag bei 10–20 rF, wobei sich tendenziell, aber nicht eindeutig, eine Abstufung nach sozialem Status abzeichnet[22]. Davon abzusetzen sind besonders in der Zeit der späten Republik und der frühen Kaiserzeit die sog. Columbarien, in denen häufig eine große Zahl der Freigelassenen und Sklaven einer senatorischen Familie bestattet wurden. Die meist unterirdisch angelegten Bauten hatten größere Abmessungen und waren oberirdisch als Monumente wohl nur

---

15 Sinn – Freyberger 1996; von Hesberg 2002, 45–47 Abb. 12.
16 Rossi 2012. Vgl. etwa auch die Grabinschrift des Tacitus, die mindestens 3–4 m breit war. CIL VI 41106; Alföldy 1995, 251–263 Abb. 1. 2; zu aufwendigen Grabbauten der Senatoren: Borg 2007, 56–60.
17 Inscr Italiae IV 1, 213; Eisner 1986, 110 f. Taf. 43.
18 Im Bestand des kleinen Antiquariums der Fabbrica finden sich einzelne weitere Bauteile, die nicht zu den bekannten Grabbauten unter St. Peter gehören. Darunter könnten die Marmorfragmente eines Konsolengesimses mit ihrem charakteristischen gebauchten Umriss in die frühe Kaiserzeit zu datieren sein. Die Kassettenfelder waren ca. 15 × 15 cm groß, würden also in ihrer Dimension gut zu einem Grabbau passen: von Sydow 1977, 290–295 Abb. 19. 49. Typus der Konsolen: von Hesberg 1980, 186–195. Allerdings ist auch eine private Wohnarchitektur nicht auszuschließen: Günther 1913, 233 Abb. 145, 2. Fragmente eines anderen Konsolengesimses weisen Kassetten von ca. 4 × 4 cm auf. Etwa gleiche Dimensionen und eine ähnliche Formgebung besitzt das Gebälk einer Aedikula aus der Domitiansvilla von Castel Gandolfo: Magi 1976, 159 Taf. 24. 25. Früher in vespasianischer Zeit ist das Gebälk eines kleinen Monopteros am Marcellustheater entstanden: La Rocca 1993, 17–29 Abb. 2–9.
Drei Fragmente eines Rankenfrieses lassen eine Komposition erkennen, die wegen des Randprofils eher als Rankenpilaster denn als Gebälkschmuck zu verstehen ist. Geht man von einfachen Einrollungen der Ranke aus, wäre er zusammen mit den Randprofilen auf beiden Seiten ca. 40 cm breit gewesen. Er hätte also gut in das Innere eines Grabbaus passen können. Allerdings sind auch andere Positionen denkbar. Seine Datierung lässt sich mit Hilfe der rauen und unregelmäßigen Blattgestaltung an den Ranken und des begrenzenden Profils auf spätflavisch-trajanische Zeit festlegen. Marion Mathea-Förtsch hat die einschlägigen Beispiele zusammengestellt, Mathea-Förtsch 1999, 158–167 Nr. 167 (hadrianisch). 196. 240 (beide spätflavisch-trajanisch) Taf. 45. 81. 84. Bei dieser Datierung gehörte er zu einem Bau aus der frühen Gruppe in der Nekropole. Weitere Hinweise: Ferrua 1942, 96 Abb. 2; Guarducci 1957, 119–129 Abb. 6–13; von Hesberg 2002, 43 Abb. 9. 10.
19 Das größte aus den Inschriften überlieferte Areal umfasste 500 × 500 rF: CIL VI, 30076; Eck 2001, 198, aber damit ist gewiss die Ausdehnung des Grabgartens gemeint. Hor. epist. 1, 8, 11–13, spottet über ein Grundstück von 1000 × 300 rF, das mehr als 10 iugera umfasst hätte. Vgl. den Plan aus Perugia: CIL VI 29847; Gregori 1988, 184 Abb. 4. Siehe hier den Beitrag Eck S. 130 Anm. 18.
20 CIL VI, 21866; Eck 1987, 61–64 Anhang 1; Eck 2001, 198. Siehe hier den Beitrag Eck S. 130 Anm. 16.
21 Vgl. etwa Beispiele aus der ›Isola Sacra‹: Calza 1940, 44. 54. 78–80 Abb. 9. 13. 21. 29. 30; Angelucci u. a. 1990, 52–55. 78–82 Abb. 2–9. 28–31; Heinzelmann 2000, 73 f. 109 f. Abb. 28. 75; Baldassarre u. a. 2019, 55 f. Abb. 3. 8.9.
22 Eck 1987, 64 f.; Eck 2001, 199–201. Siehe hier den Beitrag Eck S. 130.

wie ein Garten wahrnehmbar[23]. Warum bevorzugte aber der eine Sklave ein isoliertes Grab und warum gelangte der andere in ein Columbarium?

In dieser Kategorie der Gräber bildeten jenseits der Abstufung in der sozialen Hierarchie gewiss auch die Kosten ein wichtiges Kriterium. Geht man nämlich vom Erwerb aus, kostete eine einzelne Bestattung in der *olla* eines Kolumbariums der frühen Kaiserzeit nach entsprechenden Hinweisen etwa 80–100 Sesterzen[24]. So günstig wird eine Bestattung in den Grabbauten der Vatikannekropole nicht gewesen sein. Eine überschlägige Annäherung kommt auf einen Betrag von etwa 100–200 Sesterzen. Der Grabbau A kostete nach Aussage der Inschrift 6000 Sesterzen[25] und war in Analogie zu anderen auf mindestens 40 Bestattungsplätze konzipiert[26]. Die Konditionen sind nicht klar, denn man wird den Grund zurechnen müssen, der zusätzlich ein paar tausend Sesterzen gekostet haben dürfte[27]. Ein einzelner Platz hätte also mindestens einen Wert von ungefähr 200 Sesterzen besessen, eher aber mehr als das Doppelte. Die großen Kolumbarien waren mit einer dichteren Folge der Nischen vielleicht kostengünstiger angelegt[28]. Wenn also die Kalkulation der Kosten in den Relationen zwischen Gelände, Grabbau und eigentlicher Bestattung mit ihren Ritualen kaum im Detail zu klären ist, wird aber ein Grabplatz in einem festen Bau mit Nischen auf einen Betrag von mindestens 200 Sesterzen gekommen sein.

Dass eine Bestattung in einem Gelände wie der Isola Sacra am Ende aber kostenlos zu haben war, ist wenig wahrscheinlich. Die Inschriften nennen zwar nicht die Preise, aber allein die Tatsache, dass der Besitz auf einer Marmorplatte dokumentiert wird, spricht für regulären Erwerb[29]. Wenn überdies in einer Landstadt wie Sarsina Horatius Balbus seinen armen Mitbürgern ein Areal für Bestattungen zur Verfügung stellt[30], legt das ebenfalls nahe, dass sie andernfalls für einen Bestattungsplatz hätten zahlen müssen[31]. Auch die Maßangaben einiger Inschriften über winzige Areale von wenigen Fuß und die einfachen Monumente darauf machen deutlich, dass die Besitzer ihre erworbenen Grundstücke sichern wollten[32]. Wirkliche Armengräber waren lediglich Massengräber wie die ›puticuli‹ auf dem Esquilin, in denen nach John Bodel auf eine Fläche von 12 × 12 rF etwa 550 Leichname in mehreren Lagen übereinander beigesetzt werden konnten[33].

Die Mitglieder der römischen Gesellschaft prägte insgesamt das Bestreben, geregelte Formen der Beisetzung einzuhalten und dazu gehörte ein individualisierbarer Grabplatz. In den Nekropolen Roms und Ostias waren die Bestattungen bunt gemischt[34]. Dennoch zeichnen sich zur optimalen Nutzung des Terrains gewisse Planungsvorgaben ab, die auch zukünftige Nutzungen betrafen.

Dazu kam ein weiterer Faktor, der sich ebenfalls als Kostenpunkt nicht wirklich berechnen lässt. Denn es steht außer Frage, dass die kleinen Gräber schneller vergingen und schwerlich länger als eine Generation in Funktion blieben, die Grabbauten hingegen mehrere Generationen überdauerten. Daher waren die beiden Formen in ein und demselben Areal kaum vereinbar. Die Einzelbestattungen erhielten ihren Platz vielfach in den Reihen hinter den größeren Bauten oder in eigens ausgewiesenen Arealen, was die Kosten gewiss zusätzlich verringerte[35].

Eine verbindliche Regel ist daraus aber wiederum nicht ableitbar, denn in der Isola Sacra lag die erste Generation der kleinen Gräber direkt an der Straße, womit sich langsam auch das Terrain aufhöhte[36]. Im Bereich des Vatikan waren ihnen zu Seiten der Via

---

23 Eck 1987, 65; Borbonus 2014, 67–105; vgl. auch Heinzelmann 2001, 184–189.
24 Pensabene 1978/1979, 24. 29; Duncan-Jones 1965, 200 f.; Duncan-Jones 1974, 129–131 Tab. 3, zahlten die Soldaten allerdings deutlich höhere Preise für ihre Begräbnisse. Vgl. auch Borbonus 2014, 140–142.
25 Siehe hier den Beitrag Eck S. 142. Preise für Grabdenkmäler: Bang 1921–1923, 304–309; Duncan-Jones 1974, 127–131.
26 Zur Zahl der Bestattungen in den Grabanlagen unter St. Peter: Eck 1987, 66 f.
27 Siehe hier den Beitrag Eck 137. Einige Grabinschriften nennen explizit den Erwerb des Bodens: CIL VI 23851 (*emerunt locum*, 100000 Sesterzen). 25144 (*locum emit*). 27619 (*cum loco*, 12 × 18 rF = 4000 Sesterzen). 33846 (*cum loco*, 12 × 12 rF = 16000 Sesterzen); Bang 1921, 309. Daraus aber ist der reine Grundstückpreis nicht zu erschließen, denn die um ein Drittel kleinere Fläche kostet viermal so viel.
28 Pensabene 1978/1979, 25; Borbonus 2014, 140–142.
29 Calza 1940. 44.

30 CIL I2 2123; CIL IX 6528; Ortalli 1987, 157 f. Zur Fürsorge der Städte für die Verstorbenen: Bodel 2004, 148–152; Schrumpf 2006, 124–129.
31 Vgl. auch die Situation in Pompeji, wo ein solches Areal offenbar durch das im Abstand von 100 rF vor der Stadtmauer verlaufenden Pomerium gegeben war, Kockel 1983, 13.
32 Siehe hier den Beitrag Eck S. 130.
33 Vgl. zu den Massenbestattungen in Rom: Wesch-Klein 1993, 59–61; Bodel 2000, 128–134; Hope 2000, 110–112; Schrumpf 2006, 119–138. Dass Leichname einfach entsorgt wurden, war gesetzlich verboten, was wohl dafür spricht, dass es vorkam: CIL VI 31615; Dessau 8208; Lindsay 2000, 169–171.
34 Heinzelmann 2000, 34 f. 45–47.
35 Vgl. auch die sich verringernden Größen der Grabbezirke in den hinteren Reihen der Nekropole an der Via Salaria: Carta 1964, 21–64 Abb. 1 Taf. 2 C; vgl. zu Bestattungsform und Lage in der Nekropole: Cupitò 2001, 47–51 Abb. 2–5.
36 Baldassarre 1987, 129–131 Abb. 27. 28. Vgl. auch einen Abschnitt der Via Triumphalis: Arizza – Di Mento 2017, 372–379 Abb. 1–3.

Triumphalis besonders unübersichtlich eigene, vergleichsweise ausgedehnte Zonen vorbehalten[37] und ähnliche Erscheinungen finden sich auch anderswo, etwa an der Via Portuense[38]. Die Grablandschaften längs der Straßen wechselten offenbar sehr schnell und in ihnen die Dauer der jeweiligen Anlagen[39]. Am Ende fehlen zwar ausreichend Hinweise, die Kosten für einen Platz im freien Gelände konkret zu berechnen, aber er dürfte deutlich unter jenen für eine Urnennische in einem Bau gelegen haben[40].

Die archäologischen Zeugnisse stehen für die Gemeinschaftsgräber in größerer Zahl zur Verfügung als zu den sehr kleinen und stets von Überbauung bedrohten Arealen mit geringen Abmessungen. Deshalb sind etwa die Zeugnisse der Via Triumphalis von so großer Bedeutung, weil sie eine Vorstellung von der Bandbreite an Gestaltungsmöglichkeiten im Sektor der kleinen Gräber gewähren[41]. Dennoch lassen auch sie nicht klar erkennen, welche Faktoren die Auftraggeber in ihren Entscheidungen motivierten, ihre materielle Konditionierung, ihre soziale Einbindung oder etwa allgemeine, aus der Mentalität der Zeit vorgegebene Dispositionen in dem Bemühen, die Memoria zu fixieren[42]. Hinzu kommt noch die Frage, wofür die Mittel bei einer Bestattung investiert wurden, in das Begräbnis selbst oder die Gestaltung des Grabes[43].

Die konkreten Überlegungen gehen hier von der Situation in der Region des Vatikans aus. Im Bereich längs der Via Triumphalis fällt eine Unterscheidung zwischen den Kategorien der Bestattungen schwer[44], unter St. Peter lassen sich hingegen die erwähnten zwei Arten der Bestattungen eindeutig voneinander trennen. Von der Abfolge der bekannten Grabbauten unterscheidet sich eine kleine Zahl an Einzelbestattungen, die auf Grund der starken Überbauung und der ausgegrabenen Areale nur noch in dem relativ begrenzten Ausschnitt um das Petrusgrab auf dem Campo Centrale nördlich hinter Grabbau S fassbar werden[45]. Wieweit sie sich hinter den übrigen Grabbauten von A bis O nach Westen erstreckten, bleibt ungewiss, ist aber nicht auszuschließen, da dort wohl kaum eine weitere Reihe von Bauten anschloss[46]. Aus der hier skizzierten, insgesamt gut erforschten Situation lassen sich Rückschlüsse auf unterschiedliche Erfordernisse an Bodenerwerb und -nutzung ziehen.

5. Gesamtkosten für ein Begräbnis

Ein großes Problem liegt in der Verteilung der Gesamtkosten für ein Begräbnis. Denn ein erheblicher Faktor stellten die Ausgaben für die Totenfeier dar. Der Luxus, der dabei getrieben wurde, fiel besonders auf und mündete in einer verbreiteten Kritik etwa an der übertriebenen Verschwendung einzelner Gruppen der Gesellschaft. Deshalb ist die Überlieferung dazu nur eingeschränkt zuverlässig. Aber immerhin sah der Freigelassene C. Caecilius Isidorus in seinem Testament 1,1 Millionen Sesterzen für sein Begräbnis vor (Plin. nat. 33, 135). Hier wären viele Aufwendungen zu nennen, wobei sich die exzessiven Erscheinungen auf die Zeit der späten Republik und den Beginn der augusteischen Zeit konzentrieren[47]. Für die mittlere Kaiserzeit fehlen konkrete Hinweise auf Bestattungsluxus, wenn man von pauschalen Urteilen wie bei Seneca (brev. vit. 20, 5) absieht, wo er von »*ad rogum munera et ambitiosas exsequias*« spricht[48]. Das

---

37 Siehe hier den Beitrag Spinola S. 175–179.
38 Lugli 1919, 285–290.
39 Eisner 1986, 137 f. Nr. r Taf. 56; vgl. Carta 1962, 1 Taf. 1 D; Maiuro 2008, 203–205 Abb. 154–158.
40 In den größeren Anlagen konnte man sich offenbar einkaufen, was zahlreiche einzelne Aedikulen belegen, Pensabene 1978/1979, 29–37; Borbonus 2014, 75–84; vgl. auch Eck 1986, 273 f. Nr. 26.
41 Liverani – Spinola 2010, 161–285 (›L'Autoparco‹ und ›Santa Rosa‹). Siehe hier den Beitrag Spinola S. 179–184.
42 Siehe die o. erwähnte Äußerung des Frontinus (Plin. epist. 9, 19, 6). die Aussagen in den Inschriften sind in dieser Hinsicht sehr heterogen: Häusle 1980, 29–32.
43 Die Kosten für Bestattungen überliefern etwa Papyri, allerdings für einen sehr unterschiedlichen Kontext: Ulrike Horak in: Seipel 1998, 190 f. Nr. 66. Vgl. u. Anm. 48.
44 Liverani – Spinola 2010, 161–285 Abb. 14–17. 63–66. Die Abfolge von Bauten und einzelnen Markern war dabei im Abschnitt ›L'Autoparco‹ zeitlich gemischt, während im Bereich ›Santa Rosa‹ zunächst eine stärker geregelte Bebauung zu sehen ist: Liverani – Spinola 2010, 214–216.

45 Apollonj Ghetti u. a. 1951, 110–127 Abb. 79–85; Kirschbaum 1957, 124–129 Abb. 27; Toynbee – Ward-Perkins 1971, 145–154 Abb. 10–13.
46 Andernfalls hätte man in den Verfüllungen der konstantinischen Zeit mehr Fragmente solcher Bauten finden müssen. Die wenigen Reste unbekannter Bauten aber werden eher aus anderen Bereichen stammen.
47 Engels 1998, 164. 179–187.
48 Der Luxus der Totenfeiern ist eher archäologisch zu fassen. Im Bereich unter St. Peter bezeugen ihn die Bestattungen in Bau E, in dem eine Alabasterurne mit Stoff umwunden war und außerdem Reste von Totenbetten mit Beinverkleidung gefunden wurden, Zander 2016/2017, 665–671 Abb. 19. 22. 23, und die Bestattung der Ostoria Chelidon, der Tochter des designierten Konsuls Ostorius Euhodus. In ihrem Sarkophag lag ihr einbalsamierter, in ein Purpurtuch gewickelter Körper, der mit einem Goldschleier bedeckt und mit einer Goldkette von 75 g geschmückt war: Toynbee – Ward Perkins 1956, 106; Kirschbaum 1959, 30 f. Taf. 2b; Eck 1989, 68 Taf. 3. 4a (zu seiner Lage vor Bau E und F:); Chioffi 1998 (zur Einbalsamierung); Griesbach 2001, 107–109 (Interpretation von Goldschmuck allgemein). Vgl. die wenigen Goldreste aus der sog. Nekropole der Via Triumphalis: Steinby 2003, 158.

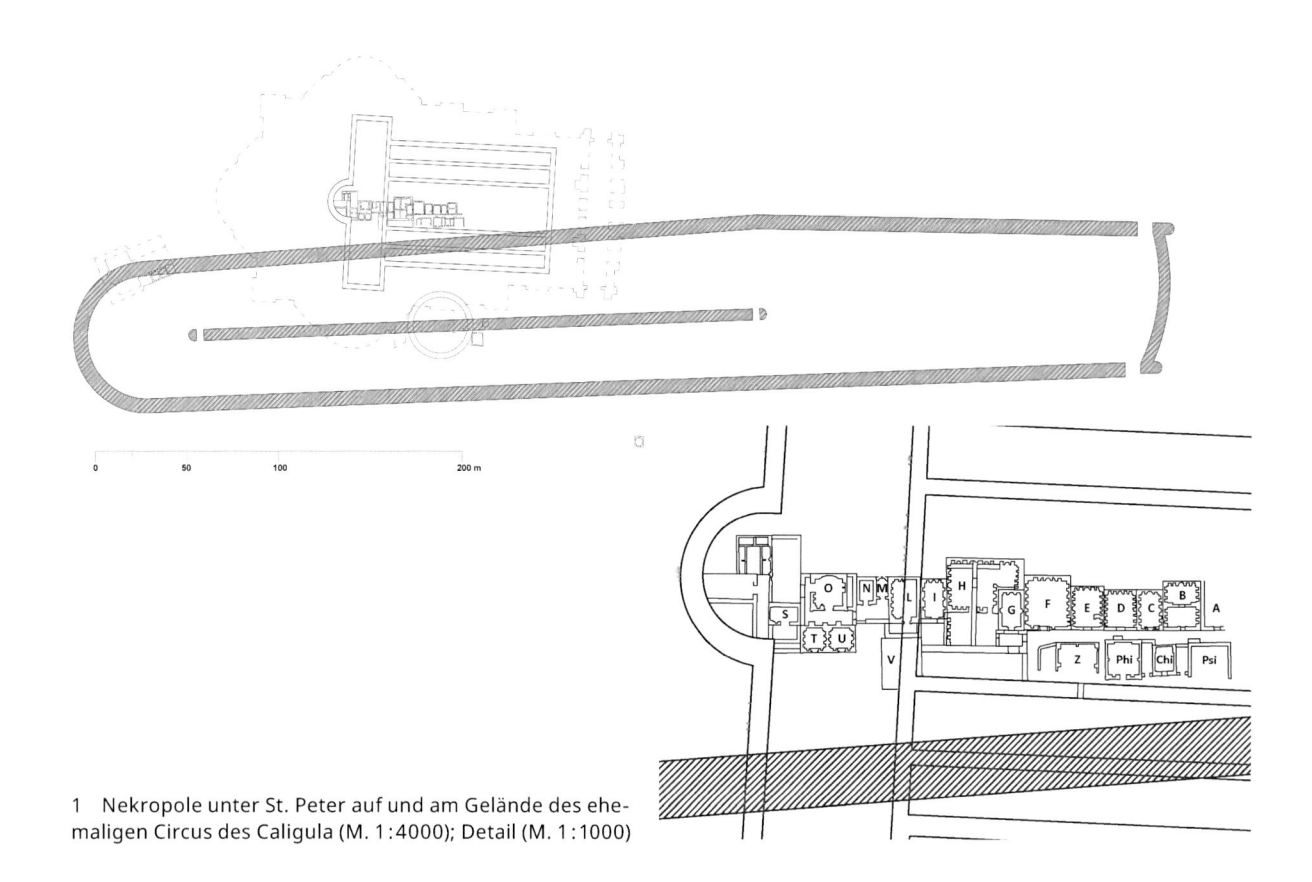

1 Nekropole unter St. Peter auf und am Gelände des ehemaligen Circus des Caligula (M. 1:4000); Detail (M. 1:1000)

Interesse der Bauherren scheint sich aber vor allem auf die Qualität der Bauten und weniger den Aufwand für die Bestattungen gerichtet zu haben[49].

6. Erwartungen an einen geeigneten Platz

Die Wahl eines Begräbnisplatzes war verschiedenen Lebensumständen und -ansprüchen geschuldet und daraus resultierten die Kosten. Ein Platz an der Via Appia war im Durchschnitt gewiss teurer als einer an der Via Aurelia, einer in einer geregelten Bebauung teurer als in einer ungeregelten, wobei diese Faktoren bestenfalls aus den Befunden zu ermessen sind. Insgesamt handelte es sich bei den für Bestattungen erschlossenen Gesamtflächen vor den Mauern der Stadt um riesige Areale, die an Ausdehnung denen der Wohn- und öffentlichen Bauten innerhalb der urbs zumindest gleichkamen, und ein buntes Spektrum an Möglichkeiten für den Bodenerwerb boten. Auch im Bereich der Nekropolen war die Nachfrage an Grundstücken zumindest noch bis in das 3. Jahrhundert n. Chr. hinein groß und führte zu entsprechenden Folgen der Bewirtschaftung und Bodenspekulation.

Bei der Wahl eines Grundstücks zeichnen sich aus den unterschiedlichen Dispositionen der Nekropole unter St. Peter unterschiedliche Möglichkeiten ab. Aufschlussreich ist die Reihe der Grabanlagen von A im Osten bis G im Westen. Sie liegen in einer Fluchtlinie, aber es handelt sich lediglich von A–D um eine kontinuierliche Folge aus trajanisch-hadrianischer Zeit. Im Abstand von genau 37 rF folgte ebenfalls in dieser frühen Phase Bau G. Die Bauten E (15 rF) und F (22 rF) wurden hingegen erst eine Generation später dazwischen errichtet (Abb. 1)[50].

Die Inhaber dieser Anlagen hatten den Grund möglicherweise schon erworben, aber setzten ihr Projekt erst später um[51]. Andernfalls wäre nicht zu erklären, warum der Besitzer von Bau G nicht gleich an D anschloss[52]. Vielleicht waren den Besitzern ein bestimmter Ort, eine bestimmte Disposition und – verbunden damit – eine bestimmte Nachbarschaft von Bedeutung. Denn Gaius Popilius Heracla von Bau A unterstreicht in seinem in der Inschrift zitiertem Testament, dass sein Grab »iuxta monumentum

---

49 Champlin 1991, 170–175; Hope 2000, 106.
50 Mielsch – von Hesberg 1995, Taf. 37. 38.
51 Vgl. hier den Beitrag Eck S. 133 f.

52 Fassade von G steht zusätzlich 15 cm (½ rF) aus der Fluchtlinie vor, ohne dass sich der Sinn dafür erschließt.

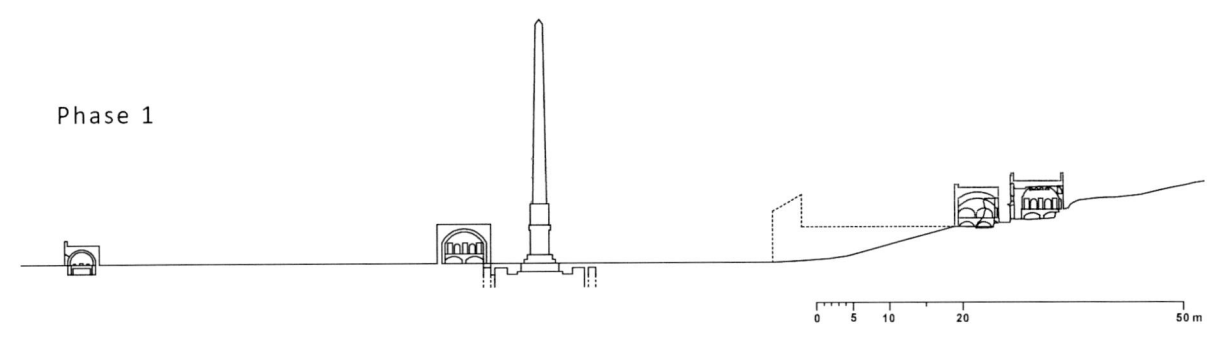

2 Ehemaliger Circus des Caligula in frühseverischer Zeit (M. 1:1000)

Ulpi Narcissi« im Bereich des Circus im Vatikangebiet errichtet werde[53]. Die Erbauer verliehen solchen Wünschen durch den Erwerb entsprechend gelegener Grundstücke eine konkrete Basis. Es fällt auf, dass es zwischen den in dieser Reihe der Grabbauten bestatteten Familien auch sonst eine Menge an Verbindungen gab[54]. Diese nicht immer klar definierbaren Beziehungen und damit die Präferenzen können nur zu Lebzeiten dieser Familien entstanden sein und womöglich waren sie schon durch Nachbarschaften im jeweiligen Stadtviertel zustande gekommen.

7. Der Verkauf des Landes und einzelner Grundstücke

In der Aufteilung des Landes wird man zunächst mindestens zwei Vorgänge unterscheiden müssen: einmal die großräumige Parzellierung durch einen Landbesitzer und dann die Einzelausweisung auf die einzelnen kleinen Grundstücke der Grabanlagen durch Makler[55]. Zu Beginn der Kaiserzeit bildete das Gelände im Vatikangebiet Teil der *horti* im Besitz des iulisch-claudischen Kaiserhauses. Ähnlich radikal wie im Bereich des *vestibulum* der Domus Aurea das prachtvolle Amphitheater angelegt wurde[56], gab offenbar Vespasian das Land im Vatikangebiet zum Verkauf frei[57]. Der Herrscher kam damit der Bevölkerung Roms entgegen, denn die Spiele in diesem Circus waren wegen ihres privaten Charakters nicht sonderlich geschätzt[58] und außerdem verfügte die Stadt über den traditionsreichen und hervorragenden Circus, der nach dem neronischen Brand zusätzlich ausgebaut und unter Vespasian unter die schönsten Bauten Roms gezählt wurde (Plin. nat. 36, 102)[59].

So entstanden im Vatikan längs der Spina des Circus nach dessen Auflassung mit einiger Verzögerung Grabbauten[60], während der Obelisk trotz allem stehen blieb und die Erinnerung an die ursprüngliche Nutzung wachhielt (Abb. 2)[61]. Aber schon in iulisch-claudischer Zeit hatten die Nekropolen an der Via Triumphalis und Aurelia an die *horti* der Kaiserfamilie herangereicht, so dass die Erweiterungen auch als logische Konsequenz der städtischen Gesamtentwicklung verstanden werden konnten[62].

Die Größe des neu erschlossenen Areals war erheblich, denn allein für den Circus wird man mindesten 500 × 100 m veranschlagen[63]. Die Fläche der Rennbahn könnte in parallele Streifen – denkbar wären 3–6 Streifen von je 15 m (50 rF) Breite – aufgeteilt worden sein, die dann parzelliert wurden (s. Abb. 9). Legt man eine Standardgröße von 15 × 15 rF zu Grunde, hätte es Platz – die Länge von ca. 500 m vorausgesetzt – für ungefähr 700 (120 × 6 m) solcher Grabbezirke gegeben.

Dieser Grundbesitz der iulisch-claudischen Familie ging durch die Hostis-Erklärung des Nero in den Besitz des *patrimonium Caesaris* über[64] und Vespasi-

---

53 Dazu auch der Beitrag Eck S. 142.
54 Siehe hier den Beitrag Eck S. 135.
55 Schrumpf 2006, 204–209.
56 Darwall-Smith 1996, 35 f. 78–82.
57 Townend 1958, 217 f.; Humphrey 1986, 552. Eine andere Lösung schlug Hadrian ein, der die Horti der Gemahlin des Domitian für seinen Grabbau nutzte.
58 Humphrey 1986, 550 f.; Liverani 1999a, 21–28 Abb. 3. 4.
59 Ciancio Rossetto 1993, 274.
60 Zu Zeugnissen von Grabanlagen im 1. Jahrhundert n. Chr.: Guarducci 1956/1957, 113–126 Abb. 1–11; Guarducci 1959, 47–49 Abb. 12. 13 (Ziegel und Lampe). Die Bebauung begann wohl von

Süden, denn dort wurde in flavischer Zeit ein Grabbau errichtet: Magi 1966.
61 Magi 1972/1973, 41–45 Abb. 1–4; von Hesberg 1987a, 43 f. Abb. 1; Vollmer 2019, 320 f.
62 Durch die wechselnden Besitzverhältnisse mögen sich zwischen Grabbauten und Horti unterschiedliche Konstellationen ergeben haben: Verzár Bass 1998, 415–424; vgl. für den Vatikan hier den Beitrag Spinola S. 188.
63 Die Ausdehnung bleibt in ihren Maßen allerdings spekulativ: Magi 1972/1973, 50–72 Taf. 3. 4; Liverani 1999a, 27 (der für gedrängtere Abmessungen argumentiert).
64 Millar 1963, 36 f. 41; Alpers 1995, 194–198.

an veräußerte es unter der Überwachung eines *procurator a rationibus* oder vielleicht schon *patrimonii* offenbar weiter[65]. Dabei mögen auch größere Flächen als *solum publicum* reserviert geblieben sein, denn eine Schola der *argentarii* und *exceptores* wurde wohl in diesem Areal errichtet[66]. Wieweit Teile des Circus später auf höherem Niveau wieder in Funktion gesetzt wurden, lässt sich angesichts der Grabbauten und unter ihnen besonders des großen Rundbaus severischer Zeit an und auf der Spina nur schwer vorstellen[67], denn für eine Reaktivierung als Rennbahn fehlen entsprechende Spuren[68].

Der Befund in der Vatikannekropole selbst legt nahe, dass das Gelände insgesamt präzise vermessen war, denn die Abstände gehen genau in römischen Fuß auf. Das Gelände wird aber kaum von Beginn an in kleinen Grundstücken verkauft worden sein, andernfalls wäre bei der Gesamterstreckung das Land rigoroser aufgeteilt worden. Vielmehr wurde das Land bei einer solchen Veräußerung in größeren Parzellen, die nach *iugera* (120 × 240 rF) bemessen waren[69], mit großer Wahrscheinlichkeit an einzelne Unternehmer versteigert[70], die es mit Gewinn in kleinen Teilen weiterverkauften. Im Areal des Circus hätte man etwa 30 *iugera* zur Verfügung gehabt. Wahrscheinlich drückte das große Angebot dabei auf die Preise, die sich nicht mehr bestimmen lassen. Für ein *iugerum* mit einfacher landwirtschaftlicher Nutzung sind 1000 Sesterzen überliefert, während sich in städtischer Nutzung der Preis schnell auf eine halbe Million steigerte[71].

Die Korrespondenz Ciceros, der dringend nach einem Grundstück für das Grab seiner 45 v. Chr. verstorbenen Tochter Tullia suchte, erlaubt einen Einblick in den Grundstücksmarkt seiner Zeit. Der Senator stellte viele Ansprüche, wollte möglichst wenig ausgeben, von anderen, religiös und ästhetisch motivierten Wünschen ganz zu schweigen. Für eine Zeitlang setzte er seine Hoffnungen in die *horti* des Drusus oder des Lamia, die offenbar sehr teuer waren, und erwog ersatzweise ein Grundstück des Cotta bei Ostia, zwar an einem »celeberrimo loco«, aber nur ein »pusillum loci« (ad Att. 12, 25, 3). Schließlich zog er die *horti* des Scapula in Betracht, welche die Erben in vier Parzellen aufgeteilt versteigerten (ad Att. 12, 42, 2; 44, 4), oder ein Grundstück im Besitz des Damasippus, das jener am Tiberufer aus einer Zahl an *iugera* in Parzellen aufgeteilt hatte (ad Att. 12, 32, 1)[72]. Allein für die *horti*, in denen dann das Grabmal als Teil errichtet werden soll[73], ist der Senator bereit, über 1,2 Millionen Sesterzen einzusetzen (ad Att. 12, 27, 1). Der Vorgang lässt sich also allein schon von den Dimensionen her nicht auf den Bodenerwerb im Bereich der Vatikannekropole übertragen, gibt aber generell einen Einblick in Überlegungen der Auftraggeber zum Landerwerb.

---

65 Vgl. etwa die Episode um den Verkauf der Basileia in Alexandria: Dio 65, 8, 4; Millar 1963, 41, oder auch die ›Subseciva‹ – d. h. »bei einer Landzuweisung nicht assignierte Abschnitte« in einigen italischen Kolonien, die Vespasian für sich vereinnahmen wollte: Alpers 1995, 208–212. Er konnte sich nicht durchsetzen, weil der Widerstand zu groß war. Domitian gab diesen Versuch offiziell auf (CIL IX 5420).
66 Eck 2018b, 503–505. Im Antiquarium der Fabbrica finden sich Marmorteile, die zu größeren Bauten gehörten. Um die Mitte des 1. Jahrhunderts n. Chr. entstanden drei ca. 23 cm hohe und insgesamt ca. 70 cm lange Fragmente der Verkleidung eines ionischen Architraves mit einem Flechtband also oberem Abschluss und Kordelband zwischen den Faszien, Guarducci 1956/1957, 119 Abb. 4. Die auffällige und mit der Fülle der kleinen Bohrungen manierierte und andererseits sehr präzise wirkende Gestaltung der Ornamente spricht gegen einen Grabbau. Vielmehr könnte es die Verkleidung eines der Bauten im Areal der kaiserlichen Horti gebildet haben. Von einem korinthischen Kapitell sind eine Außenvolute und der Überfall eines der unteren Blätter erhalten. Die Abmessungen lassen auf ein Bauteil mit einer Höhe von mehr als einem Meter schließen und damit auf Säulen von ca. 10 m Länge. Nach der Machart dürften die Kapitelle in der zweiten Hälfte des 2. Jahrhunderts n. Chr. entstanden sein: Freyberger 1990, 106–109 Taf. 37. Derart große Bauteile mit dieser Zeitstellung stammen also von Bauten, die in ihren Dimensionen der Rotunde auf der Spina entsprachen: Rasch 1990, 8 f. Abb. 1. Bei den hier betrachteten Fragmenten handelt es sich um typische Reste, die bei Abbrucharbeiten vor Ort übrig bleiben. Die vorhandenen Bauteile aus Marmor werden nämlich bei dieser Gelegenheit zu wiederverwendbaren Blöcken umgearbeitet und dabei alle vorstehenden Teile wie Blattspitzen, Voluten oder auch Konsolen abgeschlagen. Da diese Fragmente keinen Wert mehr hatten, blieben sie vor Ort liegen. Das bedeutet aber umgekehrt, dass die hier betrachteten Teile aus der unmittelbaren Umgebung der Fundstelle stammen dürften. Denn die Spolien, die später für die Errichtung der Kirche S. Stefano degli Abessini, Krautheimer u. a. 1970, 183 f. Abb. 150b. 153, oder der Peterskirche, Krautheimer u. a. 1977, 199–206 Abb. 172–192, Verwendung fanden, wurden zum einen nicht in dieser Weise umgearbeitet und kamen aus anderen Bereichen Roms.
67 Coarelli 2009a, 4–6 Abb. 2; Vollmer 2019, 319–324.
68 Vollmer 2019, 322 f. Zudem wäre die Rennbahn durch den Rundbau mit über 30 m Durchmesser stark eingeschränkt worden.
69 Heimberg 1977, 15–18 Abb. 10; vgl. auch Lindermann 2014, 201–209.
70 Zu Grundstückspreisen: Duncan-Jones 1965, 224–226; Frank 1959, 406 f.
71 Cic. ad Att. 13, 7, 4 (verweist auf die Preisschwankungen); Duncan-Jones 1965, 224 f.
72 von Hesberg 1987a, 51; von Hesberg 1992, 6.
73 So auch eine Reihe von Inschriften, die Friedländer 1922, 366–369; vgl. auch Bang 1921, zusammengestellt hat.

Phase 2

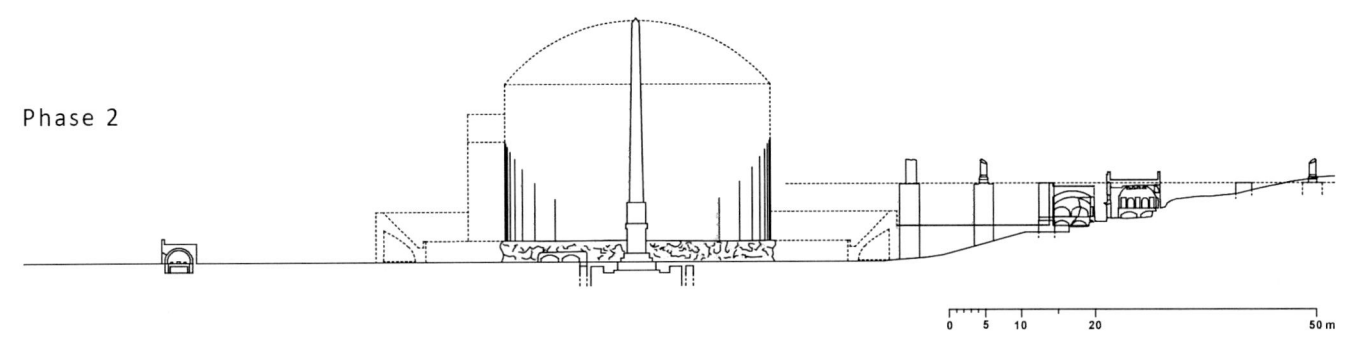

3 Ehemaliger Circus des Caligula in spätseverischer Zeit mit der Position der späteren Fundamente der konstantinischen Basilika (M. 1 : 1000)

8. Bodenverkäufe im Vatikanbereich

Über die Modalitäten beim Weiterverkauf des Bodens an einzelne Interessenten fehlen konkrete Hinweise. Aber es wird kaum unter der Aufsicht staatlicher Amtsträger geschehen sein[74]. Dennoch musste es für die Veräußerung des beträchtlich großen Terrains um den Circus so etwas wie einen einheitlichen Nutzungs- und Erschließungsplan gegeben haben, in dem durch möglichst parallel und geradlinig laufende Wege das Areal neu gegliedert und die Anlagen insgesamt dauerhaft zugänglich gemacht wurden[75]. Zugleich war eine übergreifend angelegte Dränage erforderlich, wie sie noch im Bereich der Bauten S–U zu fassen ist[76]. Solche Vorgaben waren auch für den Verkauf der einzelnen Grundstücke für die Grabbauten von Bedeutung. Allerdings lassen sich die leitenden Gestaltungsprinzipien nur aus sehr bescheidenen Resten erschließen[77]. Möglicherweise korrespondierten die Kosten für Grundstücke wiederum mit bestimmten Eigenarten der Bauten selbst, denn bei günstigen Bodenpreisen konnten am Ende die Anlagen größer konzipiert werden[78].

Grundsätzlich waren im Vatikanbereich auch bestehende Konstruktionen einzubeziehen oder zu entfernen, etwa die Zuschauertribünen oder die Spina, während der Obelisk eher eine Attraktion bildete[79]. Schon die ersten Ausgräber der Nekropole stellten sich die Frage, wieweit der Verlauf der Gräber Rücksicht auf die Grundgestalt des Circus nahm (Abb. 1. 2)[80]. Die Flucht der Fronten der Grabbauten folgte der nördlichen Außenseite des Circus[81], aber wegen der unklaren Position der Zuschauertribünen bleibt der Abstand ungewiss. Von den vorhandenen, nicht sehr präzisen Maßen ausgehend hätte die Distanz zwischen der Außenseite der Tribünen und der genannten Reihe der Bauten etwa 30 m betragen[82]. Ferner fällt auf, dass die frühesten Bauten nördlich des Circus erst mit einer Verzögerung von ca. 50 Jahren nach dessen Auflassung und überdies in so großem Abstand errichtet wurden, dass man in severischer Zeit noch eine zweite Reihe an Grabbauten (Z–Psi) dazwischen einfügen konnte. Hatte man also im Schatten der Zuschauertribünen – wenn sie denn gemauert waren[83] – zunächst einen gewissen Lehrstand des Geländes zugestanden, wie er auch auf der Isola Sacra zu finden ist? Konkrete Hinweise fehlen.

Ein im Innern des vatikanischen Circus unterhalb des Rundbaus von St. Andreas teilweise freigelegter Grabbau mit einer Front von 6,5 m Breite (22 rF) richtete sich mit seiner Fassade nach Norden und orientierte sich am Verlauf der Spina (Abb. 1. 2).

---

74 Zum »Grab als Immobilie«: Schrumpf 2006, 198–211. Zur spärlichen Überlieferung von Grundstückskäufen in den Inschriften: Andermahr 1998, 108 f. Zu den Verhältnissen bei Wohnbauten: Dubouloz 2014, 379–381. Zur kaiserlichen Bau- und Bodenverwaltung: Kolb 1993, 28–32; zu den Procuratoren: Alpers 1995, 199 f.; Mensoren: Focke Tannen 1974, 160 f.
75 Eck 1987, 64 (›Friedhofsordnung‹). Entscheidend war die Aufteilung in *loca publica* oder *privata*, wobei für Bestattungsplätze als weitere Kategorie der *locus religiosus* hinzukam: Kolb 1993, 32–43.
76 Apollonj Ghetti u. a. 1951, 76.
77 Castagnoli 1959/1960, 100–121 Abb. 2. 6–10. 22; Humphrey 1986, 546–548; Liverani 1999a, 131 Nr. 57 Abb. 174. 175.
78 Heinzelmann 2000, 68.

79 In Rom sind diese Details am besten für den Circus Maximus, Humphrey 1986, 106–115 Abb. 44–50, und den Circus des Maxentius bekannt, Humphrey 1986, 582–609 Abb. 274–290.
80 Apollonj Ghetti u. a. 1951, 16.
81 Castagnoli 1959/1960, 118–121 Abb. 22; Magi 1966, 207–209 Abb. 1.
82 Nach den bekannten Plänen betrug der Abstand zwischen der durch die Position des Obelisken bekannten Mittelachse des Circus zur Front der Grabbauten A–G etwa 70 m, Castagnoli 1959/1960, 120 Abb. 22. 23; Liverani 1999a, 22 f. Abb. 3 (Plan). Der Circus des Maxentius ist im Vergleich mitsamt den Zuschauertribünen etwa 80 m breit.
83 Castagnoli 1959/1960, 105, geht von Tribünen aus Holz aus, was bei einem so aufwendigen Obelisken im Zentrum irritiert. Zum Problem: Liverani 2000/2001, 132 Anm. 16.

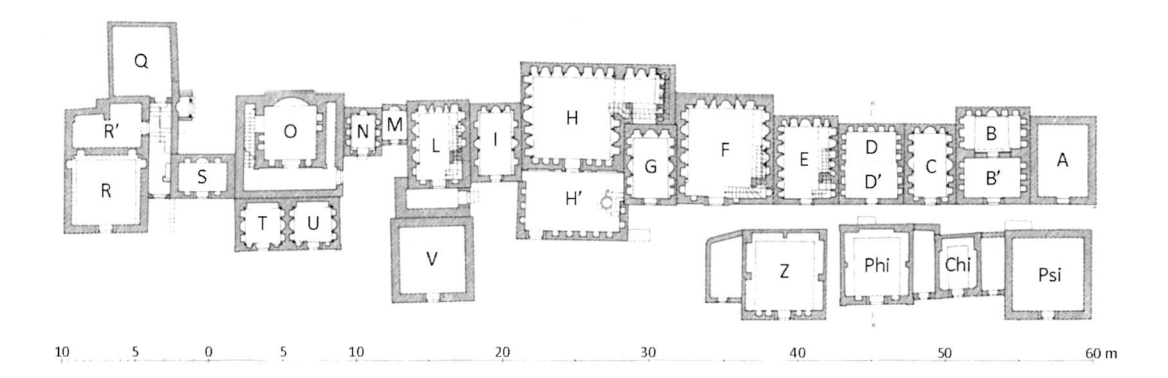

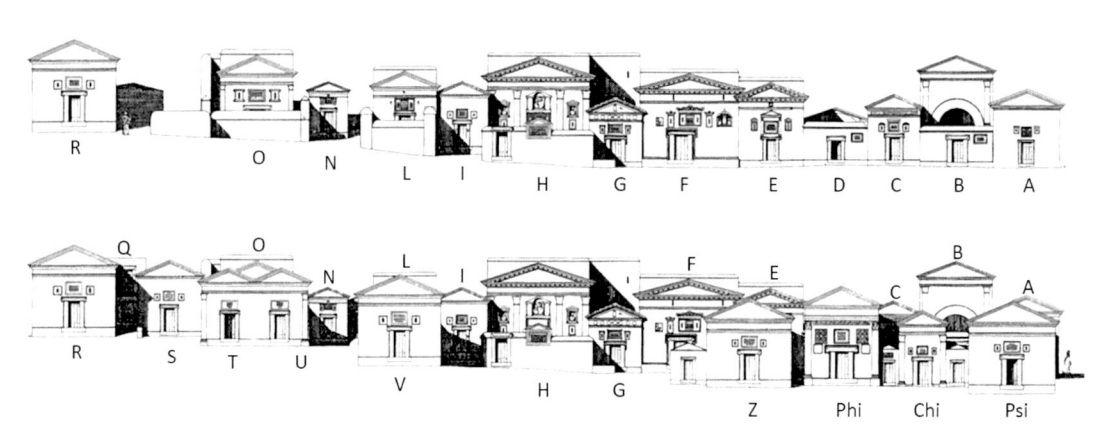

4 Die Bauten der Nekropole. Grundriss (oben) und Ansicht in trajanisch-hadrianischen Zeit (Mitte) sowie unten Ansicht im 3. Jh. n. Chr. (M. 1:500)

Dadurch könnte der Mitteltrakt des Circus auf einem höheren Niveau als Zugangsweg gedient haben[84], wobei allerdings das Vorfeld des Baus für weitere Bestattungen genutzt wurde[85]. Insgesamt betrug der Abstand zu den Grabbauten A–G etwa 65–70 m, was 220–240 rF entspricht.

Ein zweiter Grabbau (4,9 × 5,5 m = 16½ × 18½ rF) wurde im Süden bei der Errichtung der Sala delle Udienze gefunden und lag damit schon außerhalb des Circus (Abb. 1–3)[86]. Seine nach Süden gewandte Front besaß einen Abstand von etwa 60 m (200 rF) zu der des Baus unter St. Andrea[87]. Er hätte also knapp vor der südlichen Zuschauertribüne gestanden. Südlich folgte im deutlichen Abstand von etwa 40 m eine Straße mit einer Wasserleitung[88]. Dort wäre somit Platz für weitere Grabbauten gewesen.

Die beide zuletzt erwähnten Grabbauten werden ihrem Typus nach in längeren Abfolgen ähnlicher Bauten gelegen haben. Die vorhandenen Messungen der Abstände sind zu ungenau, als dass sie eine präzise Berechnung erlaubten, aber Ausrichtung und Distanzen sprechen in ihren Details für eine geregelte Verteilung des Terrains. Dabei werden sich die Interessenten ihre Grundstücke rechtzeitig in gewünschter Position gesichert haben und erstrebten dabei gerne – wie im Fall des Popilius Heracla vom Bau A – eine bestimmte Konstellation[89].

Die Grundstücksgeschäfte sind aber selten im Detail nachzuvollziehen. Innerhalb des freigelegten Abschnitts der Nekropole unter St. Peter besaßen die Bauten E, F und H aus antoninischer Zeit eine deutlich größere Grundfläche verbunden mit größerem Aufwand in der Ausführung (Abb. 4. 5 Beil. 1). Dass nun die Besitzer ihren Grund schon Jahrzehnte zuvor mit dem Konzept erworben hatten, einmal deutlich anders als ihre Umgebung zu bauen, ist kaum wahr-

---

84 Castagnoli 1959/1960, 105 f. Abb. 6–10; Schumacher 1986, 215 f. Abb. 1; Liverani 1999a, 131 Nr. 57 Abb. 174.
85 Castagnoli 1959/1960, 107 Abb. 7. Nach dem Niveau müssen sie zur Phase des Grabbaus gehört haben.
86 Magi 1966, 208–217 Abb. 1–10; Liverani 1999a, 111–113 Nr. 39 Abb. 151 a. b.
87 Magi 1966, 209 Abb. 1.

88 Magi 1966, 223 Abb. 1.
89 Ob dabei das Gewicht auf dem Circus lag und auf einen »circus-fan« weist, wie Toynbee – Ward-Perkins 1956, 9 f. vorschlagen, sei dahingestellt, Townend 1958, 217. Die Angabe »*in Vatic(ano) ad circum*« könnte auch lediglich den Ort genauer festlegen.

5 Die Bauten der Nekropole. Grundriss (oben) und Ansicht in in der trajanisch-hadrianischer Phase (Mitte) sowie unten Ansicht im 3. Jh. n. Chr. (M. 1:500)

scheinlich. Eher war für das 37 rF breite Terrain zwischen Bau D und G zunächst eine andere Verteilung vorgesehen, vielleicht drei Lose von etwa 12 rF, die in der Folge wiederum verkauft und neu gegliedert wurden[90].

Bei einer von Beginn an idealen Aufteilung würde man überdies von einem Streifen mit gleichbleibender Tiefe ausgehen, damit im Anschluss ein entsprechender Streifen folgen konnte[91]. Die Tiefe der Grabbauten unterschied sich aber deutlich – G mit 18 und F mit 25½ rF –, wobei der Geländeverlauf allein kaum solche Maße favorisiert haben kann[92]. Unklar bleibt auch, warum Bau G um einen halben rF aus der Front hervorgezogen wurde. Aber selbst in der in severischer Zeit vorgesetzten Reihe von Z–Psi schwanken die Tiefen untereinander, wenn auch weniger stark[93].

9. Beispiele für die Aufteilung der Areale in Nekropolen

Vieles bleibt also mangels ausreichender Hinweise ungewiss. Eine geregelte Erfassung des Geländes mit dem Ziel einer optimalen Nutzung der Areale ist dennoch unübersehbar, aber auch eine hohe Individualität im Zuschnitt der Einzelgrundstücke. Eine derartige Erschließung der nutzbaren Terrains stellte keinen Einzelfall, sondern die Regel dar. Die Erschließung des Landes für Bestattungsplätze – verbunden mit einem gewissen Profit aus den Verkäufen – ging offenbar sehr unterschiedliche Wege.

In Ostia etwa wurden vor der Porta Romana Areale mit lockerer Verteilung von Gräbern aus spätrepublikanischer Zeit seit augusteischer Zeit zuneh-

---

90 Bis zur sakralrechtlichen Weihung des Grabes galten für Grundstück und Bauten die privatrechtlichen Regelungen: Kaser 1978, 30–33.
91 Vgl. die sog. Via Celimontana mit einem Streifen von 20 rF Tiefe: von Hesberg 1987a, 46 Abb. 5; vgl. auch den Befund an der Herkulaner Straße vor Pompeji: Kockel 1983, 12 (Plan). Dort wurde 40 n. Chr. ein 30 rF breiter Streifen als Land für Bestattungen ausgewiesen, wobei die Bauten S 16–23 die gebotene Tiefe nicht immer ausschöpften. Zu dem Areal unter S. Sebastiano:

Kammerer-Grothaus 1978, 113–115 Abb. 1. Zu den Vorgängen der Vermessung des Landes: Dilke 1971, 94–97.
92 Allerdings geht auch diese Vermutung nicht schlüssig auf. Zwar besaßen C, D, E und G Tiefen zwischen 18 (C. D. G.) und 20 (E), aber B 22 und F 25½ rF. Das spricht eher dafür, dass B und F mit ihren rückwärtigen Bereichen in den Hang eingetieft wurden.
93 Hinter die Flucht der – allerdings nur erschlossenen – Fronten der Bauten Z und Psi tritt Phi 3 rF zurück.

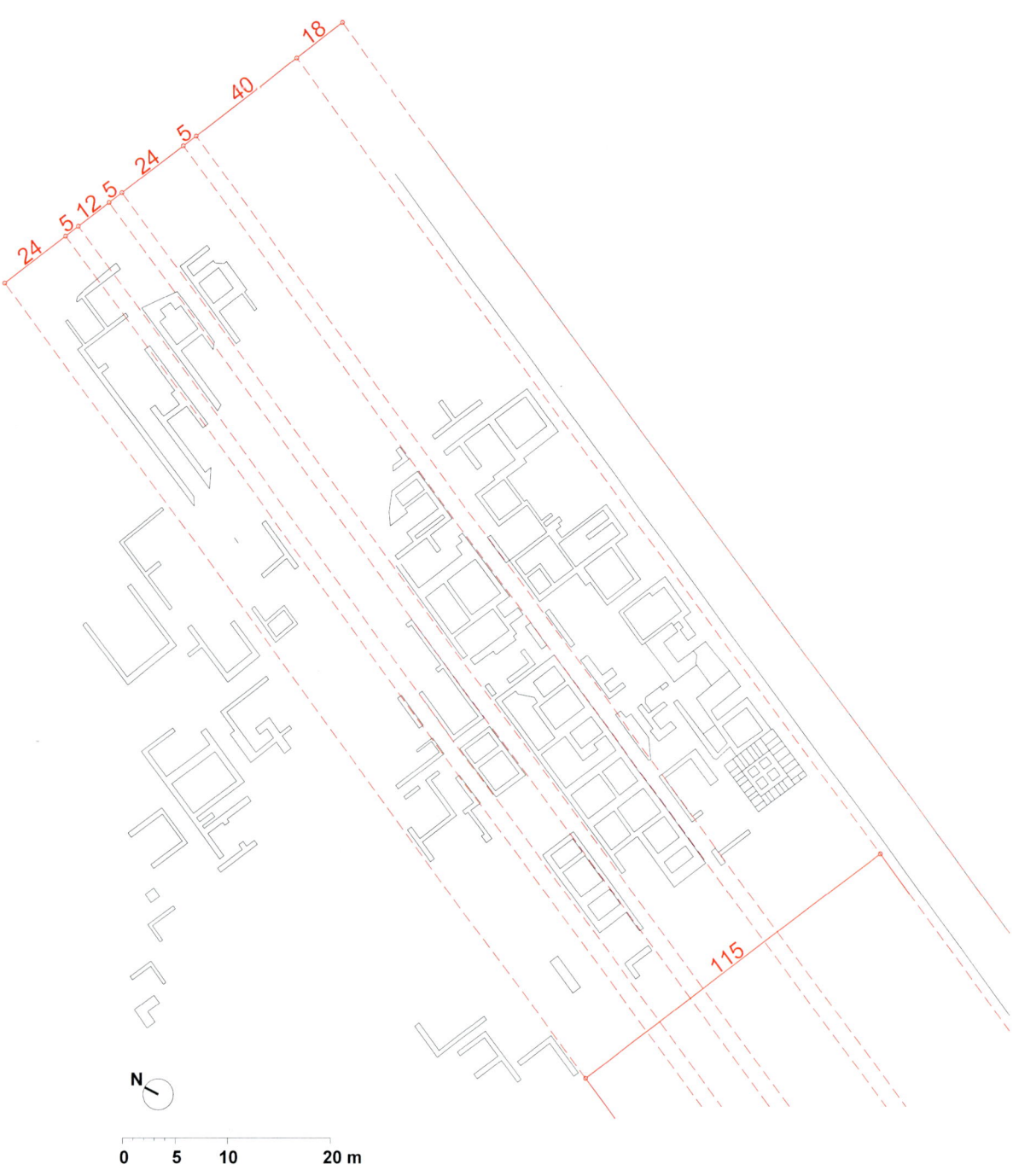

6   Gelände im Bereich der Via Salaria (M. 1:600)

mend durch monumentale Grabanlagen ersetzt[94]. Dabei sind Tendenzen zu einer übergreifenden Disposition zu erkennen, wenn etwa in der zweiten Reihe der Bauten zunächst nur bescheidene Monumente errichtet werden[95]. Ob dabei lediglich die Grundstückpreise den entscheidenden Ausschlag gegeben haben, bleibt wiederum offen.

Insgesamt bilden die Nekropolen verschiedene Muster der Bodenspekulation ab, die aus den jeweiligen Gegebenheiten zu erklären sind. Zum einen gibt es ausgedehnte Areale meist in flachem Gelände, die großflächig regelhaft erschlossen wurden, zum anderen kleine Areale vielfach in hügeligem Gelände, die in ihrer Verteilung der Plätze oft chaotisch wir-

[94] Heinzelmann 2000, 27 Abb. 16. Vgl. die Situation in Pompeji: Kockel 1983, 9 f.

[95] Heinzelmann 2000, 35 Nr. B4 und 16 Abb. 16.

ken und schließlich Einzelplätze, die hier zunächst außer Betracht bleiben.

In den Arealen der Nekropolen vor der Porta Romana und an der Via Laurentina in Ostia konnte Michael Heinzelmann für die Zeit der späten Republik und den Beginn der Kaiserzeit verfolgen, wie sich dort die Gewichtungen in der Position der Grabbauten veränderten. Daran waren verschiedene Faktoren beteiligt, etwa die Aufhöhungen der Niveaus bei den Straßen, die Überbauung älterer Bauten und nicht zuletzt auch bestimmte Konstellationen von Gräbern und ihrer Besitzer[96]. In den frühen Phasen liegen die aufwendigeren Bauten direkt an der Via Ostiense und die einfacheren Anlagen in der zweiten Reihe dahinter, wobei allerdings die Wege breiter bemessen sind als in den Beispielen aus Rom.

Der Ausschnitt aus einer Nekropole im Bereich der Via Salaria, der im Wesentlichen bei Grabungen im Umfeld und unter der Kirche S.ta Teresa am Corso d'Italia freigelegt wurde, bietet ebenfalls ein Beispiel für neue Systematisierung und die Neuaufteilung eines ausgedehnten Areals (Abb. 6), in dem schon zuvor einzelne frühere Bauten mit anderer Ausrichtung standen[97]. In der neuen Erschließung folgen südwestlich einer 5,4 m (18 rF = 5,31 m) breiten, neu ausgerichteten Straße mindestens drei weitere, parallel laufende Wege von etwa 1,5 m Breite (5 rF)[98]. Sie erschließen mit Grabanlagen belegte Streifen von 12 m (40 rF), 7 m (24 rF), 3,5 m (12 rF) und 7 m. Das ergibt insgesamt 115 rF und nähert sich damit den 120 rF des *iugerum* an, das wohl auch hier das Ausgangsmaß für die Bodenveräußerung darstellte[99]. Nach Nordosten hin sind die Befunde spärlicher, aber ein einzelnes, im Abstand von 46,30 m (157 rF = 46,32 m) gelegenes Grab folgt der gleichen Orientierung[100]. Es muss sich folglich um eine großflächige Erschließung gehandelt haben.

Die Disposition insgesamt erlaubte beim Verkauf eine vergleichsweise einfache Orientierung. Die Zugänglichkeit war in solchen Nekropolen schon weniger bequem, vor allem, wenn man an die Durchführung der Rituale und Totenfeiern an bestimmten Jahrestagen denkt[101], an denen viel Publikum die Wege frequentierte.

Die Art der Untergliederung des Terrains im Bereich der Via Salaria erlaubte zugleich, Grundstücke unterschiedlichen Zuschnitts anzubieten und zu verkaufen[102]. Deren Preis resultierte in den Verhandlungen aus verschiedenen Faktoren, etwa ihrer Lage an den Wegen, Verhältnis zu den Nachbarn und anderen Aspekten mehr. Zweifellos bot die Hauptstraße am meisten Platz und kam mit vielen Passanten als Publikum dem Ideal des *locus celeberrimus* nah. Dort lagen auch die einzigen aus Quadern aufgeführten Monumente. Weitere Ausschläge für die Grundstückspreise gaben gewiss die Verfügbarkeit des Bodens, Nähe zur Stadt oder wiederum zu anderen Bauten.

Eine andere Konzeption in der Erschließung eines Terrains für Grabbauten belegt ein 2 km vom Vatikan entferntes, an der Via Aurelia gelegenes Gräberfeld. Sein Plan wurde seinerzeit von Pier S. Bartoli publiziert (Abb. 7)[103]. Unglücklicherweise gibt er keine Maße an und scheidet lediglich durch die Zahlenangabe in seiner Zeichnung die weitgehend erhaltenen Bauten von ergänzten Partien. Nach den Abmessungen einzelner Bestandteile aus den Innenräumen wie etwa Treppen oder Arkosolien lassen sich die Größen ungefähr erschließen. Das spricht m. E. für einen realen Befund[104].

Offenbar lehnte sich die östliche Reihe der Bauten gegen den Hang mit der Villa Corsini, worin sie der Situation in der Nekropole unter St. Peter entspräche[105]. Nach Westen folgen drei unterschiedliche Streifen mit Bauten, die durch drei parallel laufende, 1,5 m (5 rF) breite Wege erschlossen wurden. Sie ähnelten darin den Nebenwegen in der zuvor genannten Nekropole an der Via Salaria (Abb. 6) oder auch der unter St. Peter (Abb. 9). Die Enge spielte offenbar keine Rolle.

Einen Anhalt für Maße vermitteln die Angaben in den Inschriften, etwa der Pomitina Stratonice, die

---

96 Heinzelmann 2000, 33–48 Abb. 15–24.
97 Carta 1964, 50–61 Abb. 1 Taf. 1C; Lissi Caronna 1969, 72–77 Abb. 1–5; von Hesberg 1987a, 50 Abb. 7; Cupitò 2001, 47–50 Abb. 4; Cupitò 2007, 54–59 Abb. 2. 19. 63–66 Plan; Cupitò 2008, 39 f. Abb. 14. 15.
98 Die Breite findet sich auch anderswo: Vaglieri 1907, 13 Abb. 2 (mit zwei parallel verlaufenden Wegen, die zwei Reihen von Grabbauten mit jeweils 12 rF Tiefe bedienen). Es handelte sich um *privatae*: Möller 2014, 71–74. Ein gut gekennzeichnetes Beispiel von der Cassia: Mancini 1911, 66 Abb. 2.
99 In größerer Distanz zur Hauptstraße ergeben sich auch Abweichungen in der Ausrichtung, ohne dass sich dort ein anschließendes Erschließungssystem zu erkennen gibt.
100 Lissi Caronna 1969, 72 f. 112 (tomba I) Abb. 1. 2. 57–59.
101 Ortalli 2011, 211–214.

102 Das gilt noch mehr, wenn man die ganze Region der Salaria in den Blick nimmt, an der sich überall die Reste vergleichbarer Aufteilungen abzeichnen: Vaglieri 1907, 13 Abb. 2; 91 Abb. 1 (Bau D mit 15 × 20 rF); Fornari 1917, 95 Abb. 1; Lugli 1917, 289 Abb. 1.
103 Bartoli 1697, Taf. 3; Calza 1977, 22–26; von Hesberg 1987a, 51 Abb. 9; De Angelis Bertolotti 1989/1990, 277–279; Verrando 1995, 31–40 Abb. 1 Taf. 1; Ciancio Rossetto 2001, 178 Abb. 176. 177.
104 Die Glaubwürdigkeit der Zeichnungen ist von Rodolfo Lanciani in Zweifel gezogen worden, der sie für eine Zusammenstellung unterschiedlicher Befunde hält: De Angelis Bertolotti 1989/1990, 277–283.
105 Bartoli 1697, Taf. 4. Allerdings kehrt die dort gegebene Konstellation nicht im Grundriss Taf. 3/5 wieder. Zur Topographie insgesamt: Ciancio Rossetto 2001, 178 f.

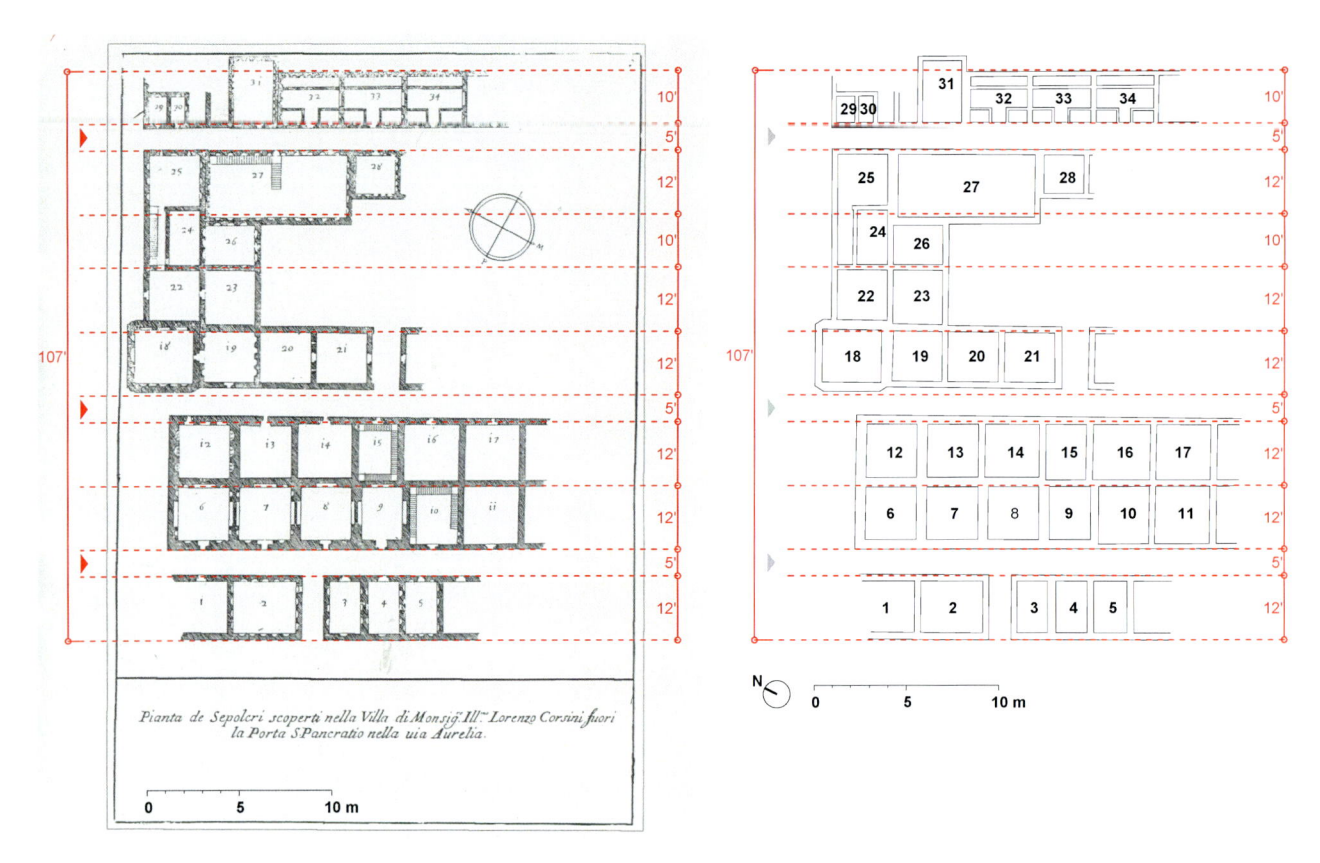

7   Gelände an der Via Aurelia (M. 1:400)

»*Monumentum et Viridiarium*« mit 23 × 12 rF erwähnt[106], oder die der Racilia Eutychia mit 12½ × 12 rF[107]. Daraus folgt eine Tiefe der Streifen von 12 rF, die man für die ersten vier Reihen mit den Bauten 1–5, 6–11, 12–17 und 18–21 ansetzen kann. Die Bauten 22–28 liegen zwar ebenfalls im Verbund mit einer Gesamttiefe von 32 rF, aber nicht mehr in klar gegliederten Reihen, während die Bauten 29–34 eine Reihe bilden und unterschiedlich tief gegen den Hang auslaufen. Die Anlage der Pomitina maß etwa 6,8 × 3,5 m, was in diesen Proportionen im Plan Bartolis nicht zu finden ist. Das Grab wird damit möglicherweise an anderer, in seinem Plan nicht erfasster Stelle zu suchen sein.

Die Gesamttiefe des von Bartoli dokumentierten Terrains liegt bei 107 rF, also wiederum nahe an den 120 rF des *iugerum*, wobei die Ungenauigkeit der Aufnahme weitere Spekulationen überflüssig macht[108]. Kurios in ihrer Kleinheit sind die Bauten 29 und 30, die zusammen eine Breite von 1,9 m (= 6½ rF), und eine Tiefe von 2 m (7 rF) aufweisen. Eine auffällige Gruppe bilden die querrechteckigen Bauten 27 (7,9 × 4 m = 27 × 14 rF) oder 32–34 (12 × 10 rF), zu deren Disposition der erwähnte Bau der Pomitina Stratonice mit seinen inschriftlich bezeugten 23 × 12 rF passt. Vielleicht wollte man auf diese Weise Raum für *viridiaria* schaffen[109].

Aufschlussreich ist in dieser Nekropole die Reihe der Querverbindungen, die untereinander kein klares Gitter in der Art eines Schachbretts bilden, sondern eher zufällig eingefügt wirken. Möglicherweise also kauften einzelne Personen größere Areale, die auf allen Seiten von Wegen begrenzt waren, und veräußerten sie weiter. Das würde die relative Homogenität innerhalb der jeweiligen Abschnitte erklären.

Käufer mit einer festen Vorstellung, wie ihr zukünftiger Grabbau auszusehen habe, oder mit dem Wunsch, sich in der Nähe von Bekannten einzurichten, konnte in diesem breiten Angebot jeweils ein passendes Grundstück wählen. Immer wieder wird deutlich, dass man die Areale nach Möglichkeit in Streifen teilte, um so die Zugänglichkeit über die

---

106   CIL VI 7787. Zu den *viridaria* und anderen Benennungen von Gärten und Pflanzenarrangements: Gregori 1987/1988.
107   CIL VI 7788.
108   Vgl. auch die Inschrift CIL VI 7803 (p 3852). Ein Q. Caecilius kauft im »*Monumentum Palangiorum in agro Fonteiano, quod est via Aurelia in clivo Rutario parte sinisteriore*« und darin zehn Columbaria mit 40 *ollae*.
109   Unklar bleibt allerdings die Treppe in 27, deren Verlauf nicht zu einem Hypogäum passt. Zu Grabgärten: Gregori 1987/1988 (der Begriff »*viridiarium*« kommt dabei nicht vor).

8 Ostia Isola Sacra, Aufteilung des Geländes (M. 1:1000)

Wege zu gewährleisten. Die unterschiedlich breiten Streifen ermöglichten in der Folge ein vielfältiges Angebot an Grundstücken.

Die Situation auf der Isola Sacra gewährt zusätzliche Einblicke in die Vorgänge des Bodenerwerbs und der -veräußerung, da hier größere Flächen freigelegt wurden (Abb. 8)[110]. So scheint die Ausrichtung und Positionierung der Grabbauten in der trajanisch-hadrianischen Phase ebenfalls von der ursprünglichen Aufteilung des Geländes beeinflusst worden zu sein. Anders wäre die schräge Ausrichtung einer größeren Zahl an Bauten kaum erklärbar. Die Orientierung variiert zwar leicht und im Laufe der Zeit ging die Bindung daran vollständig verloren, aber den ersten Bauten ist die ursprüngliche Vermessung des Geländes – ähnlich etwa den Villen an der Straße nach Herculaneum in Pompeji[111] – noch deutlich abzulesen[112]. Wahrscheinlich ging es also auch hier zunächst um den großflächigen Verkauf von Arealen, die von einzelnen Maklern parzelliert an ihre Kunden veräußert wurden. Nach Calza waren darunter häufig auch Frauen[113].

Die größeren Grabbauten werden dabei mit einem gewissen Abstand zur Straße angelegt (etwa 15 m = 50 rF). Ferner fällt auf, dass die größeren Anlagen in dieser Phase fast alle aus zwei Kammern bestehen, während die kleineren (Nr. 77–79. 81) Liegebänke vor der Tür besitzen. Das Totenmal wurde nach außen sichtbar, aber doch in einigem Abstand von der Straße vor den Fassaden zelebriert[114].

Zugleich wird das zur Verfügung stehende Gelände nicht vollständig in der Form ganzer *iugera* auszustecken gewesen sein. Immer wieder ergaben sich jeweils Reststücke, die der Besitzer analog erschloss und veräußerte[115], oder auch einzelne Streifen[116] bis hin zu winzigen Parzellen etwa von 3 × 12 rF an einer nur inschriftlich erwähnten *via privata* zwischen zwei *fundi*[117], die ebenfalls in ihrer Gesamtheit verkauft und dann weiter veräußert wurden.

Von der zweiten Kategorie der Aufteilung mit begrenzten Arealen in oft hügeligem Gelände, vermitteln etwa die Ausschnitte an der Via Triumphalis oder an der Via Portuensis eine Vorstellung. Die Verteilung der Plätze wirkt vielfach chaotisch, weil im-

---

110 Calza 1940, 21–28 Taf. 2. 3; Baldassarre 1984, 143 f. Abb. 13, behandelt die Abfolge in der Errichtung der Grabbauten. Zu den wenigen Indizien für die Bodenaufteilung: Germoni 2011, 236–241 Abb. 12.4 und 12.5; Germoni u. a. 2019, 158 f. Abb. 8. 9. Zur Erwähnung von zwei *iugera* in einer Grabinschrift, die sich auf das Testament eines P. Manius Faustus bezieht: Laubry 2019, 355.
111 Zevi 1982; Kockel 1986, 546.
112 Allerdings haben die Landaufteilungen in diesen Bereichen nicht die Ausrichtungen der Grabbauten bestimmt, sondern sie waren wie auch die Tabernen an der Straße orientiert: Kockel – Weber 1983, 55. 66 f. Abb. 1.
113 Calza 1940, 270.
114 Bei einigen der größeren Bauten gab es dafür offenbar vorgelagerte Höfe: Calza 1940, 317–335 Nr. 54. 75. 76 u. a. Zur Bedeutung: Heinzelmann 2000, 70–72; Braune 2008, 86–93.

115 Vgl. Cic. ad Att. 12, 25, 3.
116 Aus solchen Konditionen mögen sich auch bisweilen merkwürdige Gestaltungen der Grabanlagen erklären, etwa des Baus 11 unter S. Sebastiano an der Appia, bei der die Kammern mit einer Erstreckung von 5,95 × 3,55 m (37 × 12 rF) in die Breite gelagert sind. Die Tiefe war vorgegeben und die Käufer mussten deshalb in die Breite gehen: Kammerer-Grothaus 1978, 128–132 Abb. 9. Der Wert solcher Reststücke ist deshalb nicht zu unterschätzen. Vgl. in Pompeji etwa einen 30 rF tiefen Streifen an der Straße nach Herkulaneum zwischen der sog. Villa di Cicerone und der Villa di Diomede, in dessen Innern die einzelnen Bezirke durchaus unterschiedlich angelegt wurden: Kockel 1983, 10 Anm. 88. 70–111 Abb. 5. 9. 11 (Plan).
117 CIL VI 5631. Die Nutzung des Streifens wird allerdings nicht genannt.

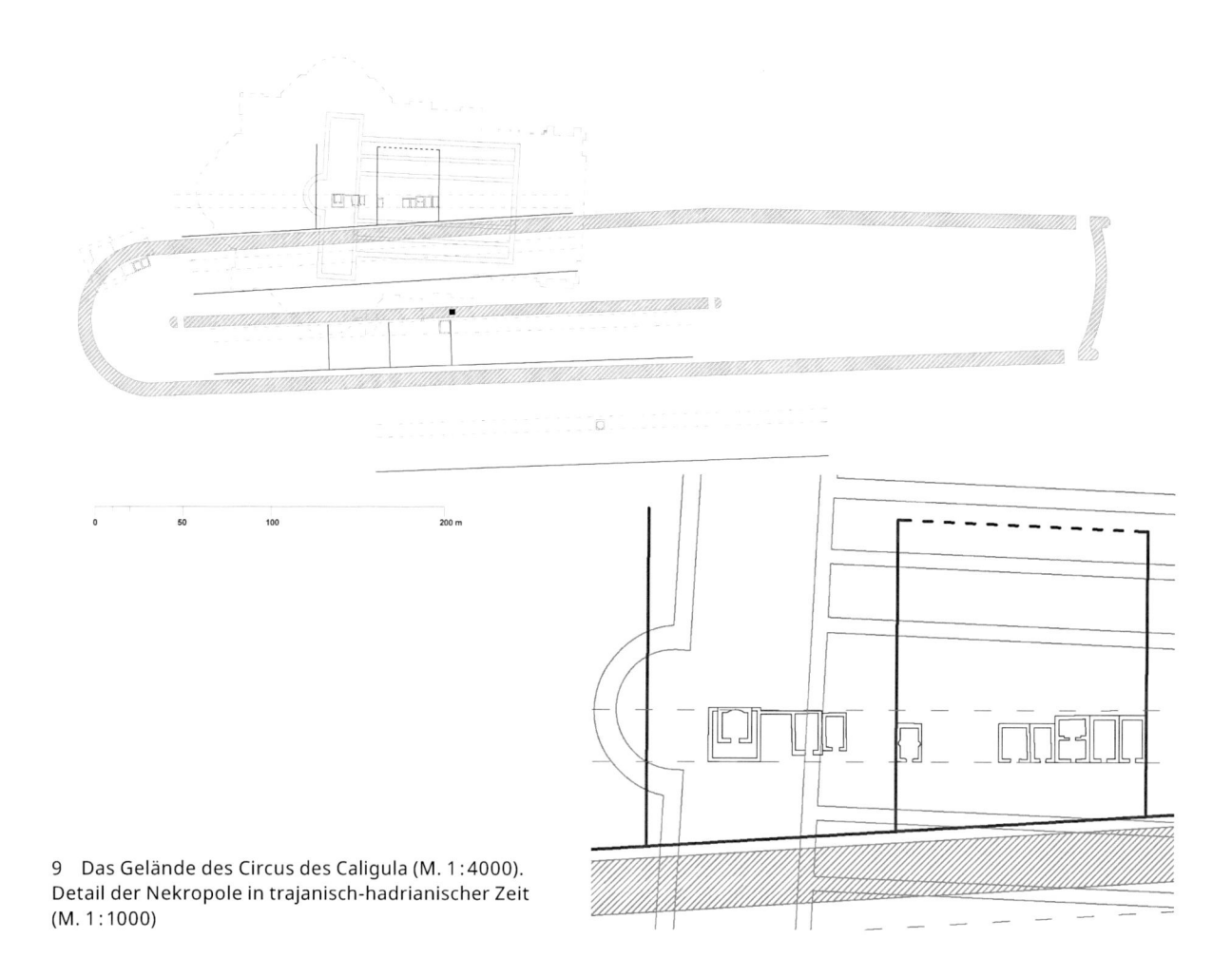

9 Das Gelände des Circus des Caligula (M. 1:4000).
Detail der Nekropole in trajanisch-hadrianischer Zeit
(M. 1:1000)

mer nur sehr punktuell zwischen einzelnen Gruppen räumliche Ordnungen erstrebt werden konnten. Deren Regelwerk wäre – wenn überhaupt – nur mühsam zu erschließen. Die Grundstücke besaßen dabei auch nicht immer einen rechteckigen Umriss[118].

In allen Fällen wird man von vielen unterschiedlichen Formen der Aufteilung des Geländes und seiner Veräußerung für Grabanlagen ausgehen[119]. Gerne erführe man mehr über Preise und Gewinne, die im Einzelnen auf den jeweiligen Märkten erzielt wurden. Aber dazu schweigt die Überlieferung.

10. Die Bodenverteilung im Areal unter St. Peter

Im Areal der Nekropole unter St. Peter (Abb. 1. 2. 9) könnten also – wie skizziert – Parzellen in der Untergliederung von *iugera* (120 × 240 rF) an Grundstücksmakler verkauft worden sein. Denn die Reihe der Grabmäler A–G erreicht eine Gesamtbreite von 108 rF[120] und zusammen mit dem nicht bekannten des Ulpius Narcissus von möglicherweise 12 rF insgesamt dann 120 rF (35,40 m) (Abb. 4. 5). Vielleicht hatten sich auch befreundete Familien zusammengeschlossen, das Gelände erworben oder sich mit dem Makler auf eine schlüssige Verteilung geeinigt. Dabei kam es dann in der Folge zu steten Korrekturen, bei denen sich die Besitzer der Einzelgrundstücke immer wieder neu untereinander absprechen mussten.

Ursprünglich wird die Aufteilung von den Geschäftspraktiken der Makler bestimmt gewesen sein. Denn der Makler im benachbarten Abschnitt von Grabbau I–R (Abb. 11), das als Areal insgesamt eine in der Achse leicht abweichende Ausrichtung besaß, die möglicherweise durch die Geländeverhältnisse be-

118 CIL VI 7879. Wobei die Gestalt und Verteilung der Grundstücke nach den Angaben besser offen bleibt.
119 An dieser Stelle sei zusätzlich auf die ›Ehrengräber‹ auf einem *locus publicus* hingewiesen: Kockel 1983, 12–14. Zu Rom: Waurick 1973, 108–112; Wesch-Klein 1993, 6–19. 83 f.; Antico Gallina 1997, 205–224.

120 Die Reihe A–G setzt sich aus 15 (aus Achsmaß für A erschlossen), 17, 12, 15, 15, 22 und 12 rF zusammen (insgesamt 108 rF).

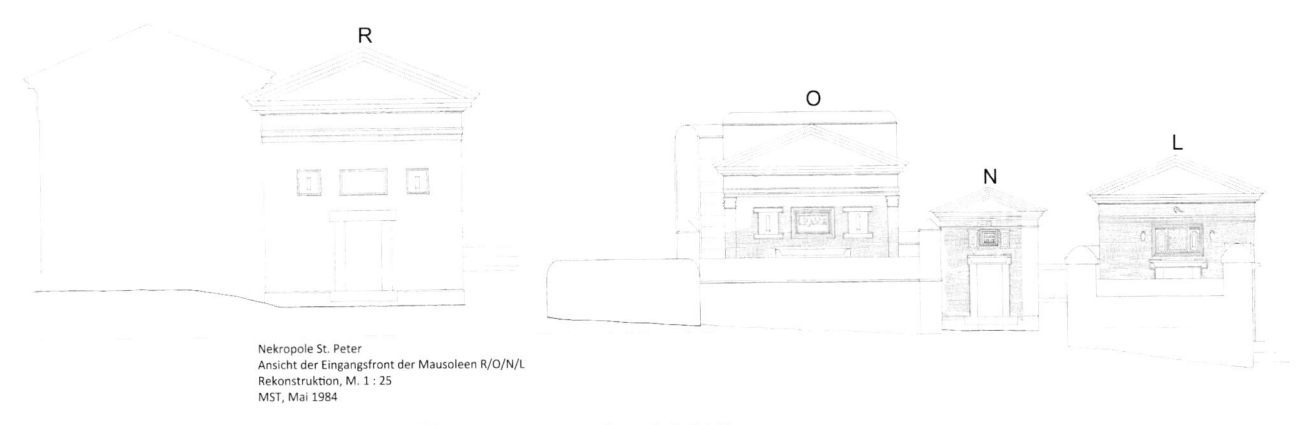

10 Ansicht der Eingangsfronten der Grabbauten R, O, N und L (M. 1:200)

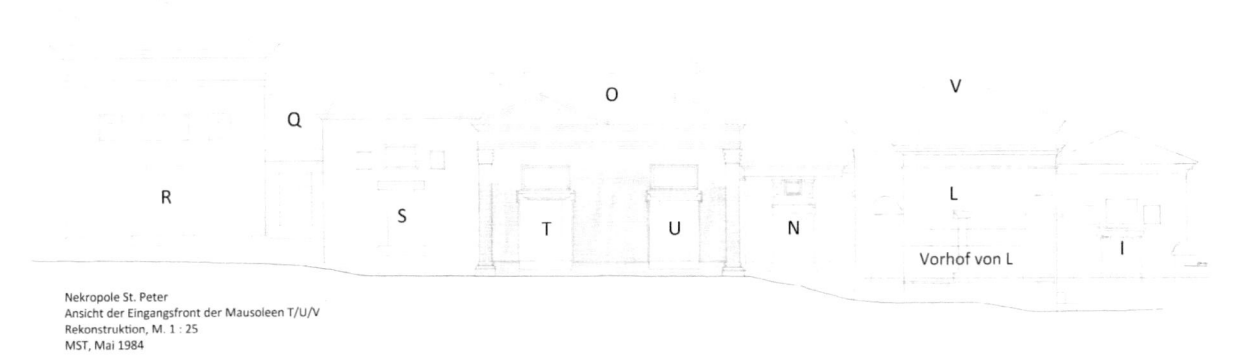

11 Ansicht der Eingangsfronten der Grabbauten R, Q (hintere Reihe) S, T, U, N, V und L (angedeutet hinter V) sowie I (M. 1:200)

dingt war (Abb. 2. 9)[121], verfolgte eine andere Verkaufsstrategie. Der Eingang zu dem Vorhof der Grabanlage O hat seinen Eingang nicht an der Front im Süden, sondern im Osten (Abb. 10). Schon zuvor waren möglicherweise kleine Grundstücke veräußert worden. Gleichzeitig oder etwas früher schloss sich auf dieser Seite Grabbau N mit 2,65 m Breite und einer Tiefe von ca. 3,50 m (9 × 12 rF) direkt an[122].

Im Abstand von etwa 1,65 m zur Ostwand von N entstand der von einer Familie der Caetenni in Auftrag gegebene Grabbau L[123]. Sein Bau besitzt real eine Grundfläche von 4,25 × 5,85 m (14½ × 20 rF = 4,28 × 5,90 m). Auf seinen Türpfosten war allerdings für die Front (*in fronte*) 14 und für die Tiefe (*in agro*) 19 rF angegeben. Bei Grab C (12 × 15 rF) stimmen Angaben der Inschrift und die realen Abmessungen überein[124]. Bei I hingegen differiert die Tiefe, die in der Inschrift mit 15 vermerkt ist, real aber 18 rF beträgt[125]. Offenbar schöpften die Bauunternehmer die vorgegebenen Maße großzügig aus, allerdings nicht, wie man erwarten könnte, als Ergebnis vielleicht von Messfehlern, sondern wiederum in Fußmaßen. Es geschah also bewusst[126].

M. Caetennius Hymnus von L war entweder ein Sohn oder eher ein Freigelassener des M. Caetennius Antigonus von F. Er konnte es sich leisten, einen eigenen Grabbau zu errichten und erstrebt die Nähe zum Grabbau seines Vaters oder Patrons (Abb. 10)[127]. Der Zusammenhalt der in hadrianisch-antoninischer Zeit errichteten Monumente im Umfeld von Grabbau O bleibt nicht ganz leicht zu verstehen, denn U und T schmälern die Wirkung von O (Abb. 11). Der

---

121 Solche Abweichungen scheinen die Regel zu sein, wie etwa die Villen an der Straße vor dem Herkulaner Tor in Pompeji, Kockel 1983, 9 f. 212 Gesamtplan, oder die Grabbauten auf der Isola Sacra belegen, s. o. Anm. 36.
122 Apollonj Ghetti u. a. 1951, 37–39 Abb. 19 Taf. 6; Mielsch 2011, 387–397.
123 Apollonj Ghetti u. a. 1951, 29–35 Abb. 11–17 Taf. 3. 4; Toynbee – Ward Perkins 1956, 64 f.

124 Mielsch – von Hesberg 1986, 39.
125 Mielsch – von Hesberg 1995, 209 Taf. 25. 36.
126 Anders Apollonj Ghetti u. a. 1951, 36 f. Ob es eine Toleranzgrenze bei Messungen gab, etwa die 5 rF bei Grenzen im Gelände, Focke Tannen 1974, 191–195, bleibt unwahrscheinlich, denn andernfalls wäre sie wohl häufiger genutzt worden.
127 Mielsch – von Hesberg 1995, 94. Vgl. hier den Beitrag Eck S. 134 f. 145.

Platz zwischen den Bauten selbst war später durch Ziegelplatten gepflastert[128].

Bau L wurde durch eine Mauer mit dem charakteristischen Querschnitt wie beim Vorhof von H, in der Urnennischen saßen, von dem Platz vor dem Eingang zu Grabbau O abgetrennt (Abb. 4. 10. 11)[129]. Bau V muss folglich später entstanden sein, andernfalls wäre nicht zu verstehen, warum dort im Bereich der Vorhofsmauer von L keine Ziegelverschalung zu finden ist. Der Vorplatz zwischen L und V konnte schwerlich schon zum ursprünglichen Areal des Baus L gehören, zumindest wäre dann die Geländeangabe in der Inschrift noch problematischer.

An Grabbau S ist ebenfalls mit einem später hinzugefügtem Vorhof zu rechnen, wie die Wand an der Ostseite von T nahelegt. Dort zeichnet sich ähnlich wie auf der Rückwand des Baus V eine 1,9 m breite und 1,4 m hohe (6½ × 4½ rF = 1,92 × 1,33 m) Fläche ohne Ziegelverkleidung ab. Bau S war deshalb wohl ein Vorhof mit Nischen vorgelagert (Abb. 11)[130]. Der Hof wurde also in einem zweiten Zug – aber vor T – errichtet, denn auf der Fassade von S finden sich ähnlich wie auf der von H keine Spuren von Maueranschlüssen. Bei H deutet sich mit der 23½ rF breiten Fassade ein ähnliches Problem wie bei L an[131]. Ihr gegenüber wurde der Vorhof – mit Außenmaßen von 7,63 × 4,45 m (26 × 15 rF = 7,67 × 4,43 m) – um 2½ rF verbreitert[132]. Möglicherweise wurden die Vorplätze von H, L und S später hinzugekauft, da sie zumindest bei L nicht in der ursprünglichen Inschrift erscheinen bzw. mit der dort angegebenen Breite der Fassade korrespondieren.

Anders war offenbar der Bau des T. Furius Zosimus organisiert, der in diesem Abschnitt der Nekropole zu suchen ist und von dessen Disposition nur noch die Inschrift eine Vorstellung vermittelt. Danach erstreckte er sich *in fronte* 13 und *in agro* 35½ rF (3,84 × 10,47 m) und besaß auf der Rückseite eine Einfriedungsmauer (*a posteriore maceria cinctum*)[133]. Die extrem gelängte Disposition legt nahe, dass dieser Hof in den Gesamtmaßen enthalten ist, so dass sich eine ausgeglichene Tiefenerstreckung von etwa je 17–18 rF zwischen den Teilen ergab. Anders als bei B und D saßen die *tituli* auch rückwärtig versetzt auf der Fassade der Bauten und waren dort weniger gut wahrzunehmen[134].

Immer wieder mussten sich die Besitzer bei solchen Nutzungen und Erweiterungen auf geeignete Lösungen einigen[135]. In jedem Fall aber fällt die Verteilung der Bauten von H bis R im Gelände sehr viel lockerer aus, denn anders als im Bereich der Grabbauten A–G sind die Fassaden gestaffelt und verschränkt.

Dazu passt, dass an den Hof von O auf drei Seiten die erwähnten Bauten (N, S, T und U) anschlossen (Abb. 4. 11). Danach folgte deutlich später Bau M. Insgesamt aber handelt es sich auch hier um Aufteilungen in einfache Beträge von römischen Fuß, etwa von G nach O mit 55,5 rF[136], während die Breite des Bezirks vor O selbst 25 rF beträgt[137]. Auch dieses Gelände wurde folglich parzelliert verkauft und von den neuen Besitzern weiter veräußert.

Auf eine Breite eines *iugerum* von 120 rF gibt es zwar wiederum keine exakten Hinweise, denn die genannten Beträge einschließlich der Grabbauten H und O mitsamt der Breite des *clivus* und des nur in seiner Osthälfte erkennbaren Baus R kommen auf 102 rF. Es wäre aber in dieser Konstellation nach Westen hin noch Platz für einen weiteren Bau von 18 rF Breite gewesen, denn die Nekropole setzte sich auch in dieser Richtung fort. Das belegen die Reste der Grabbauten unter S. Stefano degli Abessini, die bei anderer Ausrichtung zum Hang etwa 90 m hinter der Apsis von St. Peter anschließen (Abb. 1)[138]. Offenbar lassen sich dort noch fünf Bauten unterscheiden, wobei die dokumentierten Reste allerdings wenig aufschlussreich sind. Nach der Lage der Kirche müssten diese am Rande der Circuskurve gelegen haben[139].

Der Besitzer von O erstrebte ursprünglich einen Grabbau, der im Vergleich mit jenen in der Nachbarparzelle etwas größer war, einen ummauerten Bezirk besaß und an einem höheren Punkt des Hanges

---

128 Apollonj Ghetti u. a. 1951, 63.
129 Apollonj Ghetti u. a. 1951, 63–65 Abb. 42. 43. 45.
130 Von den Ausgräbern wurde dort ein Erdschüttung angenommen, die als Verschalung gedient haben soll. Apollonj Ghetti u. a. 1951, 76 Abb. 50. 53 Taf. 23. Vgl. dazu aber Mielsch 2011, 397 Abb. 15, der den Befund als Terrassenmauer versteht.
131 Siehe hier den Beitrag Eck S. 134. Die Fassade misst 6,98 m und ist damit 5 cm breiter als das angegebene Fußmaß.
132 Mielsch – von Hesberg 1995, 142.
133 Eck 1986, 274–276 Nr. 27 Taf. 22.
134 Allerdings ist auch mit zweifachen *tituli* wie bei der Anlage des L. Flavius Diodorus zu rechnen: Eck 1989, 68 f.
135 Vgl. im Beitrag von Hesberg S. 152 f.
136 Abstand von G nach O 55,5 rF = 23½ (H) + 12 (I) + 14½ (L) + 5½ (M) + 9 (N). Übrigens wäre das auch für die Tiefenerstreckungen belegbar. Von der Front von O zu N sind es etwa 10 rF.
137 Apollonj Ghetti u. a. 1951, 63 Taf. 106. Daraus sind die Maße genommen.
138 Apollonj Ghetti u. a. 1951, Taf. 104; Krautheimer u. a. 1977, 178 Abb. 146; Liverani 2000/2001, 139 Abb. 1.
139 Krautheimer u. a. 1970, 193 f. Taf. 11; Liverani 1999a, 153 Nr. 76 Abb. 1. 198–200 (Plan). Die Kammern, die sich mit Hilfe der einzelnen Mauern abzeichnen, könnten zumindest auf Grabbauten der üblichen Größe weisen. Zu weiteren Hinweise auf Gräbern in diesem Bereich: Liverani 1999a, 152–155 Nr. 75. 80–82.

liegen sollte. Zusätzlich stattete er den Bau als erster mit einer Dachterrasse aus (Abb. 4. 10)[140]. Es ging also um eine stärkere Wirkung im Gegensatz zu den Bauten in der Reihe von A–G. Einige Jahrzehnte später mit den anderen Bauten ringsum relativierte sich dieser Effekt. Aber in der ersten Hälfte des 2. Jahrhunderts hatte ein potentieller Käufer eines Grundstücks die Wahl zwischen individueller Ausgestaltung mit einem eigenen Bezirk wie in O oder im Nachbargrundstück mit einem Reihenbau in einer klaren Aufteilung der Gesamtanlage.

Damit kamen für die Käufer der Grundstücke grundsätzliche Überlegungen ins Spiel. Die Entscheidung für eine bestimmte Nekropole war eng mit einer Entscheidung für eine bestimmte Art und Position der Grabanlage verknüpft. Es wird keine Norm gegeben haben, aber – wie die erhaltenen Beispiele belegen – wollte man sich in der Abfolge der Bauten einfügen und nicht völlig aus der Reihe fallen. Das bestimmt auch im 2. und 3. Jahrhundert n. Chr. das Erscheinungsbild einzelner Abschnitte der Nekropolen. Zugleich war der Wunsch davon geleitet, wen oder welche Familie man in seiner Nähe haben wollte[141].

Schließlich wird auch der Nießbrauch der Umgebung eine Rolle gespielt haben, etwa wie man Teile der Wege oder des offenen Geländes nutzen konnte[142]. Denn im Gegensatz zum gerade beschriebenen Areal von S–H blieb im Abschnitt A–G das Vorfeld nach Süden hin in Richtung Zuschauerränge des Circus zunächst frei. Ab frühseverischer Zeit folgte die Bebauung mit einer weiteren, zunächst locker verteilten Reihe der Bauten von Z, Phi bis Chi (Mitte 3. Jahrhundert n. Chr.) (Abb. 4). Wurde dieses Areal zunächst freigelassen, weil es zuvor die Besitzer der nördlichen Grabreihe nutzten, etwa für Bankette oder Totenfeste[143]? Oder sind dort Erdbestattungen zu vermuten wie etwa vor dem Grabbau auf der Spina[144]? Eine Klärung wäre nur über Grabungen möglich, die aber die beengten Verhältnisse kaum zulassen.

Auch die Ableitung des Regenwassers musste zwischen den Besitzern geregelt werden; die Leitung vor S, die unter T und U verlaufen soll[145], vermittelt davon einen Eindruck. Solche Leitungen finden sich vereinzelt auch andernorts, etwa an der Salaria[146], sie weisen auf ein grundsätzliches Problem hin. Denn auch bei der Anlage der Dächer war auf eine funktionstüchtige Entwässerung zu achten. Das gilt auch schon für die Bauarbeiten. In dieser Hinsicht ist wohl ein Dachziegel in der Fassade des Baus E, der unter die Traufe von G geschoben wurde, zu verstehen[147]. Diese Lösung kann eigentlich nur dazu gedient haben, in einer Zwischenperiode Wasser abzuleiten und die darunter liegende Mauer, deren Caementitiumkern noch abbinden sollte, zu schützen.

Ferner muss es bei der großen Zahl der Brandbestattungen auch *ustrina* gegeben haben. Denn einmal abgesehen von den Brandbestattungen fand sich in einigen Urnen in E Reste der Verkleidungen aus Bein wohl der Totenbetten mit Brandspuren[148]. Ihre Position ist aber völlig unklar und auch in anderen, vergleichbaren Nekropolen nicht leicht zu bestimmen[149]. Überdies wechseln offenbar auch die Konzepte, solche Verbrennungsplätze in die Grabanlagen zu integrieren[150].

Als die Reihe der Bauten Z–Psi ab frühseverischer Zeit hinzukam (Abb. 4), waren deren Flächen wiederum in römischen Fuß berechnet, also Z (5,83 × 5,95 = 19¾ × 20 rF), Phi (5,04 × 5,31 = 17 × 18 rF), Chi (3,23 × 4,20 m = 11 × 14 rF) und Psi (Maße nur erschlossen[151]: 20 × 19–20 rF). Wichtiger aber für die Disposition im Gelände waren die Zwischenräume,

---

140 Apollonj Ghetti u. a. 1951, 43–52 Abb. 23–34 Taf. 9–15.
141 Siehe Anm. 53 und 141.
142 Dazu Kaser 1978, 65 f. 81 f. Ein Überblick auch bei Engels 1998, 163. De Paolis 2010, 603–609, hat die unterschiedlichen Begriffe für Zugänge zum Grab in den Inschriften aus Ostia zusammengestellt.
143 Es wäre reizvoll, den entsprechenden Indizien wie etwas den Öffnungen für Gussspenden, Bänken für Gaben und Beigaben in der Nekropole unter St. Peter nachzugehen. Zu Ostoria Chelidon vgl. oben Anm. 48 und hier den Beitrag Boschung S. 122 f. Die Beigaben sind im übrigen unzureichend publiziert. Bei Einzelgräbern wurden sie mit ins Grab gelegt, wie die Befunde von Grab Theta und von Nr. 28 im Bezirk vor der roten Mauer anzeigen. Dort sind den Toten bei den Bestattungen im 1. Jahrhundert n. Chr. Lampen, Gläser, Eier und möglicherweise auch Fleischstücke mitgegeben worden: Guarducci 1956/1957, 131–136. Zur Aussage der Beigaben und dem Wandel in den Gepflogenheiten: Heinzelmann 2000, 97–101; Van Andringa 2021, 99. – Zu den unterschiedlichen Festen, den dafür erforderlichen Einrichtungen und Beigaben: Jastrzębowska 1981, 180–186; Heinzelmann 2000, 70 f.; Lindsay 2000, 166 f.; Schrumpf 2006, 100–107; Caliò 2007, 296 Anm. 26 (Bibliographie); Braune 2008, 157–164; Liverani – Spinola 2010, 24–36. 188–196 Abb. 7–10. 34. 36–46; Zander 2014, 132–136. Zu den finanziellen Aufwendungen dafür vgl. die viel diskutierte Inschrift der Iunia Libertas aus Ostia, die 100 Sesterzen für die jeweiligen Feste vorsieht: De Visscher 1963, 240 f. 250 Anm. 23 (Vergleiche); Laubry 2019, 348 Anm. 4 (Bibliographie).
144 Siehe Anm. 87.
145 Apollonj Ghetti u. a. 1951, 76.
146 Lugli 1917, 298 f. Abb. 1.
147 Mielsch – von Hesberg 1995, 72 f. Taf. 36. Zu den möglichen rechtlichen Implikationen solcher Nachbarschaften: Rainer 2002, 34 f.
148 Zander 2016/2017, 668–671 Abb. 22. 23.
149 Calza 1940, 53 »non è stata trovata alcuna traccia di *ustrinum*«; Heinzelmann 2000, 97 f.
150 Heinzelmann 2000, 99 f.
151 Mielsch – von Hesberg 1995, 275 Taf. 39.

die zwischen Z und Phi 90 cm betragen, zwischen Phi und Chi 145 cm und zwischen Chi und Psi etwa 150 cm, also 3 und 5 rF. Es kam folglich in der ersten Phase darauf an, Durchgänge freizuhalten, die in ihrer Breite dem Gang vor den Grabbauten A–G etwa entsprachen. Dabei sind gewisse Nachlässigkeiten nicht zu übersehen, etwa wenn Bau Phi mit seiner Rückwand 30 cm aus der Rückfront nach Norden hin oder Chi um 5 cm aus seiner Mittelachse abweicht. An den Rückwänden der Bauten Phi und Psi wurden kleine Bänke wohl zur Ablage von Gaben aufgemauert, die sich wiederum in Fußmaße einfügen.

Der Nachweis der Maßeinheiten diente in den bisherigen Überlegungen nicht als Selbstzweck. Vielmehr spricht die Menge der klaren Einmessungen für eine entsprechende Planung, die von den Besitzern und Nutzern des Terrains in Details immer wieder neu angegangen wurde. Ungewiss bleiben dabei die Personen, die über das Land verfügen und gegebenenfalls auch die Lösungen gewährleisten[152]. Denn es kam im Laufe der Nutzung zu neuen Konstellationen, etwa den Vorhöfen vor Bau L und S (Abb. 4)[153]. In einer dieser Maßnahmen wurde der Hof vor N und O mit Ziegeln gepflastert[154]. Hier könnte man sich also eine Absprache der beteiligten Besitzer vorstellen, die einerseits Zugeständnisse machten, also z. B. auf Durchgänge verzichteten, sich das aber mit einer Verbesserung an anderer Stelle kompensieren ließen.

Das gilt nicht zuletzt für die Bauten aus der letzten Phase der Nekropole im späteren 3. und zu Beginn des 4. Jahrhunderts. Sie nutzen die bestehenden Wände ihrer Nachbarbauten, so dass sie eigentlich nur aus Vorder- und Rückwand und Dach bestanden. Das wegen seines Deckenmosaiks prominenteste Beispiel stellt Bau M dar[155], aber zwischen Phi, Chi und Psi entstanden ähnliche Anlagen mit ungewöhnlich langgestreckten Grundrissen[156]. Es ist schwer vorstellbar, dass sie in der Art einer clandestinen Konstruktion ohne Zustimmung ihrer Nachbarn errichtet wurden. Der Beweis ist in dem Bezirk Z' zu finden, der mit einer Breite von 2,42 m (= 8¼ rF in ähnlicher Weise an Z angeschlossen wurde[157]. Am rückwärtigen Ende aber ist er abgerundet, um dort einen bequemen Zugang zu dem Weg zwischen den Grabbauten zu gewährleisten.

Eine Vorstellung wird alle Besitzer der Bauten vereint haben. Diese waren für eine sehr lange Dauer vorgesehen, anders wären die ängstliche Festlegung der Grenzen, die Stabilität der Anlagen und korrespondierend dazu die reiche Ausstattung nicht zu erklären[158]. Hinzu kamen die speziellen Lebensumstände, die zu individuellen Formen führten. Keiner der Bauten in der Vatikannekropole war in seinen Grundabmessungen mit einem anderen identisch. Jeder musste also auch individuell geplant werden.

11. Bodenkäufe unter St. Peter: Areale mit Einzelbestattungen

Von dieser Art der Grabanlagen setzte sich nun eine andere, eingangs kurz erwähnte Kategorie ab, die ohne größeren Bau auskommt. Dabei wurden die Verstorbenen isoliert oder bestenfalls zu kleinen Gruppen vereint in Bodengräbern beigesetzt. Wiederum lassen sich unterschiedliche Vorgänge trennen.

In der Isola Sacra beobachtete Ida Baldassarre, wie solche in der zweiten Hälfte des 1. Jahrhunderts. n. Chr. errichteten, niedrigen Grabanlagen schon eine oder spätestens zwei Generationen später überbaut wurden[159]. Das Problem lag bei ihnen auf der Hand. Ihre geringen Abmessungen und die begrenzten Möglichkeiten einer monumentalen Ausgestaltung führten schnell zu einer erneuten Nutzung, weil Nachkommen fehlten oder zumindest eine Übernahme nicht verhinderten.

In vielen anderen Fällen aber gibt es Areale, die ausschließlich solchen Bestattungen vorbehalten waren. Auf der Isola Sacra lagen sie später hinter den größeren Grabbauten und damit von der Straße abgewandt. Man wählte dort dennoch Bekrönungen etwa in der Form einer aufgesetzten Halbtonne (cassoni) mit Giebeln, kleine Pyramiden oder Altäre (Abb. 12)[160]. In einer späteren Phase sind sie allerdings auch zwischen den Bauten zu finden[161]. Bisweilen schloss man sich an bestehende Bauten an, wenn man etwa an de-

---

152 Die rechtliche Grundlage ist unklar, vgl. für Ostia: Calza 1940, 276 f. Allgemein: Kaser 1978, 33–37.
153 Siehe hier Anm. 124. 125.
154 Apollonj Ghetti u. a. 1951, 63 Taf. 20. 21.
155 Apollonj Ghetti u. a. 1951, 37–39 Abb. 18. 20 Taf. 10–12 und Farbtafel B. C.
156 Mielsch – von Hesberg 1995, 223 Taf. 39.
157 Mielsch – von Hesberg 1995, 223 Taf. 39.
158 Vom Gedanken, dass das Grab von ›ewiger‹ Dauer sein solle, ließ sich schon Cicero leiten, wobei er zugleich die literarischen wie die materiellen Denkmäler im Auge hatte (ad Att. 12, 18, 1; 38, 1), er beherrschte aber alle Auftraggeber, selbst in der Negation s. S. 6. Vgl. hier den Beitrag von Hesberg S. 152.
159 Baldassarre 1987, 130 f. Abb. 27 Taf. 2.
160 Calza 1940, 44–47 Abb. 9 f. Taf. 3; Angelucci u. a. 1990, 75–87 Abb. 1. 3. 25–30; Baldassarre u. a. 1996, 19–24 Abb. 3–8. 30. Sie begegnen auch in den Nekropolen längs der Via Triumphalis: Liverani – Spinola 2010, 229 f. Abb. 63 Nr. XXI. 76.
161 Baldassarre u. a. 2019, 55–62 Abb. 3. 8. 9.

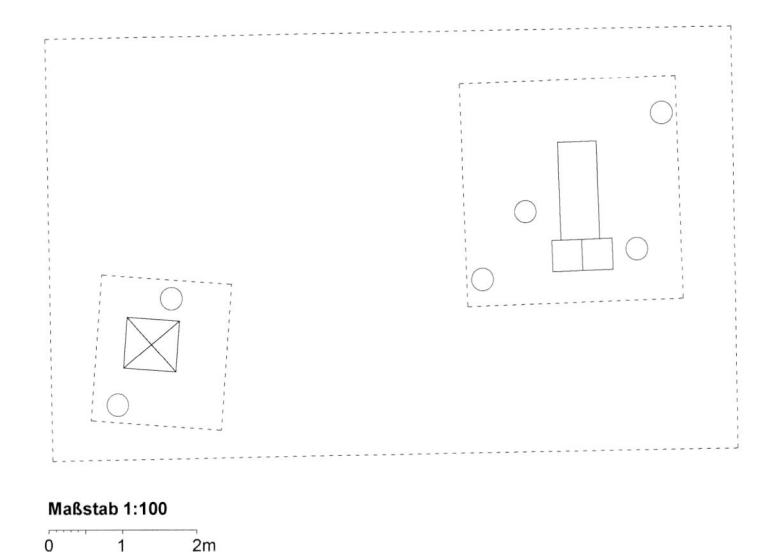

12 Isola Sacra, zwei Grabbezirke (M. 1:100)   Maßstab 1:100   0   1   2m

ren Außenwänden Aedikulen anfügte[162]. Amphoren dienten mehrfach als Röhren für Gussspenden. Es wurden aber mit Hilfe dicht gesteckter Amphoren auch Grenzen von Bezirken abgesteckt[163]. Das alles spricht – wie schon eingangs erwähnt – für Auftraggeber, die nicht ganz arm waren, und die ebenfalls versuchten, durch entsprechende Konstruktionen zumindest beschränkt Dauer und Sichtbarkeit zu erzielen.

Eine andere Lösung für die kleineren Grabanlagen deutet sich im Areal an der Via Aurelia an. Denn der von den Grabbauten Nr. 18–28 umschlossene Hof könnte solchen Anlagen Platz geboten haben (Abb. 7). Er war durch einen im Westen gelegenen Durchgang, der zugleich die Grabbauten Nr. 21 und den gegenüberliegenden ohne Nummer erschloss, zugänglich. Darin würde er dem Bezirk IV an der Via Ostiense mit einer Größe von 5,95 × 6,80 m (20 × 23 rF = 5,90 × 6,79 m) ähneln, in den von der Zeit der späten Republik bis in die Spätantike sehr unterschiedliche Bestattungen eingebracht wurden[164]. In der Nähe der Cassia hingegen wurde ein Bezirk mit einer Front von 60 rF freigelegt, der von einer Retikulatmauer umschlossen war und im Innern Einzelbestattungen enthielt. An den Bezirk schloss ein kleiner Ziegelbau an[165].

Die Gruppe solcher Gräber in der Nekropole unter St. Peter ist vor allem wegen der Frage der Bestattung des Petrus vielfach und kontrovers behandelt worden. Das Grab Γ (Gamma) mit einem Kindersarkophag von 1,2 m Länge maß in seiner Grundfläche mindestens 3½ × 5 rF (103 × 148 cm) und damit ein Sechstel von Bau A (Abb. 13). Nach dem zugehörigen Ziegelstempel datiert es in die Zeit Vespasians oder später[166]. Hinzu kam der aufgemauerte Altarblock mit Gussröhre im Innern[167]. Das Grab Θ (Theta) besitzt die gleiche Ausrichtung wie Γ. Es war mit Bipedalplatten überdeckt und wurde etwa gleichzeitig angelegt[168]. Ergänzt man hier symmetrisch einen Bezirk, könnte er 12 rF im Quadrat betragen haben. In diesem Fall hätte der Altar das Zentrum markiert.

Die Situation ist dem Grab 53 der Isola Sacra vergleichbar (Abb. 12). Dort errichtete eine *Ser(---) Ianuaria* für ihren dreijährigen Sohn eine tonnen-

---

162 Calza 1940, 80. 317 Nr. 56 Abb. 30; Angelucci u. a. 1990, 81 f. Abb. 31; Borbonus 2020, 179–181. 185 Abb. 4.
163 Angelucci u. a. 1990, 55 Abb. 5–7; Baldassarre 2002, 20 Abb. 14. Vgl. ein Beispiel von der Via Cassia, in dem ein etwa 10 × 10 rF messendes Areal mit einem Halbkreis von Travertincippen eine Marmorstele für die frühverstorbene Caesia Marcellina hervorhebt: CIL VI 37307; Mancini 1911, 67. 69 Nr. 8 Abb. 2g. Vgl. ähnliche Amphorenmauern auch für häusliche Bereiche: Filippi 2008, 75–80 Abb. 1b. 9–11.
164 Lugli 1919, 300–311 Abb. 3. 7; Eck 1987, 62 Anm. 4.
165 Mancini 1911, 66 Abb. 2.
166 Apollonj Ghetti u. a. 1951, 111–113 Abb. 79. 80; Prandi 1957, 37–39 Abb. 58; Toynbee – Ward-Perkins 1971, 145–147. 149–151 Abb. 14–16; Weber 2011, 86–90.

167 Siehe auch Anm. 143. Heinzelmann 2001, 187 f, hat darauf verwiesen, dass solche Röhren seit der Kaiserzeit häufiger zu beobachten sind und damit die »Bedeutung der individuellen postmortalen Totenpflege ... deutlich zunahm«. Zu solchen Röhren: Paribeni 1922, 409 Anm. 1; Lissi Caronna 1970, 357 f. Anm. 3, Wolski – Berciu 1973, 370–379 (allgemeiner Überblick). Via Triumphalis: Steinby 2003, 168 f. Taf. 46. 47 (mit weiteren Nachweisen).
168 Apollonj Ghetti u. a. 1951, 115 Abb. 79. 84; Kirschbaum 1957, 124 Abb. 27 (mit anderer Chronologie); Toynbee – Ward-Perkins 1956, 148 Abb. 14; Liverani – Spinola 2010, 48 Abb. 8.

Maßstab 1:50

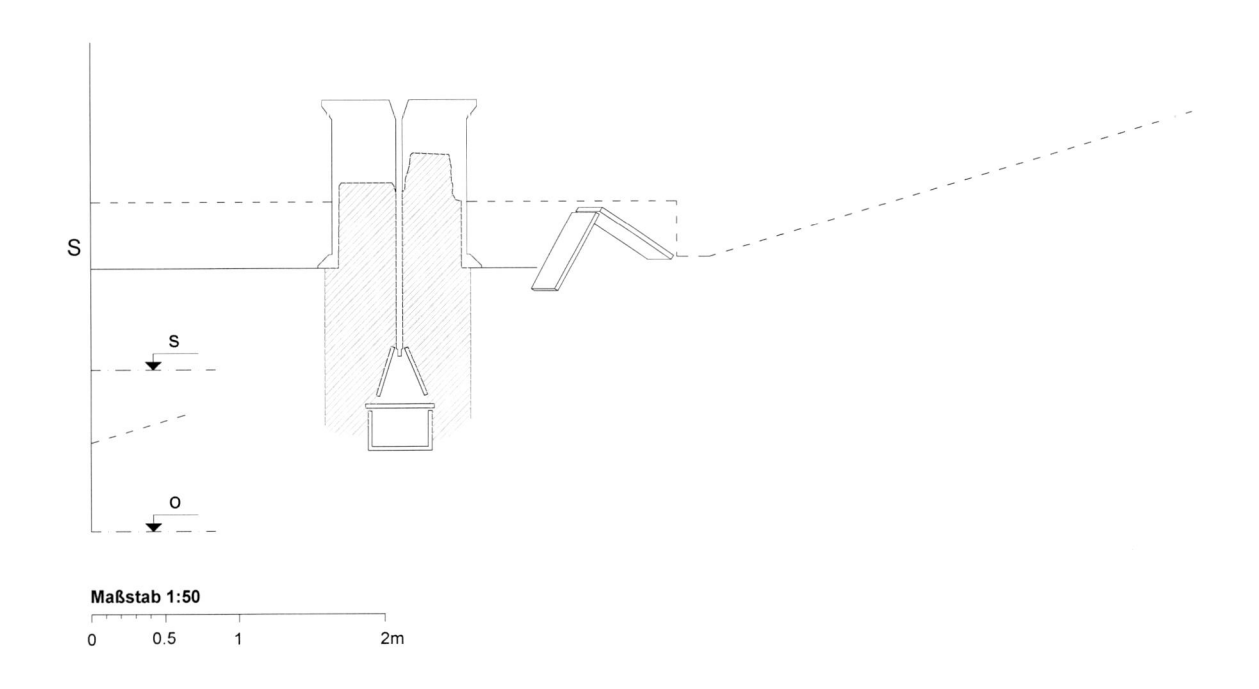

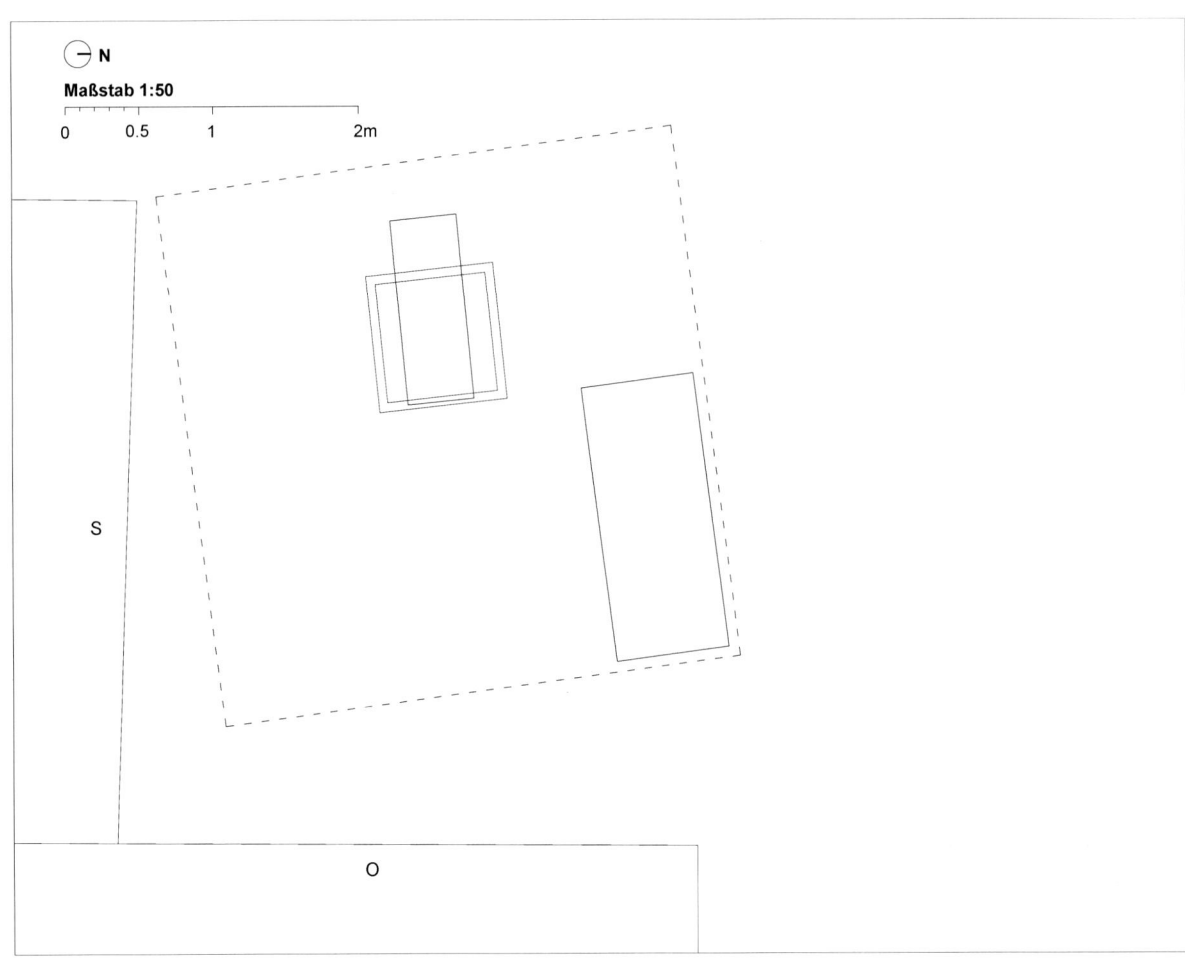

Maßstab 1:50

13   Nekropole unter St. Peter, Grab Γ (Gamma) (M. 1:50)

gewölbte Bestattung mit einem dreieckigen Giebel. Nach den Angaben der Inschrift war das Gelände insgesamt 10 × 10 rF groß[169]. Eine präzise Dokumentation fehlt, aber nach den Zeichnungen bei Calza und Baldassarre lagen in unmittelbarer Umgebung weitere Bestattungen. Sie dienten vielleicht Angehörigen des Kindes.

Im Bereich unter St. Peter folgten im Areal um den Grabaltar von Γ mit Grab Θ etwa 30 Jahre später in hadrianischer Zeit die Gräber H (Eta) und Z (Zeta) auf einem schon um 80 cm erhöhtem Niveau (Abb. 13)[170]. Durch diese Überlagerung musste die im Areal ursprünglich erfahrbare Erinnerung an Θ und Γ weitgehend verschwunden sein[171]. Selbst wenn man die Abfolge aus einer Bindung innerhalb der frühchristlichen Gemeinde erklärt, bliebe bemerkenswert, dass sie ähnlich unorganisiert mit dem vorhandenen Platz umging wie andernorts im paganen Milieu. Denn viel effizienter wäre es gewesen, analog zu den Bauten durch eine gleichmäßige Ausrichtung und geregelte Abfolge ein Maximum an Grabplätzen zu schaffen. So etwa ist es in einem Areal an der Via Salaria zu sehen[172].

Insgesamt deutet sich ein Dilemma in der Bewertung der Vorgänge an. Wenn es sich um eine zufallsgenerierte Nutzung der Areale gehandelt hat, bleibt unverständlich, warum es trotzdem bestimmte Größen gab, Areale räumlich fixiert und in ihren Grenzen markiert wurden. Die erhaltenen Befunde legen eher unterschiedliche Aggregatzustände nahe. Bei den festen Bauten war alles auf die architektonische vorgegebene Einheit ausgerichtet, in der immer neue Bestattungen eingebracht werden konnten, wobei selbst nach Nutzung aller Plätze die Möglichkeit bestand, das Volumen durch Einbauten zu erweitern. Das war bei den Einzelgräbern nur sehr eingeschränkt möglich. Nach einer gewissen Zeit wurden sie aufgelassen, abgedeckt und das Terrain neu genutzt. Die Regellosigkeit war konzeptionelle Voraussetzung für eine solche Verhaltensweise.

Die beteiligten Hinterbliebenen mussten sich über diese Vorgänge verständigen und sie steuern. Das machen die Belegungsfolgen oder die Organisation in anderen Abschnitten der Nekropole in der Nähe der Via Triumphalis deutlich, wie zuletzt Giandomenico Spinola gezeigt hat[173]. Auch dort wurden einzelne Areale mit bestimmten Abmessungen vergeben. Dass sie einfach über Nacht besetzt wurden, verstieß gegen die Gesetze und ist unwahrscheinlich. Allein die Einhaltung der Infrastruktur erforderte eine enge Absprache zwischen den Beteiligten und eine Organisation der Vorgänge.

Der Faktor Zeit und die Unübersichtlichkeit wird die kleinen Grabplätze kostengünstiger gemacht haben, denn man konnte sie überlagern und genügte damit dennoch den religiösen Vorstellungen. Danach stand das Areal wieder zur Verfügung. Vielleicht gab es so etwas wie eine Verpachtung oder zeitlich befristete Überlassung[174]. Ein anderes Problem stellt der grabrechtliche Aspekt dar, denn Gräber durften nicht veräußert werden[175].

In den Nekropolenabschnitten längs der Via Triumphalis begegnen häufiger Sklaven und Freigelassene aus dem Umfeld der beiden führenden *ordines*. Während zuvor die großen Kolumbarien bis in claudische Zeit dazu dienten, die letzte Ruhe dieser Personengruppe zu gewährleisten[176], wählten deren Angehörige nun diese Bereiche.

Dabei ist der Wunsch nach einer Individualisierung deutlich zu spüren. Denn in allen vier bisher bekannten Ausschnitten westlich der Via Triumphalis, die im Vatikanbereich genauer untersucht wurden, liegen die vergleichsweise kleinen Grabbauten und isolierten Bestattungen an unregelmäßig an den Hängen verlaufenden Wegen. Die Belegung begann schon in augusteischer Zeit meist mit einfachen Bestattungen. Seit neronischer Zeit und dann zunehmend im 2. Jahrhundert n. Chr wurden auf einfachen Terrassierungen unterschiedliche große Bauten errichtet, die bisweilen auch untereinander kleinere Gruppen bildeten[177]. Zusätzlich wurden Rampen eingefügt, die zwischen den verschiedenen Ebenen vermittelten.

Über die Zeiten hinweg kommt es zu unterschiedlichen Formationen von Bau und umgebenden Bestattungen oder auch kleineren Serien von Bauten, besonders eindrücklich etwa in dem Abschnitt unter dem ›Autoparco Vaticano‹. Einige größere Bauten wie

---

169 Helttula 2007, 66 f. Nr. 55 (= IPO A 263); EDCS-13500055; Calza 1940, 315 Nr. 53; vgl. auch Angelucci u. a. 1990, 75–87 Abb. 1. 25–30.
170 Apollonj Ghetti u. a. 1951, 114 f. Abb. 79. 82; Toynbee – Ward-Perkins 1956, 142–144 Abb. 11–13; 145 f.; Liverani – Spinola 2010, 48–42 Abb. 14.
171 Apollonj Ghetti u. a. 1951, 111–113 Abb. 79–82.
172 Vaglieri 1907, 8–17 Abb. 2 Nr. 1–9.

173 Siehe hier Spinola S. 179–184. Vgl. auch Liverani 1999a, 34–43 Abb. 8; Buranelli 2014, 210–217 Abb. 1–23.
174 Kaser 1978, 66 f.
175 Selbst wenn es sich um eine Gruppe früher Christen handelte, Kirschbaum 1957, 126–131, musste der Bereich erworben werden, wobei sich dann die Frage stellt, nach welchen Regeln er genutzt werden durfte.
176 Borbonus 2014, 34–38.
177 Liverani – Spinola 2010, 140–273 Abb. 1–115.

etwa Nr. 4, 6 und 10 besitzen nicht einmal eine rechteckige Grundform[178], überlagern rasch frühere Anlagen und sind auch ihrerseits durch ihre Lage am Hang in ihrem Bestand gefährdet[179]. Eine andere Ausprägung hat Heinzelmann in den ›Umfassungsgräbern‹ in Ostia beobachtet, die schon seit frühaugusteischer Zeit nachzuweisen sind und »für das der finanzielle Aufwand weit unter demjenigen eines Einzelgrabes gelegen haben muss«[180]. Sie gehen auf den Wunsch einzelner Freigelassener zurück, die »erst durch den gemeinschaftlichen Zusammenschluss zur Errichtung eines eigenen Grabbaus imstande waren«.

Die Gräber bei Γ unter St. Peter gehören nicht in diese Kategorie (Abb. 13), sondern sind noch einmal einfacher gestaltet. Es sollte eine eigene unabhängige Einheit entstehen, die ohne besondere Orientierung in bestehende Freiräume eingefügt wurde. Darin entspricht es Befunden im rückwärtigen Bereich der Porta Romana in Ostia[181] oder auf der Isola Sacra[182]. Franca Taglietti hat dabei die Konditionierung dieses Teils der Bevölkerung Ostias überzeugend beschrieben: »meno radicati localmente, alla mobilità più che all'indigenza dei quali vada imputati la scelta«[183]. An Personen mit vergleichbarem Status wird man auch in Rom denken. Bestattungsplätze für die arme Landbevölkerung sehen noch einmal anders aus[184]. Wie die Vorgänge vor Ort aber reguliert wurden, ist den erhaltenen Resten nur schemenhaft abzulesen. Viele Einzelheiten über die Bodenspekulation im Bereich der Nekropolen Roms bleiben ungewiss, weil die Indizien am Ende für konkrete Schlüsse nicht ausreichen.

Mit so krassen Erscheinungen wie beim Wohnungsbau ist wohl nicht zu rechnen[185]. Aber auch in der Wohnbebauung der Städte sind Vorgänge der Boden- und Bauspekulation selten einmal aus den Befunden abzuleiten[186]. Das gilt ähnlich für Nekropolen. Immerhin bildeten für Cicero Kosten für Grundstücke der Grabanlagen ein Problem[187]. Das System der Bewirtschaftung der Immobilien ermöglichte insgesamt eine hohe Flexibilität, in der jeder zu der ihm gemäßen Lösung gelangen konnte.

B. Die Unternehmer

1. Die Kalkulation der Kosten

Schon in der Wahl der Bestattungsplätze wird die Bedeutung der ökonomischen Situation der Grabinhaber erkennbar. Das begann mit dem Erwerb des Grundstücks durch den Bauherrn, der innerhalb einer bestimmten Nekropole ihm genehme Nachbarschaften bevorzugte[188]. Dann aber wird sehr bald der Unternehmer ins Spiel gekommen sein, mit dem der Bauherr den Zuschnitt und die Eigenart des Grabbaus in Gesprächen entwickelte[189]. Diese Erörterungen dürften kaum in einer so reduzierten Weise stattgefunden haben, wie es Petron (sat. 71, 5–12) Trimalchio in karikierender Übertreibung führen lässt[190], sondern umfassten je nach Konstellation wohl auch andere Mitglieder der Familie, auch wenn sie keine Entscheidungen getroffen haben werden.

Offenbar wählte man bei aufwendigeren Bauten unter verschiedenen Arten oder Konzepten (*genus*, *institutum*), die einer oder mehrere Architekten entwickelten[191], aber das ist für die Kategorie der Bauten unter St. Peter kaum zu erwarten. Allerdings fällt es schwer, den Komplexitätsgrad des Bauens festzulegen, ab dem mit einem Architekten zu rechnen ist.

---

178 Steinby 1987, 95–99 Plan 1.
179 Liverani 1999a, 19–28 Abb. 2–5.
180 Heinzelmann 2000, 60 f.
181 Heinzelmann 2000, 74 f. Abb. 29.
182 Siehe o. Anm. 169. Weitere Beispiele bieten die ›cassoni‹ für Silia Frontis von mindestens 2 × 5 rF: Helttula 2007, 75 f. Nr. 63; EDCS-13500026; Calza 1940, 321 Nr. 59. Für M. Orbius Scapula für seinen Sklaven Onesimus: Helttula 2007, 80 Nr. 67; EDCS-28100036; Calza 1940, 323 Nr. 61. Für P(ublius) Betilienus Synegdemus für seinen Freund Sittius Crescens EDCS-13500028; Calza 1940, 323 Nr. 62; Helttula 2007, 81 Nr. 68; EDCS-28100018. Vgl. auch die ›cassoni‹ (*cupae*) an der Via Triumphalis: Arizza – Di Mento 2017, 379–385.
183 Taglietti 2001, 158. Vgl. die Analysen Felix Pirsons, Pirson 1999, 165–173, zu den Bewohnern der Mietwohnungen in Pompeji. Das breite Spektrum unterschiedlicher Lebensverhältnisse, das sich dort andeutet, wird in Rom noch ausgeprägter gewesen sein.
184 De Filippis 2001a, 60 f.

185 Die gern zitierte Figur ist dabei M. Licinius Crassus, dessen Boden- und Bauspekulation Plutarch (Crass. 2) bezeugt: Pöhlmann 1884, 88 (»Baustellenwucher«); Priester 2002, 197–200.
186 Noack – Lehmann-Hartleben 1936, 184: »Hier ist ein einziger Unternehmer am Werke, der den ganzen Komplex aufgekauft hat und die alten Häuser unter möglichster Benutzung ihres vorhandenen Bestandes für neue Aufgaben und kapitalistische Auswertung herrichtete«.
187 Siehe S. 12 f.
188 Bei der Lage der Gräber wurde auf solche Bezüge offenbar häufiger geachtet: CIL VI 160913. Vom Grab aus sieht man die Villa des Herrn.
189 Zu den *redemptores*: Martin 1989, 52–72; DeLaine 2000, 121–128.
190 Immerhin vermitteln die Testamente eine weitere Vorstellung davon: vgl. etwa das berühmte ›Testament des Lingonen‹, CIL XIII 5708, in dem der Grabherr auch alternative Möglichkeiten zur Ausgestaltung angibt.
191 Cic. ad Att. 12, 18, 1; 38, 1.

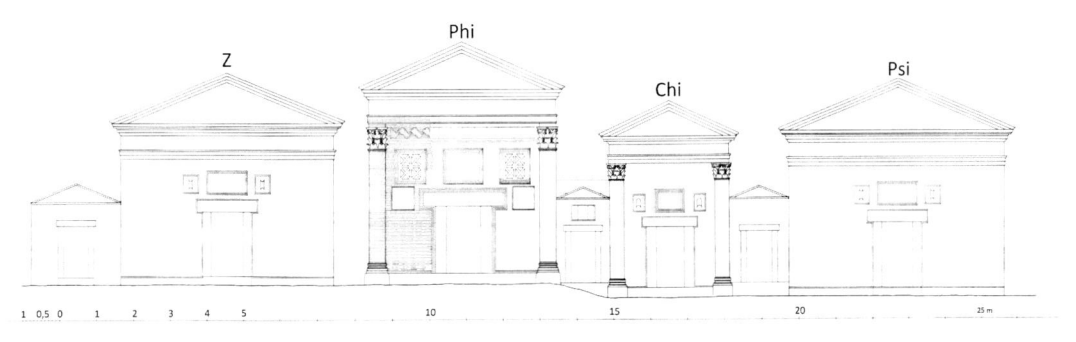

14 Ansicht der Eingangsfronten der Grabbauten Z, Phi, Chi und Psi (M. 1:200)

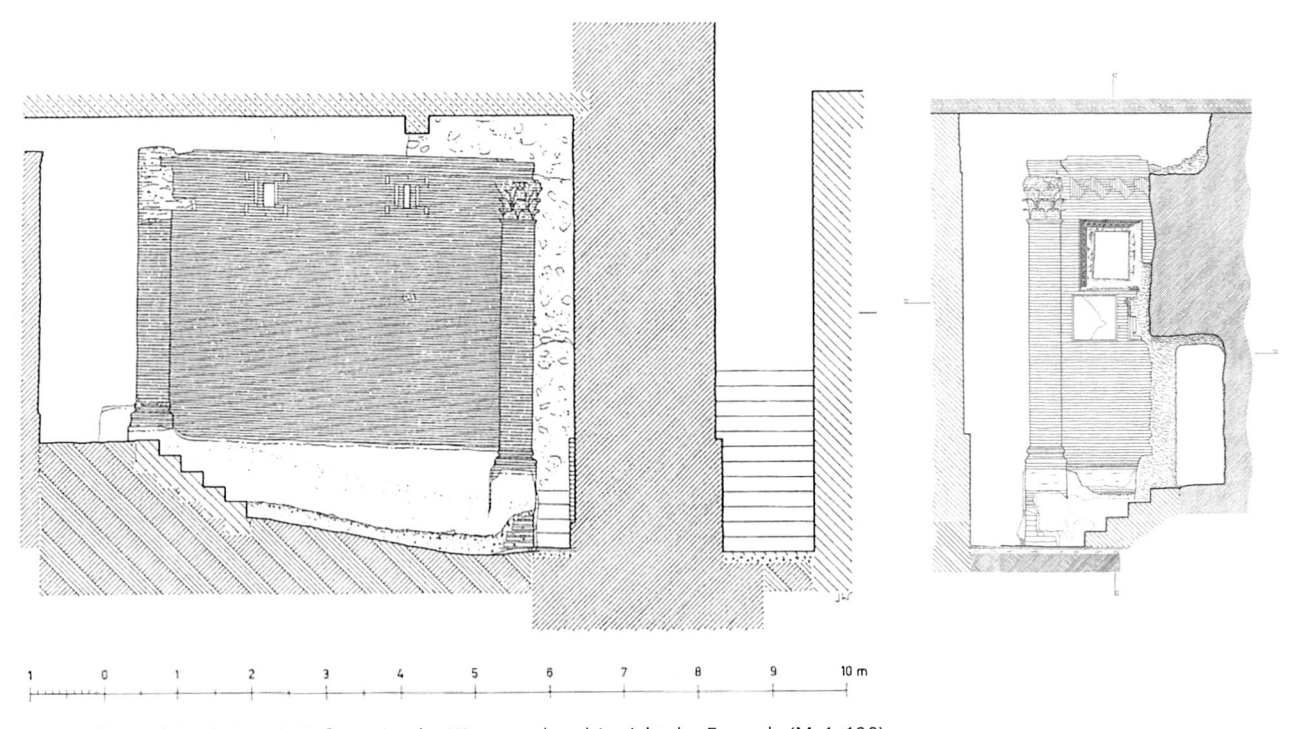

15 Grabbau Phi, Schnitt mit Außenseite der Westwand und Ansicht der Fassade (M. 1:100)

Die kleinen (10 × 10 rF) Bauten in der Via Taranto etwa könnten ohne einen Spezialisten errichtet worden sein, denn Mauern und Dach sind roh gefügt[192]. Das aber ist bei keinem der Bauten unter St. Peter der Fall. Dennoch werden die Bauunternehmer selbst eine gewisse Routine mit eingebracht haben, die ihnen geringere Abweichungen innerhalb eines Musters leicht möglich machten.

Denn auch die Unternehmer bewegten sich in lang etablierten Traditionen des Bauens, aus denen sie für den Einzelfall Lösungen entwickelten. An der Baustelle selbst wird als erstes der Plan ausgesteckt worden sein. Fundamente sind zwar an keinem der Bauten unter St. Peter genauer untersucht worden. Aber immerhin belegt die Front von Phi wegen der späteren Absenkung in dem Bereich mindestens 1 m tiefe Streifenfundamente (Abb. 14. 15)[193]. Das entspricht dem Grabbau an der Spina des Circus[194] und passt zu den Absenkungen an den Innenwänden für Körpergräber in verschiedenen Bauten. Zu den direkt anschließenden Bauten gab es deshalb keine Konflikte, da sie die früheren, im Bodenbereich möglicherweise ein wenig überstehenden Fundamente mitnutzen konnten. Dennoch ist es in Einzelfällen – etwa in E und F (Abb. 16)[195] – zu Senkungen gekommen, denn die Frontseiten sind leicht nach vorne ge-

---

192 Pallottino 1934–1936, Abb. 9. 10.
193 Mielsch – von Hesberg 1995, 235 Taf. 30.
194 Castagnoli 1959/1960, 107–110 Abb. 6–8. 10.
195 Mielsch – von Hesberg 1995, Taf. 11. 14.

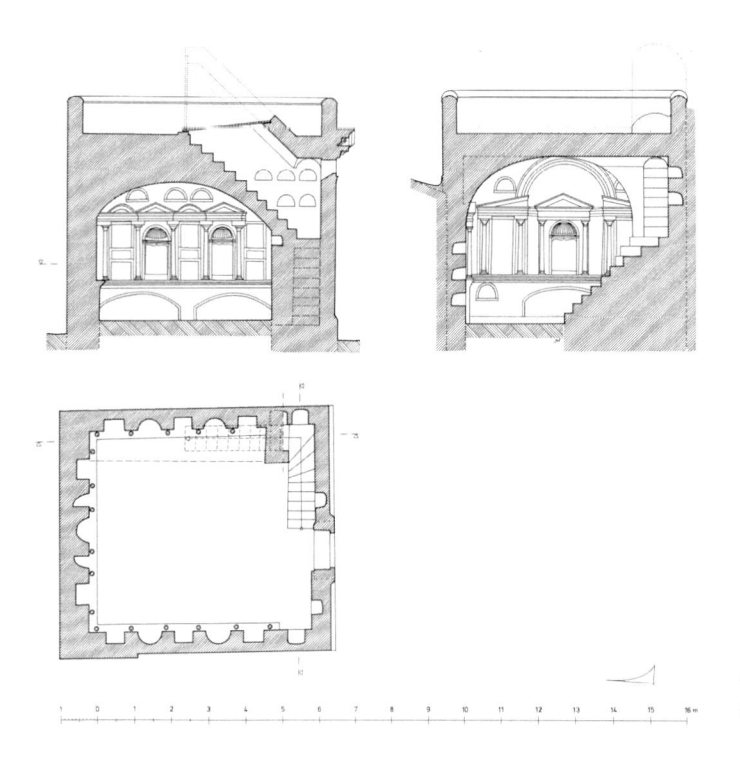

16 Grabbau F, Längsschnitt, Querschnitt und Grundriss (M. 1:200)

neigt. Aber diese Veränderungen könnten auch später erst die Auffüllungen oder Überbauungen während der Errichtung der Basilika nach sich gezogen haben.

Ziegel fanden schon in der frühen Kaiserzeit bei Grabbauten in Rom und Umgebung Verwendung[196]. Die seit dem 1. Jahrhundert n. Chr. stetig steigende Ziegelproduktion und -verwendung in allen Bereichen des Bauens wird die Unternehmer auch bei den Grabanlagen in der Bevorzugung dieses Materials bestärkt haben. In diesem Feld bildete sich eine neue Ästhetik aus, die mit unverputzten Ziegelflächen etwa auf den Außenseiten und Intarsien und eingefügten Schmuckmotiven in den Fassaden auskam[197].

Die Bauten verraten in ihrer Disposition, dass den Bauherrn neben Erscheinung und Ausstattung vor allem die Preise interessiert haben. Der Wunsch nach sparsamer Verwendung der Mittel, ohne möglichst viel von der Wirkung einzubüßen, ist überall spürbar. So werden die Ziegel an der Frontseite sehr dicht gesetzt, auf den Nebenseiten und im Innern schon weniger[198]. Besonders eindrucksvoll vermittelt das Bau H, in dessen Front zehn Schichten an Ziegeln bester Qualität und in Fugenkonkordanz verlegt 30 cm hoch sind, während die gleiche Zahl an Lagen dickerer Ziegel auf der Außenseite des Vorhofes 44 und auf dessen Innenseite 33,5 cm erreichen[199]. Bei Bau Phi sind zehn Schichten 33,5 cm hoch, auf der Neben- und Rückseite 40–41,5 cm[200]. Das gilt noch mehr für die Mauerung im Innern, wenn sie durch den Putz verdeckt war und deshalb grob ausgeführt werden konnte. Aber selbst bei Geringfügigkeiten versuchte man zu sparen. Auf der Ostseite des ohnehin bescheidenen Baus D etwa wurde in der vorletzten Urnennische vor dessen Südecke die Rückwand nicht gemauert, sondern nur leicht die Außenwand des Nachbarbaus C verputzt (Abb. 17)[201]. Die Materialersparnis fiel kaum ins Gewicht, aber es bezeugt die eher flüchtige Arbeit. Möglicherweise wollte man sogar durch die größere Tiefe die gerahmte größere Nische hervorheben.

Auch beim Zwillingsbau von T und U sparte man in der Trennwand die Verschalungen mit Ziegeln (Abb. 4)[202]. Wie sehr es hingegen auf ein schönes Erscheinungsbild des Mauerwerks der Fassaden ankam, belegt etwa die rote Tieferfärbung der Ziegel an den Fronten, denn scharf gebrannte und damit kostspieligere Ziegel besaßen dieses Aussehen. Dabei wurden die Mörtelfugen ebenfalls feiner nachgezogen[203].

---

196 Magi 1966, 215–217 Abb. 8–10; von Hesberg – Pfanner 1988, 476–482; Heinzelmann 2000, 73. 273 (Grab VLF1) Abb. 28.
197 Kammerer-Grothaus 1974, 199 f.
198 Toynbee – Ward Perkins 1956, 64 f. 269 f.; allgemein zur Wirkung: Zander 2014, 116 Abb. 170. 171.
199 Mielsch – von Hesberg 1995, 143 Abb. 149. 155.
200 Mielsch – von Hesberg 1995, 236 Abb. 275.
201 Mielsch – von Hesberg 1986, Taf. 7.
202 Apollonj Ghetti u. a. 1951, 56 f. Abb. 36.
203 Apollonj Ghetti u. a. 1951, 38 Taf. 6.

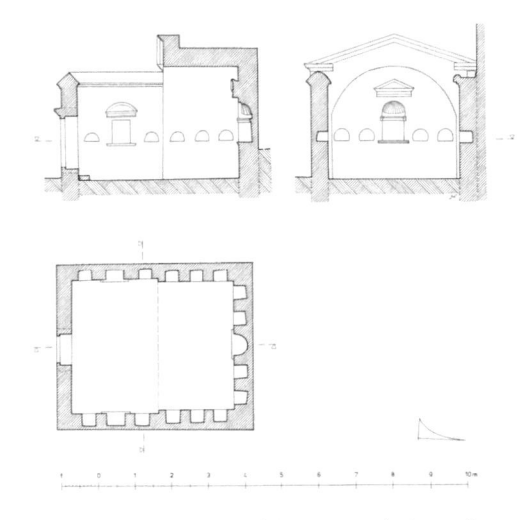

17 Grabbau D, Längsschnitt, Querschnitt und Grundriss (M. 1:200)

Die Verwendung von Retikulat im Innern der Bezirksmauer der Anlage O bildete ebenfalls eine kostengünstigere Lösung[204], wenn auch in den Bauten 45 und 46 der Isola Sacra beide Mauertechniken in den Fassaden nebeneinander stehen[205]. Die Fassade des eigentlichen Grabbaus O war hingegen mit Ziegeln verkleidet (Abb. 10). Das Innere des insgesamt bescheidenen Baus D war ebenfalls mit Retikulat gemauert (Abb. 17), die Fassade aber wiederum nicht, was die höhere Wertschätzung des Ziegelmauerwerks deutlich vor Augen führt[206].

In anderen Fällen ist nicht eindeutig zu klären, aus welchen Gründen man bestimmten technischen Lösungen den Vorzug gab. Wenn etwa in Bau Z eine Umkreiskuppel als Deckenabschluss gewählt wurde (Abb. 4. 29)[207], während sonst eine Tonne oder meist ein Kreuzgratgewölbe die Regel darstellte, könnte es neben den Kosten mit einem bestimmten Unternehmer zusammenhängen, der die Konstruktion bevorzugte. Denn da diese Form seit hadrianischer Zeit vorkommt[208], kennzeichnet sie kaum einen Wandel im Zeitgeschmack, sondern bot eine alternative Lösung. Dass sie so selten gewählt wurde, wird einen Grund in der Verschalung haben, die schwieriger zu gestalten war.

Ob sich mit der Form der Kuppel zusätzlich eine Vorstellung etwa als Abbild des Himmelsgewölbes verband[209], ist nach einem Grab aus dem Bereich von S.to Stefano Rotondo, das nur noch in Zeichnungen überliefert ist, eher fraglich[210]. Denn im Dekor der Decke fehlen jegliche Anspielungen auf das Himmelszelt, nur war dieser Bau erstaunlich hoch. Dennoch muss der Form auch eine besondere Aura beigemessen worden sein, denn sie findet sich bei mehreren zweistöckigen Grabbauten im oberen, cella- oder exedraförmigen Geschoss[211]. Vielleicht war es der größere Arbeitsaufwand, der diese Lösung auszeichnete.

2. Das Profil der unternehmerischen Tätigkeit

Einzelne Unternehmer lassen sich im Bestand der Bauten unter St. Peter nicht sicher ausmachen[212]. Dazu ist die Zahl der Bauten zu gering und sind die vorhandenen Indizien zu dürftig. So gibt es nur zwei Bauten – G und O[213] – mit Ziegelstempeln[214]. Dennoch legen verschiedene Indizien wie etwa die Grundkonzepte der Bauten, oder die Möglichkeit, dass in der Ausstattung dieselben Werkstätten tätig waren, im Kontrast zu anderen aus Rom und Ostia bekannten Anlagen vergleichbaren Zuschnitts nahe, dass es sich um Unternehmer gehandelt haben könnte, die besonders im Vatikanbereich tätig waren.

Der Unternehmer konnte in der Vorbereitung des Baus dem Auftraggeber mit Hilfe eines einfachen Planes[215] – bisweilen wohl nur mit Verweis auf ähnliche

---

204 Apollonj Ghetti u. a. 1951, 45 f. Abb. 24 Taf. 14; Toynbee – Ward Perkins 1956, 64. Zu den Kostenunterschieden zwischen den Mauerwerken: Resko – Heinzelmann 2018, 143–155.
205 Calza 1940, 85 Abb. 33; Baldassarre 2002, 14 f. Abb. 3. Vgl. auch Grab 75: Calza 1940, 75 Abb. 25.
206 Mielsch – von Hesberg 1986, 63 Abb. 61. 62 Taf. 6. 7.
207 Mielsch – von Hesberg 1995, 226 Abb. 269 Taf. 28. Der Terminus Umkreiskuppel nach Rasch 1985, 126 f. Anm. 63 Abb. 15.
208 Grabbau ›Sedia del Diavolo‹ an der Via Nomentana: Crema 1940; Rasch 1985, 126 Anm. 63; Fusco 2006, 111 Abb. 105. Zur Apotheose in einem konventionellen Gewölbe: s. hier Mielsch, S. 65.
209 Joyce 1990, 347–349. 372–375, weist auf die geringe Tragfähigkeit einer solchen Interpretation hin.
210 Colini 1944, 237 f. Abb. 195. Aber solche Anspielungen fehlen selbst bei den spätantiken Bauten: Tortorella 2010, 131–146.
211 Crema 1940, 267–277 Abb. 3. 4 (Sedia del Diavolo). Abb. 13. 14 (›Casal de' Pazzi‹).

212 Wie es etwa DeLaine 2002, 42–49 für Ostia gezeigt hat. Toynbee – Ward Perkins 1956, 64, unterscheiden unterschiedliche Qualitäten von Ziegeln, aber sie sind wohl eher in einer zeitlichen Abfolge zu sehen. Für die Isola Sacra: Camilli – Taglietti 2019b, 104–107 (»ogni tomba è ovviamente il frutto di un singolo e differenziato intervento edilizio con caratteristiche sue proprie, legato ad una precisa committenza«).
213 Bau G: CIL XV 1, 293; Eck 1989, 63 f.; Mielsch – von Hesberg 1995, 125; Bau O: CIL XV 123 (123 n. Chr.): Apollonj Ghetti u. a. 1951, 48.
214 Zur Bedeutung der Ziegelstempel für die Bestimmung der Unternehmer: DeLaine 2002, 49–57; Camilli – Taglietti 2019b, 107–113.
215 von Hesberg 1984, 124 Abb. 3. Wie aufwendig allerdings die schriftliche Beschreibung einer einfachen Grabanlage ohne Plan wird, belegt etwa eine Inschrift aus Salona: CIL III 2072; D 08340; EDCS-27700124. Es fällt trotzdem schwer, den Bau allein auf Grund der Beschreibung zu rekonstruieren.

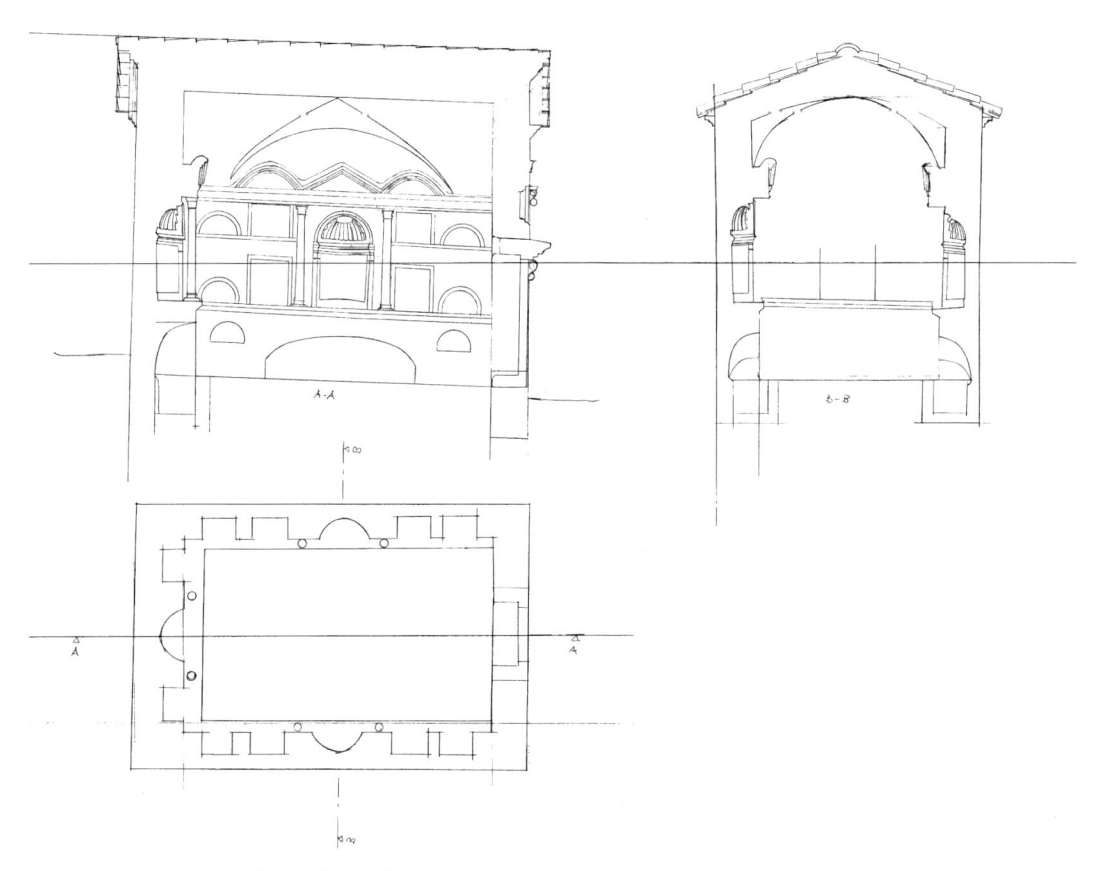

18 Grabbau G, Längsschnitt, Querschnitt und Grundriss

Gräber²¹⁶ – die vorgesehenen Materialien erörtern, Lösungen diskutieren und am Ende die Kosten kalkulieren. An allen Grabbauten der Nekropole unter St. Peter sind auch die aufgehenden Teile auf Grundlage des römischen Fuß berechnet. Nur bei isolierten Einzelteilen kam es auf exakte Abmessungen nicht an, denn eine Marmorplatte konnte durch die Rahmungen leicht eingepasst werden und auf diese Weise ließen sich auch Reststücke gut verwerten²¹⁷. Diese Vorgehensweise erlaubte den Unternehmer zugleich, aus den Maßketten direkt die Aufträge an ihre Werkleute zu formulieren. Insgesamt erleichterte die Vorgehensweise eine zügige Durchführung der Arbeiten²¹⁸.

Innerhalb des Abschnitts unter St. Peter lässt sich die Zeit für die Errichtung eines Baus nur in Analogie zu anderen Vorhaben kalkulieren. Janet DeLaine hat versucht, die Bauzeit einer vierstöckigen Insula von etwa 70 m Länge in Ostia zu berechnen und kam bei 16 bis 17 Arbeitern mit zusätzlichen Hilfsarbeitern auf eine Zeit von 4 Jahren²¹⁹. Das Bauvolumen dort ist wegen seiner Komplexität zu den Grabbauten kaum in Relation zu setzen, dürfte aber mindestens 60–80 Bauten in der Art jener unter St. Peter umfassen. Im Durchschnitt wäre damit ein Grabbau mittlerer Größe bei gleichem Personal in weniger als 20 Tagen zu errichten. Allerdings werden dafür allein schon aus Platzgründen kaum 16 Arbeiter tätig gewesen sein. Aber ein Bau hat auch mit weniger Personal schwerlich mehr als einen oder zwei Monate realer Arbeitszeit für die Errichtung erfordert, selbst wenn man den Prozess des Abbindens des Caementitium in

---

216 Im Abschnitt unter St. Peter gleichen sich etwa Bau B und D mit ihren offenen Vorhöfen, oder E und F lehnen sich mit einer begehbaren Dachterrasse an O an. Selbst bei komplexeren baulichen Strukturen waren offenbar keine detaillierteren Pläne vorhanden: Pflug 2017, 330.
217 Sinn – Freyberger 1996, 30–32; von Hesberg 2002, 44–47 Abb. 12. 13.
218 Das *fanum* für die im Februar verstorbene Tullia sollte nach dem Wunsch ihres Vaters bis zum Sommer abgeschlossen sein

(Cic. ad Att. 12, 19, 1; 46, 4). Umso schockierender war jede Verzögerung und skandalös eine Verzögerung von 10 Jahren wie bei Verginius Rufus, was – wie Plinius (epist. 6, 10, 3) ausführt – nicht an der Schwierigkeit des Bauvorhabens lag.
219 DeLaine 1996, 176–181; DeLaine 2002, 48; Booms 2007, 275. Vgl. auch die Zeitangaben auf den Mauern der SW-Exedra der Trajansthermen: Volpe – Rossi 2012, 74–81 Abb. 14–17. Zu den Kosten der Arbeit: Domingo 2013, 119–123.

Rechnung stellt. Insgesamt werden die Arbeiten allein schon aus technischen Erfordernissen rasch vorangeschritten sein[220].

Hinzu kam danach die Ausstattung im Inneren mit dem Bodenbelag und dem Verputz der Wände und Decken mit zusätzlichem Dekor, die in aller Regel in einem Zug durchgeführt sein wird[221]. Einen kleinen Einblick in solche Vorgänge gibt eine Münze, die innerhalb zweier Arbeitsabschnitte der Wandverkleidung in Bau Phi gefunden wurde. Sie ist allerdings etwa 50 Jahre vor den Arbeiten geprägt worden, so dass sie vielleicht lediglich als Markierung zwischen zwei Arbeitsabschnitten diente[222].

3. Berechnung der Materialien

Ein ausführlicher Nachweis der Aufmaße zu allen Bauten unter St. Peter würde hier zu viel Platz erfordern und ermüden, so dass wiederum Beispiele genügen müssen. Zunächst entschied sich der Bauherr für ein bestimmtes Grundmuster, wobei im Abschnitt unter St. Peter mindestens drei unterschiedliche Formen zu sehen sind: einmal die geschlossene Kammer (Bau A, C, G, I, L, N, T, U, Z–Phi, Abb. 18), der offene Vorhof mit überwölbter, auf der Vorderseite offener Kammer (Bau B, D, Abb. 17) und schließlich die Bauten mit Dachterrasse (Bau E, F, H und O, Abb. 16)[223]. Damit war ungefähr der erforderliche Aufwand umschrieben, denn die Bauten mit nur einem halben Dach (B und D) waren am günstigsten, während die mit der Dachterrasse nicht nur wegen ihrer Größe und der Treppenaufgänge, sondern auch wegen der erforderlichen Stabilität gewiss am meisten Kosten erforderten. In der Außenwirkung hingegen war Bau B mit seiner hohen Fassade trotz der bescheidenen Grundform weithin sichtbar[224].

In einem zweiten Schritt ging es um die einzelnen Bestandteile der Bauten. Darunter gab es so etwas wie Standardelemente, wie etwa Türen und Fenster. Bei Grabbau A sind von der Fassade noch die Tür und der *titulus* fassbar. Der Rahmen war für ein – nicht mehr erhaltenes – Türblatt von 2,5 × 5 rF (75 × 148 cm)

19 Grabbau G, Rekonstruktion Fassade (M. 1:100)

ausgelegt. Die Schwelle war 18 cm hoch und 44 cm tief, also 5/8 × 1½ rF, der Architrav ebenfalls 18 cm hoch, 68 cm tief und 120 cm breit (5/8 × 2 × 4 rF). Die Marmorplatte des *titulus* maß 56 × 51 cm (1 7/8 × 1¾ rF). Über solche Maße konnten also die Preise leicht fixiert werden.

Eine der am besten erhaltenen Fassaden gehört zu Grabbau G. Sie ist bis in Details in Fußmaßen geplant (Abb. 19)[225]. Ihre Breite mit 3,54 m (12 rF) korrespondiert mit einer Wandhöhe von 2,65 m (9 rF = 2,66 m), während der Sockel über dem Laufniveau außen ca. 30 cm (1 rF = 29,5 cm) beträgt. Das Gebälk hingegen ist mitsamt Gesims 62 cm hoch, also etwa 2 rF. Davon kommen auf den Zweifaszienarchitrav 15 cm (½ rF = 14,8 cm), auf den Fries 32 cm (etwa über 1 rF) und auf das Gesims wieder 15 cm. Die leichte Abweichung des Frieses vom runden Fußmaß findet seine Erklärung in dessen Schmuck mit sechs Pateren mit einem Durchmesser von 1 rF, die durch die Ziegelbänder gefasst wurden[226]. Die Giebelfläche ist dann 60 cm hoch, also 2 rF.

Wiederum sind wie bei Bau A Details, die von eingefügten Marmorplatten abhängen, weniger an runde Fußmaße gebunden. Der *titulus* war 64 × 30 cm

---

220 Die Zeit zur Fertigstellung konnte auch vertraglich festgelegt werden: Martin 1989, 74–86. Möglicherweise kamen Erfahrungen wie die bei Verginius Rufus hinzu, dessen Erben sein Grabmal nicht vollendeten, obwohl er sogar die Aufschrift verfasst hatte (Plin. epist. 6, 10).
221 Zu den unterschiedlichen Stadien der Ausschmückung in den Häusern Pompejis: Ehrhardt 2012, 207–209.
222 Zander 2012/2013, 222 f. Abb. 13. 14.
223 von Hesberg 1987a, 54 f. Abb. 9. 10.

224 Mielsch – von Hesberg 1986, 13 Abb. 4 Taf. 4b. 9. Dass die Fläche dieser Aedikula oberhalb des Gewölbes ganz ohne Schmuck blieb, ist kaum denkbar. Allerdings fehlt jeglicher Hinweis auf entsprechende Motive. So aufwendig wie das sog. Sepolcro di Veranio mit einer Statuennische wird es aber kaum ausgefallen sein: De Rossi 1979, 229–232 Abb. 370–374; Kammerer-Grothaus 1974, 210 f. Taf. 125, obwohl die Anlage dort mit ca. 4,5 m deutlich schmaler war.
225 Das wird wiederum für die meisten solcher Bauten gelten: Riccardi 1966, 163 f.
226 Mielsch – von Hesberg 1995, 125 Abb. 128.

20 Grabbau F, Rekonstruktion Fassade (M. 1 : 100)

groß, also nur runde 2 × 1 rF, während die Rahmung aus Tonprofilen wiederum auf 15 cm (½ rF) kommt. Gleiches gilt für die beiden Platten mit den Fensterschlitzen. Sie maßen 26 × 47 cm, was 1 × 1½ rF (= 29,5 × 44,25 cm) nur annähernd entspricht. Wahrscheinlich verfügte der Händler in diesem Moment gerade über eine solche Platte.

Aufschlussreich ist die Tür mit einer Schwelle von 158 × 21 cm (5½ × ¾ rF = 162,3 × 22,1 cm), Pfosten von 24 × 148 cm (¾ × 5 rF = 22,1 × 147,5 cm)[227] und einem Sturz von wiederum 148 × 26 cm (5 × ¾ rF). Auch hier gibt es vor allem in der Dicke der Platten leichte Abweichungen, aber sie werden durchwegs aus dem vorhandenen Material zu erklären sein und hatten auf die Funktionstüchtigkeit des Rahmens keine Auswirkungen. Innerhalb der Fassade fügt sich die Tür mit einer Gesamtbreite einschließlich der Pfosten von 132 m (= 4½ rF = 132,8 cm) in die seitlichen Flächen mit einer Breite von 3¾ rF (= 110,6 cm) ein. Dabei ist sie offenbar um 2 cm nach Osten verschoben.

Es würde nicht schwerfallen, diese Maße auf ästhetisch überzeugende Proportionen zurückzuführen. So kommt die Höhe bis zum Gebälkabschluss auf die Erstreckung der Breite. Aber ob den Auftraggeber solche Überlegungen sonderlich interessiert haben, sei dahingestellt. Vielmehr unterstrich er den Wert des Baus mit Details. In Bau G werden die abdeckenden Gesimse bei Tür und Fenstern von Konsolen getragen[228] und die Fassung des *titulus* hat die Gestalt eines Bilderrahmens[229]. Das sind Lösungen, die zumindest an den anderen Bauten in diesem Bereich selten wiederkehren[230] oder – wie der sog. Achtendenrahmen – an Ziegelgrabbauten in ganz Rom bisher nicht begegnen. Der *modius* im Giebelfeld ist überdies etwas nach oben verschoben, damit er über dem Gesims des Gebälkes noch gut zu sehen ist. Außerdem ist eigentlich die Deckung mit Dachziegeln nach Aussage der übrigen Bauten in diesem Bereich überflüssig[231]. Gehen diese Details auf den Auftraggeber zurück oder hat sie der Unternehmer angeboten? Am Ende werden beide an der Entscheidungsfindung beteiligt gewesen sein.

Deutlich prächtiger fiel die Fassade des Grabbau F aus (Abb. 20). Ihre asymmetrische Gestaltung irritiert ein wenig, aber lediglich die Tür und die Fenster in der Frieszone fallen aus der Mittelachse. Die Mitte wird durch die Position des *titulus* mit seiner Rahmung und den beiderseits anschließenden Fenstern markiert und im ursprünglichen Erscheinungsbild vor allem durch den Giebel. Allerdings war die Mittelachse am Ende nicht so eindeutig zu erkennen, da die Fassade die der beiden anschließenden Grabbauten G und E überlagert. Zu G hin beläuft sich der Abstand mit Mittelachse zur Kante des Grabbaus F auf 3,40 m (11½ rF = 3,39 m), zu E hin ist die Kante nicht mehr eindeutig zu fassen, aber an dieser Stelle dürfte der Abstand nur 3,30 m betragen haben. Im unteren Bereich beträgt der Abstand 6,48 m, also 22 rF (= 6,49 m). In diesem Fall musste sich der Besitzer mit seinen Nachbarn zuvor über eine Kompensation für die Übergriffe geeinigt haben.

Runde Fußmaße prägen wie bei Bau G den Aufriss. Die Wand oberhalb des Sockels ist 3,53 m hoch, also 12 rF (= 3,54 m), der Sockel oberhalb des heutigen Laufniveaus einschließlich des Profils 69–72 cm (etwa 2½ rF = 74 cm). Das Profil hingegen kommt mit 15 cm wieder auf einen halben rF (14,8 cm). Das Gebälk ist einschließlich des Konsolengesimses 96 cm hoch (3¼ rF = 95,9 cm) und unterteilt sich auf den Ar-

---

227 Beide sind 45 cm tief, also 1½ rF.
228 Mielsch – von Hesberg 1986, 124 Abb. 126. 127. Zu Tür- und Fensterkonsolen an Grabbauten: Riccardi 1966, 156 Abb. 29; Kammerer-Grothaus 1974, 172 f. 196 Taf. 102. 110. 130.
229 Mielsch – von Hesberg 1986, 123 Abb. 128 Taf. 36. 37.
230 Siehe Anm. 362–364.

231 Mielsch – von Hesberg 1986, 125 f. Abb. 129. 134. Ziegelgedeckte Gräber sind selten. Der Bau des Ti. Claudius Iulianus auf der Isola sacra besitzt dabei mit einer Frontbreite von 13 rF ähnlich G bescheidene Abmessungen: Calza 1928, 144 f Abb. 6; Helttula 2007, 19 f. Nr. 17.

chitrav mit 18, den Fries mit 44 und das Gesims mit 35 cm (5/8 : 1½ : 1 1/8 rF = 18,4 : 44,3 : 33,2 cm). Eine Konsolen-Kassetteneinheit betrug im Gesims 34 cm Breite, also 1 1/8 rF (= 33,2 cm). Insgesamt kamen 20 solcher Einheiten mit einer zusätzlichen Konsole auf die Frontseite. Aber selbst nebensächliche Details wie etwa die Position der Fenster im Fries waren durch Fußmaße festgelegt: das westliche 2,20, also 7 ½ rF (= 2,21 cm) und das östliche etwa 95 cm und damit 3¼ rF (= 95,9 cm) von der jeweiligen Ecke entfernt.

Wie erwähnt liegt die Tür in F aus der Mittelachse nach Westen versetzt, weil im Innern an der Ostwand die Treppe auf das Dach des Grabbaus führte[232]. Da der gesamte Bau höher ist als der benachbarte Bau E – bei vergleichbarem Grundriss mit Innentreppe –, musste der Treppenlauf länger konzipiert werden. Aber das ist kaum der entscheidende Grund, denn man hätte nach rückwärts ausreichend Platz gehabt. Vielmehr sollte die Treppe möglichst hoch über dem Dekor der östlichen Innenwand verlaufen. Gerade Bau E macht die negativen Auswirkungen einer niedrig angesetzten Treppe deutlich, denn die Ostwand mit ihren Nischen ist diagonal zur Hälfte abgeschnitten[233]. Dieser Defekt ist bei Bau F deutlich gemildert[234]. Dazu verbarg sich der Anfang der Treppe stärker hinter der Eingangsfront, woraus die Asymmetrie resultiert. Aus solchen Veränderungen werden wiederum die Wünsche der Auftraggeber und zugleich die Probleme der Bauunternehmer erfahrbar. Benachbarte Bauten dienten – auch in ihren negativen Erscheinungen – als Orientierung für weitere Entwürfe.

Die Tür des Baus F ist an der Außenkante der Travertinpfosten 1,54 m, also 5¼ rF (= 154,9 cm) breit, mit Profilen 1,90 m, also 6½ rF (= 1,92 m). Der Abstand zur Außenkante von Bau G beläuft sich auf 1,68 m, also 5¾ rF (= 169,6 m), der Abstand zur Außenkante von Bau F auf 2,90, also 9¾ rF (= 2,88 m). Die Tür wurde also um 4 rF aus der Mittelachse nach links versetzt.

Dies entspricht den ersten 5 Stufen der Treppe im Innern, die insgesamt aus 16 Stufen bestand[235], während Bau E mit 13 auskam[236]. Im ersten Treppenabschnitt vor der Frontwand hatte man also in E fast schon ein Drittel (1,25 m) der Gesamthöhe überwunden und konnte den restlichen Teil auf einer Überwölbung der Ostwand zum Dach führen. Daraus erklärt sich auch, dass innerhalb der Fassade die Ostwand um 20 cm dünner ist als im Westen. Derartigen Problemen galten die Absprachen zwischen den Beteiligten, wobei gewiss immer wieder Nutzen und Wirkung gegeneinander abgewogen wurden.

4. Die Dispostion der schmückenden Elemente

War das Konzept des Baus festgelegt, ging es um die Details. Bezeichnenderweise werden sie in dem schon mehrfach zitierten Gespräch des Trimalchio (Petron. 71, 9–11) mit seinem Unternehmer als zentrales Anliegen des Bauherrn hervorgehoben. Aber neben den eigentlichen Bildern vom Inhaber und seiner Familie und dem mythologischen und figürlichen Schmuck kommt eine große Zahl weiterer Elemente hinzu, die in ihrer Wertigkeit schwer zu beurteilen sind.

Die Gliederung der Fassade bestimmte entscheidend das äußere Erscheinungsbild der Bauten. Die Skala reicht dabei von einer einfachen Ziegelwand der Vorhöfe von B und D über glatte Wände, die von einem Gebälk mit Giebel abgeschlossen wurden (C und G), bis hin zu einer mit Pilastern gegliederten Fassade wie etwa bei H (Abb. 21). Bau F mit seiner breiten Front verfügte über ein Gebälk mit Konsolengesims, das wohl auch für den Giebel anzusetzen ist (Abb. 20). Entsprechende Gebälke wird man bei E und H und vielleicht auch bei O erwarten. In H waren die Basen der Pilaster und gewiss auch deren Kapitelle aus Marmor gearbeitet[237]. Damit zeichnet sich eine gewisse Stufung ab, nach der die einfachen Bauten schlichter und die reichen aufwendiger ausgestattet waren, aber eine klare Systematik ist nicht zu erkennen.

Ferner gibt es in den Bauten Standardelemente, die überall in Rom und Umgebung sehr gleichförmig wiederkehren, wie etwa die Türrahmen aus Travertin. Die Tür mit dem niedrigsten Durchgang von 125

---

232 Toynbee – Ward Perkins 1956, 47.
233 Mielsch – von Hesberg 1995, 78 Abb. 74.
234 Mielsch – von Hesberg 1995, 101 Abb. 101. 102.
235 Mielsch – von Hesberg 1995, 105 f. Taf. 13.
236 Mielsch – von Hesberg 1995, 77–79 Taf. 10.
237 Zum Bestand des kleinen Antiquariums der ›Fabbrica‹ gehören zwei Marmorfragmente zu einem Pilasterkapitell mit kompositer Ordnung. Die Breite des Pilasters lässt sich nach dem erhaltenen Rest auf ca. 42–45 cm berechnen, womit es gut zur Ausstattung der Fassade von Grabbau H gehört haben könnte. Seine Höhe hätte ca. 60 cm betragen. Auch die Zeitstellung weist auf diesen Zusammenhang, denn von seinen stilistischen Qualitäten passt das Kapitell gut in die Mitte des 2. Jahrhundert n. Chr. Es steht in der Tradition eines Blattschnitts, der sich in hadrianischer Zeit ausgeprägt hat: Heilmeyer 1970, 157–161 Taf. 55. 58; Freyberger 1990, 82–86 Taf. 29.

21 Grabbau H, Rekonstruktion Fassade (M. 1:100)

(4¼ rF) gehörte zu Bau D[238], die mit dem höchsten Durchgang mit 184 cm (6¼ rF) zu Bau Phi[239]. Das entspricht den Bauten auf der Isola Sacra, wo das Mittel bei etwa 1,5 m liegt[240]. Offenbar handelte es sich um ein an der Durchschnittsgröße eines Menschen ausgerichtetes und damit bewährtes Maß. Es wurde bei den Türen nur eingeschränkt eine repräsentative Wirkung erstrebt[241]. Die geringe Spannbreite in den Abmessungen und die Beschränkung auf einen Flügel sprechen vielmehr dafür, dass die Sicherheit des Verschlusses im Vordergrund stand.

Zu den Standardelementen zählen auch die in eine Marmorplatte eingelassenen, schlitzartigen Fenster[242]. In den Bauten unter St. Peter fehlen sie häufiger, weil die Öffnungen später zugemauert wurden[243]. Lediglich Bau Phi macht mit seinen Gitterfenstern eine Ausnahme[244].

Die Fassaden wurden in der Regel von ionischen Gebälken abgeschlossen, die einen Giebel trugen.

Merkwürdigerweise fehlen bei den größeren Bauten wie E oder F Schmuckmotive im Fries, möglicherweise um die Wirkung der Konsolengesimse nicht zu beeinträchtigen[245]. Bei den kleineren sind sie hingegen variantenreich ausgestaltet. Der Fries des Baus G mit Pateren wurde schon erwähnt, während im Fries des Baus C sechseckige gelbe mit dreieckigen roten Ziegeln zu einem Rapport komponiert sind[246].

Die Ziegelintarsien finden ähnlich wie an vielen anderen Ziegelbauten Roms auch an den Bauten unter St. Peter vielfach Verwendung, vor allem um den *titulus* über der Tür hervorzuheben. Ein einfacher Rautenrapport erscheint über der Inschriftenplatte in C[247], während die Pilaster, die den *titulus* in E rahmen, mit einem Doppelflechtband aus zwei kontrastierenden Farben gefüllt sind[248]. Offenbar kaufte man die Ornamente am laufenden Meter, bzw. römischen Fuß, denn oberhalb des *titulus* in Bau C ist die letzte Raute in etwa mittig geschnitten, um die Flucht mit

---

238 Mielsch – von Hesberg 1986, 61 Taf. 9. Selbst bei den einfachen Bauten der Via Taranto bleibt man mit 115 cm nur wenig darunter, Pallottino 1934–1936, 45–53 Abb. 5. 9.
239 Mielsch – von Hesberg 1995, 235 Taf. 39.
240 Calza 1940, 84 f.
241 Zu den Türen hier S. 53 f. Die lichte Weite in der Tür des Deus Rediculus beträgt hingegen 1,5 × 2,65 m (5 × 9 rF): Kammerer-Grothaus 1974, 168. 172–174 Abb. 5. Das wird auch aus Bildern deutlich. In der Aedikula erscheint der früh verstorbene Sabinus Taurius in der zweiflügeligen Tür des Hauses, nicht des Grabes: Calza 1940, 317 Nr. 56 Abb. 30.
242 Calza 1940, 87 f. Abb. 35. 36.

243 Auf der Isola Sacra sind offenbar auch Beispiele aus Ton belegt. Im Fries der Bauten N, Apollonj Ghetti u. a. 1951, 37 Abb. 19 Taf. 6b, und E findet ein kleines rundes Fenster: Mielsch – von Hesberg 1995, 72 Taf. 36.
244 Mielsch – von Hesberg 1995, 236 Taf. 30b. 39.
245 Eine Regel ergibt sich daraus nicht, denn in der sog. Sedia del Diavolo ist der Fries unter dem Konsolengeison mit einem merkwürdigen Band aus Pseudoquadern aus roten Ziegelplatten geschmückt, die von gelben Ziegelbändern getrennt werde: Crema 1940, 267 Abb. 5. 9. 10.
246 Mielsch – von Hesberg 1986, 38 f. Taf. 9.
247 Mielsch – von Hesberg 1986, 40 f. Abb. 34 Taf. 9.
248 Mielsch – von Hesberg 1995, 71 Abb. 63–65 Taf. 36.

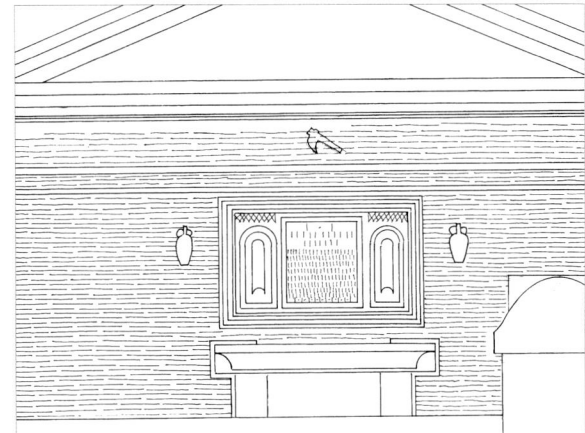

22 Grabbau L, Rekonstruktion Fassade (M. 1 : 100) und Detail (M. 1 : 50)

dem Ornamentrahmen darunter einzuhalten[249]. Dieses Defizit hätte man durch eine geringe Verschiebung des Bandes leicht ausgleichen können. Bei dem Flechtband in E, dessen oberste Einrollungen mittig abgeschnitten sind, wäre es nicht so einfach gewesen.

Hier wird ein Dilemma deutlich, das die Bindung an die römischen Fußmaße relativiert. Denn Ziegelgrößen und Formelemente waren in der Regel mit Fußmaßen kompatibel, aber andere Teile mussten angepasst werden. So werden gewisse Ungenauigkeiten, die allenthalben vorkommen, zu erklären sein. Die Gesamtbreite des Rautenbandes in C beträgt 85 cm (etwa 3 rF = 88,5 cm) und besteht aus 18½ Rauten. Die Breite einer einzelnen Raute ist damit kein klar erkennbarer Bruchteil eines Fußes. Entweder also musste man diese Ornamentbänder mit einer gewissen Willkür beschneiden oder sie wie im Sechseckfries von C an den Rändern in grad abgeschnittenen Ziegelecken einbetten. In derselben Weise wurde ein Band mit kleineren Rauten an Bau L als obere Einfassung des *titulus* oberhalb der seitlichen Fenster eingefügt (Abb. 22), indem man die Marmorplatte entsprechend formte[250], oder der kunstvoll aus gelb- und rotfarbigen Ziegeln gefügte Mäanderfries unterhalb des Gebälkes des Baus Phi in die Fassade eingepasst (Abb. 23)[251].

Diese Situation führte ihrerseits zu vielen Kompromissen, wie etwa die korinthischen Kapitelle der Pilaster in E vor Augen führen. Sie bestehen aus fünf

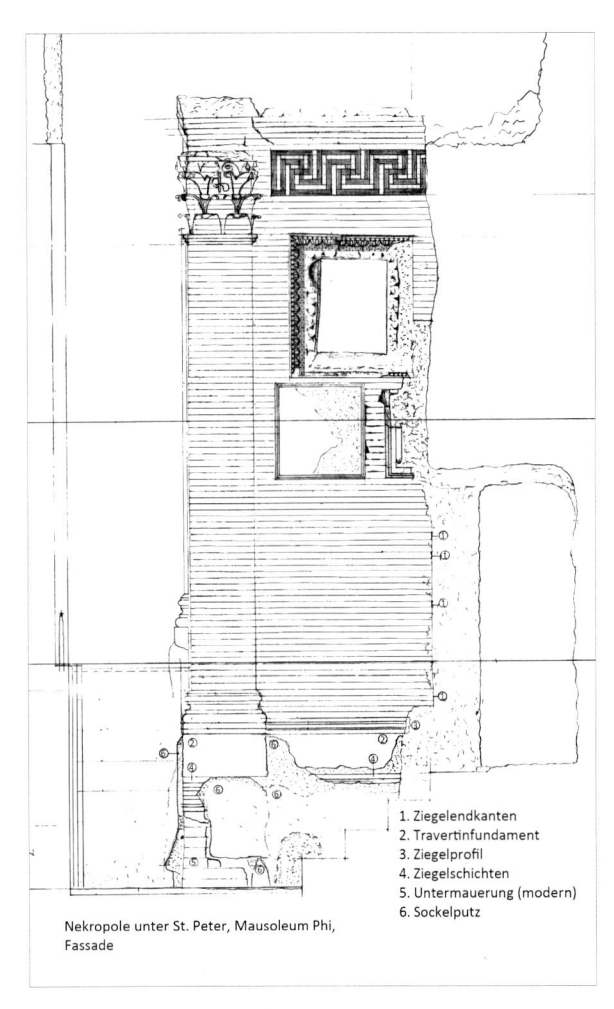

1. Ziegelendkanten
2. Travertinfundament
3. Ziegelprofil
4. Ziegelschichten
5. Untermauerung (modern)
6. Sockelputz

Nekropole unter St. Peter, Mausoleum Phi, Fassade

23 Grabbau Phi, Fassade (M. 1 : 50)

---

[249] Vgl. den Rautendekor an dem Torraccio della Cecchina (›Casal de' Pazzi‹): Crema 1940, 274 Abb. 10; Messineo – Rosella 1989/1990, 187 Abb. 188. 202.
[250] Apollonj Ghetti u. a. 1951, 31 Abb. 13 Taf. 3. Vgl. auch das Band unterhalb der Fensterädikula in dem Grab bei der sog. Casal de' Pazzi, in dem die Höhe der Rauten differiert: Crema 1940, 274 Abb. 10.

[251] Mielsch – von Hesberg 1995, 236 Taf. 30 b. Vgl. zum Motiv: Kammerer-Grothaus 1974, 174 f. Abb. 8 Taf. 101, wobei der Mäander am Deus Rediculus aus vorgefertigten Platten eingefügt wurde.

Schichten, die etwa die gleiche Höhe der benachbarten Ziegelschichten besitzen, in die sie eingebettet sind[252]. Dennoch aber ging es nicht exakt auf, was gewiss schon dem Verfertigungsprozess mit seinen Schrumpfungen des Tons geschuldet war. Einfacher war es bei den großformatigen Teilen, etwa bei den Kapitellen des Außenpilasters von Phi, die sich aus 16 Schichten aufbauen (H 2 rF)[253]. Der Bauherr bestellte diese Dinge und konnte darauf vertrauen, dass die ausführenden Handwerker überzeugende Lösungen schufen.

5. Die Berechnung der Schmuckmotive

Für den Schmuck der Fassaden standen offenbar eine Fülle an Mustern zur Auswahl, denn unter den Bauten im Bereich der Vatikannekropole fehlen serielle Wiederholungen. Sie wurden also teilweise für die Bauten neu konzipiert, teilweise griff man auf Standardteile zurück, die – wie bei den Volutenaufsätzen – mit Einzelmatrizen etwa für Rosetten und Palmetten verfertigt wurden[254].

Wählt man F als Beispiel, gehen in dessen Fassade die Teile wiederum in Fußmaßen auf (Abb. 20). Die Bekrönungen aus Doppelvoluten oberhalb des *titulus* messen etwa 192 × 36 cm, also 6½ × 1¼ rF (= 191,8 × 36,9 cm) und die oberhalb der seitlichen Fenster 74 × 22 cm, also 2½ × ¾ rF (= 73,8 × 22,1 cm). Die Reliefplatte mit Steinhuhn entspricht mit 50 × 60 cm nur ungefähr 1 5/8 × 2 rF (= 47,9 × 59 cm)[255]. Gleiches gilt für den Rundtempel, bei dem es ohnehin schwerfällt, Maße festzulegen. Seine größte Erstreckung in Breite und Höhe kommt auf 114 × 126 cm, also etwa 3¾ × 4¼ (= 110,6 × 125,4 cm).

Die Position der Elemente in der Fassade war auch nicht exakt berechnet. Während die beiden einzelnen seitlichen Fenster mit ihren Rahmungen einen Abstand von 30 cm (1 rF) zu der des *titulus* besitzen, ist der Abstand von diesen Fenstern zu den Schmuckmotiven nicht ganz so genau bemessen.

Bau F besaß in der Reihe der benachbarten Grabbauten eine der größten Türen mit einer Schwelle von 180 × 30 cm, also etwa 6 × 1 rF (= 177 × 29,5 cm). Hier ist wiederum gut zu sehen, dass es auf den exakten Steinschnitt nicht ankam, denn die Unterkante und auch die Kanten verlaufen unregelmäßig. Die Gewände sind 30 cm breit und 164 cm hoch, damit 1 × 5½ rF (= 29,5 × 162,3 cm), der Sturz 130 × 29,5 cm, also 4½ × 1 rF (132,7 × 29,5 cm). Schwelle und Pfosten sind 57 cm (2 rF) tief, der Sturz 88 cm (3 rF). Das Türblatt mit etwa 8 cm Dicke entsprach dem an den Bauten üblichem Maß[256].

In vergleichbarer Weise sind solche Maßketten an allen Fassaden der Grabbauten nachweisbar. Ging es um die Berechnung der Wandflächen, Gebälke und Giebel, sind die Berechnungen auf römische Fuß bezogen recht exakt, während sie bei eingefügten Teilen aus Marmor, Travertin oder auch bei einzelnen Schmuckmotiven weniger präzise ausfallen, weil man einfach das vorhandene Material nach Möglichkeit optimal nutzte.

Das gilt ähnlich für Innenräume, wobei wieder die Bauten G und F als Beispiele genügen sollen. In Bau G mit seinen Außenmaßen von 12 × 18 rF sind die Wände unterschiedlich dick (Abb. 18). Das hat entsprechende Auswirkungen auf die Innenmaße. An der Front sind es 50 cm, also 1¾ rF (= 51,6 cm), an den Seiten 44 cm, also 1½ rF (= 44,3 cm) und auf der Rückseite, die nur indirekt zugänglich ist (über die Seitenkammer von Bau H) 60 cm, also 2 rF (= 59 cm). Dabei sind die Nischen nicht berücksichtigt. Das ergibt für den Innenraum folglich eine Größe von 9 × 14¼ rF.

Die Maße der Stuckverkleidung bezogen sich im Wesentlichen auf die Kanten der eingemauerten Architekturen. So verläuft die Gebälkunterkante 235 cm oberhalb des Bodens, also 8 rF (= 236 cm). Der gemauerte Kern der Giebel ist 30 cm hoch (1 rF), die Lünette, die alle drei Seitengiebel überspannt, von der Gebälkunterkante im Scheitel gemessen 104 cm (3½ rF = 103,3 cm), und die Gewölbeunterkante im Zentrum des Baus liegt vom Boden aus bei 378 cm, also 13 rF (= 384 cm). Im Innern läuft an den Nebenseiten und am Kopfende im Norden ein Profil mit einer Oberkante bei 99 cm (3 3/8 rF = 99,6 cm) um, das auf der Oberseite auch gemauert war. Davon fallen die 3/8 rF auf das Profil, das 14 cm (½ rF) vorsteht. Am Kopfende ist zusätzlich der Sockel um etwa einen halben rF vorgezogen, so dass dort das Auflager für die Säulenreihe eine Tiefe von 28 cm aufweist. Die Säulen waren 136 cm hoch (4 5/8 rF). Diese Maßketten lassen sich ohne Mühen auf die Giebel, unter denen auf den Nebenseiten

---

252 Mielsch – von Hesberg 1995, 72 Abb. 64. 65.
253 Apollonj Ghetti u. a. 1951, 25 Abb. 9; Mielsch – von Hesberg 1995, 235 f. Abb. 275 Taf. 30b. Auch darin variierten die Bauten: an der sog. Sedia del Diavoli an der Nomentana sind es bei 2 rF 13 Schichten: Crema 1940, 268 Abb. 5; Kammerer-Grothaus 1974, 177 f. Taf. 104, an der Tomba Barberini bei 1½ rF 12 Schichten: Egidi 1987/1988, 360 Abb. 91.

254 Vgl. etwa die Schmuckpanele mit Ranken und Rosetten an dem sog. ›tempio della salute‹ an der Via Appia Nuova: De Rossi 1967, 16 Abb. 3. 8. Vgl. Arachne Nr. 2100222,1.2 (FA-S4797/ 34 + 35).
255 Toynbee – Ward Perkins 1956, 48 f. Taf. 9. 10; Mielsch – von Hesberg 1995, 95 Abb. 98 Taf. 36.
256 Siehe hier S. 53.

die Dreiecksgiebel 4 rF und die Segmentgiebel 3 rF breit sind, oder die Arkosolien (7 × 2 rF) und die Urnennischen erweitern – die runden 1½ × 1 und die eckigen 2 × 2 bzw. 2 × 1½ rF. Insgesamt also übermitteln die Maße eine eindeutige Planung auch der Innenräume. Sie erleichterten erneut die Verständigung unter den ausführenden Handwerkern, denn die Maler bzw. Stuckkateure mussten ihrerseits sich auf die gemauerten Strukturen in den Bauten abstimmen. Die bisweilen unscharfen Maße belegen zugleich eine gewisse Nachlässigkeit, aber für die Verständigung der Beteiligten untereinander werden sie gereicht haben. Natürlich galten sie allgemein für alle römischen Grabbauten, wobei die Nachweise hier unüberschaubar sind. Ein Verweis auf einen Bau an der Via Salaria[257], den Deus Reticulus[258], die Tomba Barberini[259], oder auch das Grabmal der Nasonier mag genügen[260].

6. Unternehmer und das Profil ihres Unternehmens

Dass die gesellschaftliche Stellung der Auftraggeber aus den Inschriften verhältnismäßig klar zu bestimmen ist, bedarf keiner Erläuterung. Deutlich schwerer fällt es, von der Aktivität eines Unternehmers *(redemptor)* eine etwas konkretere Vorstellung zu gewinnen, denn sie sind in der Regel nur aus Indizien an den Bauten selbst zu gewinnen[261]. Besaß er so etwas wie ein Markenzeichen? Den Grabbau eines reichen Unternehmers etwa aus dem hier interessierenden Zeitraum fassen wir mit großer Sicherheit in dem Monument der Haterier[262], aber er führt sogleich ein weiteres Problem vor Augen. Denn nach den Hinweisen in dessen Dekoration handelte es sich um einen *redemptor*, der für große öffentliche Bauten wie etwa das Amphitheatrum Flavium verdingt wurde[263]. Aber gaben sie sich abgesehen von dem Grabmal für die eigene Familie mit der Errichtung anderer Grabbauten – also mit vergleichsweise bescheidenen Aufträgen – ab? Immerhin war Habinas ein *libertus* (Petron. 65, 5) und gehörte als »*lapidarius, monumenta optime facere*« zu den *seviri* in seiner Stadt[264]. Ein solcher *redemptor* konnte bisweilen bei anderen Bauvorhaben verworfene Teile für seine eigenen Zwecke abzweigen, wofür gerade das Grabmal der Haterier mehrere Beispiele bietet[265].

Die Tätigkeit der *redemptores* ist methodisch aber nur dann im Bestand der Gebäude auszumachen, wenn man – wie etwa am Amphitheatrum Flavium oder in der Domus Augustana auf dem Palatin – davon ausgehen kann, dass mehrere von ihnen an einem Bau tätig waren und sie dort bei gleichen planerischen Vorgaben ihre spezifische ›Handschrift‹ hinterließen[266]. Das ist vielleicht auch bei Privatbauten etwa in Pompeji oder Ostia über verschiedene Indizien möglich[267]. Für die Grabbauten aber dürften die Unternehmer auf Grund ihrer Eigenheiten kaum zu individualisieren sein, denn weder aus den Baumaterialien noch den Eigenarten des Mauerwerks wird man solche Schlüsse ziehen dürfen. Ziegel mit Stempeln finden sich lediglich in Bau G und O und fallen damit als Indikator anders als etwa an den Bauten in Ostia aus[268]. Das gilt auch für Gerüstlöcher, denn bei den geringen Abmessungen der Grabbauten waren größere Gerüste kaum erforderlich[269]. Wenn sich also Handschriften der Bauunternehmer – nicht zuletzt auch auf Grund des am Ende eher begrenzten Materials – nicht bestimmen lassen, liegt das an den wechselnden Kombinationen aussagekräftiger Indikatoren. Bau D und O enthalten als einzige Mauern mit Retikulat, aber O weist daneben eine Bemalung auf, die in den anderen Bauten hadrianischer Zeitstellung – darunter auch D – keine Entsprechung findet, um nur ein Beispiel zu nennen[270].

Eine individuelle Handschrift etwa beim Gesamtkonzept der Bauten ist im Übrigen auch nicht zu erkennen, wenn Architekten genannt werden, bei de-

---

257 von Hesberg 1987b, 392–401.
258 Kammerer-Grothaus 1974, 183–185 (Innenraum 22 × 21,5 rF).
259 Riccardi 1966, 162 f.
260 CIL VI 22882; Andreae 1963, 110 f. (»geometrische Konstruktion als Grundlage für das Dekorationssystem«) Abb. 9.
261 Zu weiteren Hinweisen: Martin 1989, 52–62.
262 Sinn – Freyberger 1996, 24–26. Bezeichnenderweise thematisieren sie den Einsatz von schwerem Gerät bei der Errichtung ihres Baus, was in der zentralen Nische wiedergegeben war (von Hesberg 2002, 46 Abb. 12), während gegenüber in einem kleineren Fries die Bauten erschienen, an deren Errichtung sie beteiligt waren. Zu Kränen für die Konstruktion von Grabbauten (Flutsch – Hauser 2012, 137–140 Abb. 154–157).
263 CIL VI 607; Sinn – Freyberger 1996, 63–76 Nr. 8 Abb. 9. Taf. 19, 2. 20–24.
264 Zu den Haterii: Sinn – Freyberger 1996, 24–26. Zur engen Verbindung von Handwerker und Unternehmer: Martin 1989, 62–72.
265 Sinn – Freyberger 1996, 30–32.
266 Lancaster 2005, 71–82 Abb. 15–21; Pflug 2017, 329 f.
267 Zur Art der Verträge: Martin 1989, 22–41. Unternehmer in Pompeji: Noack – Lehmann-Hartleben 1936, 184 f. In Ostia: DeLaine 2002, 75 f.
268 CIL XV 1, 193.
269 Vgl. etwa die Überlegungen von Booms 2007, 275–282 Abb. 1–3, zu Gerüstlöchern in Ostia als Indizien für unterschiedliche Gruppen von Arbeitern.
270 Siehe hier den Beitrag Mielsch S. 66 f.

nen zu erwarten steht, dass sie an der Konzipierung beteiligt waren. Der Ziegelbau des Ti. Claudius Vitalis setzt sich als sehr einfacher mehrstöckiger Bau mit einer Grundfläche von 16 × 20 rF nicht von anderen ab. Mit den meisten Grabbauten seiner Art verband sich vielmehr der Wunsch, ein Maximum an Urnen im Innern des Baus unterzubringen[271].

Die Befunde der Bauten unter St. Peter sprechen vielmehr für eine variantenreiche Interaktion von Auftraggeber, Bauunternehmer und ausführenden Handwerken; etwa wenn die Wandmalereien in G und N sowie C sich so sehr entsprechen, dass Mielsch sie als Produkte einer »gleichen Werkstatt« ansah[272], ohne dass sich zugleich Hinweise auf einen gemeinsamen Unternehmer andeuten. In G sind hingegen aus Qualitätsgründen Maler und Stuckateur kaum identisch[273]. Es ist also gut denkbar, dass der Auftraggeber selbst bestimmten Werkstätten nach unterschiedlichen Kriterien den Vorzug gab, etwa neben der Qualität der Ausführung auch nach der Disponibilität der Handwerker[274].

Das gilt selbst für die Ausführung der Inschriften, an denen sich unterschiedliche Rahmungen oder natürlich auch eine unterschiedliche Anordnung der Zeilen beobachten lassen; etwa zwischen den Bauten N und O, einmal mit einem klar profilierten Rand, und bei dem anderen mit Ritzliniendekor[275].

Eine stabile Konstellation zwischen Unternehmer, Architekt und Handwerkern hat es folglich kaum gegeben. Ein Unternehmer besaß einen festen Stamm von Maurern, Stuckateuren und Malern, aber je nach Auftragslage wird er immer wieder auch andere Kräfte zusätzlich verdingt haben. Habinas war schon als Unternehmer selbst spezialisiert – nämlich als Steinmetz – und zog für die anderen Arbeiten wohl weitere Spezialisten heran[276]. Dennoch aber vermittelt die Gesamtheit der Bauten den Eindruck, dass sie sich gegenüber anderen etwa von der Isola Sacra absetzen. Dabei kommen am Ende viele Indizien wie Gesamtkonzept und Details zusammen[277].

Hinzu kamen Teile der Ausstattung, die der Auftraggeber schon im Vorfeld oder während der Arbeiten erwarb und die am Ende passend eingesetzt wurden. Cicero (ad Att. 12, 18, 1) bittet etwa Atticus, Säulen für das Grabmal zu kaufen, damit es schnell errichtet werden könne[278]. Ein Bau in der Nekropole an der Salaria belegt anschaulich den Erwerb eines einfacheren Objekts, denn P. Numitorius Hilarus erwarb für die zentral aufgestellte Aedikula, die seinen Freigelassen vorbehalten war, ein Campanarelief mit Theaterszene[279]. Aufwendige Teile fehlen in den Bauten unter St. Peter, aber die Inschriftenplatte[280], einzelne Tonreliefs[281], Mosaikembleme[282], oder Sarkophage werden direkt vom Inhaber des Grabes beschafft worden sein[283]. Die marmornen Architekturteile in Bau H hat wohl der Unternehmer, die Porträtbilder dort eher der Auftraggeber besorgt[284].

7. Serielle Bauten

Einen Sonderfall bilden Grabbauten, die eindeutig als Einheit errichtet wurden. Ein frühes Beispiel bildet etwa das Zwillingsgrab an der Villa Wolkonsky. Es wurde auf einheitlichem Fundament mit gemeinsamer Trennwand, aber unterschiedlicher Fassadenausprägung errichtet. Ob und gegebenenfalls wie die Besitzer untereinander verbunden waren, ist den Inschriften nicht mehr zu entnehmen[285].

Unter St. Peter bieten T und U ein Beispiel für zwei untereinander gleiche Grabbauten frühantonischer

---

271 Colini 1944, 389–392 Abb. 329; Panciera 1963/1964, 96 f. (zu den verschiedenen Gruppen der Bestatteten). Allgemein zu Grabanlagen der Architekten: Donderer 1996, 62–64.
272 Mielsch – von Hesberg 1995, 141; Mielsch 2009, 14. Siehe hier den Beitrag Mielsch S. 65 f. Zum Problem der Malerwerkstätten in Grabbauten: Blanc 2001, 109–118.
273 Mielsch – von Hesberg 1995, 134.
274 Zu Werkstätten bei der Ausstattung von Gräbern: Blanc 2001, 109–118 Abb. 1–15. Zur Scheidung von ›Händen‹ anhand der Ornamente: Musatti 2009, 36–38 Abb. 14–18.
275 Apollonj Ghetti u. a. 1951, 37 Taf. 9. Zu den *scriptores titulorum*: CIL VI 9556. 9557; Altman 1905, 33. Vgl. auch einen weiteren, isolierten *titulus* für T. Furius Zosimus, zu dem der Bau fehlt: Eck 1986, 274–276 Nr. 27 Taf. 22. Zur Unterscheidung möglicher Werkstätten der *tituli*: Manacorda 1979, 77–84. Vgl. auch die beiden unterschiedlichen Inschriften auf derselben Titulustafel eines Grabbaus unter S. Sebastiano: s. u. Anm. 297.
276 Ein Problem stellt sich mit der Abnahme des Baus und der Bezahlung, die wohl zwischen Auftraggeber und Unternehmer geregelt wurden: Martin 1989, 103–113.

277 An dieser Stelle kann es nicht in gebotener Kürze belegt werden: vgl. als Kontrast Fassaden der Bauten auf der Isola Sacra: Baldassarre 2002, 14 f. Abb. 3–6; Camilli – Taglietti 2019b, 103–107.
278 Das hing auch von der Art der Verträge ab: Martin 1989, 38–40.
279 CIL VI 37422/3; Gatti 1908, 13–15 Abb. 1. 2; Rizzo 1905, 203–205 Abb. 46. 47 Taf. 5.
280 Buonopane 2012, 203–206.
281 Zu den Terrakottaintarsien der Isola Sacra: Calza 1940, 84 f. Abb. 30. 32. 34. 37; Taglietti 2020, 329–348.
282 Zu den Emblemata in Chi wie auf Front von Phi: Strocka 2011, 242–248 Abb. 19–22.
283 Auch hier gab es einzelne Werkstätten, etwa für die Sarkophage Sk1. 7. 8: s. hier den Beitrag Boschung S. 81 f.
284 Vgl. zu solchen Werkstätten: Agnoli 2002, 192–212.
285 CIL I 2527b; Colini 1944, 395 f. Abb. 332. 334.

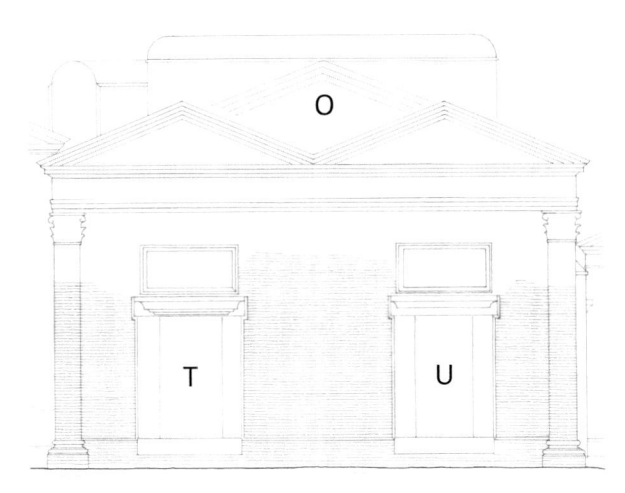

24 Grabbauten T und U, Fassade (M. 1 : 100)

Zeit (Abb. 4. 11. 24)²⁸⁶. Die Eckpilaster an den äußeren Ecken betonten die architektonische Einheit. Beide besaßen zusammen eine Grundfläche von 3,52 × 7,06 m (12 × 24 rF = 3,54 × 7,08 m) und Mauerwerk und Innenausstattung stimmten grundsätzlich untereinander überein. Auf diese Weise sparte man Kosten. Die Dachlösung ist unbekannt, aber wahrscheinlich wird es zwei Giebelfelder gegeben haben, denn ein einziges hätte sehr hoch aufgeragt und von rückwärts keine Stütze gehabt. Die beiden Räume mit gleicher Disposition im Innern waren durch zwei getrennte Türen erreichbar²⁸⁷. Die Motive in der gemalten Ausstattung weichen dabei geringfügig voneinander ab²⁸⁸.

Gut vergleichbar sind die Bauten N und O in der Nekropole bei Santa Tecla an der Laurentina aus severischer Zeit. Dort weichen zwar die Mosaiken in ihren Motiven voneinander ab, aber sie könnten von derselben Werkstatt verlegt worden sein²⁸⁹.

In anderen Bereichen der Nekropolen an der Via Triumphalis finden sich solche Lösungen häufiger. In dem Abschnitt des ›Autoparco Vaticano‹ etwa wurden in der ersten Hälfte des 2. Jahrhunderts die beiden Gräber Nr. 9 und 13 mit jeweils Platz für zwölf Urnen und weitere Bodenbestattungen in einem Zug auf einer Grundfläche von 1,25 × 2,10 m errichtet, was schon die durchgehende Schräge zum benachbarten Grabbau 12 belegt²⁹⁰. Die Maße entsprechen 4¼ × 7 rF (= 1,25 × 2,07 m). Davon war Nr. 13 auf 4 × 4¼ rF konzipiert und öffnete sich mit seiner Tür nach Norden und Nr. 9 auf 4¼ × 3¾ rF mit einer Tür nach Osten.

Solche Konstellation begegnen auch in dem Abschnitt ›Autoparco Vaticano‹ in dem Komplex 5 aus severischer Zeit, der allerdings so zerstört ist, dass Details nicht mehr klar zu erkennen sind. Offenbar handelte es sich ursprünglich um drei Kammern auf einer Grundfläche von 12 × 5,3 m (40½ × 18 rF = 11,95 × 5,31 m). Eine Einheit hätte also ursprünglich eine Breite von 13½ rF besessen. Er macht zugleich ein anderes Problem der Bauten deutlich, denn sie benötigten alle ein Fundament, das als durchgehende Einheit gegossen sein wird²⁹¹.

In einer seriell erstellten Einheit mussten die einzelnen Kompartimente aber nicht einmal alle gleich gestaltet sein, wie die Serie der Gräber 2, 6 und 7 im Abschnitt Galea an der Via Triumphalis belegen²⁹². Der ausführende Unternehmer kombinierte geschickt die Ansprüche der einzelnen Bauherren mit den Anforderungen des Geländes und dem Platz, der noch zwischen den verschiedenen früheren Bauten zur Verfügung stand. Eine Ecke von Bau 8 wurde eingeschlossen, aber nach Osten hin konnte die Front der Bauten nach vorne vorstoßen. Obwohl also die Wände in der Folge nicht rechtwinklig verlaufen, fügt sich der Gesamtumriss wieder in römische Fußmaße ein. Die gesamte Breite der Front betrug 10,9 m (37 rF), die Tiefe von 9 kam auf 3,8 m (13 rF) und von 6 und 2 auf 4,6 m (15½ rF). Im Innern ergaben sich leichte Verschiebungen, denn die Mauern in der NW-Ecke sollte wohl gegen den Hangdruck besonders stark sein.

Wie also darf man sich diese Lösungen erklären? Nach einem in den Digesten (Dig. 17, 2, 52, 7) beschriebenem Fall eines Kompaniegeschäfts konnte ein Flavius Victor den Grund kaufen, während ein Bellicus Asianus mit seiner Erfahrung die Monumente mit Gewinn für beide Seiten herstellte. Gab es Unternehmer, die Bauten auf Vorrat erstellten und dann verkauften? Wohl kaum, eher hatten sich die Besitzer dieser Einheiten – möglicherweise auch untereinander familiär oder auf andere Weise verbunden – auf eine gemeinsame Ausführung geeinigt. Wenn es

---

286 Apollonj Ghetti u. a. 1951, 55–62 Abb. 23. 35. 36 Taf. D. E; Mielsch 1981, 205 (Datierung). Nicht nachvollziehbar ist die severische Datierung bei Feraudi-Gruénais 2001a, 58. Zu solchen Reihenbauten vgl. die Anlage Nr. 5 im Abschnitt der Nekropole unter dem ›Autoparco Vaticano‹: s. u. Anm. 178.
287 Apollonj Ghetti u. a. 1951, 56 Abb. 35.
288 Mielsch 1981, 206; Feraudi-Gruénais 2001a, 56–58; s. hier den Beitrag Mielsch S. 67 f. Zur Frage der Werkstätten bei benachbarten Grabbauten: Blanc 2001, 109–118 Abb. 1–15.

289 Scrinari 1982–1984, 400. 412–418 Abb. 18–21 Taf. 1. 2; Camilli – Taglietti 2019b, 104.
290 Liverani – Spinola 2010, 180–184 Abb. 14. 17.
291 Steinby 1987, 103 f. Taf. 10 a Plan 1; Liverani – Spinola 2010, 190 Abb. 14.
292 Liverani – Spinola 2010, 146–161 Abb. 2. 5. 11. 12.

selbst in der Anordnung dieser sehr bescheidenen Anlagen zu teilweise wiederum individuellen Lösungen kam, sprechen solche Erscheinungen grundsätzlich dagegen, dass ein Bauunternehmer auf Vorrat baute und dann die Anlagen nacheinander veräußerte[293].

C. Die Auftraggeber

1. Motivationen und Konzepte der Auftraggeber

Obwohl sie auf den ersten Blick wie ›Reihenhausgräber‹ wirken[294], zeichnet die Bauten eine Individualität aus, die den Wünschen der Auftraggeber verpflichtet ist[295]. Aber wie entwickelten sie ihr Konzept? Nach welchen Kriterien bemaß der Bauherr die Zahl der Bestattungsplätze im Bau? Werner Eck hat deren Zahlen überschlägig berechnet und eine Skala von ca. 20 in Grabbau I bis deutlich über 170 in H aufgestellt[296]. Äußerlich korrespondiert also der Zuschnitt der Bauten jedenfalls in allgemeinen Zügen mit der Menge der Bestattungsplätze. Aber heißt das am Ende, dass der Umfang der *familia* einschließlich Sklaven und Freigelassenen entsprechend groß war? Oder stand der persönliche Reichtum und das Prestige im Vordergrund, das Caius Valerius Herma in H auch in der Menge der *loculi* zum Ausdruck bringen wollte, ohne dass es am Ende unbedingt mit den realen Verhältnissen korrespondieren musste? Wahrscheinlich kommt beides zusammen und er überschlug das Aufkommen über einige Generationen[297]. Allen dürfte dabei klar gewesen sein, dass die realen Entwicklungen am Ende anders laufen würden.

Es gab zudem mehrere Besitzer an demselben Bau, denn in N hält der *titulus* fest, dass das Ehepaar L. Volusius Successus und Volusia Megista von Aebutius Charito die Hälfte des Grabes gekauft hat[298]. Die Volusii bestatteten dort ihren Sohn C. Clodius Romanus – aus diesem Grund kam es überhaupt zum Kauf – und bestimmten die anderen Grabstätten in ihrer Hälfte für sich und ihren Nachkommen und die Freigelassenen und deren Nachkommen (Abb. 25. 26). Der Bau war kleiner als Grabbau C mit seinen 70 Urnenplätzen und drei Arkosolien. Das Innere wird also hälftig geteilt worden sein, aber das Kopfende wohl kaum. Der Sohn fand seine letzte Ruhestätte in einer Marmorurne im Zentrum der Ostwand, aber der Platz für den *pater familias* bleibt unbestimmt[299]?

Die Grabinhaber werden allgemein in die Zukunft hinein geplant haben und von dem aktuellen Bestand ihrer Familienangehörigen ausgegangen sein. Das häufiger in Inschriften vorkommende *posteri* spricht dafür, dass sie an Enkel und vielleicht sogar noch an deren Nachkommen dachten[300]? Allerdings ist wohl immer wieder davon auszugehen, dass der zu Wohlstand gekommene Sohn der Familie sich einen neuen Grabbau errichtete und die verheiratete Tochter mit ihren Kindern im Grab ihres Gemahls beigesetzt wurde. Die Menge der Bestattungen wird also im voraus kaum genau kalkulierbar gewesen sein. Das gilt noch mehr für die Aufteilung von Körper- und Brandbestattungen[301]. In jedem Fall aber führte die Menge an Bestattungsplätzen tendenziell die Größe des Familienverbandes eindrucksvoll und prestigeträchtig vor Augen[302]. Es war zugleich für alle Nachkommen gesorgt.

Denn neben dem Prestige bestimmte die Fürsorge für alle Mitglieder der Familie die Planung. Deshalb hielt man eben möglichst viele Plätze vor. Das eröffnete selbst in kleineren Bauten Spielräume, vor allem auch wenn im Bedarfsfall noch weitere besondere Beisetzungen hinzukamen wie in einzelnen Urnen, Altären oder Sarkophagen. Das soziale Prestige äußerte sich darin, dass ohne Bindung an bestimmte

---

293 Wie etwa bei der Ausmalung der Bauten T und U: Feraudi-Gruénais 2001a, 57 f. Vgl. dazu allgemein: Schrumpf 2006, 211–219.
294 Eck 1987, 65.
295 Gleiche Eigenheiten hat DeLaine 2002, 75 f. für die privaten Bauten innerhalb Ostias hervorgehoben.
296 Eck 1987, 66 f. Siehe hier den Beitrag Eck S. 138 f.
297 Siehe hier den Beitrag Eck S. 141 f.
298 Das könnte auch für Bau E gelten: s. hier den Beitrag Eck S. 141 f.
299 Mielsch 2009, 14 Abb. 9. In der Isola Sacra wurde der Hof des Grabs 75 zu einem späteren Zeitpunkt durch eine Mauer geteilt und damit ein eigener geschlossener Bezirk geschaffen: Helttula 2007, 96 f. 105 f. Nr. 82. 92; EDCS-13100061; Calza 1940, 330–334 Taf. 3. Vgl. unter S. Sebastiano den *titulus* für Ateia Alexandria und T. Flavius Karicus. Beide Inschriften stehen auf einer Tafel und sind erkennbar von verschiedenen Händen geschrieben. Jeder der Besitzer hatte die Hälfte des Grabbaus (*pars dimidia monumenti*) als sein Eigentum: Mancini 1923, 19 Abb. 9.
300 Siehe hier den Beitrag Eck zu Grab C: S. 132. Bürgin-Kreis 1968, 36 f.; Kaser 1978, 63 Anm. 214 (»Wie in solchen Fällen die Zuteilung ... geschah, bleibt für uns als ein ›familieninterner‹ Vorgang im ganzen für uns unerkennbar«). Vgl. auch Duday – Van Andringa 2017, 79–82 Abb. 5. 10.11 (Behälter auf Vorrat in der Nekropole von Pompeji).
301 Dazu Mielsch 2009. Siehe hier den Beitrag Eck S. 138 f.
302 Eck 1989, 74 f. Ob dabei die Unterscheidung in Familien- und Erbgrab am Ende einen Unterschied in den Praktiken der Wiederverwendung macht, ist eher zweifelhaft: Bürgin-Kreis 1968, 36 f.; Kaser 1978, 38–42. 52–57; Paturet 2014, 137–191.

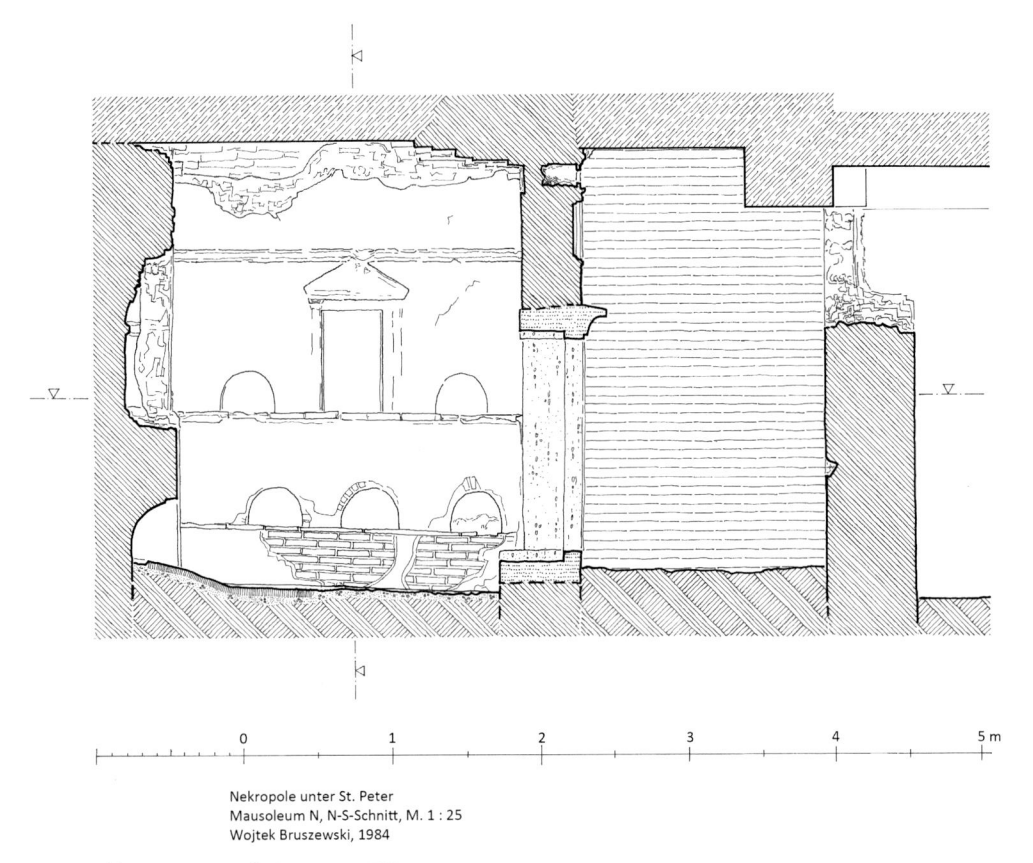

Nekropole unter St. Peter
Mausoleum N, N-S-Schnitt, M. 1 : 25
Wojtek Bruszewski, 1984

25   Grabbau N, Querschnitt (M. 1 : 50)

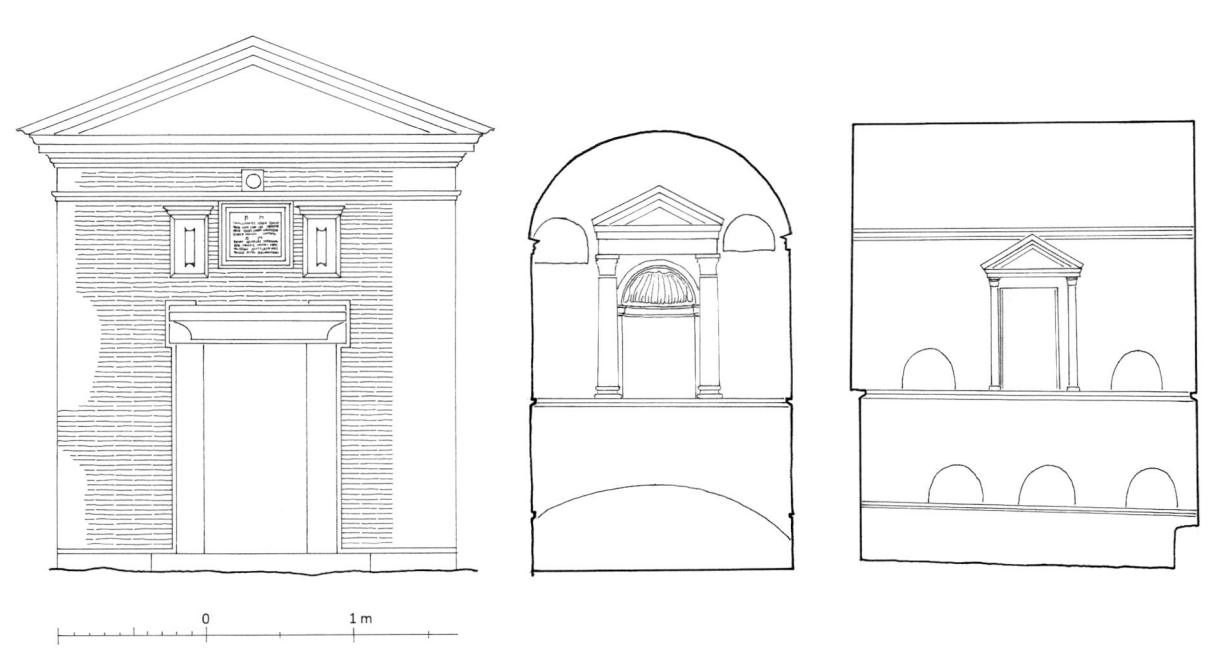

26   Grabbau N, Rekonstruktion Fassade, Innenwand Nord und Innenwand Ost (M. 1 : 50)

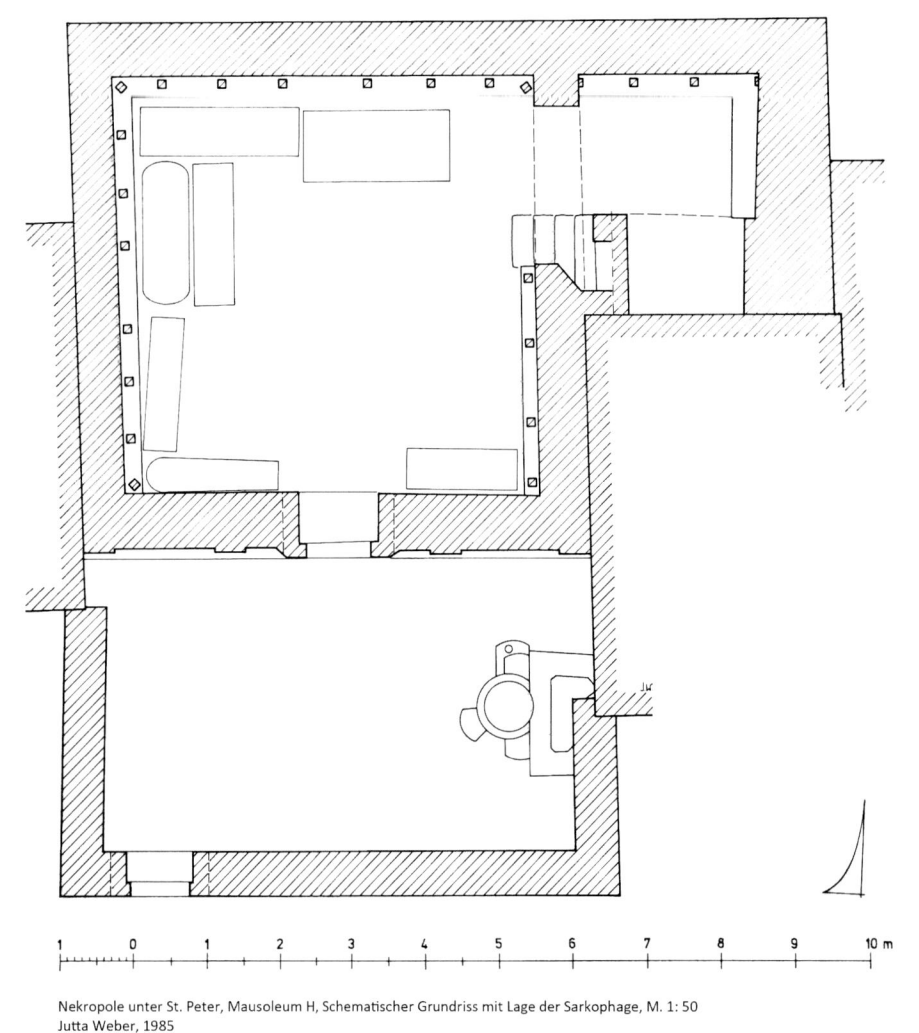

Nekropole unter St. Peter, Mausoleum H, Schematischer Grundriss mit Lage der Sarkophage, M. 1:50
Jutta Weber, 1985

27   Grabbau H,
Grundriss mit Lage der
Sarkophage (M. 1 : 100)

Personen genügend Platz für diverse Bestattungsformen vorhanden und damit für die Zukunft vorgesorgt war. Im Grunde entsprach die bauliche Lösung der Formel *libertis libertabusque posterisque eorum*[303]. Dabei könnten sich bisweilen im Verlauf der Zeit die rechtlichen Verbindlichkeiten gelöst haben, so dass die Vergabe der Plätze – *ius sepulchri* – lockerer vergeben wurde[304].

2. Hierarchie in der *familia*

Zugleich enthalten die Bauten Botschaften über die Hierarchie innerhalb der Familie. Sie werden nur sehr unterschiedlich in Szene gesetzt. Als markantes Beispiel für den Zeithorizont des 1. Jahrhunderts v. Chr. führt Heinzelmann einen Bezirk mit mindestens 30 Urnenbestattungen aus der Nekropole vor der Porta Romana von Ostia an, unter denen vier Bestattungen durch reichere Beigaben aus dem Spektrum fallen[305].

Zum Zeitpunkt ihrer Planung und Einrichtung waren die Bauten unter St. Peter nach einem Konzept gestaltet, das eine Hierarchie in der Zuordnung der verschiedenen Bestattungsplätze in ein Bild umsetzte. Diesem Konzept lag die Struktur des Familienverbandes (*familia*) mit Anverwandten, Freigelassenen und Sklaven zugrunde[306].

In der Zuordnung der Plätze stehen zwei Prinzipien im Wettstreit, die hierarchische Ordnung innerhalb der Familie linear nach Geschlecht und Altersgruppen oder die Besonderheit eines einzelnen Mitgliedes innerhalb der Erinnerung. Dabei erscheint *familia* zwar als klar gegliederte Gruppe, die sich aus dem eigentlichen Kern mit *pater familias* und seinen unmittelbaren Angehörigen und in der Folge

303 Haug 2003, 283 (mit früherer Literatur).
304 Bürgin-Kreis 1968, 37; Kaser 1978, 58 f. 62. 68–75; Laubry 2019, 350–353.

305 Heinzelmann 2001, 56 f.
306 Heinzelmann 2001, 184 Anm. 23.

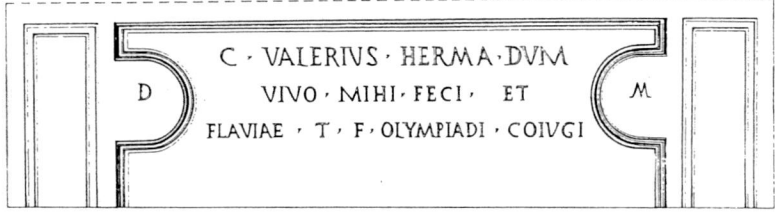

Grabplatte des C. Valerius Herma und der Flavia Olympias

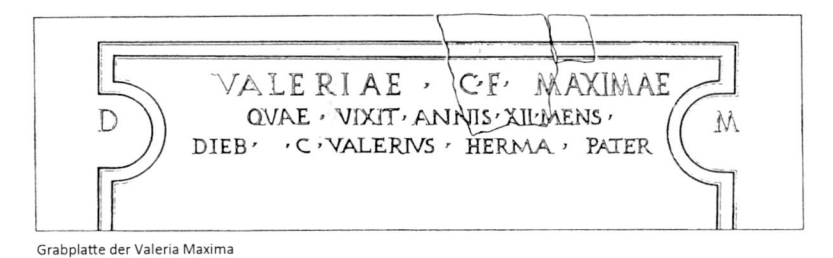

Grabplatte der Valeria Maxima

28 Grabbau H,
Innenausstattung und Grabplatten

aus Freigelassenen und Sklaven zusammensetzt, aber Emotionen – etwa um ein früh verstorbenes Kind oder einen Lieblingssklaven – kommen als einigendes Band hinzu. Die Emotionen resultieren aus der Erinnerung an eine Person und verleihen umgekehrt dem Familienverband in der gemeinschaftlichen Memoria insgesamt ein starkes Gewicht.

Es fällt auf, dass in unterschiedlichen Konstellationen häufig der früh verstorbene Sohn im Mittelpunkt steht, etwa für C. Clodius Romanus in Grab N (Abb. 25. 26)[307], später für Valerius Olympianus in H – zu dem in diesem Fall Mutter und Tochter hinzukommen (Abb. 27. 28)[308] – und schließlich für Iulius Tarpeianus in M[309]. Wie das in den Räumen gelöst wurde, ist in Grab H[310] und in bescheidener Form in N zu sehen. Dort wurde die Marmorurne des Caius Clodius in der Mittelnische der Ostwand aufgestellt[311].

Insgesamt sind unterschiedliche Konstellationen möglich. In einen Bau der Via Taranto sind etwa drei Kindergräber tief unter dem eigentlichen Fußboden bestattet, gleichsam als Gründungsakt der Anlage, aber im späteren Erlebnis des Baus nicht präzise zugeordnet zu erfahren[312]. Denn das Relief für den jung verstorbenen Venerianus wird damit zusammenhängen, auch wenn es keiner der Bestattungen direkt zugeordnet werden kann. Bei einem Grab an der Via Portuense werden hingegen die Porträts der Jugendlichen in den Giebeln der Aedikulen zu den Urnen darunter gehören. Das Bild der Eltern erscheint deutlich kleiner am Sockel[313]. Der unerwartete und damit als tragisch empfundene Tod meist eines früh verstorbenen Familienangehörigen – etwa auch der Ehefrau – führte dazu, dass er bei Kindern durch reichere Beigaben[314] oder auch – etwa in einer *consecratio in*

---

307 Siehe o. Anm. 298. Eck 1986.
308 Siehe hier den Beitrag Eck S. 134.
309 Apollonj Ghetti u. a. 1951, 40. Dazu passt auch, dass der früheste Sarkophag aus der Nekropole für ein Kind bestimmt war, Mielsch 2009, 27 f. Abb. 23.
310 Eck 1986, 255–262 Taf. 16; Mielsch 2009, 17–20 Abb. 15. 16. Die Gipsbüste eines Knaben allerdings nicht auf ihn zu beziehen: Mielsch – von Hesberg 1995, 196 Nr. 6 Abb. 240–242.

311 Mielsch 2009, 14. 16 Abb. 11. Siehe hier den Beitrag Boschung S. 109 f. Nr. AU 5.
312 Pallottino 1934–1936, 43 Abb. 9. 10.
313 Felleti Maj 1953, 44–47. 52 Abb. 3–5. 12.
314 Heinzelmann 2001, 187.

forma deorum[315] oder besonderen Typen wie den Klinenmonumenten herausgestellt wurde[316]. Jedenfalls war Ursache für die Errichtung eines Grabbaus unter St. Peter immer der Tod eines Familienangehörigen[317]. Erst mit dessen Beisetzung wurde der Bau zu einem *locus religiosus*[318].

In jedem Fall wurde über die Art der Positionierung der Verstorbenen in den Gräbern Beziehungen in der Familie zum Ausdruck gebracht. Das zeigen schon die prominenten Beispiele in Rom, wenn etwa im Mausoleum des Augustus Familienmitglieder ausgeschlossen oder umgekehrt zu einem späteren Zeitpunkt auch wieder aufgenommen wurden[319], aber auch erneut im Beispiel des Trimalchio, der in einer Aufwallung von Zorn seine Gemahlin dadurch ausschließt, dass sie keine Statue erhalten soll und ihn selbst als Leiche nicht küssen darf (Petron. 74, 17). Verteilungen lassen sich aber auch archäologisch nachweisen wie im Bereich des Grabes des P. Vesonius Philero an der Nekropole vor der Porta di Nocera in Pompeji[320]. Solche Konstellationen werden letztendlich auch den Platz der Beisetzung beeinflusst haben. Die Zuweisung der Plätze selbst war rechtlich dem jeweiligen Grabherrn vorbehalten[321].

Da sich aber innerhalb der Familien sehr unterschiedliche Konstellationen ergeben konnten[322], wird es nicht immer gelungen sein, das am Anfang geplante Verteilungskonzept konsequent durchzuführen. Verstorbene konnten neben bildlichen Darstellungen überdies durch kostbare Altäre, Urnen oder schließlich auch Sarkophage oder durch Inschriften und Porträts ausgewiesene Einzelbestattungen zusätzlich ausgezeichnet und hervorgehoben werden, wie es exemplarisch in Grab C mit der Metallurne für den Vater Tullius Zethus und den Grabaltären für die beiden Kindern[323] und mit dem Altar in F zu sehen ist[324]. Gleiches gilt für die Alabasterurnen in Grab E für Aelia Urbana und für Aelius Urbanus, zu denen noch weitere hinzukamen[325]. An dieser Stelle ist es unmöglich, die Fülle der Möglichkeiten aufzuzeigen, aber in jedem Fall bildete sich im Grab die Dynamik der Familie mit ihren zahlreichen, gewiss bisweilen auch spannungsreichen Beziehungen ab.

Dem *pater familias* schwebte anfangs gewiss eine ideale Verteilung vor. Besonders gut ist es in Bau H zu erkennen, aber selbst dort zeigen sich schnell Überschneidungen (Abb. 27. 28)[326]. Solche Konzepte mögen also die Planung der Bauten beeinflusst haben, dürften aber kaum lange vorgehalten haben. Späterhin im 3. Jahrhundert n. Chr. konnte man offenbar bei entsprechender Verbindung zu den Nachfahren der Familie auch einzelne Plätze erwerben und markieren, wie die Grabplatte in Bau F für den *magister musicae* Aurelius Nemesius belegt[327].

3. Die Bewahrung der Erinnerung über Inschriften und räumliche Disposition

Wie lange sich die Erinnerung an die Plätze selbst im Gedächtnis des Familienverbundes hielt, ist kaum zu ermessen[328]. Werner Eck hat gezeigt, dass innerhalb des Areals der Nekropole unter St. Peter ca. 110 Individuen über die Inschriften bekannt sind, davon ca. ein Drittel weiblich und zwei Drittel männlich, die meisten Freigelassene[329]. In den Bauten waren aber insgesamt um die 600 Grablegen vorgesehen, ohne die wieder verwendeten oder auch zusätzlich vertieften Grabstellen etwa in Arkosolien einzubeziehen. Sie beliefen sich am Ende wohl auf ein weiteres Hun-

---

315 Allgemein: Wrede 1981, 158–178. Vgl. etwa den Grabaltar der Minicia Marcella: CIL VI 16631; Altmann 1905, 34 (mit Verweis auf Plin. epist. 5, 16). Vgl. hier den Beitrag Boschung S. 81–83. Claudia Semne mit Bildnissen und Altar: Wrede 1971, 121–133. 143 (ähnlicher Bau in Rom) Taf. 74–79. Priscilla bei Stat. silv. 5, 1: dazu: Mielsch 2009, 27 f. 36 f.
316 Pucci 1968/1969, 173–177 Taf. 75 (Flavius Agricola aus Bau S unter St. Peter; Wrede 1977, 395–431.
317 Der Grabherr erwähnt dabei häufiger, dass er es zu seinen Lebenzeiten (*vivus*) errichtet hat: Eck 2008, 67–93.
318 Kaser 1978, 22–31; zu den praktischen Konsequenzen: Van Andringa 2018, 388–401.
319 von Hesberg – Panciera 1994, 80–84.
320 Van Andringa 2018, 385–401 Abb. 3–20. Allgemein: Duday – Van Andringa 2017, 83–85.
321 Bürgin-Kreis 1968, 36 f.; Kaser 1978, 47–51; 73 f.
322 In Grab A legt Popilius Heracla fest, dass er dort mit seiner Frau Fadia Maxima begraben sein will. Dazu werden Novia Trophime die Hälfte der veranschlagten Summe zahlen und ihre Miterbin die andere Hälfte. Neben seinen eigenen Freigelasse-nen sollen auch die der Novia Trophime und alle Nachkommen das Recht haben, dort bestattet zu werden. Der Personenkreis wuchs also schnell an: Toynbee – Ward-Perkins 1956, 9 f.; s. hier den Beitrag Eck S. 131 f.
323 Mielsch – von Hesberg 1986, 43 f. Abb. 38–40 Taf. 6a; Eck 1989, 62 f.; Mielsch 2009, 12 Abb. 7; 13 f.; s. hier den Beitrag Eck S. 132 f.
324 Siehe hier den Beitrag Eck S. 133 f.
325 Eck 1989, 62; Mielsch 2009, 15 f. 18 Abb. 14; Zander 2016/2017, 664–679 Abb. 17–20. 24–26.
326 Eck 1989, 64–66.
327 Eck 1986, 248–251 Nr. 4 im nördlichen Arkosol der Ostwand (3. Jahrhundert) war Leiter eines Chores, der Pantomimen, Schauspiele und Tänze begleitete. Siehe hier den Beitrag Eck S. 143 Nr. 6. Vgl. auch die Situation in den Grabbauten im Abschnitt unter dem ›Autoparco Vaticano‹: Steinby 1987, 107–110.
328 Vgl. Heinzelmann 2000, 57, der auf die willkürliche Verteilung der Urnen in Gräbern hinweist.
329 Toynbee – Ward-Perkins 1956, 105 f.

dert. Daraus ergibt sich ein Verhältnis von ungefähr 1 : 7 zwischen den inschriftlich markierten zu den nicht ausgewiesenen Bestattungen.

Die *ollae* der Bodenbestattungen verschwanden in der Wahrnehmung der Besucher von Anfang an. In Grab C waren jeweils zwei sorgfältig in den Ecken eingetieft und mit unregelmäßig beschnittenen Marmortäfelchen abgedeckt worden[330]. Um die 25 solcher Aschenbehältnisse wurden im Abstand von etwa 45 cm (1½ rF) vor dessen Seitenwänden im Boden von E und F eingelassen[331]. Obwohl man in der Anordnung eine gewisse Pietät walten ließ und möglichst vermied, dass Besucher über die Bestattungen liefen, kann man sich bei keinem der Bauten auch nur eine temporäre Fixierung der Namen vorstellen.

Wenn also die Generation der Angehörigen selbst verstorben war, verblasste gewiss auch die Memoria an das einzelne Individuum und nur wenige Personen überdauerten. Es fällt auf, dass auch Aschebehälter aus Marmor und selbst die Sarkophage in Z nicht mit einer Inschrift ausgewiesen waren, auch wenn deren Deckel dafür vorgesehene Felder aufwiesen[332]. Damit ist schwer vorstellbar, wie in einer solchen Konstellation die Erinnerung an einen bestimmten Familienangehörigen einer vorigen oder noch früheren Generation hätte gepflegt werden können. Bestenfalls war sie an einige unmittelbare Verwandte gebunden[333].

In dieser Konstellation irritiert folglich, dass bei allen Wünschen, Memoria möglichst bis in die Ewigkeit auszudehnen, der überwiegenden Zahl der einzelnen Bestattungen kein Bedürfnis nach einer solchen Erinnerung abzulesen ist. Bei den Sklaven und früh verstorbenen Kindern war es ohnehin nur eingeschränkt von Bedeutung. Im Grabbau E sind diese Verhältnisse auch in ihrer Widersprüchlichkeit gut zu erkennen. Unter den Nischen sind zwar marmorne Tafeln eingelassen, aber ohne jegliche Rahmung und auch ohne den geringsten Hinweis selbst auf eine nur gemalte Inschrift[334]. Offenbar hatte die Mehrheit der Familienangehörigen keinen Bedarf, dass ihrer einzeln mit einer dauerhaften Inschrift gedacht würde[335].

Das war in den Grabbauten der frühen Kaiserzeit noch vielfach anders gewesen, und nicht nur in den Columbarien, in denen die Kennzeichnung angesichts der schwer überschaubaren Zahl an *loculi* und der oft heterogenen Zusammensetzung der Beteiligten gut verständlich ist[336], sondern auch in kleineren Bauten etwa an der Via Appia, die ab der Mitte des 1. Jahrhunderts n. Chr. entstanden waren[337].

Zahl und Verteilung der Toten wird also nur sehr allgemein die Planungen der Bauten bestimmt haben. Francisca Feraudi-Gruénais verstand den inneren Seitenraum in H als Platz der *liberti* (Abb. 27. 28)[338]. Die Sklaven werden im Vorhof des Grabes beigesetzt worden sein, aber die Frage bleibt, ob und gegebenenfalls wie Abstufungen und Zuweisungen vorgesehen waren, denn Freigelassene wurden auch in der Türwand des Baus beigesetzt[339].

Das gilt auch für andere Muster der Verteilung. In der ›Sedia del Diavolo‹ und anderen Tempelgrabbauten liegen die Arkosolien der Körpergräber im Untergeschoss des Podiums, während in der tempelartigen Cella darüber Nischen für Brandbestattungen eingelassen sind. Dort wird der Grabherr seine letzte Ruhe gefunden haben[340]. Wie überdies Bestattungsform und Familienhierarchie miteinander abgestimmt wurden, ist ganz offensichtlich ebenfalls eine individuelle Entscheidung. Harald Mielsch hat es für Tullius Zethus in C gezeigt, der mit seiner Frau und seinen Kindern vor dem Sockel des Kopfendes in einem eigens aufgemauerten Wandabschnitt beigesetzt wurde; die Eltern in Urnen und die Kinder in Grabaltären, während die Arkosolien an den Seitenwänden für andere Mitglieder aus der *familia* bestimmt waren[341].

Im Großen und Ganzen bildete sich die Ordnung der Familie im Innern der Bauten ab, wobei am Ende sehr unterschiedliche Konstellationen entstehen können. Den Normalfall wird gewiss die Position des Grabinhabers am Kopfende bilden, denn darauf ist die architektonische Gliederung ausgerichtet[342]. Als bevorzugte Plätze werden überdies die Zentren der Seiten gelten. Die geringste Bedeutung besaßen hingegen die Nischen auf dem Innern der Türseite und

---

330 Mielsch – von Hesberg 1986, 54 Abb. 56 Taf. 5.
331 Mielsch – von Hesberg 1995, 117 Abb. 102 Taf. 13; Zander 2016/2017, 685 Abb. 34.
332 Zu den Inschriftentafeln an Urnen Eck 1987, 65–68; Mielsch 2009, 26 f. Abb. 22.
333 Dazu Heinzelmann 2000, 183 f.
334 Mielsch – von Hesberg 1995, 73. 79 Abb. 74 Taf. 11. 12; Zander 2016/2017, 654–658 Abb. 3–7.
335 Zu einzelnen in den Putz gekratzten Inschriften in H s. hier den Beitrag Eck S. 135.
336 Borbonus 2014, 106–134.

337 Taccalite 2009, 145–165.
338 Feraudi-Gruénais 2001a, 53.
339 Eck 1986, 264 Nr. 18 Taf. 20.
340 Crema 1940, 264–268 Abb. 1–4; Messineo – Rosella 1989/1990, 180–188 Abb. 185–202. Vgl. einen Bau an der Via Appia Nuova: De Rossi 1967, 16 Abb. 2–9. Vgl. Heinzelmann 2001, 189 f. Abb. 6. Die gleiche Zuordnung findet sich auch im Osten: Frantz u. a. 1969, 414 Anm. 74.
341 Mielsch 2009, 12–14 mit Abb. 7. 8.
342 Eck 1987, 68–72.

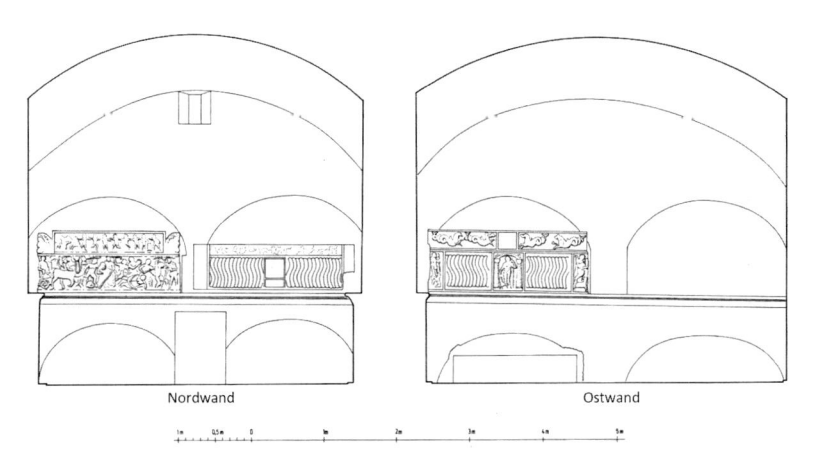

29 Grabbau Z, Rekonstruktion der Nord- und der Ostwand mit Lage der Sarkophage (M. 1 : 100)

im Vorhof etwa in H, L und S oder auch in B und D. Es kann gut sein, dass jemand aus der Familie am unteren Ende der Hierarchie in Abwägung der Möglichkeiten einen eigenen Platz außerhalb eines Grabbaus bevorzugte.

In der Hierarchisierung deutet sich bei den Bauten unter St. Peter eine Verschiebung an, die mit der zunehmenden Dominanz der Körperbestattungen einhergeht. Denn in den Bauten Z–Phi sind – von der Türwand einmal abgesehen – im Prinzip alle Positionen gleich, was besonders Bau Z vor Augen führt. An dessen Kopfende liegen die vier Bestattungen gleichberechtigt nebeneinander (Abb. 29), ohne dass eine von ihnen durch ihre Position in der Mittelachse hervorgehoben wird[343]. Die Bedeutung mag im Einzelnen über den Dekor der Sarkophage übermittelt worden sein. Phi war vom ursprünglichen Konzept auf die Abfolge der Arkosolien angelegt. Später dominierten die jeweils einzeln im Innern aufgestellten Sarkophage und minderten zugleich die dahinter liegenden Arkosolien in ihrer Wirkung. Q. Marcius Hermes fand in dem großen Sarkophag zusammen mit seiner Frau seine letzte Ruhe. Eine Generation später kam der Sarkophag für Marcia Felicitas hinzu, der axial vor dem früheren seinen Platz fand[344]. Für die übrigen Familienmitglieder blieben mit zehn Plätzen für Körper- und acht für Urnenbestattungen im Vergleich zu den Bauten der Zeit zuvor am Ende nur wenig Raum übrig[345].

Offenbar verschob sich in Hinblick auf die Bestattungen das Konzept von *familia*. Umfasste es zuvor eine große Gruppe und schloss die Freigelassenen und Sklaven potentiell mit ein, so boten die Bauten seit der severischen Zeit für diesen Kreis nur noch wenig Raum. Dahinter verbirgt sich ein weitergehender Wandel wie auch andere Grabbauten mit Sarkophagen belegen[346]. Nur kommen hier seit dieser Zeit verschiedene Dinge zusammen, so etwa auch ein Wandel in den Sarkophagen selbst, auf denen Porträts an Bedeutung gewinnen und der mythologische Gehalt unterschiedlich an Bedeutung verliert[347] oder in den Bauten der Verzicht auf hierarchisch ausgerichtete Innenräume oder auf Dachterrassen. Es ergab sich überdies eine Verschiebung der Kosten bei den Bestattungen. Denn allein schon vom Aufwand her dürfte der Inhaber von Bau Phi für den Sarkophag ähnlich viel bezahlt haben wie für den ganzen Bau[348]. Bestimmte andere Muster wie die reiche Ausmalung des Innern blieben hingegen bestehen[349].

---

343 Eck 1989, 66 f.; Mielsch – von Hesberg 1995, 226 f. Abb. 267–270 Taf. 28; vgl. hier den Beitrag Boschung S. 84.
344 Mielsch – von Hesberg 1995, 236 f. Abb. 276. 277 Taf. 29. 31. 32; Liverani – Spinola 2010, 72 Abb. 33. Siehe hier den Beitrag Eck S. 136, und den Beitrag Boschung S. 117–121.
345 Meinecke 2014, 80 f.
346 Kaser 1978, 59 Anm. 201, betont die Schwächung der Familiengräber gegenüber den Erbgräbern. Andere Motive kamen hinzu. Wrede 1981, 164–171, betont etwa die Bedeutung der Freigelassenen in diesem Prozess. Heinzelmann 2001, 189 f.; Borg 2007, 59–61.

347 Matz 1971, 102–116; Zanker – Ewald 2004, 255–261; Studer-Karlen 2012, 59–61; Brink 2013, 17–19. 115–156.
348 Wiegartz 1974, 365–369; Eichner 1981, 91 Anm. 36; Ward Perkins 1992, 36 f.; Koch 2000, 89 f.; Barresi 2002, 73–81; Koortbojian 2019, 125–131 (zu den Konditionen des Handels und der Verfertigung). Vgl. Preise für Statuen, die ebenfalls beträchtlich waren und die Kosten für Bau A (6000 Sesterzen) deutlich überstiegen: CIL VI 23149 (30.000 Sesterzen) (= EDCS 13300343). 32536 (= EDCS 638000023); Bang 1921, 312–325.
349 Mielsch – von Hesberg 1995, 240–243 Abb. 279 Farbabb. 37–40.

4. Streben nach Memoria über das ästhetische Gesamtkonzept der Bauten

Wir gehen üblicherweise von der Fixierung der einzelnen Person mit ihren sterblichen Überresten auf einen bestimmten Bestattungsplatz aus. Das aber hatte in dieser Zeit offenbar nur eine relative Bedeutung, wenn man die anthropologischen Untersuchungen in der Nekropole an der Via Triumphalis hinzuzieht[350]. Danach waren die Aschen der Angehörigen in den verschiedenen Urnen auch über größere Distanzen in sehr unterschiedlichen Kombinationen gemischt. Eine saubere Trennung war gar nicht erforderlich, wobei es fast den Anschein hat, als sei eher eine gewisse Vermischung erstrebt worden[351]. Es stand damit weniger der Einzelne, sondern die Gruppe der Familienangehörigen im Zentrum des Interesses der Hinterbliebenen.

Das erklärt vielleicht auch eine in mancher Hinsicht widersprüchliche ästhetische Disposition. Denn die Gliederung der Innenräume und ihre Ausstattung thematisieren in den Bauten unter St. Peter vor allem über die Anordnung der Nischen mit den Urnen zwar ein hierarchisches Grundmuster. Darin ging aber die Zuordnung der Familienangehörigen nicht unbedingt linear auf. Vielmehr hatte sich in der Realität gegenüber früheren Lösungen, wie sie beispielhaft der Anlage des Pomponius Hylas an der Via Latina abzulesen sind[352], nicht viel geändert. Dort sind unterschiedlich gestaltete Aedikulen im Innern erkennbar, die untereinander eine gewisse Autonomie beweisen und unterschiedlichen Familien vorbehalten sind. Ähnlich war der Bau des L. Arruntius an der Via Appia gestaltet[353]. Diese Anlagen setzen ins Bild um, was anderswo nur die Inschriften aussagen[354]. In anderen Bauten des 1. Jahrhunderts n. Chr. – etwa dem des M. Artorius Geminus am Tiber[355], oder dem schon erwähnten im Bereich des Vatikans südlich des Circus bleibt die Hierarchie der Gliederung sehr dezent[356]. Gegenüber diesen lockeren Gestaltungsweisen wirken die Innenräume vor allem der Bauten hadrianischer und antoninischer Zeitstellung unter St. Peter straff geordnet. Möglicherweise war diese Ästhetik von dem Wunsch geleitet, die Einheit des Familienverbandes in der sakralen Aura der Raumkompostion zu nobilitieren[357].

Hinzu kam die Wahl des Innendekors, die gewiss auch durch den Auftraggeber erfolgte. Er legte damit für lange Zeit das Erscheinungsbild für die Mitglieder seiner *familia* fest, was für Standardausstattungen weniger ein Problem darstellte. Aber wie lange das auf einzelne Personen zentrierte Programm in H oder die ägyptisierende Ausstattung in Z von allen dort aktiven Nachkommen getragen wurde, wissen wir nicht. Möglicherweise aber gab es so etwas wie einen generellen Konsens in der Erinnerung an den Begründer des Baus. In Z fällt auf, dass an den Sarkophagen die Inschriften fehlen und die Köpfe nicht ausgearbeitet sind. Bestimmte Verhaltensmuster mögen sich so grabintern etabliert haben[358].

5. Dominanz der sakralen Formensprache

Im Konzept des Bauherrn vereinten sich verschiedene Vorstellungen: vor allem – wie oben genannt – gewiss der Wunsch, seinen verstorbenen Angehörigen eine Ruhestätte zu schaffen, die seiner Trauer und der Erinnerung an den Familienmitgliedern angemessen Ausdruck gab. Zugleich sollte der Bau den religiösen und gesellschaftlichen Konventionen entsprechen. Cicero etwa erstrebte für seine Tochter ein *fanum* (ad Att. 12, 18, 1 u. a.) mit religiöser Konnotation (ad Att. 12, 19, 1: »*consecratum*«), das die Apotheose gewährleistet (ad Att. 12, 22, 1). Bei ihm spielt also eine Heroisierung eine Rolle, auch wenn sie nicht geradlinig religiös definiert ist. Bei Trimalchio steht mehr die gesellschaftliche Reputation im Vordergrund. Alle diese Faktoren sind ihrerseits von zeitlichen und gesellschaftlichen Horizonten abhängig.

Bezogen auf die Bauten unter St. Peter eröffnen sich damit unterschiedliche Perspektiven. Wie erwähnt zeichnen sich unter den Bauten drei Grundtypen ab (Abb. 16–18)[359]. Alle aber vereint ein Konzept, das unterschiedlich stark Elemente der Sakralarchitektur in die Bauten einfügt. Das beginnt mit den Gie-

---

350 Duday 2018, 420–428 Abb. 10–13. Vgl. den Beitrag während des Kolloquiums von H. Duday.
351 Vgl. etwa CIL VI 10006 (*non hic olla meos cineres aut continent arca sed passim mater terra tegit positos*).
352 Ashby 1910, 465–469 Taf. 37. 38; Feraudi-Gruénais 2001a, 97–101; Borbonus 2014, 88–92 Abb. 36; Borbonus 2020, 184–187. Vgl. auch Anlagen an der Portuense: Lugli 1919, 300 f. 348–350 Abb. 3, 4. 7. 33–35.
353 CIL VI 5931; Volpe 1999, 275 Abb. 129. 130; Miranda 2001, 183–186 Abb. 1–7; Borbonus 2014, 27 f. 187 f. Nr. 20 Abb. 8. 9.
354 Calza 1940, 274 f. Helttula 2007, 22 Nr. 19; 145 f. Nr. 124.
355 Eisner 1986, 19–21; Silvestrini 1987, 13 Abb. 7. 13. 14. Auch wenn das Aussehen des Inneren weitgehend auf die Herrichtung für das Museum zurückgeht, sind Nischen und Architekturteile in Fragmenten erschließbar.
356 Magi 1966, 209–223 Abb. 2. 3. 9–12; Meinecke 2014, 205–207 Nr. A 9.
357 Vgl. allgemein zu Grabbauten dieser Eigenart: von Hesberg 1992, 182–201.
358 Siehe hier den Beitrag Boschung S. 114–117.
359 Siehe S. 33 f.

beln, die in den reichen Gräbern auf Wandpilastern oder zumindest auf Gebälken aufsitzen und markant mit Gesimsen gerahmt werden. Selbst in dem einfachen Grab D war der Inhaber bestrebt, dieses Konzept anzudeuten[360]. Giebel besaßen eine starke Wirkung als architektonische Würdeform, auch wenn sie im Laufe der Kaiserzeit relativiert sein wird[361]. Dennoch aber treten Giebel als Träger der Aussage an den Gräbern hervor[362].

Ansonsten verweisen immer wieder Einzelformen auf die sakrale Sphäre. Für die Tür- und Fensterkonsolen in Bau G könnte man Grabbauten der Zeit der Republik anführen (Abb. 19). Dort sind sie mit Doppelflügeltüren verbunden und sollten wohl das Bild eines Sakralbaus wachrufen[363]. Im 2. Jahrhundert n. Chr. kommen sie unterschiedlich vor: wie an G in Fassaden einfacher Bauten etwa in der erwähnten Nekropole an der Via Aurelia, in der sie einen *titulus* rahmten[364]. Wahrscheinlich nahmen sie dabei den Schmuck aufwendiger Ziegelbauten in Tempelform wie dem sog. Deus Rediculus an der Via Appia auf, wo neben der Tür alle Fenster mit solchen Konsolen ausgestattet sind[365].

Die Reihe der Pateren im Fries von G unterstrich noch einmal diesen Charakter. Allerdings belegt allein schon die Verwendung der Motive die Unschärfe der Bildsprache. In der Fassade des Grabs 87 von der Isola Sacra korrespondiert etwa eine Patera im Fries mit Girlandenschmuck um den *titulus*[366], und dabei handelt es sich um ganz konventionelle Elemente im Dekor der Gräber[367]. Elemente der Sakralarchitektur werden adaptiert und gehäuft, um eine bestimmte Assoziation zu fördern.

Eine andere Bildstrategie wird in der Fassade von F gewählt. Dort weisen die Wiedergabe des Rundbaus[368] und des Steinhuhns auf Venus, die in der Dekoration des Innenraumes eine dominierende Stellung einnimmt (Abb. 20)[369]. Das Mosaikbild in der Fassade von Phi, das gewiss noch ein Gegenstück hatte, gibt den Tod des Pentheus wieder[370]. Bilder mit Dionysos kommen zwar auch im Innern vor[371], aber beherrschen dort nicht die Dekoration. Insgesamt bleiben die Fronten wie an den meisten Ziegelgräbern Roms bilderarm, möglicherweise um die architektonische Gesamtwirkung der Fassade nicht zu schmälern.

Deshalb beziehen sich im bildlichen Schmuck der Fassaden nur wenige Elemente auf den Grabinhaber. Lediglich der *modius* im Giebel des Baus G wird auf den Händler, der mit seinem Bild das Innere dominiert (Abb. 19)[372], verwiesen – möglicherweise speziell auf dessen Rechtschaffenheit im Bemessen der Ware[373]. Die Amphoren in L, die einem sehr gängigem Typus folgen (Abb. 22)[374], haben vielleicht einen ähnlichen Hinweis auf den Beruf des Grabinhabers enthalten[375]. Auf ein schönes Beispiel für eine ›sprechende‹ Fassade haben Luciana Camilli und Franca Taglietti für die ›Tomba della Mietitura‹ auf der Isola Sacra aufmerksam gemacht. Dort könnte die völlig ungewöhnliche Gestaltung der Front in Opus spicatum auf die Getreidetenne verweisen, welcher der Besitzer des Grabes seinen Wohlstand verdankte[376]. Henning Wrede hat hervorgehoben, dass die Grabinhaber für sich selbst bisweilen Berufsbilder, für ihre engsten Angehörigen hingegen in der Regel mythologische Exempla bevorzugten[377].

---

360 Mielsch – von Hesberg 1986, 63 Abb. 60 Taf. 9.
361 von Hesberg 1976, 442 f.
362 Vgl. nur den Giebel am Bau für Claudia Semne: Wrede 1971, 126–128 Taf. 76, 1; 77. Dabei ist allerdings unklar, wie der 310 cm breite Bau mit dem 220 cm breiten Gebälk und Giebel verbunden waren. Vgl. auch den überdimensionalen Giebel am Sarkophag in der Prätextatkatakombe: Gütschow 1938, 134–136 Taf. 21.
363 Vgl. etwa die bekannten Grabbauten aus Sarsina: Aurigemma 1963, 66 f. Abb. 67–69; Righini 1965, 151–153 Abb. 9; Pompeji: De Caro – D'Ambrosio 1983, o. S. Nr. 34a EN (u. a.); oder auch bis zur Hälfte der Türhöhe sehr gesteigert in Cosa: Brown 1951, 101 Abb. 103. 104. Zu den Scheintüren im Grabbereich auch: De Angelis Bertolotti 1989/1990, 283 f.
364 Bartoli 1697, Taf. 4 Nr. D.
365 Kammerer-Grothaus 1974, 167–187 Abb. 5. Taf. 102. 102. 123. 130.
366 Calza 1940, 89 Abb. 37; Kammerer-Grothaus 1974, 221 Taf. 129.
367 Vgl. etwa die Girlanden zwischen den Pilastern in der heute nicht mehr existieren Fassade des Nasoniergrabes: Andreae 1963, 88 f. Taf. 44, 1.
368 Zum Rundbau vgl. Rambaldi 2002, 74–99 Abb. 69–112 (mit einschlägigen Beispielen). Vgl. auch die Nische für ein Bild oberhalb der Tür des Deus Rediculus: Kammerer-Grothaus 1974, 178 Taf. 101. 103.

369 Unter den Ziegelbildern in Ostia dominieren die Berufsdarstellungen. Nur zwei von ihnen stellen Gottheiten dar: Floriani Squarciapino 1958, 194–196 Nr. 14. 15 Taf. 7, 2; 8, 1.
370 Mielsch – von Hesberg 1995, 250 Farbabb. 43; Zander 2012/2013, 224 Abb. 15. Zu solchen Emblemata: Strocka 2011, 242–248 Abb. 19–22.
371 Mielsch – von Hesberg 1995, 247 Abb. 284.
372 Mielsch – von Hesberg 1995, 125 Abb. 128 Taf. 37; Liverani – Spinola 2010, 92 Abb. 50.
373 Vgl. Zimmer 1982, 226 Nr. 191; Lange 2011, 158–162 Taf. 43.
374 Einige Details der Amphorendarstellung sind abstrahiert, so dass eine genaue Bestimmung nicht möglich ist: Panella 2001, 194–196 (Typ Dressel 2–4. Forlimpopoli Nr. 4.11.12, auf S. 251 f.). Ich danke Eleni Schindler-Kaudelka für den Hinweis.
375 Apollonj Ghetti u. a. 1951, 35 Abb. 13. 17 Taf. 3a; Toynbee – Ward-Perkins 1956, 67 (sehen darin einen eschatologischen Gehalt). Vgl. zu Bildern von Handwerkern: Zimmer 1982, 216–225.
376 Camilli – Taglietti 2019b, 106 f. Abb. 4. 5.
377 Wrede 1981, 159–162; Bradley 2018, 167–172, versteht große Teile des Bildschmucks innerhalb des Aureliergrabes an der Viale Manzoni als Hinweise auf die berufliche Tätigkeit der Bestatteten.

Terrakottareliefs mit Berufsdarstellungen wie von der Isola Sacra fehlen aber im Bestand der Nekropole unter St. Peter[378].

Die Ausgräber haben in L auf einen rechteckigen Ausbruch aufmerksam gemacht (Abb. 22) und an dessen Stelle ein Marmorrelief von 72 × 74 cm (2½ × 2½ rF) Größe vermutet, denn die exzentrische Lage an der Ecke erlaubt kein Fenster und ein Terrakottarelief wäre wohl kaum entfernt worden[379]. Derart große Reliefs aus Marmor bilden aber eher die Ausnahme. Denkbar wäre ein Porträtrelief[380], aber in diesem Fall wäre die exzentrische Position am Rande ungewöhnlich und das gilt auch für Berufsdarstellungen[381]. Bau H bietet in dieser Hinsicht keine Hilfe, denn wo das Marmorrelief saß, das den Grabinhaber und seine Frau wiedergab[382], ist nicht mehr zu erschließen. Eine Position innerhalb der Fassade kommt deshalb kaum in Frage[383].

In L wird die erwähnte Einlassung am Rande deshalb anders zu erklären sein. Auf die Mauer eines Vorhofs wurde schon verwiesen, der vor der Errichtung von V entstand. Vergleichbar wurde auch die Vorhofsmauer von S für die Westmauer von T als Verschalung genutzt. Mit der Seitenwand des Vorhofs von L, der eine Tiefe von 1,5 m besaß, dürfte im Osten eine weitere Wand korrespondiert haben, deren oberer, aus Stein gefertigter Abschluss an dieser Stelle in der Frontmauer fixiert wurde und deshalb die Einlassung an dieser Stelle bedingte. Von dem Anschluss der Mauer darunter müssen ähnlich wie bei H keine Spuren erhalten sein, denn sie stieß einfach gegen die Frontmauer. Darunter wird eine Tür gelegen haben, zu deren Schwelle vom Vorplatz vor Bau I zwei Stufen emporführten (Abb. 1. 11).

Die *ascia* im Giebel von G (Abb. 19) und im Fries von L (Abb. 22) verweist allgemein auf den Status des Grabes, wobei unklar bleibt, warum es sich auf diese beiden Bauten beschränkt[384]. An den übrigen Grabfassaden in Rom bleibt das Motiv generell selten, wie der Bau Z unter S. Sebastiano belegt[385]. Möglicherweise wurde damit der Schutz der Anlagen unter religiöses Recht betont, da sie über die Bildformel den Manen gewidmet wurden[386]. Das Gerät könnte man sich bei dem Akt der Weihung real am Bau aufgehängt vorstellen.

Besondere Aufmerksamkeit verdient die Rahmung der *tituli*. Mit ihren mannigfaltigen Ausprägungen erhoben sie die Inschriften zu einem zentralen Teil der Fassade und unterstrichen trotz aller Formelhaftigkeit der Inschriften zusätzlich den Anspruch des Grabinhabers über das Wort individuell wahrgenommen zu werden. So sind Motive wie etwa die Achtendenrahmung der nicht erhaltenen Titulusplatte aus Marmor in Bau G zu sehen. Die Rahmung findet sich häufig bei Bildern und überträgt die Markierung auf das Inschriftenfeld[387]. Auf die Rautenmuster zur Akzentuierung von Einzelelementen in der Fassade wurde schon hingewiesen[388].

In der Fassade von E erscheint der *titulus* innerhalb einer eigenen, mit einem Giebel bekrönten Architektur und wird zusätzlich noch von Ornamentbändern gerahmt[389], während in F der *titulus* wie eine von einem Rankenaufsatz gerahmte Stele wirkt (Abb. 20)[390]. Ähnlich sekundieren die begleitenden Fenster mit ihrem Schmuck das zentrale Motiv. Die Rahmung des vergleichsweise breiten *titulus* in der Fassade von H (Abb. 21) ähnelt E mit dem Unterschied, dass die seitlichen Pilaster der Marmorplatte angearbeitet sind, weshalb wahrscheinlich darüber eine zusätzliche Marmorplatte mit Gebälk und Giebel zu ergänzen sein wird[391].

Die Disposition der Innenräume einer Reihe von Bauten unter St. Peter macht ebenfalls den Wunsch der Auftraggeber nach sakraler Aura deutlich. Denn die kohärente Abfolge der Nischen erinnert eher an

---

378 Calza 1940, 247–257 Abb. 148–158; Eck 1989, 71 f.; Feraudi-Gruénais 2001b, 209–212; Helttula 2007, 310–312 Nr. 305. 306; Taglietti 2020, 329–362. Zudem wurde von Floriani Squarciapino 1956–1958, 188. 200–203 Taf. 1–11, im Vergleich mit den Reliefs aus Ostia die größere Qualität des Reliefs mit dem Huhn hervorgehoben. Es wird einer eigenen Werkstatt entstammen.
379 Apollonj Ghetti u. a. 1951, 35 Abb. 17 Taf. 3a.
380 Vgl. etwa ein Beispiel im Museo Nazionale Romano: Kockel 1993, 221 Nr. O 28 Taf. 134a.
381 Zimmer 1982, 96 Nr. 5; 124–126 Nr. 38. 39; 199 f. Nr. 144.
382 Mielsch – von Hesberg 1995, 186–192 Abb. 230–234.
383 Vgl. als Beispiel die sog. Tomba del Veranio an der Via Appia, in deren Nische mit Sicherheit eine Statue aufgestellt war: Kammerer-Grothaus 1974, 210 f. Taf. 125; De Rossi 1979, 229–232 Abb. 370–374.
384 Bau G: Mielsch – von Hesberg 1995, 125 Abb. 128 Taf. 36; Bau L: Apollonj Ghetti u. a. 1951, 35 Abb. 17 Taf. 3a. Zum Motiv: Toynbee – Ward-Perkins 1956, 97 Anm. 6. Das Innenbild spricht neben der Isolierung am Bau dagegen, dass sich die *ascia* mit dem *modius* als Hinweis auf einen Böttcher verstehen lässt: Zimmer 1982, 151 f. Nr. 72.
385 Mancini 1923, 71 Taf. 9.
386 De Visscher 1956/1957, 78–81; Bürgin-Kreis 1968, 38–42; Kaser 1978, 18–20. 22. 31–34; Matsson 1990; Lazzarini 1991, 56–58.
387 Ehlich 1953, 80–87 Abb. 30. 31.
388 Siehe o. S. 36 f.
389 Mielsch – von Hesberg 1995, 71 f. Abb. 63–65.
390 Mielsch – von Hesberg 1995, 93 f. Abb. 89. 90. Vgl. auch Grabbau N mit dem Ritzliniendekor, s. o. Anm. 275.
391 Mielsch – von Hesberg 1995, 148 Abb. 147. 149. Vgl. etwa eine Platte aus Rom heute in Turin: CIL VI 22763; Wrede 1981, 278 f. Nr. 218 Taf. 33, 3.

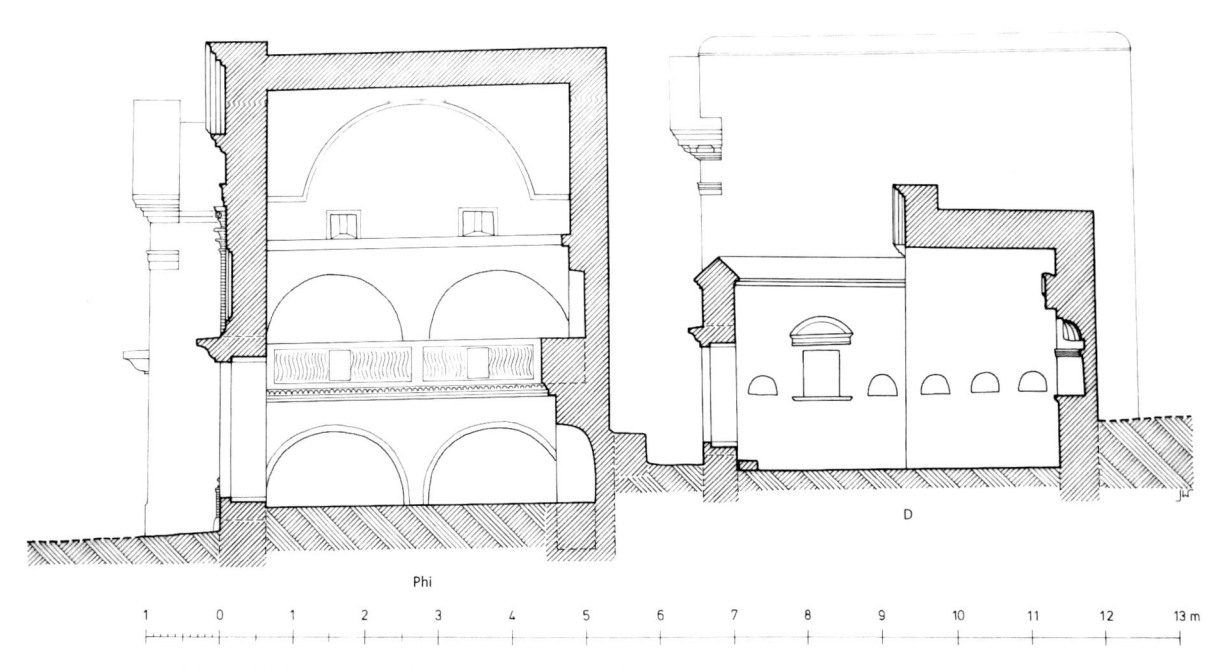

30 Mausoleem Phi und D, Querschnitt Innenräume (M. 1 : 100)

die Innenräume von Tempeln als an die Ausstattung von Privathäusern[392]. Das war auch im Vergleich mit früheren, ähnlich gestalteten Anlagen mit Nischendekor deutlich, in denen aber die hierarchische Zuordnung weniger streng ausfiel[393]. Dennoch schlagen sich auch immer wieder die Erfordernisse der Grabarchitektur nieder, denn das Gestaltungsmuster lässt sich nur mit Urnenbestattungen überzeugend umsetzen, während die Sarkophagbestattungen des späten 2. und dann des 3. Jahrhunderts zu neuen Mustern der Innenraumgestaltung führen. Von Z bis Phi liegen zwei Reihen von Arkosolien übereinander, von denen in die obere Reihe entweder wie in Z Marmorsarkophage eingestellt werden oder in denen wie in Phi und Chi die Öffnungen der Arkosolien in der Art von Sarkophagen mit Stuckdekor gefüllt sind (Abb. 29. 30)[394]. Dieses Muster wirkt in der Folge auf die Neubelegungen in den früheren Bauten zurück, etwa in Bau B[395].

Bei dem Bodendekor hingegen erinnern die Mosaiken eher an die Ausstattung von Häusern, während die Marmorböden, die sich seit Bau H häufiger finden, allgemein prunkvoller wirken, ohne eine spezielle Assoziation auszulösen[396]. Dennoch sollten diese Zurichtungen in ihrer Gesamtheit die Eigenart von Tempeln vor Augen führen. Heinzelmann hat das Motiv der ›Tempelgräber‹ verfolgt[397]. Die prunkvollen Bauten dieser Art werden mit ihrer statuarischen Ausstattung ein Vorbild auch für kleinere Anlagen wie etwa hier unter St. Peter abgegeben haben. Immerhin lässt sich für Bau H eine derartige Ausstattung mit einer großen Zahl an Bildwerken – wenn auch dem Material aus Stuck angepasst – auch noch heute erleben[398].

Mit der neuen Wandgliederung gingen offenbar auch die Untergliederungen der Decken in einzelne Felder zurück. Bei Z sind die Reste allerdings so gering, dass ihnen keine belastbaren Aussagen abzulesen sind[399]. Aber an den früheren Bauten setzten in dem Bereich schon rahmende Stuckleisten an. Das Deckenmosaik in M ist ohne die neuen Konzeptionen der Räume nicht denkbar. Architektonisch handelt es sich um einen sehr schlichten Bau, der möglicherweise auf einen Vorgänger zurückgreift. Die einfache bemalte Wandgliederung, die sich an großformatigen Marmorpanelen orientiert, ist streng unter Hinzuziehung von Hilfslinien komponiert[400]. Das Mosaik verleiht dem Bau eine besondere Aura. Möglicherweise ist konstruktiv noch die Disposition eines Kreuzgratgewölbes vorhanden, aber die Wirkung

---

392 Schollmeyer 2008, 62 f. 103–107 Abb. 64. 65. 91–93. 96.
393 Vgl. etwa die im Wesentlichen flavischen Bauten unter S. Sebastiano: Taccalite 2009, 51. 130 Abb. 17. 111. 114 (u. a.).
394 Mielsch – von Hesberg 1995, 261 Abb. 290. 302. Vergleichbare Lösungen finden sich mit Strigilisdekor auf der Isola Sacra: Calza 1940, 55 Abb. 14.
395 Meinecke 2014, 14 f.
396 Siehe S. 53.
397 Heinzelmann 2000, 76–79. 83 f. Abb. 30–32.
398 Caliò 2007/2008, 289–318.
399 Mielsch – von Hesberg 1995, 231 Abb. 273.
400 Liverani – Spinola 2010, 116 f. Abb. 67. 68.

gleicht mit dem Rankenwerk des Mosaiks eher einer geschlossenen Kuppel[401]. Am Ende des 2. Jahrhunderts kam es bei den Grabbauten allgemein zu einem Paradigmenwechsel, den Heinzelmann und Wrede mit einem nachlassenden Interesse am Grabtempel mit Giebelfronttypus und zugleich den »deifizierenden Porträtstatuen« in Zusammenhang sehen, während sich deren Darstellung auf Sarkophage verlagert[402].

6. Türen und Dachterrassen – Sicherheit und Ritual

Neben diesen Gestaltungsmustern, die an Sakral- oder Wohnbauten erinnern, gibt es mit den Türen und Dachterrassen weitere Bestandteile, die dazu eher im Widerspruch stehen und ganz an den Erwartungen an Grabbauten orientiert sind.

Von den Türrahmungen war schon unter dem Aspekt ihrer Abmessungen die Rede. Die Rahmungen aus Travertin sind ein geläufiges Muster der meisten Grabbauten dieser Zeit. Sie verzichten anders als die Tempeltüren auf jeglichen Dekor, bleiben vielmehr ganz schlicht. Allein das obere Abschlussprofil am Architrav kehrt stets wieder[403].

Die Gestalt des Türblatts gibt sich aus den Abarbeitungen an der Schwelle und der Position der Verschlüsse zu erkennen und bestand in der Regel aus Holz. Nach den erhaltenen Indizien war es etwa 7–8 cm dick, und der Verschluss mit einem Balken dahinter war gleich tief, so dass die Gesamttiefe etwa 15 cm betrug. Die Grundform dieser Türen sieht auf eine lange Tradition zurück, wie etwa die Tür am Grabbezirk von Gjölbaschi-Trysa belegt[404].

Der Verschlussmechanismus ist niemals erhalten, aber durch das Schloss müssen auch Querriegel bewegbar gewesen sein, die in die Wand eingriffen[405].

In Bau A lag der Riegel in 65 cm (2¼ rF) Höhe über der Schwelle und darüber etwas versetzt eine kleinere Einlassung[406]. Daraus sind zwei Verschlüsse ableitbar, einer als starke Bohle hinter dem Türblatt und einer als Riegel im Türblatt selbst. Bei Bau F sind in 85 cm Höhe (3 rF) die etwas stärkeren Einlassungen für den Sperrriegel zu erkennen, wobei auf der Westseite zu erkennen ist, dass er von innen her in seine Position gebracht wurde[407]. Da nun aber der Verschluss des Grabes vor allem bei der Abwesenheit der Besitzer erforderlich war, musste es einen Mechanismus gegeben haben, der von außen vielleicht über ein Zugseil möglich machte, die Tür zu verriegeln[408]. Neben dem technischen Aufwand für die Verschlüsse kam der Schmuck des Türblatts mit der Auswahl des Holzes und der Beschläge hinzu[409].

In Bau H finden sich auf der Schwelle starke Schleifspuren, die auf eine schwere Tür von 105 × 155 cm (3½ × 5¼ rF = 103 × 154 cm) – also mit einer Proportion 2 : 3 – verweisen. Sie könnte aus Marmor bestanden haben[410]. Marmortüren aus einem Blatt sind etwa in Pompeji[411] und besonders aufwendig in Ostia nachgewiesen[412]. Dass Türen solcher Größe beweglich waren, belegt neben Pompeji ein inzwischen verschollenes Grab bei San Saba[413].

Ein weiteres Element, das sich in dieser Form kaum mit öffentlicher Sakralarchitektur verträgt, sind die Dachterrassen (Abb. 16). Keine von ihnen ist erhalten und sie lassen sich lediglich aus der Treppe erschließen. Deshalb zweifelte man bei O an ihrer Funktion als Verbindung zu einer Dachterrasse[414]. Die 75 cm (2½ rF) breite Treppe aber gehört zur Grundausstattung des Baus. Erst später wurde eine Seitenwange zum Schutz gegen die Veränderungen im Campus P zusätzlich erhöht[415], wie auch die Brüstung bezeugt[416]. Mit einem Steigungswinkel von etwa 50° ist sie sehr steil und die Höhe der Stufen schwankt

---

401 Apollonj Ghetti u. a. 1951, 38–42 Abb. 20–22 Taf. B. C und 10–12; Liverani – Spinola 2010, 114–119 Abb. 67. 68. Dass man Bau und Mosaikschmuck zeitlich voneinander trennen muss, wie Toynbee – Ward-Perkins 1971, 72 f. Taf. 32, es vorschlagen, ist kaum überzeugend.
402 Wrede 1981, 139–146; Heinzelmann 2000, 84.
403 Beim sog. Deus Rediculus wird die Rahmung wegen der Konsolen eine klassische Form besessen haben: Kammerer-Grothaus 1974, 172–174 Abb. 4. 5 Taf. 101, 1.
404 Benndorf – Niemann 1889, 33–35 Abb. 19–22; Grabbau des 1. Jahrhunderts v. Chr. an der Portuense: Lugli 1919, 291 Abb. 3, 1. 4. Vgl. für Häuser: Kyllingstad – Sjöqvist 1965, 26–34 Abb. 20. 21; Llinas 1973, 309–328 Abb. 25. 30.
405 Diels 1914, 49–51 Abb. 13–15; Neuerburger 1919, 341 f. Abb. 457–459.
406 Mielsch – von Hesberg 1986, 9 Taf. 1.
407 Mielsch – von Hesberg 1995, 93 Taf. 13. 14. 16.
408 Verschiedene Besitzer verfügten über Schlüssel, CIL VI 10241; Kaser 1978, 81.
409 Der Schmuck der Tür wird aber kaum so aufwendig gewesen sein, wie es etwa die entsprechende Gestaltung auf dem bekannten Haussarkophag aus der Praetextatkatakombe nahelegt: Gütschow 1938, 132–134 Taf. 21.
410 Mielsch – von Hesberg 1995, 148 Taf. 21.
411 Kockel 1983, 162 Nr. N 34 Taf. 58 a (B 130 × 105 cm D 15 cm).
412 Die Breite eines Flügels beträgt dort 83 cm und die Höhe 179 cm. Fasces und Beilen weisen auf einen Amtsträger: Floriani Squarciapino 1956–1958, 193 Taf. 38, 4; Schäfer 1989, 378 f. Taf. 90, 2. Auch im sog. ›Testament des Lingonen‹, CIL XIII 5708, wird eine Tür aus lunensischem Marmor erwähnt, die leicht geöffnet und geschlossen werden kann.
413 Bartoli 1697, Taf. 45 (nach den dort gegebenen Maßen in *palmi* war ein Blatt 47 × 237 cm groß).
414 Kirschbaum 1957, 125 f.
415 Kirschbaum 1957, 129; Prandi 1957, 12–14 Abb. 1. 13.
416 Apollonj Ghetti u. a. 1951, 48. 50 Abb. 30. 32 Taf. 106. 107.

zwischen 25–30 cm, während die Trittfläche nur 23 cm tief ist. Aber Treppen dieses Zuschnitts sind in solchen Zusammenhängen nicht ungewöhnlich, wie etwa das Grab bei der ›Casal de' Pazzi‹ belegt[417].

Der Innenraum in Bau O war etwa 3 m hoch und die Decke 60 cm dick. Über 12–13 Stufen wäre man also auf das Dach gelangt. Auf der Auftrittsfläche hätte der Abstand zur Rückwand des Baus, die die Brüstung der Terrasse bildete, noch 90 cm betragen, also ausreichend für den Durchgang. Eine Treppe, die aus einem geschlossenen Bezirk ins Freie führt – wie es Engelbert Kirschbaum vorgeschlagen hatte[418] –, fände hingegen für derartige Grabanlagen keine plausible Erklärung.

Dachterrassen sind in den Nekropolen Ostias gut bezeugt. Ein eindrucksvolles Beispiel bietet Bau E4 an der Via Laurentina. Dort ist sowohl im Innern des Grabes ein Triklinium erhalten, wie auch eine bequeme Treppe zum Dach hinaufführte. Auf dem Dach sind sogar noch Reste der Halterungen für Sonnensegel vorhanden, und den Gesamtbefund deutete Heinzelmann überzeugend auf ein Winter- und Sommertriklinium[419]. Dort findet sich auch eine Herdstelle, womit »dem Grab ... eine vollkommen neuartige Autarkie verliehen wird«.

Aber nicht alle Ausstattungen sind derart aufwendig. Eine Grabanlage in Portus, die Calza in claudisch-flavische Zeit datiert hat, weist eine Bezirksmauer mit Urnennischen auf und im Zentrum einen Bau mit einer ungewöhnlichen Ausstattung und Orientierung[420]. Der Ausgräber sah darin zwei unterschiedliche Phasen. Aber das Fehlen von Urnennischen im Zentrum der südlichen Mauer spricht eher für eine einheitliche Planung. Auffallend bleibt, dass die Grabkammer nur einer einzelnen Körperbestattung vorbehalten war, der Tote also auf diese Weise extrem hervorgehoben wurde[421]. Über eine nur 45 cm (1½ rF) breite Treppe mit 16 Stufen auf der Ost- und der Rückseite gelangte man auf das Dach mit einer Gesamtfläche von 3,55 × 4,90 m (12 × 16½ rF). Die Verhältnisse waren damit hier noch enger als in Bau O, aber an einer Dachterrasse kann kein Zweifel bestehen.

Die Dachterrassen in der Nekropole unter St. Peter besitzen mit 60 cm breiten Treppen in Bau E und 75 cm (2½ rF) breiten Treppen in den Bauten F und H etwas bequemere Zugänge[422]. Dennoch wird eine größere Trauergesellschaft Mühe gehabt haben, sich auf dem Dach zu einem Mahl zu versammeln.

Sarah Braune hat die einschlägigen Beispiele für Rom zusammengestellt[423] und überzeugend Bedenken gegen eine Interpretation als Ort für Bankette geäußert[424]. Da nun aber zumindest bei den Bauten unter St. Peter außer den Treppen so gut wie nichts von der Gestaltung der Terrassen erschließbar ist, bleibt es am Ende wohl eine Ermessensfrage[425]. Die äußeren Maße hätten zumindest für ein *stibadium* von 3,5 × 4 m Grundfläche ausgereicht. Ein Brunnen ist überdies im Vorhof von H vorhanden. Möglicherweise konnte man das Wasser von dort mit Hilfe eines Auslegers auf die Terrasse heben[426].

Dachterrassen sind in unterschiedlichen Ausprägungen an Grabbauten dieses Zeithorizontes belegt. In der Besprechung der Lösung in Bau E wurde schon auf die ›Tomba Barberini‹ hingewiesen[427]. Allerdings handelt es sich im Obergeschoss dort um eine geschlossene Kammer mit Deckenabschluss. Nur eine Seite zur Straße hin stand ursprünglich offen. Die 60 cm breite Treppe dort wirkt beengt, so dass ein Zugang zum *triclinium* sehr eingeschränkt möglich war. Die Gäste mussten – wenn überhaupt – auf steilen Stufen das Stockwerk erklimmen[428]. Eher diente die Öffnung im Obergeschoss vielleicht der Präsentation von Skulpturen, auch wenn die Kammer relativ detailliert ausgemalt war[429]. Ähnlich wird ein anderer Bau an der Via Latina gestaltet gewesen sein[430]. Der Befund ist vorerst in seiner Gesamtheit schwer zu deuten und trägt jedenfalls kaum etwa zum Verständnis der Situation unter St. Peter bei.

Wie das Grab 29 von der Isola Sacra belegt, konnte eine solche Terrasse aber auch nur den Zugang zu einer weiteren Grabanlage bilden. Der Bau stand zu-

---

417 Crema 1940, 276–278 Abb. 13. 15. Zu Treppen in Columbarien: von Hesberg – Pfanner 1988, 474 f.
418 Kirschbaum 1959, 125–127. 137 Abb. 29. 35.
419 Heinzelmann 2000, 64 f. Abb. 26; Braune 2008, 263–265 Nr. A 16.
420 Calza 1925, 60–64 Abb. 4–6.
421 Deshalb verstand Calza 1925, 63 f. diesen Bau als eine Art Heroon.
422 Mielsch – von Hesberg 1995, 76. 105 f. 156 Taf. 10. 13. 21.
423 Braune 2008, 34 f.
424 Braune 2008, 38 f.
425 Bankette an Gräbern sind ohnehin überall anzunehmen. Archäologische Indizien für Gedächtnismahle bietet die Nekropole der sog. Via Triumphalis in Gestalt von begrenzten Brandschichten und von Entsorgungsgräben für das Geschirr: Steinby 2003, 32. Wie die Funde von Knochen von Haustieren im Bereich des Petrusgrabes zu verstehen sind, sei dahingestellt, da sie zeitlich nicht exakt einzuordnen sind, Cardini 1967, 179. Vgl. dazu Guarducci 1959, 47 f.
426 Mielsch – von Hesberg 1995, 145–148 Abb. 150–153 Taf. 21.
427 Mielsch – von Hesberg 1995, 77 Anm. 146.
428 Riccardi 1966, 153 Abb. 40; Braune 2008, 39 f. Eine etwas bequemere Lösung zeigt der Grabbau ›Torraccio della Cecchina‹ mit einer rückwärtigen Treppe von 70 cm Breite: Messineo – Rosella 1989/1990, 183 Anm. 13. Abb. 185. 189.
429 Riccardi 1966, 158 (»grande finestra ad arco«) Abb. 2. 34; Egidi 1987/1988, 390 Abb. 89. 90. 92.
430 Quilici 1974, 792–795 Abb. 1804–1810.

nächst in einer Reihe mit zwei weiteren (Gräber 30 und 31). Dann wurde vor ihm ein geräumiger Hof hinzugefügt und auf dessen Südseite eine mit einem Mosaikboden geschmückte Terrasse (2,56 × 1,91 m), die zugleich den Zugang zur dortigen Grabcella bot[431]. Für die Ausrichtung eines Mahls wäre sie also sehr klein, zumal noch die Treppe in den Bereich eingreift[432].

Die Anlage der Dachterrasse bildete zusammen mit den Treppen einen erheblichen Kostenfaktor. Denn der obere Treppenausgang musste gesichert und der Boden wasserdicht belegt werden. Möglicherweise kamen Installationen für Sonnensegel und gemauertes oder aus Holz gefertigtes Mobiliar hinzu. In jedem Fall wurde mit größerem Aufwand und unter ästhetischer Beeinträchtigung der Gesamterwirkung des Baus der dauerhafte Zugang zu der Terrasse hergestellt. Warum also gegenüber der Ausrichtung von Banketten einer Funktion für »Kulthandlungen« oder »als erhöhte Sichtplätze« auf Begräbnisrituale der Vorzug zu geben wäre[433], ist nicht ganz einsichtig. Beim aktuellen Kenntnisstand kommt wohl alles in Frage. Ob man am Grab selbst ausgedehnte Totenmahle erwarten darf, sei dahingestellt, was umgekehrt Bedienung durch Sklaven, Essenszubereitung und Weingenuss nicht ausschließt, nur bleibt der aus den sozialen Verhältnissen und der Mentalität der jeweiligen Zeit bedingte Zuschnitt solcher Veranstaltungen unbekannt[434]. Bei den Terrassen handelte es sich um ein Phänomen, das an den Bauten unter St. Peter lediglich etwa 50 Jahre in Mode blieb. Es kann gut sein, dass in den Erfahrungen mit den Installationen am Ende die negativen Erlebnisse eher überwogen. Denn »sepulkrale Bankettfeiern« blieben weiterhin eine verbindliche Einrichtung an den Gräbern[435]. Möglicherweise wurden sie im Bereich der Nekropole auch nur an andere Orte verlagert, denn wir wissen nicht, wie viel freie Fläche vor den Bauten Z-Psi blieb. Die Orte für derartige Feiern sind uns jedenfalls nicht mehr im Befund fassbar, von konkreten Hinweise ganz zu schweigen.

7. Die Ästhetik der Innenräume und die Art ihrer Wahrnehmung

Davon losgelöst zu sehen sind übergreifende ästhetische Konzepte, welche die Gestaltung der Innenräume bestimmten. Dem Besucher bot sich das Innere vom Eingang her wie ein Tableau dar. Harald Mielsch hat schon für die Wandmalerei in den Bauten C und I darauf hingewiesen, dass die »Anordnung vieler Motive symmetrisch nicht zur Mittelachse der Längswände, sondern zur Mittelachse des Gebäudes, d. h. auf den eintretenden Betrachter zu« verläuft[436], und das bestimmt auch die Position der Inschriften etwa in C oder H. Dazu passt überdies, dass bei den Bauten E und L der Aedikulenprospekt auf den Seitenwänden erst in 85 (3 rF) bzw. 105 cm (3½ rF) Abstand von der Frontinnenseite beginnt. In den Wandstreifen ohne weiteren Dekor und auf der Türwand sind lediglich Urnennischen eingelassen[437]. Bei den aufwendigeren Bauten wie F und H sind die Prospekte hingegen ganz an die Vorderwand herangezogen[438]. Aber auch dort sind minimale Verschiebungen zu beobachten, etwa wenn in H die Arkosolien der Seitenwände um 15 cm aus der Mittelachse nach Norden versetzt sind[439]. Bis auf die Bauten C und G sind bei allen anderen untersuchten Bauten mit Arkosolien (E, F, I) ähnliche Verschiebungen aus der Mittelachse hin festzustellen (Abb. 20)[440]. Möglicherweise sollte auch dieses Detail die Prospektwirkung des Innenraumes für den dort stehenden Betrachter verstärken.

Hinzu kommt noch in einigen Bauten ein leichter Anstieg der horizontal verlaufenden Borde und Gesimse. Am besten ist es auf den Ostwänden von H und I zu erkennen. Das Gesims unter den Aedikulen und die Unterkante des Gebälks steigen von Süd nach Nord insgesamt um etwa 10–15 cm an[441]. Diese Schräge geht nicht auf ein Absenken des gesamten Baus auf der Südseite zurück, denn die Frontmauern verlaufen exakt vertikal. Das gilt sogar für sehr kleine Bauten wie N, bei dem ebenfalls ein Anstieg vom Eingang

---

431 Calza 1940, 303 f. Abb. 18. 27–28 Taf. 3.
432 Allerdings sieht Braune 2008, 184 f. auch vergleichsweise eng bemessene Areale für Bankette geeignet.
433 Braune 2008, 39. Vor allem steht dazu der Aufwand am Bau in nicht nachvollziehbaren Relationen, während für die gemeinsamen Bankette eben viel investiert wurde, auch etwa in den Häusern.
434 Heinzelmann 2000, 70–72; Braune 2008, 185–189. Die Bänke etwa bei S. Sebastiano sprechen eher gegen ein Totenmahl im Sinne eines Trikliniums oder Stibadium. Das Grab X (H) bei S. Sebastiano, mit Dachterrasse, auf dessen Frontseite es Hinweise auf Stibadiummahl und begleitende Personen gibt, ist allerdings in seiner Zuweisung nicht eindeutig: Mancini 1923, 52–54 Abb.

Taf. 4. 10; Tolotti 1984, 132 f. (mit Diskussion der Forschungsmeinung) Abb. 3. 4; Taccalite 2009, 10–13 Abb. 1–3.
435 Jastrzębowska 1981, 179–182; Braune 2008, 215–224.
436 Mielsch – von Hesberg 1986, 58 f. Vgl. zur symmetrischen Anlage der Dekoration von Wohnräumen: Ehrhardt 2012, 14–16. 208–210.
437 Bau E: Mielsch – von Hesberg 1995, 103 Taf. 14; Bau L: Apollonj Ghetti u. a. 1951, 30 Abb. 12. 14.
438
439 Mielsch – von Hesberg 1995, Taf. 22.
440 Mielsch – von Hesberg 1995, Taf. 11. 14. 25.
441 Mielsch – von Hesberg 1995, Taf. 22. 25a.

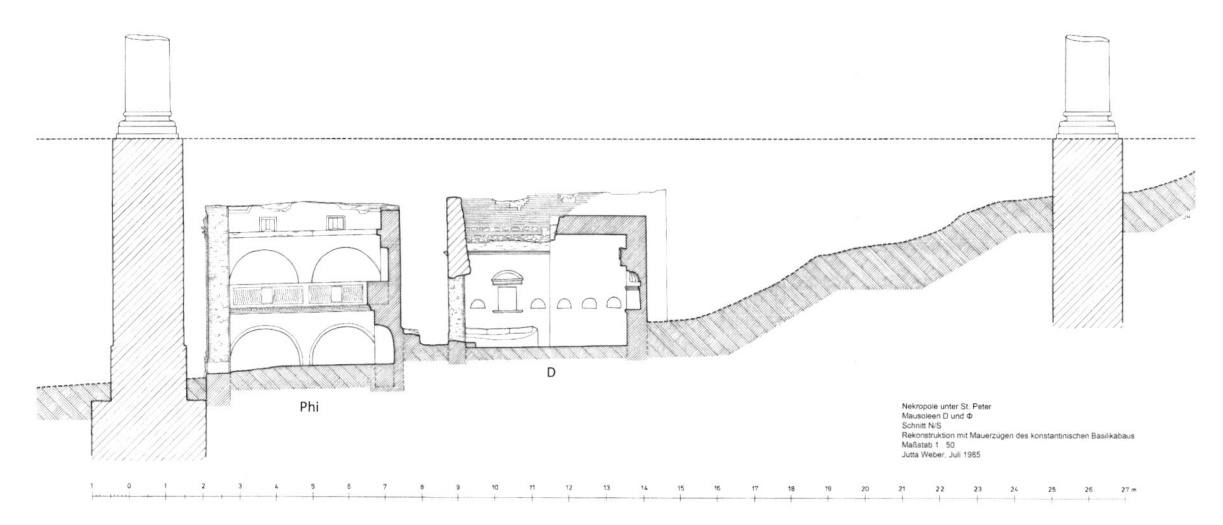

31 Grabbauten Phi und D, Querschnitt Innenräume innerhalb der Mauerzüge der konstantinischen Basilika (M. 1 : 200)

zur Rückwand zu beobachten ist (Abb. 25–26. 31). Diese Eigenart wird im Vergleich mit den Bauten F und G deutlich, bei denen die Fassaden vielleicht wegen nicht ausreichender Fundamentierung oder Einflüsse aus den späteren Arbeiten leicht nach vorne verkippt sind. Dazu stehen die rückwärtig anschließenden Gesimse im rechten Winkel[442]. Völlig im Lot liegen die Bauten B–D[443]. Die Befunde sind insgesamt nicht eindeutig und erforderten Vergleiche mit anderen, exakt dokumentierten Bauten, aber die Schräge könnte ebenfalls auf den Versuch zurückgehen, den Blick verstärkt auf die dem Eingang gegenüberliegende Wand zu lenken[444]. Dort lagen bei so gut wie allen Bauten wie in C, G oder H die prominenten Gräber der Eltern und Kinder.

Das Kopfende der Gräber wurde unterschiedlich hervorgehoben; in den Bauten B und D allein schon durch den Typus, bei dem die überwölbte, offene Grabkammer wie ein Baldachin hinter dem offenen Vorhof wirkte, in E und F durch die aufwendige Nischenarchitektur in Stuck mit mehreren ineinander oder übereinander gestaffelten Giebeln, wobei in F zusätzlich die zentrale Nische des Kopfendes freigestellt und – vergleichbar der Fassade des Baus – mit einem Konsolengesims geschmückt ist[445].

Die Bauten G und H verdeutlichen am besten, was die Ausrichtung bezweckte (Abb. 18. 19). Am Kopfende befanden sich die Grablegen für die Mitglieder des engsten Familienkreises: in G zusätzlich erkennbar am Bild des Grabherren oberhalb der Nischenarchitektur und in H an den großformatigen Marmorschriften auf den Verkleidungsplatten der Aufmauerungen vor den Arkosolien[446]. Ob die Totenmasken und die Bildnisse aus Stuck darauf ihren Platz fanden, oder nicht etwa gestaffelt aufgestellt waren, bleibt ungewiss. Es wäre jedenfalls ungewöhnlich, sich die Bildnisse in so niedriger Position vorzustellen[447]. Die Eingangsseite war einfach verputzt und enthielt Reihen von *loculi* mit Brandbestattungen. Offenbar also war die Zurichtung des Innern nicht zuletzt auf Passanten ausgerichtet, die an Gedenk- und Festtagen vor den Bauten defilierten[448].

Zugleich existierte eine zweite Wahrnehmungsebene, auf der man die oft kleinteiligen und auch in den Nischen und Arkosolien versteckten Bilder einzeln betrachten musste, was erst nach Betreten des Grabinnern möglich war. Das galt besonders für die Angehörigen, die sich im Innern auch der Verehrung der Toten widmeten und anders im Raum interagierten[449]. An keiner Stelle ist dabei

---

442 Mielsch – von Hesberg 1995, Taf. 14. 20.
443 Mielsch – von Hesberg 1986, Taf. 3. 5. 7.
444 Mit optischen Korrekturen ist nach den Indizien aus der öffentlichen Architektur zu rechnen, etwa Hueber 1999, 215–217 Abb. 3–5.
445 Mielsch – von Hesberg 1995, 103 f. Abb. 105b. Farbabb. 16. Diese starke Betonung des Kopfendes des Raumes findet sich vielfach, etwa in der Sedia del Diavolo, und erinnert darin wiederum an Tempelinnenräume: Crema 1940, 265–267 Abb. 2. 4.
446 Mielsch – von Hesberg 1995, 157 f. Abb. 160 Taf. 22. 23.

447 Mielsch – von Hesberg 1995, 192–200; Caliò 2007, 311. Diese Prinzipien galten auch anderswo in den Grabbauten. Vgl. etwa das Marmorrelief des Venerianus im zweiten Bau an der Via Taranto: Pallottino 1934–1936, 57–60 Abb. 9. 14 Taf. 3.
448 Vgl. etwa die Anweisung im ›Testament des Lingonen‹, CIL XIII 5708, für die Tage, »wenn das Grab geöffnet wird« bestimmte Kissen und Kleidungsstücke bereitzuhalten. Zum Umgang und Wahrnehmung der Grabbauten: Braune 2008, 193–197.
449 Vgl. etwa auch Hinweise in Inschriften, dass diejenigen, die in ein Grab eintreten, ein Opfer darbringen, CIL VI 10567.

ein individueller Bezug zwischen Bild und bestatteter Person zu erkennen, vielmehr ergeben sie untereinander so etwas wie thematisch mehr oder minder kohärente Abfolgen[450]. Die gleichmäßig verteilten dekorativen oder mythologischen Bilder gelten für die Mitglieder der ganzen *familia* und bleiben nicht zuletzt deswegen eher allgemein. Die Werkstätten der Maler werden die Motive im Repertoire gehabt und der Auftraggeber sie häufig pauschal bestellt haben[451]. Aber auch hier sind die Stufungen deutlich auszumachen, denn in H handelte es sich in der Verteilung der Motive um ein elaboriertes Programm[452].

In den ausgemalten Bauten gab es einzelne Glanzstücke wie das in seiner Qualität bemerkenswerte Jagdbild in hellenistischer Manier in Bau F[453], das sich nach seiner Position vielleicht an diejenigen wenden sollte, die über die Treppe die Terrasse besuchten. In anderer Weise gibt es auch individuelle Interessen wie die Verwandlung des Wagenlenkers von Rot nach Blau[454]. Sie richteten sich offensichtlich an die Angehörigen der *familia* und einzelne Besucher[455]. Das gilt auch für die individuelle Interpretation der Mythen oder dem übrigen Schmuck auf den Sarkophagen[456].

Zum Standard der Ausstattung gehörten Mosaiken; lediglich im einfachen Bau D finden sich davon keine Reste[457]. Vielleicht besaß er ähnlich dem Bezirk von O einen Boden aus Ziegelplatten[458], aber Reste davon fehlen. Die Böden der meisten kleineren Bauten hadrianischer und frühantoninischer Zeitstellung waren hingegen mit Mosaiken geschmückt. Sie waren allerdings im Kontrast zu den erwähnten Wanddekorationen zum Zentrum der Räume hin ausgerichtet und betonten auf diese Weise dessen räumliche Einheit. Davon gibt Bau I mit der Wiedergabe des Raubs der Persephone die beste Vorstellung. Im Randfries erscheinen ein Krater und Tiere[459]. Ähnlich darf man wohl die Mosaikreste in Bau B mit Krater und Ranken am Rand[460] und in Bau C mit partieller Polychromie ergänzen[461]. In Bau E sind Reste eines Feldermusters erhalten. Ob das Zentrum hervorgehoben war, ist den geringen Resten nicht zu entnehmen[462]. Der Boden in Bau F war vergleichsweise grob und einfach und schon in der Antike durch Bodengräber beeinträchtigt[463], worin er Bau S entsprach[464]. Nur erwähnt sei der offene Hof Q mit einem groben Mosaik aus durchgehend schwarzen Basalttesselen, der vor Witterungsunbill schützen sollte[465].

Als hochwertiger wurde gewiss ein Boden mit weißen, von Streifen aus Rosso Antico oder Porta Santa getrennten Marmorplatten angesehen, wie er sich in Bau H findet[466]. Aber auch kleinere Bauten können mit solchen Böden ausgestattet werden, wie Bau T und U belegen[467]. Die Bauten Z, Phi und Chi hingegen besitzen Böden aus Opus sectile aus diversen Marmorsorten[468].

Der Bestand an erhaltenen Mosaiken ist geringer als auf der Isola Sacra[469], aber er macht deutlich, dass ein aufwendiger Bodenbelag seit dem 2. Jahrhundert n. Chr. zur Grundausstattung gehörte. In den Bauten der Isola Sacra wurden neben dem Mythos unterschiedliche Themen aufgegriffen, wie Irene Bragantini gezeigt hat[470]. Hingegen blieben die Mosaiken in einzelnen Abschnitten an der Via Triumphalis mit schlichtem Musterrapport oder Rankenschmuck deutlich einfacher[471]. Schon die Mosaiken betonten also den Aufwand, aber noch mehr unterstrichen gewiss die Marmorböden den Anspruch der Anlagen[472].

Die Rolle des Betrachters in den Gräbern ist verschiedentlich thematisiert worden, zuletzt

---

450 Feraudi-Gruénais 2001a, 188–191. Siehe hier den Beitrag Mielsch S. 61 f. Zu Thematisierung des Betrachtens in den Bildern der Sarkophage: Zanker 2019, 17–23.
451 Was nicht heißt, dass es Einzelwünsche gab. Ähnlich verhält es sich bei den Sarkophagen, für die Boschung, s. hier S. 81, ein »erstaunlich einheitliches« Repertoire festgestellt hat, was wenige spezielle Lösungen nicht ausschloss, ebenda. S. 85 f. (bei Anm. 17).
452 Mielsch 2009, 17–25 Abb. 15–20; Caliò 2007, 298–304 Abb. 1–11.
453 Mielsch – von Hesberg 1995, 115 Abb. 120.
454 Liverani – Spinola 2010, 64 f. Abb. 26; Grosser 2021, 73. 319 Nr. Wa 13.
455 Von denen die Inschrift in A (Popilius Heracla) spricht. Sie hatten das Recht des freien Zugangs zu den Gräbern: Toynbee – Ward-Perkins 1956, 10. Siehe hier den Beitrag Eck S. 142.
456 Siehe hier den Beitrag Boschung S. 86.
457 Mielsch – von Hesberg 1986, 65.
458 Apollonj Ghetti u. a. 1951, 45.
459 Mielsch – von Hesberg 1995, 218 f. 220 f. Abb. 265; Liverani – Spinola 2010, 108 Abb. 62.
460 Mielsch – von Hesberg 1986, 26 Abb. 25. Das zentrale Motiv fehlt.
461 Mielsch – von Hesberg 1986, 59 Abb. 56. 57. Offen bleibt Bau G: Mielsch – von Hesberg 1995, 138, und Bau L: Apollonj Ghetti u. a. 1951, 31.
462 Mielsch – von Hesberg 1995, 87 Abb. 84; Zander 2016/2017, 685 Abb. 34.
463 Mielsch – von Hesberg 1995, 117 Abb. 102. 124. 125; vgl. auch Bau E: Zander 2016/2017, 685 Abb. 34.
464 Apollonj Ghetti u. a. 1951, 71.
465 Apollonj Ghetti u. a. 1951, 97. Wie das in den offenen Höfen der Bauten B und D gelöst war, bleibt ungewiss.
466 Mielsch – von Hesberg 1995, 152.
467 Apollonj Ghetti u. a. 1951, 57 Taf. 16b.
468 Mielsch – von Hesberg 1995, 231 (Z); 248 Farbabb. 42 (Phi); 259 Abb. 291 Farbabb. 50 (Chi).
469 Calza 1940, 161–186 Abb. 80–91; Bragantini 1993, 56 f.
470 Bragantini 1993, 64–73.
471 Liverani – Spinola 2010, 155–161. 187 f. Abb. 2. 10–13. 31. 35.
472 Vgl. Bau 8 in Abschnitt ›L'Autoparco‹ der Via Triumphalis: Liverani – Spinola 2010, 173 Abb. 21.

intensiv von Ruth Bielfeldt. Sie versuchte an Hand der Disposition des sog. Medusengrabes – also einer Anlage späthadrianischer Zeitstellung mit drei Sarkophagen im Innern – die Art und Weise zu rekonstruieren, wie Besucher des Baus das Ensemble und die Einzelbilder wahrnahmen[473]. Ihre Ausführungen zu den Sarkophagen könnte man auf den Gesamtbau erweitern. An der Fassade geht es um Reputation und gesellschaftliche Stellung, aber auch schon um die Einstimmung auf das Innere, als Ort des »Gedenkens, Verlust und Verbundenheit innerhalb der Familie«[474]. Je nach den finanziellen Möglichkeiten wurde diese Erwartung in den Bauten unter St. Peter umgesetzt.

Zusammenfassung

Die vorgelegten Überlegungen nahmen mit einem mikrohistorischen Ansatz die Vorgänge um Erwerb des Grundstücks, Erbauung und erste Nutzung der antiken Grabbauten unter St. Peter in den Focus. Diese Vorgänge sind von vielen anderen für Bestattungen vorgesehenen Arealen aus Rom und Ostia bekannt, aber die Fülle der Hinweise und auch die präzise Dokumentation der baulichen Befunde gewähren einige zusätzliche Einblicke.

Unter den Bestattungen dominieren die Familien der Freigelassenen. Wie Wrede betont hat, war für die Freigelassenen der »Besitz einer Familie ein Statussymbol, das ihre neu errungene Stellung als römischer Bürger dokumentierte«[475]. Der Besitz, also die Vergewisserung der Familie im Grab, wurde in den Bauten unterschiedlich in Szene gesetzt. Sie ergeben sich aus der unterschiedlichen Dichte der Bilder innerhalb der Bauten und aus einem durch allgemeine Veränderungen bedingten Wandel. Hinzu kam die gegenseitige Beeinflussung innerhalb der jeweiligen gesellschaftlichen Sphäre der Grabinhaber, die in den persönlichen Beziehungen der Familien untereinander spürbar wird, und etwa aus den Wünschen der Verstorbenen nach einer bestimmten Nachbarschaft, aber auch den Namen selbst hervorgeht. Viele der Auftraggeber dürften sich im Leben untereinander gut gekannt haben, und wahrscheinlich bewegten sich auch die ausführenden Unternehmer in ihren Kreisen.

Die Überlegungen konzentrierten sich auf diese Kreise der Akteure. Dabei kommt den Maklern eine eher untergeordnete Rolle zu, auch wenn das Bauland bei ihnen erworben werden musste. Entscheidend war die Absprache zwischen Bauherrn und Unternehmer. Darin flossen viele Aspekte ein, bei denen sich nur begrenzt sagen lässt, wie und durch wen sie am Ende geklärt wurden. Denn im Spektrum zwischen pauschalem Angebot und einzelnen Wünschen musste sich ein Kompromiss ergeben, der die verschiedenen Elemente des Baus umfasste. Dieser Kompromiss war von dem Kostenrahmen definiert und von den Konventionen, in denen sich der Bauherr einerseits mitsamt seinen Angehörigen der *familia* und die Bauleute andererseits in ihrer fachlichen Spezialisierung bewegten. Innovative Impulse wird es hier kaum gegeben haben, auch wenn nicht alle Formen im Repertoire der bekannten vergleichbaren Grabbauten Roms nachweisbar sind. Aber von diesen Bauten sind uns bestenfalls 1% des Bestandes bekannt.

Insgesamt bilden Individualität und Memoria so etwas wie Orientierungsbegriffe in diesem Feld. Der individuelle Habitus umfasst dabei wiederum zwei Stufen. Zum einen setzt sich schon die Gruppe der Bauherren unter St. Peter von anderen etwa gleichrangingen in der Urbs ab. In der Gestaltung wiederholen sich bestimmte Stil- aber auch andere Eigenheiten, die anderswo in Rom und Ostia in diesen speziellen Ausprägungen nicht wieder vorkommen. Wieweit sich auch Gepflogenheiten bei den Bestattungssitten unterschieden, ist auf Grund der mangelnden Details schwer abschätzbar. So haben jüngere Untersuchungen zu den Münzbeigaben die apodiktische Aussage Calzas zur Situation auf der Isola Sacra relativiert[476]. Hadesmünzen waren auch bei den Bestattungen unter St. Peter geläufig, ohne dass sich auf Grund genauerer Untersuchungen das prozentuale Verhältnis von ca. 12% zwischen Bestattungen mit oder ohne die Beigabe erkennen lässt; von weitergehenden Aussagen, wie sie auf der Isola Sacra möglich waren, ganz zu schweigen[477].

Diese allgemeine Situation könnte durch die beschriebene gesellschaftliche Nähe zwischen Auftraggebern und Unternehmern bedingt gewesen sein. Im Rahmen dieser Muster hat jeder Auftraggeber mit dem Unternehmer seinen Bau zusätzlich bis in Einzelheiten geklärt. In dem bekannten Bereich der Nekropole unter St. Peter ist keines der Motive

---

473 Bielfeldt 2003, 119–123. 146–149; Bielfeldt 2019, 73–75 Abb. 4.
474 Bielfeldt 2003, 149.
475 Wrede 1981, 160.

476 Calza 1940, 59 (leugnet die Münzen generell). Zur Isola Sacra hingegen Camilli – Taglietti 2019a, 80 f. Allgemein: Ceci 2001, 90 f.
477 Vgl. etwa die Möglichkeit, dass eine Münze für mehrere Verstorbene steht: Camilli – Taglietti 2019a, 82 f.

doppelt vertreten und das gilt umgekehrt auch für andere Nekropolen, etwa für die Bauten der Isola Sacra. Die kleinen Varianten mögen uns bisweilen banal erscheinen, aber sie sind erkennbar und machen die Individualität der Bauten bezogen auf die Einzelperson deutlich. Wobei dessen Motivation für die jeweiligen Entscheidungen zur Disposition der Bauten und der Ausstattung an Details nicht immer zu entschlüsseln ist.

Bei den Bauten ging es um gesellschaftliche Reputation, die ihrerseits an den Gräbern über die Dauer der Memoria in Bezug auf die *familia* definiert wurde. Eine einzelne Person in einem isolierten Einzelgrab konnte nur mit einer kurzen Dauer der Memoria rechnen und sie musste abwägen, was ihr am wichtigsten war. Die Entscheidung für eine derartige Bestattung ist wohl nicht zuletzt aus dem Status der Auftraggeber zu verstehen, die zu einer mobilen Bevölkerung gehörten, wie sie für große Städte typisch ist[478].

Bei den Familien bietet sich an, zwischen Erinnerung an sie als Gruppe und daneben als Erinnerung an exponierte Mitglieder wie etwa den *pater familias* oder an Angehörige zu unterscheiden, die durch einen frühen Tod aus dem Familienverband gerissen wurden oder anderswie hervorstechen. Natürlich bilden diese Erscheinungen im Bau am Ende eine Einheit, aber sie erklären das Spektrum von anonym wirkender Bestattung ohne Inschrift bis hin zu den exponierten Formen.

Der Wunsch nach Memoria knüpfte sich bei diesen Bauten an den Bestand der Gruppe, für die das Monument in Auftrag gegeben wurde, und eine römische Familie mit Freigelassenen und Sklaven enthielt allein schon durch die Menge der Personen und die Verästelung der Familienbeziehungen untereinander das Versprechen auf eine langdauernde Pflege des Grabplatzes.

In diesem Verhältnis konnte es auch zu Verschiebungen kommen, etwa wenn statt der hierarchisch zugeordneten Grabnischen der gleichmäßigen Abfolge von Sarkophagen der Vorzug gegeben wurde. Die Vorgänge sind in ihrer Isolierung schwer zu bewerten, zumal es sich auch nicht um einen scharfen Epocheneinschnitt handelt, in der diese Formen wechseln und überdies auch viele Varianten zu beobachten sind. Offensichtlich kommen unterschiedliche Veränderungen zusammen: ein andersartiger Zusammenhalt des Familienverbandes in den Gräbern[479], in denen deren wichtigste Mitglieder stärker hervortreten. Damit wird die Memoria an einzelne Verstorbene herausgehoben. Sarkophage und auch ihre Substitute gewinnen dabei an Bedeutung und ein marmorner Sarkophag kostet am Ende so viel wie der ganze Bau. In dieser neuen Auffassung vom Toten ist er als Einzelperson präsent, bleibt aber auch stärker als zuvor in der Sphäre des aufwendigen Marmorkastens gefangen. In diesen späten Bauten des 3. Jahrhunderts n. Chr. fanden deshalb nur noch wenige Mitglieder der Familie Platz. Am Ende des 3. Jahrhunderts n. Chr. zeichnet sich ein weiterer Wechsel mit einer Tendenz zu anonymen Bestattungen ab[480].

Mit der Nekropole unter St. Peter gewinnen wir nur einen Einblick in einen bestimmten Zeithorizont. Aber solche mentalitätsbedingten Veränderungen zeichnen sich in der Gestaltung der Nekropolen häufiger ab, etwa in claudischer Zeit mit dem Ende der großen Kolumbarien. Aus solchen Bausteinen würde man am Ende eine präzisere Vorstellung von der Entwicklung insgesamt gewinnen. Wie sehr dabei sorgfältig durchgeführte und gut dokumentierte Grabungen helfen können, haben die Forschungen zu den bescheideneren Nekropolen längs der Via Triumphalis eindrucksvoll deutlich gemacht. Zumindest die dort angewandten anthropologischen Untersuchungen ließen sich auch noch in weiteren Gräbern unter St. Peter durchführen und könnten weiteres Licht auf die Strukturen der Familien werfen[481].

---

478 Taglietti 2001, 158.
479 Bürgin-Kreis 1968, 37; Kaser 1978, 21.
480 Siehe hier den Beitrag von Hesberg S. 160 f.
481 Correnti 1967, 169–171.

Henner von Hesberg

Zusammenfassung

Dank ihrer guten Erhaltung gewähren die Grabbauten unter der Peterskirche in Rom über ihre sorgfältige Dokumentation Einblicke in die Modalitäten bei der Erschließung und der Nutzung von Arealen für Bestattungen, ferner über die Vorgänge bei der Planung und Errichtung und schließlich über der Belegung der Bauten. So kann man grundsätzlich Formen unterschiedlicher Bebauung unterscheiden, zugleich aber aus der Bemessung, dem Verkauf und der Bewirtschaftung der Areale Hinweise auf den sozialen Habitus der Auftraggeber gewinnen. Nach dem Verkauf durch Makler spielten in der Folge Umfang und Dauer der Nutzung eine entscheidende Rolle. In der Gestaltung der Anlagen kommen die Wünsche der Auftraggeber mit den Möglichkeiten der Bauunternehmer zusammen. Die Auftraggeber planten für ihre Familie und gingen dabei von deren zukünftigen Zuschnitt aus, sind aber zugleich auf ihr Prestige bedacht. Die Unternehmer werden kaum auf Grabbauten allein spezialisiert gewesen sein, denn es zeichnen sich bei aller prinzipiellen Gleichförmigkeit der Bauten viele Unterschiede im Detail ab, die eine serielle Fertigung ausschließen.

Riassunto

Grazie alla buona conservazione e tramite un'accurata documentazione, le tombe sotto la basilica di San Pietro a Roma forniscono spunti di riflessione sulle modalità di sviluppo e di utilizzo delle aree destinate alla sepoltura, nonché sui processi insiti nella progettazione, nella costruzione e infine nell'occupazione degli edifici. In questo modo, non è solo possibile distinguere tra diverse forme di costruzione, ma anche ricavare informazioni sull'habitus sociale dei committenti dalla valutazione, dalla vendita e dalla gestione dei lotti. Dopo la vendita da parte delle agenzie immobiliari, l'entità e la durata dell'utilizzo giocavano un ruolo decisivo. Nella progettazione dei complessi, i desideri dei committenti si sono incontrati con le possibilità dei costruttori. I committenti progettavano per la propria famiglia e si basavano sul proprio assetto futuro, ma erano anche preoccupati del proprio prestigio. È improbabile che gli appaltatori fossero specializzati soltanto in costruzioni sepolcrali, perché nonostante l'uniformità di base degli edifici, si notano molte differenze nei dettagli che escludono una produzione di serie.

Abbildungsnachweis

Abb. 1 F. De Santis
Abb. 2 F. De Santis
Abb. 3 F. De Santis
Abb. 4 J. Weber
Abb. 5 D-DAI-ROM-A-B-41, Vatikannekropole (J. Weber mit Veränderungen von H. von Hesberg)
Abb. 6 F. De Santis
Abb. 7 F. De Santis
Abb. 8 F. De Santis
Abb. 9 F. De Santis
Abb. 10 D-DAI-ROM-A-B-41, Vatikannekropole (J. Weber)
Abb. 11 F. De Santis
Abb. 12 F. De Santis
Abb. 13 F. De Santis
Abb. 14 D-DAI-ROM-A-B-41, Vatikannekropole (R. Roggenbuck)
Abb. 15 D-DAI-ROM-A-B-41, Vatikannekropole (R. Roggenbuck)
Abb. 16 D-DAI-ROM-A-B-41, Vatikannekropole (J. Weber)
Abb. 17 D-DAI-ROM-A-B-41, Vatikannekropole (K. Gärtner)
Abb. 18 J. Weber
Abb. 19 J. Weber
Abb. 20 J. Weber
Abb. 21 J. Weber
Abb. 22 J. Weber
Abb. 23 R. Roggenbuck
Abb. 24 J. Weber
Abb. 25 D-DAI-ROM-A-B-41, Vatikannekropole (W. Bruszewski)
Abb. 26 W. Bruszewski
Abb. 27 J. Weber
Abb. 28 J. Weber
Abb. 29 R. Roggenbuck
Abb. 30 R. Roggenbuck
Abb. 31 J. Weber

Zu den Programmen der Innenausstattung

Harald Mielsch

Die großen Linien in der Entwicklung der Innenausstattung der römischen Grabbauten sind seit langem bekannt[1]. Zwar wird man nicht mehr wie Franz Cumont eine verbindliche Bildsprache in der Art frühneuzeitlicher Symbolbücher annehmen, ebenso wenig scheint aber auch eine rein dekorative Deutung möglich.

Die Vorstellung von einer Unterwelt, in der Strafen und Belohnungen auf die Toten warten, scheint in Rom seit dem frühen Hellenismus ein verbreitete Konvention gewesen zu sein und wird in der Literatur, vor allem den Konsolationsschriften, aber auch in einzelnen Darstellungen der Grabkunst evoziert. Sie taucht noch im 2. Jahrhundert n. Chr. auf, wird aber immer seltener. Im Bereich des Vatikans ist sie nur durch den bekannten frühen Unterweltssarkophag in der Villa Giulia vertreten[2].

Schon in der späten Republik werden aber Vorstellungen von einem Aufenthalt zumindest einzelner Seelen, etwa von Staatsmännern oder Philosophen, bei den Sternen oder im Mond, übernommen. Die bekannteste Version ist wohl im *somnium Scipionis* bei Cicero erhalten[3]. Dies galt bei Cicero aber nicht als allgemein verbindliche Vorstellung – für seine tief betrauerte Tochter spricht er nur vom Nachruhm als Form des Weiterlebens. Die Vielfalt von Glaubensvorstellungen innerhalb einer einzelnen Person oder einer Familie scheint auch für die folgende Zeit nicht ungewöhnlich. Kompliziert wird die Einzelanalyse dadurch, dass der Aufenthalt der Seelen im Hades schon in der Spätklassik (Herakleides Ponticus) in den Sternen gesucht werden kann und umgekehrt das Elysium z. B. bei Vergil in der Unterwelt lokalisiert wird[4]. Es ist auffällig, dass nur ein kleiner Teil der metrischen Grabepigramme einen Aufstieg der Seele thematisiert, nach neueren Untersuchungen sind es nicht einmal 5%[5]. Aber auch die Hinweise auf die Unterwelt sind nicht allzu häufig. In prosaischen Grabinschriften gibt es anscheinend keine Hinweise auf ein Jenseits. Das lässt die Vermutung zu, dass wir es hier mit eher poetisch gemeinten Vorstellungen zu tun haben, die sich einer Konkretisierung entziehen. Ein gutes Beispiel ist die ausführliche Inschrift des Nepos CEL 1109, die etwa Josef Engemann ausführlich besprochen hat[6]. Der jung verstorbene Nepos wird alternativ den Eroten, den Musen oder der Gefolgschaft des Dionysos beigesellt, aber auch mit Apoll, Attis oder dem Pferd des Kastor gleichgesetzt. Das sind keine festen Bilder, sondern wohl nur poetische Vergleiche.

Bilder für die Entrückung (Ganymed, Raub der Leukippiden), aber auch Dionysisches bietet im frühen ersten Jahrhundert die Basilica sotterranea von Porta Maggiore in den Mittelbildern der Decke[7]. Es gibt daneben aber auch Unterweltsthemen wie Danaiden oder Hermes Psychopompos mit Alkestis[8] oder Todesbilder wie in der Apsis den Sturz vom Leukadischen Felsen[9], der schon in der Odyssee auf dem Weg der Seelen in die Unterwelt liegt. Es scheint evident, dass Unterwelt und Entrückung in Himmelsräume oder nur in dionysische Ekstase oder durch den Meerthiasos als sich ergänzende, wenig konkret gemeinte Bilder verwendet sind. Viele der mythologischen Bilder der Basilica sind allerdings mit diesem Grundgedanken der Entrückung nicht zu vereinbaren. Recht häufig sind freilich darunter Darstellungen des Todes wie die Opferung der Iphigenie[10] oder die Kinder der Medea[11]. Eher passen die vielen sakralidyllischen Landschaften oder die Preistische bzw. die Victorien an den Wänden zur Vorstellung von einem Jenseits oder dem erfolgreich verbrachten Leben[12].

In den Zusammenhang dieser Vorstellung vom Aufstieg der Seele gehört natürlich auch die Kaiserapotheose[13], deren Bildsprache aber erst im 2. Jahrhundert n. Chr. auf die Grabmalerei einwirkt und als weiteres Bild für Aufstieg übernommen wird. Eine Gleichsetzung des oder der Verstorbenen mit Jupiter

---

1 Cumont 1942; ein Überblick über neuere Lit. J. und Ch. Balty in: Cumont 2015, XLIII–CLLV; Feraudi-Gruénais 2001a.
2 Gasparri 1972, 3 f.
3 Cic. rep. 6.
4 Verg. Aen. 6.
5 s. J. und Ch. Balty in: Cumont 2015, CXVII.
6 Engemann 1973, 52–54.

7 Bendinelli 1926, 656 f. Taf. 15. 16; Aurigemma 1961, Abb. 12. 13.
8 Bendinelli 1926, 762 f. Taf. 37.
9 Bendinelli 1926, 645–652 Taf. 11.
10 Bendinelli 1926, 700 f. Taf. 23, 1; 24, 1.
11 Bendinelli 1926, 690 f. Taf. 22, 1.
12 Bendinelli 1926, Taf. 2. 10. 15. 26. 28. 41.
13 Zanker 2004.

oder Iuno wird dabei aber nicht angestrebt. Vorläufer dieses Phänomens der Übernahme sind die Grabmalereien vom Esquilin mit der Gründungshistorie Roms[14], bei denen die Bildsprache der Aristokraten wohl von Gefolgsleuten usurpiert wird, die sich nur ein kleines Columbarium leisten konnten.

Bekanntlich entwickeln parallel dazu Handwerker und Gewerbetreibende eigene Ikonographien, die deren Tätigkeit oder Erfolg ohne Aussage zu den Jenseitsvorstellungen vor Augen stellt[15]. Auch die Grabmalerei der Vatikannekropole kennt solche Themen.

Eine wenig beachtete Gruppe von Bestattungen vor allem des ersten und zweiten Jahrhunderts leugnet nach zahlreichen Inschriften im Anschluss vor allem an Epikur jedes Weiterleben einer Seele. Ein Beispiel aus der Vatikannekropole ist das Klinenmonument des Flavius Agricola[16]. Typisch für die Verhältnisse der Kaiserzeit ist hier, dass die in der Inschrift genannte Ehefrau Priesterin der Isis war, also wohl eher einer konventionellen Vorstellung vom Jenseits verpflichtet war[17]. Leider ist von der malerischen Ausstattung des Grabbaus S nur ein kleiner Hippokamp erhalten. Man muss aber bezweifeln, ob es gelingen kann, eine eigene Ikonographie für diese Denkrichtung nachzuweisen. Innenausstattungen in Grabbauten, zu denen entsprechende Aussagen gehören, scheinen nicht bekannt zu sein. Nur ein nordafrikanisches Mosaik zeigt eine ärztliche Konsultation und einen mumienähnlichen Toten[18].

Einheitliche Programme nach jeweils einer Grundvorstellung sind in den Grabausstattungen nicht zu erwarten, auch wenn die Grabbauten jeweils in einem Zug ausgemalt wurden. Das ist schon durch die Freskotechnik bedingt, die zu einer Erneuerung des Putzes bei Änderungen zwang. Nur sehr selten sind anscheinend einzelne Dekorationen im Zusammenhang mit einer Bestattung ergänzt worden wie in Grabbau C oder im Columbarium Doria Pamphilj[19]. Zwischen einzelnen Darstellungen und benachbarten Beisetzungen gibt es keine zwingende Verbindung. Erst in severischer Zeit gehören Darstellungen in den Arkosolien klar zu einzelnen Beisetzungen, sind aber nicht nach und nach entstanden, sondern im Zug der Erbauung und Ausstattung bemalt worden, der Grabinhaber dürfte daher die üblichen Themen ausgesucht haben. Eine Rücksichtnahme auf einzelne Tote zeichnet sich meistens nicht ab. Natürlich sind immer einzelne Grabbauten mit speziellen Ikonographien errichtet worden. Der Erbauer des Grabbaus kann nach den Inschriften auch ein Freigelassener oder Erbe des Grabinhabers sein (Grabbauten A bzw. O) Man darf nicht vergessen, dass wir uns in der Vatikannekropole überwiegend im Milieu der Freigelassenen und ihrer Nachkommen bewegen, nicht in dem der Aristokratie.

In Grabbau H (Valerier) sind der Grabinhaber und seine Familie an der Nordwand beigesetzt, ihre Darstellungen befinden sich an der Westwand. Die Beisetzungen gegenüber dem Eingang scheinen für den Erbauer des Grabbaus bevorzugt zu werden, da sie im Blickfeld des eintretenden Besuchers lagen, und sind durch Architektur und Ausmalung hervorgehoben.

Ein irgendwie geartetes Weiterwirken der Verstorbenen in der Vorstellung der Hinterbliebenen beweisen die Spendevorrichtungen. Es hat offensichtlich nicht gestört, dass dies im Widerspruch zu einem Aufenthalt der Seelen in der Unterwelt oder bei den Gestirnen steht.

Zur Entwicklung der Ausstattungen in der Vatikannekropole

In hadrianische Zeit gehören nicht nur die Grabbauten A bis E, sondern auch G, N und O. In Grabbau B (Abb. 1. 2) zeigt die Bemalung der Decke den Sonnengott zwischen den Büsten der Jahreszeiten[20] wohl weniger ein Zeichen des Aufstiegs der Seele als vielmehr der Dauer und Wiederholung von Lebenszyklen. In zwei der Hauptnischen sind Götterattribute der Iuno und Venus zu sehen, darüber unter anderem Trinkschalen und Vögel (Abb. 3–5). Die Gottheiten könnten für die dort Bestatteten als Schutz bringend verstanden werden. Stillebenmotive sind wohl als idyllisch zu verstehen

Grabbau C[21] bringt neben ähnlichen Motiven auch Landschaftsmotive (Abb. 5). Dagegen wird das reale Leben zumindest vordergründig mit einem *auriga*, einer Palme (Abb. 6) und dem Bild einer Jagd (*venatio*?) dargestellt, für die man sich in einer weiteren

---

14 Moormann 2001, 101 f. Abb. 4–7.
15 Zimmer 1982, *passim*.
16 Siehe den Beitrag von D. Boschung in diesem Band. Zanker – Ewald 2004, 158 f. Abb. 153.
17 CIL VI 17985a = 34112; Malaise 1972, 127 f. Nr. 51; Liverani – Spinola 2010, 127–134.
18 Dunbabin 1978, 139. 264 Taf. 138.

19 Ling 1999, 127–135.
20 Mielsch 1973/1974, 82–84; Mielsch – von Hesberg 1986, 11–38; Feraudi-Gruénais 2001a, 46–48 K13; Liverani – Spinola 2010, 60–62; Zander 2014, 189–193.
21 Mielsch 1973/1974, 84 f.; Mielsch – von Hesberg 1986, 39–59; Feraudi-Gruénais 2001a, 48 f. K14; Liverani – Spinola 2010, 64–67; Zander 2014, 187–208.

1 Grabbau B, Eingang (© Fabbrica di San Pietro in Vaticano)

2 Grabbau B, Decke

3 Grabbau B, Ostwand (© Fabbrica di San Pietro in Vaticano)

4 Grabbau B, Nordwand, Mittelnische

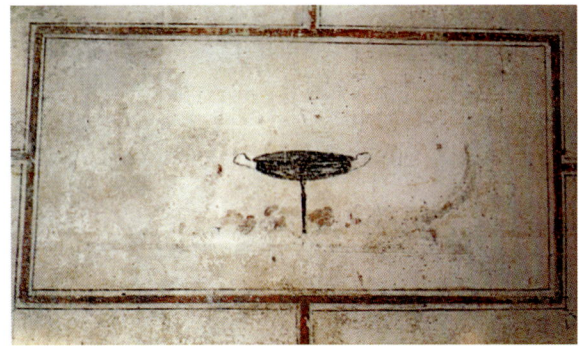

5 Grabbau B, Ostwand, Lünette

6 Grabbau C, Nordwand

7 Grabbau C, Ostwand, Nische

9 Grabbau E, Nordwand (© Fabbrica di San Pietro in Vaticano)

8 Grabbau E, Nordwand (© Fabbrica di San Pietro in Vaticano)

10 Grabbau E, Westwand (© Fabbrica di San Pietro in Vaticano)

11 Grabbau G, Nordwand (© Fabbrica di San Pietro in Vaticano)

12 Grabbau G, Westwand (© Fabbrica di San Pietro in Vaticano)

13 Grabbau G, Ostwand

Ebene übertragene Deutungen vorstellen kann. Der Sockel der Rückwand mit vorgesetzten oder eingemauerten Urnen und den Zirkusmotiven dürfte der einzige Fall in der Nekropole sein, bei dem ein Teil der wohl etwas späteren Ausmalung direkt auf eine Bestattung bezogen ist.

Grabbau E[22], wohl eines kaiserlichen Freigelassenen – nachgewiesen nur in der zweiten Belegungsphase, verweist mit den Pfauen in der Lünette und den waagerechten Pfauenfedern über den Urnennischen (Abb. 7–10) auf die Apotheose der Kaiserin, der die hier Bestatteten sich anscheinend anschließen sollen. Leider ist von der Decke nur der Rest einer Jahreszeitenfigur erhalten. Eine wie auch immer geartete Himmelsreise in der Mitte wäre durchaus möglich. Im Grabbau der Pancratier an der Via Latina[23] ist es in der Mitte der Decke durch Iuppiter auf dem Adler ins Bild gesetzt[24]. Die Motive der Wände mit Fa-

ckeln oder Säckchen voller Rosen deuten auf kultische Verrichtungen, die kleinen Friese mit Opferdarstellungen verweisen auf *pietas* und sind realiter nur in der frühen Kaiserzeit für die kaiserliche Familie überliefert.

Einem einfacheren Milieu entstammt Grabbau G[25], dessen Inhaber aus der Rückwand bei einer Abrechnung gezeigt wird (Abb. 11). Auch die Oceanusmaske und die Hippokampen (Abb. 12) könnten auf Seehandel verweisen, dionysische Musikinstrumente (Abb. 13) dagegen auf Entrückung. Der Grabbau hat stilistische Gemeinsamkeiten mit B und könnte von der gleichen Werkstatt ausgemalt sein.

---

22 Mielsch 1973/1974, 85 f.; Mielsch 1975, 164 f. K100; Mielsch – von Hesberg 1995, 71–91; Feraudi-Gruénais 2001a, 49 f. K15; Liverani – Spinola 2010, 72–77; Zander 2014, 211–220.
23 Mielsch 1975, 171 f. K115; Feraudi-Gruénais 2001a, 108–114 K48.

24 Ronczewski 1903, Taf. 18; Wadsworth 1924, Taf. 25.
25 Mielsch 1973/1974, 79–82; Mielsch 1975, 164 K101; Mielsch – von Hesberg 1995, 123–142; Feraudi-Gruénais 2001a, 50 f. K17; Liverani – Spinola 2010, 89–92; Zander 2014, 237–245.

14   Grabbau O, Nordwand (© Fabbrica di San Pietro in Vaticano)

16   Grabbau F, Nordwand, Venus marina (© Fabbrica di San Pietro in Vaticano)

15   Grabbau F, Nordwand (© Fabbrica di San Pietro in Vaticano)

Die spärlichen Reste in Grabbau N[26] haben hingegen Parallelen in Grabbau C[27].

Grabbau O[28] mit seiner überwiegend gelb-roten Felderdekoration ist durch einen Ziegelstempel ab hadrianischer Zeit datiert, ist aber eher einige Jahrzehnte später ausgemalt (Abb. 14). Jedenfalls unterscheidet es sich sehr von anderen hadrianischen Grabbauten. Figürliche Motive waren wohl auf die

26   Liverani – Spinola 2010, 119–121 Abb. 72.
27   Mielsch – von Hesberg 1986, Farbabb. 8.
28   Spinola – Liverani 2010, 124 f.; Zander 2014, 311–314.

ZU DEN PROGRAMMEN DER INNENAUSSTATTUNG

17 Grabbau F, Westwand (© Fabbrica di San Pietro in Vaticano)

große Apsiskalotte und die ebenfalls verlorene Decke konzentriert.

Aus antoninischer Zeit stammen die Grabbauten F[29] und T[30], U[31] und der besonders aufwendige Grabbau H[32] sowie die zweite Ausmalung von Grabbau I[33]. Mit der Venus marina in der zentralen Kalotte der Nordwand von F[34] (Abb. 15. 16) ist vielleicht eine Schutzgottheit gemeint – ein Motiv, das möglicherweise durch den Tempel in dem Terrakottarelief der Fassade und durch das Steinhuhn ebenda ergänzt wird. Auf einen anderen Bereich spielen die Schwäne Apolls mit Wollbinden und eine Spendeschale auf den Sockeln über den Arkosolen an (Abb. 17), die sich wieder nicht auf einzelne Bestattungen beziehen, sondern eher allgemein auf *pietas*. Allgemein idyllisch sind wohl die Tier- und Naturdarstellungen der Lünetten gemeint, auch wenn dazu eine verlorene Jagddarstellung gehört. Streng durchgehalten werden einzelne Themenbereiche nicht.

Vielleicht etwas später als das große Grabbau F, das in frühantoninische Zeit gehören dürfte, sind die beiden kleinen Grabbauten T[35] und U[36] anzusetzen,

29 Mielsch 1975, 87. 168 f. K110; Mielsch – von Hesberg 1995, 93–121; Feraudi-Gruénais 2001a, 49 f. K16; Liverani – Spinola 2010, 77–83; Zander 2014, 222–238.
30 Feraudi-Gruénais 2001a, 56–58 K21; Liverani – Spinola 2010, 124–126.
31 Mielsch 1981, 205 f.; Liverani – Spinola 2010, 126 f.
32 Mielsch 1975, 174–177 K123; Mielsch 1988; Mielsch – von Hesberg 1995, 143–208; Feraudi-Gruénais 2001a, 51–53 K18; Liverani – Spinola 2010, 92–109; Caliò 2007, 289–318.

33 Mielsch 1975, 173 f. K120; Mielsch 1981, 206 f.; Mielsch – von Hesberg 1995, 209–221; Feraudi-Gruénais 2001a, 53–56 K19; Liverani – Spinola 2010, 108–113.
34 Mielsch 1975, 87. 168 f. K110; Mielsch – von Hesberg 1995, 93–121; Feraudi-Gruénais 2001a, 49 f. K16; Liverani – Spinola 2010, 77–83; Zander 2014, 222–238.
35 Feraudi- Gruénais 2001a, 56–58 K21; Liverani – Spinola 2010, 124–126. 128 f.; Zander 2014, 317–327.
36 Mielsch 1981, 205 f.; Feraudi-Gruénais 2001a, 58 f. K22; Liverani – Spinola 2010, 126–129. 130–132; Zander 2014, 317–327.

18 Grabbau T, Nordwand und Ostwand (© Fabbrica di San Pietro in Vaticano)

19 Grabbau U, Westwand (© Fabbrica di San Pietro in Vaticano)

die in einem Zug erbaut wurden. Beide haben auf ihren überwiegend roten und gelben Feldern Vögel auf Fruchtkörben, Dionysosmasken, Tauben und jagende Panther. Adler oder Pfau bzw. Tauben sind vielleicht als Glück bringende Götterattribute zu verstehen. Dazu gehört auch der Delphin mit Dreizack, der schon auf Delos als Glücksymbol verwendet wird. In den dionysischen Zirkel weist wohl noch der vorgebeugte Eros, der eventuell zu einem Ringkampf mit Pan gehört (Abb. 18). Konkreter auf den Aufstieg der Seele zu den Gestirnen deuten die beiden Darstellungen von Phosphorus (Abb. 19) und Hesperus in den beiden seitlichen Nischen von U.

Im Grabbau der Valerier (H)[37], dem aufwendigsten Grabbau der Nekropole, gibt es eine weniger sichtbare Anspielung in Form einer großen Figur des Hypnos-Somnus (Abb. 20) mit Fledermausflügeln sowie Eroten mit Mohnkapseln (Schlaf=Tod) in dem kleinen seitlichen Annex. Hypnos (Abb. 20) ist in der Galerie von Göttern und Philosophen an der Nordwand besser sichtbar, während gegenüber dem Eingang die Mondgöttin erscheint (Abb. 21). Die wahr-

[37] Mielsch – von Hesberg 1995, 143–208; Feraudi-Gruénais 2001a, 51–53 K18; Liverani – Spinola 2010, 92–108; Zander 2014, 249–280; Caliò 2007, 289–318.

ZU DEN PROGRAMMEN DER INNENAUSSTATTUNG

20 Grabbau H. Hypnos    21 Grabbau H. Selene    22 Grabbau H. Hermes    23 Grabbau H. Athena

24 Grabbau H. Valerius Herma    25 Grabbau H. Tochter    26 Grabbau H. Ehefrau    27 Grabbau H. Patronus (?) des Valerius Herma

20–27 © Fabbrica di San Pietro in Vaticano

scheinlich als Hermes zu deutende Figur in der Mitte (Abb. 22) wird die Schutzgottheit des Grabinhabers Valerius Herma darstellen, die Athena (Abb. 23) Schützerin seiner intellektuellen Interessen, die auch durch die Philosophen[38] vertreten sind. Athena-Minerva könnte zugleich als Beschützerin der häuslichen Arbeit der Ehefrau verstanden werden. Die Figuren an West- und Ostwand zeigen den Valerius Herma sowie Frau und Tochter, gegenüber wohl den Patronus, der deutlich älter, aber glattrasiert ist (Abb. 24–27). Alle sind durch Attribute in den Kalotten in ihrer gesellschaftlichen Stellung und Tätigkeit gekennzeichnet (Bücherkasten, Schreibgeräte, Wollarbeiten, Toilettengegenstände, vgl. Abb. 27).

Das Hauptthema der Grabausstattung machen aber dionysische Gestalten aus, die vielen Satyrn und Mänaden (Abb. 28. 29) der Nischen, die dionysischen

[38] Mielsch – von Hesberg 1995, Abb. 172–175.

28 Grabbau H. Satyr (© Fabbrica di San Pietro in Vaticano)

29 Grabbau H. Mänade (© Fabbrica di San Pietro in Vaticano)

30 Grabbau H. Herme (© Fabbrica di San Pietro in Vaticano)

31 Grabbau H. Silen (© Fabbrica di San Pietro in Vaticano)

Hermen (Abb. 30. 31) – zugleich wieder eine Anspielung auf den Namen – und die Weinlese, Kelter und vielleicht Dionysos mit Ariadne (Abb. 32–34) an der nur durch Fragmente bekannten Decke. Diese Themen beziehen sich wahrscheinlich eher aus die Vorstellung von Entrückung wie beim Weißen Grab

Zu den Programmen der Innenausstattung

32 Grabbau H. Weinlese (© Fabbrica di San Pietro in Vaticano)

33 Grabbau H. Dionysos und Ariadne (© Fabbrica di San Pietro in Vaticano)

34 Grabbau H. Kelter (© Fabbrica di San Pietro in Vaticano)

35 Grabbau I. Mosaik (© Fabbrica di San Pietro in Vaticano)

Harald Mielsch

36 Grabbau I. Rückwand (© Fabbrica di San Pietro in Vaticano)

der Via Latina[39], wo der Aufstieg einer Verstorbenen auf dem Greifen umgeben ist von Medaillons mit Bildern des Thiasos und des Meerthiasos – beides Bilder der Entrückung.

Wenig später, also nach 160, anzusetzen ist wohl die zweite Ausstattungsphase von Grabbau I[40]. Den figürlichen Hauptschmuck bildet das große Mosaik mit dem Raub der Persephone (Abb. 35)[41], einem alten Gleichnis für Tod und Wiederkehr. Es ist gerahmt von jagenden Tieren und dem ursprünglich dionysischen Motiv des Kraters zwischen zwei Tigern. Das sind Zusammenstellungen, die nur durch sehr lockere Ideenassoziationen entstanden sein dürften.

Tod und Verbundenheit darüber hinaus verdeutlichen auch die beiden mythologischen Bilder der Rückwand (Abb. 36), Herakles mit Alkestis sowie Venus mit Adonis – letzteres nur vermutet, da sehr schlecht erhalten. Jahreszeitenhoren und Vögel als

39 Wadsworth 1924, Taf. 20–24; Mielsch 1975, 177–179 K124; Feraudi-Gruénais 2001a, 105–107; Zanker – Ewald 2004, 133 f. Abb. 115. 116

40 s. o. Anm. 33. Mielsch 1975, 173 f. K120; Mielsch 1981, 206 f.; Mielsch – von Hesberg 1995, 209–221; Feraudi-Gruénais 2001a, 53–56 K19; Liverani – Spinola 2010, 108–113.
41 Lindner 1984, 59 Nr. 52; Gunnter 1997.

37 Grabbau Z. Horus (© Fabbrica di San Pietro in Vaticano)

38 Grabbau Z. Thot (© Fabbrica di San Pietro in Vaticano)

39 Grabbau Z. Apis (© Fabbrica di San Pietro in Vaticano)

40 Grabbau Phi. Dionysos und Ariadne (© Fabbrica di San Pietro in Vaticano)

Götterattribute, vielleicht wieder als Jahreszeitensymbole, schmücken die Lünetten und die Deckenansätze. Von den Hauptmotiven der Decke ist nichts bekannt.

Ganz ans Ende des 2. Jahrhunderts gehört wohl Grabbau Z (Grabbau der Ägypter)[42]. Hier erscheinen auf einheitlich rot-orangenem Grund einzelne Figuren und Motive – bis auf zwei Gorgoneia alle ägyptischer Herkunft[43]. Die rezente Restaurierung hat hier vieles erstmals sichtbar gemacht. Es gibt keine Szenen mit mehreren Figuren, wie sie etwa in den Gräbern von Alexandria um ein Totenbett oder eine Mumie versammelt sind. Es sind auch nicht nur Gottheiten, die mit dem Tod zu tun haben, sondern Horus mit Falkenkopf, Apis, Thot in Paviangestalt (Abb. 37–39), eine Figur, die in ihrer Interpretation

---

[42] Malaise 1972; Mielsch 1981, 206 f.; Mielsch – von Hesberg 1995, 227–233; Feraudi-Gruénais 2001a, 58 f. K23; Liverani – Spinola 2010, 83–89; Zander 2014, 143–151.

[43] De Vos 1980, 26 Nr. 15 Abb. 6.

41 Grabbau Phi. Silen (© Fabbrica di San Pietro in Vaticano)

42 Grabbau Phi. Silen (© Fabbrica di San Pietro in Vaticano)

43 Grabbau Phi. Mars und Rhea Silvia (© Fabbrica di San Pietro in Vaticano)

Zu den Programmen der Innenausstattung

44 Grabbau Phi. Herakles und Alkestis (© Fabbrica di San Pietro in Vaticano)

45 Grabbau Phi. Nilszene (© Fabbrica di San Pietro in Vaticano)

46 Grabbau Phi. Götterthron
(© Fabbrica di San Pietro in Vaticano)

ungewiss bleibt, und eine Kobra. Es ist nicht klar, welchen Sinn die Zusammenstellung haben könnte. Allenfalls könnte man darauf hinweisen, dass die drei genannten Gottheiten jeweils mit einer Sonnen- bzw. Mondscheibe dargestellt sind, was im römischen Kontext wieder als Hinweis auf den Aufstieg der Seele gedeutet werden könnte, vielleicht aber auch rein zufällig ist.

Eine neue Stufe der Ausstattung bringen dann die weiteren großen Grabbauten der südlichen Reihe, Grabbau Phi (Marcier) und Chi. Das erstere[44] gehört wohl in die Zeit um 200, das zweite ist vielleicht dreißig Jahre später anzusetzen und offensichtlich in der Wahl seiner Darstellungen von Phi beeinflusst. Die Sarkophagbestattung, die schon in Z vorherrscht, wird auch in Phi durch Stucknachahmungen von Riefelsarkophagen bei der oberen Reihe von Bestattungen fortgesetzt und durch die gemalten Arkosolien ergänzt. Sie entsprechen teilweise der Ikonographie der Sarkophage. Die Bestattung an der Rückwand zeigt die Auffindung der Ariadne durch Dionysos (Abb. 40). Dionysisch ist auch das Pentheusmosaik in der Fassade und die Silene (Abb. 41. 42) in den Zwickeln zwischen den oberen Arkosolen. Auch die anderen Arkosole enthalten als Thema die Begegnung von Gott und Sterblichen: Mars und Rhea Silvia (Abb. 43), Zeus und Leda, die Aglauriden und Hermes. Die Bild zeigen die Unsterblichkeit der Seele, und mit der Rückkehr der Alkestis (Abb. 44) erscheint ein ähnliches Thema, das Verbundenheit über den Tod ausdrücken könnte. Die unteren Arkosolien haben an der Nordwand den Zug der Nereiden, also ein Thema der Entrückung, und an den Seitenwänden Wasserlandschaften, mit denen der Nil als Symbol der Glückseligkeit gemeint sein könnte (Abb. 45). Die Zwickelmotive, die erst nach der rezenten Restaurierung erkennbar wurden, umfassen Throne, Symbole der capitolinischen Trias (Abb. 46) und Atlanten, also wieder ein einheitliches Grundthema.

Grabbau Chi[45] schließt sich, trotz des Unterschiedes von einer Generation, an das Programm von Phi an, hat allerdings in beiden Reihen von Arkosolen nur einzelne Beispiele. Auch hier waren oben Scheinsarkophage aus Stuck vor die Arkosolien gesetzt, an der Rückwand mit einem Mosaikemblem, von dem nur ein kleiner Teil erhalten ist. Die unteren Arkosolien sind sogar noch einheitlicher: an der Rückseite eine von zwei Tritonen getragene Venus in einem Tuch (Abb. 47), seitlich jeweils ein Meerthiasos, der nur links gut erhalten ist. An der Rückseite erscheint oben wieder die Auffindung der Ariadne durch Dionysos (Abb. 48) und rechts Mars mit Rhea Silvia (Abb. 49). Das Bild links ist schlecht erhalten und als dionysisch oder als Alkestis gedeutet worden. Für eine Klärung muss man wohl die Restaurierung abwarten. In den oberen Zwickeln erscheinen – schlecht erhalten – dionysische Motive, wohl ein Silen bzw. eine Mänade und eine Pansmaske.

---

44 Mielsch 1981, 206 f.; Mielsch – von Hesberg 1995, 235–255; Feraudi-Gruénais 2001a, 59–62 K24; Liverani – Spinola 2010, 68–72; Zander 2014, 153–173.

45 Mielsch 1981, 206 f.; Mielsch – von Hesberg 1995, 260–274; Feraudi-Gruénais 2001a, 62 f. K25; Liverani – Spinola 2010, 62–64; Zander 2014, 175–181.

ZU DEN PROGRAMMEN DER INNENAUSSTATTUNG

47 Grabbau Chi. Venus marina
(© Fabbrica di San Pietro in Vaticano)

48 Grabbau Chi. Dionysos und Ariadne
(© Fabbrica di San Pietro in Vaticano)

49 Grabbau Chi. Mars und Rhea Silvia (© Fabbrica di San Pietro in Vaticano)

50 Grabbau M. Helios-Sol
(© Fabbrica di San Pietro in Vaticano)

Später Ausmalungen in der Nekropole stellen stets Neubemalungen dar. In Grabbau B erstrecken sie sich auf die neu errichteten Arkosolien, aber ehemals auf einem dünnen Überzug auch auf die Decke. An Motiven sind nur einzelne Vögel bekannt. Das trifft auch auf Grabbau G zu. Nur in dem kleinen Grabbau M[46], das ursprünglich als Kindergrab angelegt war, ist schon in konstantinischer Zeit die berühmte Mosaikdekoration mit christlichem Inhalt angelegt worden. Die Decke mit Weinranken und dem Helios mit Viergespann (Abb. 50) steht noch in paganer Tradition und ist erst in der zweiten Deutungsebene christlich. Die Lünetten mit dem Meerwurf des Jonas, Fischer und Guten Hirten sind dagegen unmittelbar als christlich zu erkennen.

Zusammenfassend kann man bei den verschiedenen Grabbauten recht unterschiedliche Motive feststellen, die jeweils auf Glücksvorstellungen oder *pietas* bzw dem Schutz durch einzelne Götter basieren. Diese überwiegen noch im früheren 2. Jahrhundert. Dazu kommen Bilder für den Erfolg im Leben. Später überwiegen Verkörperungen von Entrückung und Tod oder Verbundenheit über den Tod hinaus und für den Aufstieg der Seele. Die einzelnen Themenkreise können nebeneinander auftreten. Eine wirklich komplette Ausstattung ist bei kaum einem Grabbau überliefert, da über die Decken wenig bekannt ist. Aussagen über Programme sind also nur mit Vorsicht zu treffen.

---

46 Feraudi-Gruénais 2001a, 56 f. K20; Liverani – Spinola 2010, 114–119; Zander 2014, 296–303.

Zusammenfassung

Nach einer Einleitung über die Vielfalt und Entwicklung der Jenseitsvorstellungen in Rom und das Fehlen einheitlicher, verbindlicher Anschauungen zeichnen sich einzelne Motive wie Entrückung, Tod, Wiederkehr ab. Apotheose der Kaiser und *pietas* spielen daneben eine wichtige Rolle. In hadrianischer Zeit kommen häufiger Götterattribute, Jahreszeiten (Kreislauf, Wiederkehr), Stilleben, aber auch einzelne Szenen aus dem Leben vor. In antoninischer Zeit treten auch Ewigkeitsbilder oder Andeutungen von Idyllen, Frömmigkeit auf. Neben der Abbildung der *familia* (und des *patronus*) ist die dionysische Entrückung wichtig. Auch mythologische Bilder für Tod, Entrückung und Wiederkehr tauchen auf. Mit der Verbreitung von Arcosolien für Körperbestattungen werden mythologische Bilder für Entrückung häufiger. Die Deutung ägyptischer Motive bleibt rätselhaft. Auch die Ablehnung von Jenseitsbildern kommt vor (nur schriftlich). Zum Schluß erscheinen auch christliche Symbole.

Riassunto

Dopo un'introduzione sulla diversità e sullo sviluppo delle concezioni dell'aldilà a Roma e sulla mancanza di visioni standardizzate e vincolanti, emergono motivi individuali come il distacco dalla vita, la morte e il ritorno. Anche l'apoteosi dell'imperatore e la *pietas* giocano un ruolo importante. Nel periodo adrianeo sono più frequenti gli attributi degli dei, le stagioni (ciclo, ritorno), le nature morte, ma anche singole scene di vita. In età antonina compaiono anche immagini dell'eternità o allusioni a idilli e pietà. Oltre alla rappresentazione della *familia* (e del *patronus*), è importante l'estasi dionisiaca. Compaiono anche immagini mitologiche di morte, rapimento e ritorno. Con la diffusione degli *arcosolia* per le inumazioni, le immagini mitologiche degli assunti nell'aldilà divennero più frequenti. Il significato dei motivi egizi rimane enigmatico. Si verifica anche il rifiuto delle immagini dell'aldilà (solo per iscritto). Infine, compaiono anche simboli cristiani.

Harald Mielsch

Abbildungsnachweis

Abb. 1 © Fabbrica di San Pietro in Vaticano 1203 MB
Abb. 2 nach Mielsch – von Hesberg 1995, 27 Farbabb. 3
Abb. 3 nach Zander 2014, Abb. 298 – @ Fabbrica di San Pietro in Vaticano
Abb. 4 nach Mielsch – von Hesberg 1995, 21 Farbabb. 1
Abb. 5 nach Mielsch – von Hesberg 1995, 25 Farbabb. 2
Abb. 6 nach Mielsch – von Hesberg 1995, 51 Farbabb. 6
Abb. 7 nach Mielsch – von Hesberg 1995, 51 Farbabb. 6
Abb. 8 nach Zander 2014, Abb. 337 – © Fabbrica di San Pietro in Vaticano (M. Falcioni)
Abb. 9 nach Zander 2014, Abb. 338 – © Fabbrica di San Pietro in Vaticano (M. Falcioni)
Abb. 10 nach Zander 2014, Abb. 349 (2) – © Fabbrica di San Pietro in Vaticano (M. Falcioni)
Abb. 11 nach Zander 2014, Abb. 410 – © Fabbrica di San Pietro in Vaticano
Abb. 12 nach Zander 2014, Abb. 403 – © Fabbrica di San Pietro in Vaticano (M. Falcioni)
Abb. 13 nach Mielsch – von Hesberg 1995, 133 Farbabb. 19
Abb. 14 nach Zander 2014, Abb. 553 – © Fabbrica di San Pietro in Vaticano (M. Andreozzi)
Abb. 15 nach Zander 2014, Abb. 362 – © Fabbrica di San Pietro in Vaticano (M. Falcioni)
Abb. 16 nach Zander 2014, Abb. 375 – © Fabbrica di San Pietro in Vaticano (M. Anelli)
Abb. 17 nach Zander 2014, Abb. 380 – © Fabbrica di San Pietro in Vaticano
Abb. 18 nach Zander 2014, Abb. 563 – © Fabbrica di San Pietro in Vaticano
Abb. 19 nach Zander 2014, Abb. 555 – © Fabbrica di San Pietro in Vaticano (M. Anelli)
Abb. 20 nach Zander 2014, Abb. 443 – © Fabbrica di San Pietro in Vaticano (M. Andreozzi)
Abb. 21 nach Zander 2014, Abb. 461 – © Fabbrica di San Pietro in Vaticano (M. Andreozzi)
Abb. 22 nach Zander 2014, Abb. 460 – © Fabbrica di San Pietro in Vaticano (M. Andreozzi)
Abb. 23 nach Zander 2014, Abb. 459 – © Fabbrica di San Pietro in Vaticano (M. Andreozzi)
Abb. 24 nach Zander 2014, Abb. 480 – © Fabbrica di San Pietro in Vaticano (M. Andreozzi)
Abb. 25 nach Zander 2014, Abb. 479 – © Fabbrica di San Pietro in Vaticano (M. Andreozzi)
Abb. 26 nach Zander 2014, Abb. 481 – © Fabbrica di San Pietro in Vaticano (M. Andreozzi)
Abb. 27 @ Fabbrica di San Pietro in Vaticano
Abb. 28 @ Fabbrica di San Pietro in Vaticano
Abb. 29 nach Zander 2014, Abb. 452 – © Fabbrica di San Pietro in Vaticano (M. Falcioni)
Abb. 30 @ Fabbrica di San Pietro in Vaticano (M. Andreozzi)
Abb. 31 @ Fabbrica di San Pietro in Vaticano
Abb. 32 © Fabbrica di San Pietro in Vaticano 1760 MH
Abb. 33 © Fabbrica di San Pietro in Vaticano 1758 MH
Abb. 34 © Fabbrica di San Pietro in Vaticano 1759 MH
Abb. 35 nach Zander 2014, Abb. 510 – © Fabbrica di San Pietro in Vaticano (M. Anelli)
Abb. 36 nach Zander 2014, Abb. 496 – © Fabbrica di San Pietro in Vaticano (M. Anelli)
Abb. 37 nach Zander 2014, Abb. 220 – © Fabbrica di San Pietro in Vaticano (M. Andreozzi)
Abb. 38 nach Zander 2014, Abb. 229 – © Fabbrica di San Pietro in Vaticano (M. Andreozzi)
Abb. 39 nach Zander 2014, Abb. 222 – © Fabbrica di San Pietro in Vaticano (M. Andreozzi)
Abb. 40 nach Zander 2014, Abb. 247 – © Fabbrica di San Pietro in Vaticano (M. Falcioni)
Abb. 41 nach Zander 2014, Abb. 251 – © Fabbrica di San Pietro in Vaticano (M. Falcioni)
Abb. 42 nach Zander 2014, Abb. 252 – © Fabbrica di San Pietro in Vaticano (M. Falcioni)
Abb. 43 nach Zander 2014, Abb. 248 – © Fabbrica di San Pietro in Vaticano (M. Falcioni)
Abb. 44 nach Zander 2014, Abb. 249 – © Fabbrica di San Pietro in Vaticano (M. Falcioni)
Abb. 45 nach Zander 2014, Abb. 255 – © Fabbrica di San Pietro in Vaticano (M. Andreozzi)
Abb. 46 nach Zander 2014, Abb. 260 – @ Fabbrica di San Pietro in Vaticano (M. Andreozzi)
Abb. 47 nach Zander 2014, Abb. 275 – © Fabbrica di San Pietro in Vaticano (M. Andreozzi)
Abb. 48 nach Zander 2014, Abb. 272 – © Fabbrica di San Pietro in Vaticano (M. Andreozzi)
Abb. 49 nach Zander 2014, Abb. 279 – © Fabbrica di San Pietro in Vaticano (M. Andreozzi)
Abb. 50 nach Zander 2014, Abb. 529 – © Fabbrica di San Pietro in Vaticano (M. Falcioni)

Sarkophage als Ausdruck familiärer Konstellationen

Dietrich Boschung

Obwohl die Sarkophage der Vatikan-Nekropole seit ihrer Freilegung als Zeugen für die Verwendung und Aufstellung römischer Grabdenkmäler große Beachtung gefunden haben, sind sie bisher nicht kohärent behandelt worden. Der folgende Beitrag stellt Grabaltäre, Urnen und Sarkophage aus der unter Sankt Peter entdeckten römischen Gräberstraße nach ihren Fundorten zusammen (s. Anhang), prüft die Aufstellungskontexte und untersucht sie auf die Frage, wie sich familiäre Verhältnisse in der Verwendung der Grabdenkmäler visualisieren.

Themen der Sarkophagreliefs

Die Sarkophage aus der vatikanischen Nekropole stammen aus einem Zeitraum von etwa 170 Jahren. Unter thematischen und formalen Gesichtspunkten erweisen sie sich dennoch als erstaunlich einheitlich. Von den 24 Exemplaren sind 20 Riefelsarkophage[1], die sich freilich in Format, Ausgestaltung und Qualität erheblich unterscheiden. Davon zeigen sieben eine Imago clipeata als Mittelmotiv der Vorderseite[2], vier weitere eine Halbfigur mit Porträtkopf in der Deckelzone[3]. Auch der Jagdsarkophag Sk 7 (Abb. 20) bildet am Deckelfries die Halbfigur einer Frau ab. Bei **Sk 24** (Abb. 43. 44 a. b) stehen Frau und Mann als statuarische Figuren an den seitlichen Enden der Sarkophagfront; bei **Sk 15** (Abb. 30 a. b) wird das Mädchen in zwei Szenen als Sitzende abgebildet. An den Nebenseiten sind am häufigsten sitzende Greifen dargestellt[4]; mehrfach kommen auch Waffendarstellungen vor[5]. Beliebtestes Thema der Deckelfriese sind Delphine und Seewesen[6], Eroten mit der Inschrifttafel[7] und die bereits erwähnten Porträtbüsten.

Auffällig ist die ähnliche Gestaltung der Deckelfriese bei den aufwendigeren Sarkophagen **Sk 1**, **Sk 7** und **Sk 8**. In der Mitte halten zwei Eroten die Inschrifttafel. Sie tragen eine Chlamys, die auf den Rücken fällt, und wenden den Kopf zurück. Eine Hand hält die Tafel an der oberen Ecke, die andere in der Mitte. In dem rechts anschließenden Feld erscheint die frontal gezeigte Halbfigur einer Frau, die Chiton und Mantel trägt. Zwei Eroten halten ein Parapetasma aufgespannt; bei **Sk 1** (Abb. 6) und **Sk 8** (Abb. 21) fliegen sie durch die Luft und wenden den Kopf zurück, während sie bei **Sk 7** (Abb. 20) stehen und in einer Hand zusätzlich eine Fackel halten. Bei **Sk 1** und **Sk 7** wird ganz links ein Ochsengespann gezeigt. Diese Übereinstimmungen machen es wahrscheinlich, dass die drei Sarkophage aus derselben Werkstatt stammen. Weniger eng schließt sich der Deckel von **Sk 20** (Abb. 39) an, auf dem die Tafel von zwei Satyrn gehalten wird. Dazu kommt als weitere Differenz, dass er seitlich mit Satyrköpfen abschließt.

Die meisten Sarkophage sollten die Porträtzüge der Verstorbenen festhalten, entweder durch eine Büste oder durch eine statuarische Darstellung. Sämtliche Exemplare aus den Grabbauten C und Phi weisen Bildnisköpfe auf; von den sechs Stücken aus dem Grab H unterblieb nur bei einem die Porträtdarstellung. Auf der anderen Seite sind alle drei Exemplare aus dem Grab Z ohne individualisierte Köpfe. Bei dem Sarkophag der Pompeia Maritima (**Sk 11** Abb. 25) lässt sich die Darstellung von Meerwesen als Hinweis auf das Cognomen der Frau verstehen; zumindest ist das durchaus geläufige Motiv passend gewählt worden[8].

Abgesehen von den ganzfigurigen Darstellungen an **Sk 15** (Abb. 30 a. b), **Sk 23** (Abb. 42 a. b) und **Sk 24** (Abb. 44 a. b) wirken die Bildnisse fast völlig gleichförmig. So sind die porträtierten Frauen durchwegs

---

1 Sk 1–6. 8–12. 14–16. 18–22. 24.
2 Sk 2. 3. 5. 10–12. 21. – Bei Sk 9 ist der Schild glatt, wird also von der Außenseite gezeigt.
3 Sk 1. 4. 8. 20.
4 Sk 3. 4. 10. 19. 20.
5 Sk 1. 14. 15.

6 Sk 3 (Delphine); Sk 4. 9. 11. 18. 19. 24.
7 Sk 1. 7. 8. 20.
8 Ähnlich die Verwendung des Meerwesen-Motivs an den Sarkophagen eines Marinus oder einer Marina, vgl. Rumpf 1939, 134.

frontal gezeigt. Sie tragen die Tunica und einen Mantel, der eng um den Körper gelegt ist und nur die Hände freilässt. Die Darstellungen unterscheiden sich nur in Einzelheiten: In zwei Fällen hält die linke Hand eine Buchrolle, die rechte fasst die Mantelschlaufe, so dass die Finger von vorne zu sehen sind[9]. Drei Frauen halten die Rolle ebenfalls mit der linken Hand und weisen mit den ausgestreckten Fingern der rechten auf das Buch[10]; bei drei Beispielen ist nur die rechte Hand in der Mantelschlaufe sichtbar[11]. Die beiden Knabenbüsten von **Sk 2** (Abb. 8) und **Sk 3** (Abb. 9) tragen die Toga.

Bei sieben Sarkophagen sind die Porträtköpfe nicht ausgearbeitet worden, sondern verblieben in der Bosse[12]. Es kam hier nicht auf eine Wiedergabe der individuellen Gesichtszüge an, sondern auf die vorbildliche Verkörperung einer sozialen Rolle, die sich in Haltung und Kleidung ausdrückte.

Familie als Bildmotiv

Die Visualisierung familiärer Verhältnisse kann zunächst durch die Reliefs der einzelnen Sarkophage geschehen. Auf fünf Sarkophagen porträtieren die Reliefs ein Ehepaar. Bei **Sk 12** (Abb. 26) werden Mann und Frau an der Vorderseite des Kastens als Büsten in einem Schild dargestellt, wobei die Köpfe in Bosse belassen wurden, während die Kleidung ausgearbeitet ist. Beide stehen auf dem gleichen großen Blätterkelch, was ihre Zusammengehörigkeit ebenso betont wie die einander zugewandten Köpfe. Die soziale Rangordnung visualisiert sich in der Staffelung der Figuren. Der Mann erscheint im Vordergrund und trägt eine kontabulierte Toga, die seine staatstragende Bedeutung anzeigt. Der Oberkörper der Frau mit Tunica und Mantel wird dadurch in den Hintergrund gedrängt.

Bei **Sk 20** (Abb. 39) sind die Ehepartner Thrasonis und Hermes als Halbfiguren in den beiden Feldern des Deckels neben der Inschrift dargestellt[13]. Gleichzeitig sind sie durch die frontale Ausrichtung, die gleiche Größe, die gleiche Geste und das weitgehend gleiche Beiwerk aufeinander bezogen. Beide Köpfe sind porträthaft und mit zeitgenössischen Modefrisuren gearbeitet. Thrasonis, mit Tunica und Mantel bekleidet, trägt reichen Ohrschmuck. Mit der linken Hand hält sie eine Frucht hoch, auf die sie mit der rechten Hand deutet. Damit ist der Apfel gemeint, den Aphrodite beim Parisurteil als Schönste der Göttinnen erhielt[14] und auf Sieghaftigkeit verweisen in allgemeiner Form die beiden Victorien, die im Hintergrund ein Tuch ausbreiten. Dazu passt der schwere Ohrschmuck, aber das Gesicht ist gealtert, mit eingefallenen Wangen und schweren Tränensäcken unter den Augen.

Marcius Hermes auf der rechten Seite trägt Tunica und Toga, das Gewand der römischen Bürger und Beamten. Die linke Hand hält ein zusammengerolltes Schriftstück, das sich unterschiedlich ausdeuten lässt, so etwa als Verweis auf literarische Bildung oder als Zeichen einer durch Vertrag besiegelten Ehe[15]. Geste und Haltung der rechten Hand entsprechen der Darstellung der Thrasonis. Beide sind nach Format, Figurenausschnitt, Ausrichtung und Rahmung durch begleitende Figuren gleichgestellt. Die gewählte Form der Bildnisse betont durch die formalen Übereinstimmungen ihre Zusammengehörigkeit und beschreibt gleichzeitig die unterschiedlichen Rollen, die sie in vorbildlicher Weise verkörpern.

Auch bei **Sk 24** (Abb. 44 a. b) erscheint das Paar getrennt, hier nun als statuarische Figuren an den seitlichen Enden des Kastens. Rechts steht Vibius Iolaus als Togatus mit einer Buchrolle in der linken Hand; neben ihm ist ein Bündel von Buchrollen niedergelegt. Dies sind allgemeine Chiffren für Bildung und Belesenheit; in diesem Falle lassen sie sich aber auch konkret auf das Amt des Vibius Iolaus als »*a memoria Imperatoris Augusti*« beziehen. Seine Frau Ostoria Chelidon, Tochter eines designierten Konsuls, steht als Pendant am anderen Ende des Kastens und hält ebenfalls eine Buchrolle. Aber sie ist einem statuarischen Schema nachgebildet, das aus der Musen-Ikonographie übernommen wurde; in der gleichen Weise erscheint die verstorbene Frau unter den Musen auf einem Sarkophag im Palazzo Rospigliosi[16]. Die Zusammengehörigkeit beider Figuren ist durch die Kopfwendung und durch die im Hintergrund aufgespannten Tücher zusätzlich verdeutlicht. Wiederum anders ist die Rollenverteilung der Gatten bei **Sk 7** (Abb. 20). Während Valerinus Vasatulus als mutiger

---

9   Sk 11. 20.
10 Sk 7. 8; bei **Sk 5** sind die Finger der rechten Hand auf den oberen Rand des Volumen gelegt, während der untere von der linken gehalten wird.
11 Sk 1. 4. 10.
12 Sk 3. 4. 7. 8. 10. 12. 24.

13 Ähnlich die Verteilung der Porträts am Sarkophag des P. Aelius Myron und der Aurelia Agrippina: Birk 2013, 27 Abb. 9; 253 Kat. 269.
14 Vgl. dazu Kossatz-Deissmann 1994.
15 Reinsberg 2006, 152 mit Anm. 1318.
16 Wegner 1966, Nr. 170 Taf. 37 a. – Zum sozialen Status: Eck 2022, 223 f.

Jäger und in Begleitung der Virtus bei der Löwenjagd gezeigt ist, wird seine Frau Valeria Florentia als herausgehobene und handlungslose Halbfigur in der Deckelzone porträtiert.

In ungewöhnlicher Weise ließ sich ein Elternpaar auf den Nebenseiten des Kindersarkophags **Sk 23** (Abb. 42 a. b) in antoninischer Zeit darstellen. Die Reliefs haben in der Sarkophagkunst keine genauen Parallelen und müssen daher auf einen Wunsch der Auftraggeber zurückgehen[17]. Rechts sitzt eine verschleierte Frau, links ein bärtiger Mann mit übergeschlagenen Beinen. Sein rechter Unterarm ist auf das Knie gestützt, das Kinn ruht auf der Außenfläche der rechten Hand. Das volle, kurz geschnittene Haar, das die Ohren freilässt und der kurze Bart entsprechen der Modetracht der Jahrzehnte um 150 n. Chr., so dass ein Porträt gemeint sein muss.

Mit dem sitzenden Paar sind die Eltern des verstorbenen Kindes dargestellt. Dabei ist ihre Trauer differenziert gezeigt, mit unterschiedlichen Gesten. Die Frau ist ganz in das Gewand gehüllt und bedeckt den gesenkten Kopf mit dem hochgezogenen Mantel, wobei sie ihre Wange gegen die aufgestützte rechte Hand lehnt. Das lässt sich etwa mit der trauernden Demeter aus dem Persephone-Grab von Vergina vergleichen[18]. Aber die Mutter in der Vatikannekropole ist bei ihrer häuslichen Tätigkeit von ihren Gefühlen überwältigt worden, denn sie sitzt auf einem umgestürzten Wollkorb. Ihre Trauer ist still und kontrolliert, so dass die Gesichtszüge unbewegt bleiben. Dagegen entsprechen die Haltung und die bewegte Mimik des Vaters den Darstellungen von Dichtern und Philosophen, wie der Vergleich mit der Nebenseite eines Musensarkophags aus dem späten 2. Jahrhundert in Wien zeigt[19].

Die beiden Eltern trauern still und ohne dramatische Gesten. Aber sie reagieren unterschiedlich auf den Tod ihres Kindes: Während die Mutter, von ihren Emotionen gepackt, in regungsloser Trauer versinkt und wie Niobe versteinert, bewältigt der Mann die emotionale Krise philosophisch und rational. Die Trauer um das gemeinsame Kind ist eine individuelle Angelegenheit, denn beide Eltern trauern jeweils allein. Ihre Einsamkeit wird dadurch verstärkt, dass die Umgebung ausgeblendet ist und vor allem dadurch, dass trauernde Begleitfiguren wie Diener oder weitere Angehörige fehlen. So erscheint die Trauer als ein Privileg der Eltern, an dem Andere nicht teilhaben. Damit unterscheidet sich der Girlandensarkophag von einer kleinen Gruppe von Darstellungen[20], bei denen die Eltern zu beiden Seiten der Kline trauern, auf der ein Toter (oft ein Kind) aufgebahrt liegt.

Familiäre Verbindungen können auch in mythologischen Bildern augenfällig werden. So bieten die statuarisch inszenierten Figuren von Meleager und Atalante an **Sk 14** (Abb. 29) das *exemplum* eines erfolgreichen Paares von Jäger und Jägerin, damit auch für Verbundenheit und gemeinsame Leistungsfähigkeit vom Mann und Frau. Und die Dioskuren an den Seiten von **Sk 21** (Abb. 40) sind bildhafter Ausdruck einer außerordentlichen Geschwisterliebe (s. u.). Selbst die paarweise schwimmenden Delphine im Deckelfries von **Sk 3** (Abb. 9) ließen sich als Zeichen der Zusammengehörigkeit verstehen: Nach Plinius bilden diese Tiere untereinander eine Gemeinschaft, sie ziehen meistens paarweise umher, sie kümmern sich besonders fürsorglich um ihre Jungen und sie bergen tote Artgenossen, damit sie nicht von Ungeheuern zerfleischt werden[21].

Familäre Aufstellungskontexte

Nicht alle der unter Sankt Peter gefundenen Sarkophage gehören zu der antiken Gräberstraße und nicht alle sind in ihrem primären Kontext zutage gekommen. Vielmehr wurde eine größere Gruppe von Sarkophagen erst nach dem Bau der konstantinischen Basilika im fortgeschrittenen 4. Jahrhundert im Boden der Kirche beigesetzt[22]. Zwei Beispiele sind von den Ausgräbern dokumentiert worden, so dass sie genau lokalisiert werden können. So stand ein Riefelsarkophag (*Sk 26) aus der Mitte des 4. Jahrhunderts auf der abgebrochenen Mauer zwischen den Grabbezirken R und R', unmittelbar unter dem Fußboden der konstantinischen Peterskirche. Ein Friessarkophag (*Sk 27) mit biblischen Szenen wurde vor der Front von Grab N gefunden, oberhalb des Eingangs und auf der Höhe des *titulus*, d. h. ebenfalls unmittelbar unter dem konstantinischen Fußboden. Etwa im Bereich des »Campus« P dürfte der bekannte Sarkophag des Iunius Bassus (*Sk 28) aus dem Jahre 359 n. Chr. entdeckt worden sein. Die Fundorte von

---

17 Zur Darstellung der Trauer an Kindersarkophagen: Dimas 1998, 15–63.
18 Vergina, trauernde Demeter im Persephonegrab, um 340 v. Chr.: Andronikos 1994, 69–75 Taf. 3. 10–12.
19 Ewald 1999, 136 A4 Taf. 5, 1. 2.

20 Vgl. Herdejürgen 1996, 163 Anm. 767; Amedick 1991, 121 Nr. 2 Taf. 53, 1.
21 Plin. nat. 9, 21 (VII); 9, 33 (X).
22 Dresken-Weiland 2003, 114–117. 370–377 Kat. E1–E24.

vier weiteren Sarkophagen, die A. Ferrua in dem gleichen Zusammenhang nennt (*Sk 29–32), lassen sich nicht genauer lokalisieren, doch dürften sie – nach dem Zeitpunkt ihrer Auffindung zu schließen – vom östlichen Teil der Gräberstraße stammen.

Zudem wurden ältere Sarkophage beim Bau der konstantinischen Basilika in einer sekundären Deponierung in die Aufschüttung gegeben, um sie bei der Auflassung der Nekropole zu bergen. Kennzeichnend ist, dass die Stücke nicht auf dem Gehniveau des 2. und 3. Jahrhunderts n. Chr. standen, sondern auf einer mächtigen Auffüllschicht, die die Zugänge zu den Grabbauten bereits unbrauchbar gemacht hatte[23]. Dabei muss es sich um Sarkophage handeln, die – meist mit der intakten Bestattung in ihrem Innern – aus einem gänzlich beseitigten Teil der Nekropole umgesetzt worden sind. Hier ist also zu prüfen, ob die sekundäre Deponierung einen ursprünglichen Aufstellungszusammenhang bewahrt hat.

Andere Sarkophage und Grabaltäre sind im Verlauf der Benutzung der Nekropole nach und nach in den Grabbauten aufgestellt worden. Sichern lässt sich das nur für vier Grabbauten[24]. Grab Z vom Ende des 2. Jahrhunderts n. Chr. ist der einzige Grabbau der Nekropole, bei dem die Sarkophage (Sk 17–19, Abb. 35–37) aus der Bauzeit stammen, auch wenn sie nicht eigens dafür geschaffen, sondern vielmehr als vorgefertigte Stücke verbaut worden sind. Eine der Wandnischen ist mit einer Marmorplatte (Sk 18, Abb. 36) verschlossen, die einen Fries mit Meerwesen zeigt. Daneben stehen zwei dionysische Sarkophage (Sk 17. 19, Abb. 35. 37), die in die anschließenden Arkosolien eingepasst worden sind. Ihre Nebenseiten sind zwar ausgearbeitet worden, waren bei dieser Aufstellung der Kästen aber nicht mehr sichtbar. Die Sarkophage sind der Architektur untergeordnet und nehmen einen Platz ein, der in der Anlage des Baus von vornherein für Körperbestattungen vorgesehen war. Durch die Einbettung in die Wände verloren sie ihren Charakter als eigenständige Objekte und wurden zu einem Teil des Wanddekors. Da die Inschriften fehlen, lässt sich nicht feststellen, in welchem Verhältnis die hier Bestatteten zueinander standen. Wir wissen somit nicht, ob die Sarkophage von dem gleichen Stifter aufgestellt wurden und für wen sie benutzt worden sind. Aber es entsteht der Eindruck, dass die Reliefs thematisch und formal aufeinander abgestimmt waren: Die Riefelfelder der Marmorplatte entsprechen denen des Riefelsarkophages und beide zeigen Meerwesenfriese, während die beiden Sarkophagkasten dionysische Themen variieren.

In Grab C sind die beiden Grabaltäre der Geschwister Tullia Secunda und Tullius Athenaeus (GA 1. 2, Abb. 5 a. b) bis heute in situ geblieben. Sie waren – entgegen der ursprünglichen Bestimmung – in die Nordmauer eingelassen worden, so dass die Nebenseiten mit den Reliefdarstellungen von Spendeschale und Kanne unsichtbar wurden. Die Oberseite blieb in der Mauernische zugänglich, so dass Spenden für die Verstorbenen niedergelegt werden konnten. Durch diese Art der Aufstellung wurden die Grabaltäre fest in die Architektur des Grabbaus eingefügt und zudem durch die symmetrische Anbringung aufeinander bezogen. Ihre Zusammengehörigkeit drückt sich nicht nur in den Inschriften, sondern auch in den fast identischen Maßen, dem übereinstimmenden Dekor und den ähnlichen Formulierungen der Inschriften aus.

Grabbau Phi, der in den Jahren um 200 n. Chr. erbaut worden ist, bietet ein aufschlussreiches Beispiel für die Inszenierung familiärer Konstellationen (Abb. 38–40). Seine Wände weisen zehn Arkosolien auf, die in zwei Reihen übereinander angeordnet sind. In die Nordwand, gegenüber dem Eingang, ist je ein Arkosolium eingefügt; in die seitlichen Wände jeweils zwei. Sie sind hier, anders als in Grab Z, nicht zur Aufstellung von Marmor-Sarkophagen genutzt worden. Die Arkosolien sind gleich groß und in ähnlicher Weise ausgemalt. Eine Privilegierung ergibt sich für die Arkosolien in der Nordwand durch ihre zentrale Position gegenüber dem Eingang und gegenüber den Fenstern; im übrigen sind die Nischen gleich groß und in gleicher Weise dekoriert. Der Eindruck der Gleichwertigkeit wurde noch verstärkt durch einen durchlaufenden Stuckfries vor den Arkosolien, der die Vorderseiten von Strigilissarkophagen imitierte.

In der Mitte der Kammer stand der große Marmorsarkophag Sk 20 (Abb. 39). Die Inschrift besagt, dass Q. Marcius Hermes den Sarkophag noch zu Lebzeiten für sich und seine Frau Marcia Thrasonis aufstellen ließ. Wir wissen nicht, ob Marcius Hermes der Erbauer des Grabgebäudes war oder auf andere Weise in seinen Besitz gekommen war. Die Porträts legen es nahe, dass der Sarkophag später als die Erbauung des Grabes zu datieren ist und erst nachträglich eingebracht wurde. Er passte in kein Arkosolium, sondern wurde frei in den Raum gestellt. Durch seine Position, sein plastisches Relief und seine Größe do-

---

23 Mielsch – von Hesberg 1986, 62 Abb. 59; 64.

24 Siehe u. zu den Grabbauten H (Sk 7–11. 13), R (Sk 14–16), Z (Sk 17–19) und Phi (Sk 20. 21).

minierte er die Grabkammer und schränkte den Zugang zu den hinteren Arkosolien und zu den darin enthaltenen Grabstellen ein. Die gewählte Art der Aufstellung sorgte dafür, dass die Vorderseite durch die Türöffnung und die beiden Fenster in der Südwand ausgeleuchtet wurde. Wer die Kammer betrat, sah als erstes die Inschrift mit den Namen und die Reliefs mit den Bildnissen des Hermes und der Thrasonis. Die Grabkammer, ursprünglich für zehn gleichberechtigte Grabstellen angelegt, erhielt durch den Sarkophag eine neue Hierarchie.

Durch die Aufstellung in der Mitte der Kammer blieb der Sarkophag auch seitlich zugänglich. Der Deckel weist zur rechten Nebenseite hin zwei flache Vertiefungen auf, in deren Zentrum jeweils ein Bohrloch durch die Deckplatte hindurch ins Innere führt. Die Zurichtung zeigt, dass hier flache Metallschalen eingesetzt waren. Sie dienten, wie die Libationsröhren der Grabkammern, zur Aufnahme der Spenden von Flüssigkeiten für die Toten und die Weiterleitung ins Innere. Jedem der durch Namensinschrift und Porträt gegenwärtigen Toten stand eine eigene Spendeschale zu, so dass der Totenkult auch individuell durchgeführt werden konnte, etwa am jeweiligen Geburtstag. Damit war ein regelmäßiger Grabkult intendiert, der die Pflege familiärer Beziehungen über den Tod hinaus erlaubte.

Der Dekor des Sarkophagkastens kombiniert Riefelzonen mit drei Bildfeldern. Das mittlere zeigt Dionysos in einer Aedicula stehend, die beiden seitlichen Mänade und Satyr. Am Deckel präsentiert sich, links und rechts neben der Inschrift, das Ehepaar, für das der Sarkophag bestimmt war, Thrasonis und Hermes.

Dieser Sarkophag bildete etwa dreißig Jahre lang die wichtigste Einrichtung des Grabes; dann wurde er durch einen zweiten Riefelsarkophag (Sk 21, Abb. 40) in den Hintergrund gedrängt. Er wurde von Marcia Urbica für ihre Schwester Marcia Felicitas gestiftet. Die Namen lassen vermuten, dass beide zur gleichen Familie gehörten wie das Ehepaar, das im ersten Sarkophag bestattet worden war; möglicherweise handelte es sich um die Töchter. Es war nun der jüngere Sarkophag, der die bevorzugte Position gegenüber dem Eingang und das Licht der Fenster beanspruchte. Im Zentrum seiner Vorderseite hängt ein Schild, der die Büste der verstorbenen Marcia Felicitas trägt. Ihr Kopf ist durch die gallienische Modefrisur als Porträt deutlich gemacht. Die Manteltracht und die Geste der rechten Hand, die in den Mantel greift, entspricht der Ikonographie der Musen und dazu passen die Buchrolle in der linken Hand und die beiden Masken unterhalb des Schildes[25]. Die Angleichung der verstorbenen Frau an die Musen und damit das Lob ihrer Bildung und Kunstfertigkeit sind in der römischen Sepulkralkunst durchaus geläufig[26], aber meist wird die Frau dann im Kreis der neun Musen gezeigt. Hier kombiniert der Sarkophag zwei Bildchiffren: die Anbringung der Büste im Schild als herausgehobene Ehrung und die Angleichung an die Musen.

An den seitlichen Enden des Kastens stehen die beiden Dioskuren mit ihren Pferden. Sie können unterschiedlich interpretiert werden: als Helfer in der Schlacht oder als Retter aus Seenot, als Beschützer des Ritterstandes; als Entführer der Leukippiden; als Brüder und Beschützer der Helena[27]. Sie geben aber auch ein *exemplum* für eine unverbrüchliche Geschwisterliebe. In der frühen Kaiserzeit waren die Castores die Verkörperung der Bruderliebe zwischen den Prinzen des Kaiserhauses[28]. Eine Assoziation dieser Art liegt auch beim Sarkophag der Marcia Felicitas nahe. Gewiss verkörperte das Dioskurenpaar zunächst die Verbundenheit zwischen Brüdern, d. h. zwischen männlichen Geschwistern. Aber die antike Kunst bot kein ähnlich starkes mythologisches *exemplum* für die Zuneigung zwischen Schwestern, so dass sich Marcia Urbica mit diesen Bildern behelfen musste.

Der Deckelfries führt nochmals in einen anderen Bereich: Er zeigt die Personifikationen der Jahreszeiten, von denen Sommer, Herbst und Winter erhalten sind. Sie verkörpern den Kreislauf des Jahres, somit auch den Zyklus von Werden und Vergehen. In der Münzprägung des 2. Jahrhunderts sind tanzende Jahreszeiten durch die Beischrift *temporum felicitas* erläutert, »Glückseligkeit der Zeiten«[29]. Das Bild kann also auch wegen dieser Bedeutung gewählt worden sein, nämlich als bildliche Umsetzung des Namens *Felicitas*[30]. So verstanden konnte die Gruppe der Jahreszeiten den Namen der Toten evozieren und in einer bestimmten Weise interpretieren.

Nach der Aufstellung des jüngeren Sarkophags blieb der ältere zugänglich, so dass weiterhin Totenopfer möglich waren. Die dionysischen Reliefs, die

---

25 Vgl. z. B. Wegner 1966, 66 f. Nr. 170 Taf. 37 a; 80 Nr. 211 Taf. 113 a; 35 Nr. 70 Taf. 120 b; Ewald 1999, 196 F32 Taf. 82, 1. 2; 210 H15 Taf. 83, 1. 2.
26 Ewald 1999, 31. 36. 48–53. 128 f.
27 Geppert 1996, bes. 4–11; Gury 1986. Castor und Pollux als Ausdruck der Concordia eines Ehepaares: vgl. Reinsberg 2006, 233 f. Kat. 140 Taf. 28, 4; 195 Kat. 13 Taf. 31, 1; 228 f. Kat. 123 Taf. 39, 2; 217 Kat. 84 Taf. 48, 1; 191 f. Kat. 3 Taf. 48, 2; 218 Kat. 87 Taf. 56, 3; 209 Kat. 57 Taf. 71, 2; 215 f. Kat. 80 Taf. 114, 1.
28 Poulsen 1992, 57. Vgl. Ov. fast. 1, 705–708.
29 Boschung 2017, 151.
30 Vgl. die zahlreichen Parallelen bei Ritti 1977.

den Kasten schmücken, waren aber weitgehend verdeckt[31]. Dagegen blieb die ältere Inschrift oberhalb der jüngeren sichtbar, so dass beide gelesen und verglichen werden konnten. Die familiären Beziehungen werden aus den Inschriften nur teilweise klar, doch sind alle Genannten Mitglieder der *gens Marcia*. Auch die Porträts lassen sich gemeinsam betrachten und zueinander in Bezug setzen. Wie Thrasonis, so ist auch Felicitas in Gestalt einer Idealfigur gezeigt; und wie Hermes hält sie eine Buchrolle. Auf der anderen Seite sind die beiden Frauenporträts altersmäßig differenziert: Felicitas trägt eine spätere Modefrisur; und ihre Gesichtszüge zeigen sie jugendlich.

Die Reliefs vermochten unterschiedliche Assoziationen hervorzurufen; und sie ließen sich in Bezug setzen mit Inschrift und Reliefs am Deckel des älteren Sarkophags dahinter. Diese Verbindung wurde schon dadurch nahegelegt, dass beide Inschriften Personen derselben Familie nannten. Es blieb letztlich dem Betrachter überlassen, wie er die unterschiedlichen Elemente miteinander verknüpfte und welche Folgerungen er daraus zog.

Anders als die Inschriften der Fassaden richteten sich die Sarkophage nicht an zufällige Passanten. Der Zugang zum Innern ließ sich beschränken, sowohl zeitlich wie auch im Hinblick auf den Kreis der Personen, die Zutritt zu Grab erhielten. Dies erlaubte es auch, eine eigene Deutung der Reliefs im Innern der Kammer zu etablieren. In dem eng begrenzten und vermutlich weitgehend homogenen Kreis von Besuchern konnten die ambivalenten Bilder einen eindeutigen Sinn erhalten, etwa durch das Wissen über Charakter und Biographie von Stifter und Verstorbenen. Nur die Verwandten und Freunde der Toten konnten wissen, ob die Anspielungen an die Museikonographie mehr waren als nur ein unverbindliches Kompliment, d. h. ob sich Marcia Felicitas tatsächlich so intensiv mit Dichtung und Musik beschäftigt hatte, wie die Bildformel dies suggeriert. In dem kleinen Kreis der Besucher ließ sich verbindlich festlegen, wie die Bilder zu verstehen waren. Wer über den Schlüssel zur Grabkammer verfügte, konnte auch den Diskurs über die Bilder kontrollieren. Solche Festlegungen galten aber nur in diesem speziellen Fall: Anderswo konnten Dioskuren oder Jahreszeitengenien durchaus in ganz anderer Weise verstanden werden.

In Grab H sind fünf Sarkophage und das Fragment eines Sarkophagdeckels gefunden worden (Abb. 18–24). Die ersten drei standen auf dem Fußboden in der Nordwestecke des Gebäudes: **Sk 7** vor der Nordwand; **Sk 8** an der Westwand und **Sk 9** vor **Sk 8**. Dagegen war der vierte (**Sk 10**) etwa in der Mitte des Columbariums in einer Grube unter dem Fußboden vergraben. Ein weiterer (**Sk 12**) wurde unmittelbar unter dem Fußbodenniveau der konstantinischen Basilika gefunden.

Die Sarkophage für T. Caesenius Severianus (**Sk 8**) und für Valerinus Vasatulus (**Sk 7**) in der Ecke des Grabgebäudes sind beide etwa hundert Jahre nach der Erbauung des Grabes entstanden (um 260/270 n. Chr.), doch wurde der Kopf des Löwenjägers erst eine Generation später ausgearbeitet. Beide Sarkophage zeigen Jagdszenen und eine ähnliche Aufteilung des Deckelfrieses. Während **Sk 8** die Gefährlichkeit der Löwen zeigt, die Hirsch und Steinbock erlegen, illustriert **Sk 7** die Tüchtigkeit des Verstorbenen mit dem Bild der Löwenjagd: Heroisch und von Virtus begleitet wirft er sich der Bestie entgegen. Der Deckel von **Sk 8** bildet die Treibjagd der Hirsche ab, der Deckel von **Sk 7** den Abtransport von erlegtem Rotwild auf einem Wagen. Der restliche Dekor beider Deckel ist sehr ähnlich. Wahrscheinlich wurden beide Sarkophage um 270 n. Chr. in der gleichen Werkstatt gekauft und zusammen aufgestellt. Als etwa 30 Jahre später Valerinus Vasatulus starb und in **Sk 7** beigesetzt wurde, arbeitete der Bildhauer den bis dahin in Bosse belassenen Kopf des Jägers detailliert aus und verlieh ihm die Züge des Toten. Dagegen verblieben die Köpfe der beiden Frauen an den Deckeln in Bosse. Die Übereinstimmung der Bildmotive lässt vermuten, dass die benachbarte Aufstellung der Sarkophage ihre Zusammengehörigkeit verdeutlichen sollte, wenngleich die Namen keine familiäre Verbindung erkennen lassen.

Der Riefelsarkophag **Sk 9** (ohne Inschrift) kann erst später dazu gestellt worden sein. Formal stimmt er mit **Sk 11** für Pompeia Maritima aus dem gleichen Grabgebäude gut überein: Die Vorderseite der Kästen ist mit Riefeln und Clipeus geschmückt, die Deckel mit einem Meerwesenfries. In beiden Fällen sind die Nebenseiten unverziert geblieben.

Im Grabbau F fanden ab antoninischer Zeit bis zum Ende des 2. Jahrhunderts n. Chr. vier Marmorurnen (AU 1–4 Abb. 13–16) Aufstellung in den Wandnischen; ein Grabaltar (GA 3 Abb. 12) aus der Mitte des 1. Jahrhunderts n. Chr. scheint sekundär in der Nähe des Eingangs gestanden zu haben. Je eine Urne wurde

---

31 Höhe des älteren Sarkophagkastens 100 cm, des zugehörigen Deckels 37,5 cm. Höhe der jüngeren Sarkophagkastens 62 cm; des zugehörigen Deckels 34 cm.

in den Gräbern N (**AU 5** Abb. 28) und T (**AU 6** Abb. 33) entdeckt, wobei das letzte Beispiel bereits aus konstantinischer Zeit stammt und damit zu den spätesten Beispielen dieser Bestattungsart gehört.

Ein ganz anderer Befund ergab sich in dem Grab C: Die Sarkophage sind erst bei der Auflassung der Gräberstraße und im Zuge der Überbauung der Nekropole in konstantinischer Zeit an diesen Ort verbracht worden (Abb. 1–4. 6–11). Nach einer Auffüllung des Baues von etwa einem Meter Höhe, durch die der Eingang bereits unbenutzbar geworden war, wurden zunächst die vier Sarkophage **Sk 1–4** aus dem späten 3. und dem frühen 4. Jahrhundert n. Chr. in das Grab gestellt; dabei nahm der Sarkophag der Acestia Hedones (**Sk 1**) die Gebeine von weiteren Bestattungen auf. Später kam noch ein fünfter (**Sk 5**) dazu. Sie können ihren Standort nur von oben, durch die aufgebrochene Decke, erreicht haben. Zwei dieser Monumente (**Sk 1. 2**) sind nach ihren Inschriften von M. Ulpius Pusinnio gestiftet; und zwar für seine Gattin Acestia Hedones (**Sk 1**) und für seinen Sohn Pusinnio Cupitanus, der wohl noch als Heranwachsender verstorben ist, denn der Kasten misst nur 1,23 m (**Sk 2**). Die beiden anderen sind ohne Beschriftung, doch handelt es sich nach den Maßen auch hier um die Sarkophage eines Jugendlichen (**Sk 3**) bzw. eines Kindes (**Sk 4**). Alle vier Sarkophage stammen aus dem späten 3. Jahrhundert oder aus dem Beginn des 4. Jahrhunderts.

Wieder fällt die formale Ähnlichkeit auf: Es handelt sich durchwegs um Strigilissarkophage; dreimal schließen stehende Eroten mit Fackeln die Vorderseite an den Ecken ab; in zwei Fällen bilden die Deckelfriese Meerwesen ab. Alle zeigen Porträts: Entweder sind es Frauenbüsten am Deckel oder Togabüsten im Clipeus. Während die Köpfe der Frau und des Sohnes ausgearbeitet sind, sind sie bei den zwei Sarkophage ohne Inschrift in Bosse belassen. Dennoch ist jedes Stück individuell gehalten. Darin unterscheiden sich die Sarkophage von den beiden Grabaltären, die in Grab C zur Zeit seiner Erbauung für den Sohn und die Tochter der Bauherrn aufgestellt worden sind und die sich völlig entsprechen (**GA 1. 2** Abb. 5 a. b).

Bei **Sk 1–4** dürfte es sich ursprünglich um die Ausstattung eines Grabes handeln, das im Zuge des Basilikabaus in konstantinischer Zeit abgebrochen wurde. Die Sarkophage wurden samt den Deckeln an ihren neuen Ort verbracht und dort als Gruppe zusammen aufgestellt. Die Umbettung geschah geordnet und in würdiger Form, vielleicht durch die Besitzer des ursprünglichen Grabes. Aber die Vorderseite von zwei Sarkophagen war gegen die Wand gedreht; mit einem Betrachter rechnete hier niemand mehr. Die Sarkophage hatten ihre Funktion als Vermittler von Bild und Schrift eingebüßt. Es ging hier vor allem um die möglichst intakte Bewahrung der Bestattungen selbst.

Bei den übrigen Beispielen für eine sekundäre Deponierung handelt es sich um Einzelstücke. Sie stammen aus der Gräbern C (**Sk 5** Abb. 11), F (**Sk 6** Abb. 17) und H (**Sk 12** Abb. 26) sowie vom Iter (**Sk 23. 24** Abb. 41. 42 a. b; 43).

Fazit

1. Die Bestattung in einem Marmorsarkophag war in der Vatikannekropole die Ausnahme; nur für neun Sarkophage ist gesichert, dass sie während der 200-jährigen Benutzungszeit der Gräberstraße hier eingebracht worden sind. Ihre Verwendung erscheint somit als besondere Auszeichnung.
2. Sie erfolgte nur in vier Grabbauten, also etwa in einem Fünftel aller Anlagen. In den Jahrzehnten um die Mitte des 2. Jahrhunderts erfolgen einzelne Bestattungen in Aschenurnen und Grabaltären; in jeweils einen Fall in einem Sarkophag und in einem Klinenmonument[32]. Im späteren 2. Jahrhundert nimmt die Zahl der Sarkophage zu, während für die Aschenurnen nur noch ein Beispiel vorkommt[33]. Aus dem ersten Viertel des 3. Jahrhunderts stammen drei Sarkophage[34], ebenfalls drei aus den beiden mittleren Jahrhundertvierteln[35]. Eine auffällige Häufung ergibt sich für die letzte Phase der Belegung der Gräberstraße am Ende des 3.[36] und zu Beginn des 4. Jahrhunderts[37]. In der Zeit unmittelbar vor dem Beginn der Errichtung der konstantinischen Basilika wurde noch einmal eine Marmorurne aufgestellt, wohl in bewusstem Rückbezug auf ältere Bestattungssitten[38].

---

32 **GA 1. 2** (Grab C). **AU 1–3** (Grab F). **AU 5** (Grab N). **KM 1** (Grab S). **Sk 23** (ursprünglicher Standort unklar).
33 **Sk 14** (Grab R). **Sk 17–19** (Grab Z); **AU 4** (Grab F).
34 **Sk 13** (Grab H). **Sk 20** (Grab Phi). **Sk 24** (sekundär im Iter).
35 **Sk 8. 12** (Grab H). **Sk 21** (Grab Phi).

36 **Sk 1. 3–5** (sekundär in Grab C). **Sk 7. 9. 10** (Grab H). **Sk 15. 16** (Grab R).
37 **Sk 2** (sekundär in Grab C). **Sk 11** (Grab H). **Sk 25** (Iter bei Grab T).
38 **AU 6** (Grab T).

3. Die Marmorsarkophage stammen nur bei Grab Z aus der Bauzeit; in diesem Falle sind sie ebenso wie die Grabaltäre in Grab C in die Architektur integriert. Bei Phi sind die Sarkophage erst nach ein oder zwei Generationen eingebracht worden und sie wurden hier in einer Weise aufgestellt, die die ursprüngliche Raumordnung empfindlich störte. Grab H nahm erst etwa 100 Jahre nach seinem Bau Sarkophage auf.

4. Sarkophage, die benachbart aufgestellt wurden, waren oft inhaltlich und formal aufeinander bezogen. Das zeigt sich bei den dionysischen Reliefs in Grab Z, bei den Sarkophagen mit Jagdthematik in Grab H und ebenso bei den in Grab C sekundär deponierten Riefelsarkophagen. Das mag damit zusammenhängen, dass jeweils Produkte aus derselben Werkstatt erworben wurden. Zugleich wird damit die Zusammengehörigkeit der Bestatteten verdeutlicht. Aber stets sind die Sarkophage voneinander unterschieden, so dass jede Grablege individuell wirkt. In Grab Phi betont die Aufstellung der Sarkophage zusammen mit den Inschriften die familiäre Verbundenheit der Bestatteten und ermöglichte eine Fülle von Vergleichen und assoziativen Bezügen.

5. In der Ausstattung der einzelnen Grabbauten lassen sich spezifische Vorlieben für Themen und formale Besonderheiten feststellen. So sind die vier Sarkophage aus den Jahren um 300 n. Chr., die ursprünglich im Grab des M. Ulpius Pusinnio standen (**Sk 1–4**), alle mit Riefeln verziert und mit einer Büste versehen; bei drei Exemplaren (**Sk 1. 3. 4**) stehen an den Ende der Vorderseite aufgestützte Eroten und von diesen haben wiederum zwei (**Sk 3. 4**) Greifen an den Nebenseiten und Deckel mit Meerwesen-Darstellungen. Die aufwendigste Grablege erhielt die Frau des Pusinnio (**Sk 1**): Mit einem sorgfältig ausgearbeiteten Bildnis der Verstorbenen und figürlich verziertem Deckel.

Katalog der reliefierten Denkmäler nach Fundorten

Grab C[39]

Die beiden Grabaltäre der Tullia Secunda und des Tullius Athenaeus (**GA 1. 2**) sind bis heute in situ geblieben. In dem Grabbau sind fünf Marmorsarkophage gefunden worden[40]. Ihre Herkunft aus Grab C ist durch zwei knappe Passagen in den Berichten von A. Ferrua gesichert[41]. Eine ungefähre Lokalisierung innerhalb der Anlage erlauben drei Photographien, die drei Etappen der Freilegung dokumentieren. Die früheste zeigt **Sk 5** vor der Mitte der Westwand vor den oberen Nischen (Abb. 1)[42]. Die Aufnahme läßt links den oberen Teil einer gewölbten Nische erkennen sowie – unmittelbar links des Deckels – die Ecke einer noch nicht gereinigten rechteckigen Nische und den keilförmigen Ansatz der Quertonne. Der Sarkophag steht somit auf einer Auffüllschicht etwa 1,70 m über dem Boden des Grabbaus.

Die zweite Photographie (Abb. 2) zeigt den Sarkophag des Acestia Hedones (**Sk 1**)[43]. Er steht zwischen den hinteren Rechtecknischen, wobei der Deckelrand etwa die Höhe der unteren Rahmung der beiden oberen Nischen erreicht. Die Nische links und der größte Teil der rechten sind noch nicht ausgeräumt. Rechts daneben wird die Schmalseite des Kindersarkophags **Sk 4** sichtbar, der mit der Vorderseite zur unteren Rechtecknische aufgestellt ist.

Das dritte Bild gibt **Sk 3** wieder (Abb. 3)[44]. Er kam zutage, als der Sarkophag der Acestia Hedones entfernt und die untere Rechtecknische freigelegt wurde. Der Erhaltungszustand der profilierten Rahmung erlaubt die sichere Identifizierung dieser Nische und damit die genaue Lokalisierung des Fundortes. Rechts ist im Hintergrund ein Teil der Rückseite eines weiteren Kastens und eines Deckels zu sehen. Dabei handelt es sich um den Sarkophag des M. Ulpius Pusinnio (**Sk 2**), dessen Reliefschmuck zur Nordwand gedreht war. Diese vier Sarkophage standen auf gleicher Höhe, nämlich auf einer Auffüllung etwa 1 m über dem ursprünglichen Fußboden (Abb. 4 a. b). Sie wurden nach einer Auffüllung des Baues von etwa einem Meter Höhe, durch die der Eingang bereits unbenutzbar geworden war, in das Grab verbracht. Zu

---

39 Mielsch – von Hesberg 1986, 39–59 Taf. 5. 6; Liverani 1999a, 141; Liverani – Spinola 2010, 64–67 Abb. 47. 48; Zander 2014, 44. 197–208.
40 Speier 1950, 207.
41 Ferrua 1942a 81; Ferrua 1942b, 98.
42 Zander 2014, 204 Abb. 319.
43 Zander 2014, 44 Abb. 50 (Abbildung seitlich beschnitten).
44 Zander 2014, 44 Abb. 51.

SARKOPHAGE ALS AUSDRUCK FAMILIÄRER KONSTELLATIONEN

1   Grab C. Fundsituation
von **Sk 5** (© Fabbrica di
San Pietro in Vaticano)

2   Grab C. Fundsituation
von **Sk 1** und **Sk 4**
(© Fabbrica di San Pietro
in Vaticano)

3   Grab C. Fundsituation
von **Sk 3** und **Sk 2**
(© Fabbrica di San Pietro
in Vaticano)

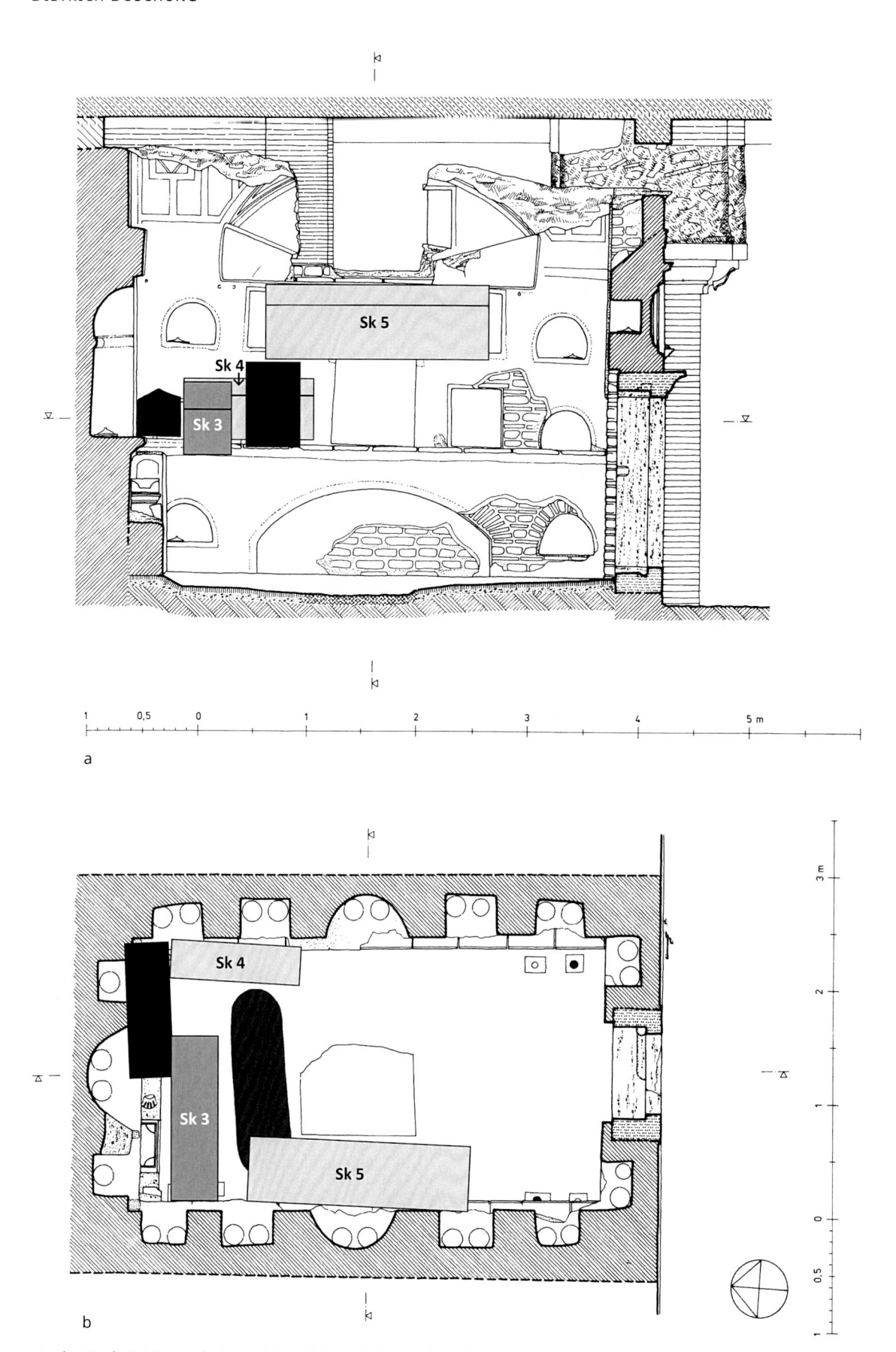

4a.b Grab C. Längsschnitt und Grundriss mit den nachträglich deponierten **Sk 1–5** (M. 1:50)

5a Grab C. Grabaltar der Tullia Secunda (**GA 1**)
(© Fabbrica di San Pietro in Vaticano)

5b Grab C. Grabaltar des L. Tullius Athenaeus (**GA 2**)
(© Fabbrica di San Pietro in Vaticano)

einem späteren Zeitpunkt – die Füllschicht hatte eine Höhe von 1,70 m erreicht – wurde noch ein weiterer Kasten (**Sk 5**) in dem Grab abgestellt. Er wird zur Ausstattung eines weiteren Grabbaus gehört haben, das in konstantinischer Zeit der christlichen Basilika weichen musste. Auch in diesem Fall wurde die Bestattung im Innern des Sarkophags bei der Umbettung nicht gestört.

GA 1 Grabaltar der Tullia Secunda (Abb. 5a)

Standort: Grabbau C; in situ
Maße: H 73 cm mit Deckel; 58,5 cm ohne Deckel. B 44 cm. T 25 cm. – Marmor
Herkunft: Grabbau C
Inschrift: . d . m . / Tullia . Secunda / filiae (sic) hic sita / est / Passulenae . Secu/ndinae . mater . / cessit . / Die vierte Zeile ist von zwei Palmzweigen flankiert.
Erhaltung: Der gesondert gearbeitete Deckel zeigt oben links und rechts je ein Stiftloch, mit denen er sicher verschlossen werden konnte.

Literatur: Ferrua 1942a 80; Ferrua 1942b, 98; Toynbee – Ward Perkins 1956, 118, 2 I; Wolf 1977, 41 f. Nr. 14; Basso 1981, 157 Abb. 35; Boschung 1987, 85 Nr. 237; Eck 1989, 62 Abb. 1b; Zander 2014, 199 Abb. 310.

Der Giebel ist mit einem großen flachen Lorbeerkranz dekoriert, der ein Mittelmedaillon trägt; die Taenien sind nur wenig bewegt. Die besten Parallelen für den Giebeldekor finden sich in hadrianisch-frühantoninischer Zeit[45]. Alle vier Eckakrotere sind als Palmetten gestaltet.
Datierung: etwa um 130–140 n. Chr.

GA 2 Grabaltar des L. Tullius Athenaeus (Abb. 5b)

Standort: Grabbau C; in situ
Maße: H mit Deckel 74,5 cm; ohne Deckel 61,5 cm. B 46 cm. T 26 cm. – Marmor
Herkunft: Grabbau C
Inschrift: d . m . / L . Tullius Athenaeus / filius . hic . situs . est /. – Darunter zwei Palmzweige.

---

45 Boschung 1987, 81–85 Taf. 4. 5 Nr. 105. 108. 202.

6 Grab C. Sarkophag der Acestia Hedones (**Sk 1**)

Literatur: Ferrua 1942a 79. 80 Anm. 1; Ferrua 1942b, 98; Toynbee – Ward Perkins 1956, 118, 2 I; Wolf 1977, 42 Nr. 15; Basso 1981, 157 Abb. 34; Boschung 1987, 85 Nr. 238; Eck 1989, 62 Abb. 1a; Zander 2014, 199 Abb. 311.

Deckel und Akrotere sind wie bei **GA 1** gestaltet. An der – größtenteils vermauerten – linken Nebenseite lässt sich noch der obere Rand eines Urceus erkennen.

Datierung: etwa um 130–140 n. Chr.

Sk 1 Riefelsarkophag der Acestia Hedones (Abb. 6. 7)

Standort: Grotte di S. Pietro
Maße: Kasten H 52 cm; L 167 cm; T 49 cm. Deckel H 24 cm; L 166 cm; T 51 cm. H der Büste 18 cm; Kopf 8,5 cm. – Marmor
Herkunft: aus Grabbau C. Der Kasten war bei der Entdeckung mit Knochen ausgefüllt; dabei handelt es sich wohl um beim Bau der konstantinischen Kirche geborgene Gebeine (Ferrua 1942a, 98)
Inschrift: *d . m / L . Acestiae / Hedonetis / coniugis / carissimae // M . Ulpius / Pusinnio / maritus /*
Erhaltung: Der Deckel ist zerbrochen; die Platte z. T. ergänzt. An der linken Nebenseite an Kasten und Deckel je zwei übereinstimmende Klammerlöcher, an der rechten eines.
Literatur: Ferrua 1942a, 81; Ferrua 1942b, 98 Taf. 4c; Turcan 1966, 321 Anm. 1 Nr. 2; Toynbee – Ward Perkins 1956, 62 Anm. 40; Eck 1989, 68 Abb. 2; Zander 2014, 44 Abb. 50; 204 Abb. 318; 247 Abb. 418.

7 Sarkophag der Acestia Hedones (**Sk 1**). Linke Nebenseite

Die Vorderseite des Kastens ist mit geschwungenen Riefeln verziert, die symmetrisch auf die Mitte bezogen sind und dort, wie bei Sarkophagen des frühen

Sarkophage als Ausdruck familiärer Konstellationen

8 Grab C. Sarkophag des M. Ulpius Pusinnio Cupitanus (**Sk 2**)

4. Jahrhunderts⁴⁶, ein kleines Fass einrahmen. An den seitlichen Enden stehen, symmetrisch aufeinander bezogen, mit überkreuzten Beinen zwei Eroten auf eine brennende Fackel gestützt. Ihre Augen sind geschlossen. In der gesenkten Hand halten sie eine Girlande; die andere ist auf die Schulter gelegt. Dahinter ist an beiden Seiten ein Köcher aufgestellt; es folgt, mit eingeschnittenen Linien angegeben, ein Waffenensemble: zwei gekreuzte Schilde, dahinter zwei gekreuzte und ein senkrecht stehender Speer.

In der Mitte des Deckels halten zwei Eroten mit Chlamys die gerahmte Inschrifttafel; sie wenden ihren Kopf zurück. Rechts davon steht eine Frauenbüste, die mit Tunica und Mantel bekleidet ist. Die rechte Hand liegt in der Mantelschlaufe, die linke ist nicht sichtbar. Die Frisur zeigt gescheiteltes und flach anliegendes Haar. Auf dem Oberkopf, unmittelbar auf dem Scheitelansatz, liegt eine breite Zopfflechte. Im Nacken lösen sich einige Strähnen und fallen locker bewegt nach vorne auf die Schultern. Diese Haartracht findet ihre besten Parallelen bei Frauenbildnissen der tetrarchischen Zeit⁴⁷. Hinter der Büste halten zwei fliegende Eroten ein Tuch aufgespannt.

Das rechte Relieffeld zeigt die Rast eines Fuhrmanns, der die Ernte einbringt. Ein Mann mit einer Exomis streckt sich auf dem Boden aus, einen Arm über den Kopf gelegt. Vor ihm liegen ein Brot und ein Tierkopf, auf den er sich aufstützt. Ein junger Mann, ebenfalls mit Exomis bekleidet, reicht ihm von links ein großes Trinkgefäß. Links davon steht das Ochsengespann. Der Wagen mit großen Scheibenrädern ist mit Blüten oder Früchten beladen. Die beiden Zugtiere liegen auf dem Boden; hinter ihnen wachsen zwei Bäume. Das Relief kombiniert somit zwei Szenen, die üblicherweise getrennt vorkommen: Den Transport der Früchte auf einem *plaustrum* und ein ländliches Mahl⁴⁸.

Das Haar aller Eroten ist mit kurzen Bohrrillen gegliedert. Punktbohrungen finden sich bei ihren Köpfen an Augenwinkeln, Mundwinkel und neben den Nasenflügeln; bei dem Frauenporträt nur am Ansatz der Finger. Auch die Gestaltung der Erotenköpfe weist in die Zeit des späten 3. Jahrhunderts n. Chr.⁴⁹.
Datierung: um 300 n. Chr.

Sk 2 Sarkophag für M. Ulpius
Pusinnio Cupitanus (Abb. 8)

Standort: Grabbau Z, links der Treppe
Maße: Kasten: H 34,5 cm; L 123,5 cm; T 37,5 cm. – Deckel: H 9,5 cm; L 119 cm; T 39,5 cm. Dm des Clipeus außen 31,5 cm; H der Büste 22 cm; Kopf 8,5 cm. – Marmor
Herkunft: Grabbau C (Ferrua 1942a, 81)
Inschrift (auf der unteren Leiste): . d . m . M . Ulp . Pusinnionis . Cupi[t]ani . M . Ulp . Pusinnio . pater . filio . dulcissimo /
Erhaltung: An der rechten Nebenseite von Kasten und Deckel je zwei übereinstimmende Klammerlöcher. Oben auf dem First des Deckels ist hinter den Akroteren je ein Metallstift; er fehlt nur links

---

46 Deichmann 1967, 345 f. Nr. 823. 825 Taf. 132. 133.
47 Fittschen – Zanker 1983, 117 Nr. 177 Taf. 206.
48 Koch – Sichtermann 1982, 119 f.; Bielefeld 1997, 83 Kat. 4. 44. 55. 74. 113. 132. 194. 199. 229 Taf. 11, 3; 53, 1. 2; 60, 3; 63, 2; 64, 1–3; 65, 2–3.
49 Vgl. etwa Kranz 1984, 195 Nr. 38 Taf. 46, 1.

außen. Damit war wohl in Metall ein Firstschmuck befestigt.

Literatur: Ferrua 1942a, 81 f ; Ferrua 1942b, 98; Toynbee – Ward Perkins 1956, 57; Wolf 1977, 149 S 17; Zander 2014, 182 Abb. 285; 205 Abb. 321.

Die Vorderseite des Kastens wird wie bei Vergleichstücken[50] aus dem späten 3. und dem frühen 4. Jahrhundert an beiden Seiten von glatten Pilastern mit korinthischen Kapitellen begrenzt; die Fläche dazwischen ist mit geschwungenen Riefeln verziert. In der Mitte steht ein Clipeus mit der Togabüste eines Knaben. Sein Haar ist kurz geschoren. Die Form der Toga mit dem fast waagrecht über die ganze Brust sowie über den linken Oberarm verlaufenden kontabulierten Balteus und dem ebenfalls kontabulierten Sinus findet sich bei Büsten etwa seit der Zeit des Severus Alexander[51] und kommt noch bis in konstantinische Zeit vor[52]; besonders ähnlich sind Beispiele seit gallienischer Zeit und später, bei denen der Balteus ebenfalls fast waagrecht verläuft[53].

Die Nebenseiten sind grob gepickt. Der Knabenkopf mit dem gleichmäßig nach vorne gekämmten, nur oberflächlich gegliederten und über der Stirn gleichmäßig geteilten Haar, den aufgesetzt wirkenden Lidern sowie den gebohrten Pupillen weist in spättetrarchische oder konstantinische Zeit[54].

Der Deckel hat die Form eines Daches mit fünf halbrunden Akroteren, die mit Volutenmustern dekoriert sind. Die Leiste darunter schmückt ein Laufender Hund. Gegenüber einem Sarkophag aus der Zeit um 270 n. Chr.[55], der ähnliche Motive zeigt, bedeutet dies eine Reduktion der Formen, die sich durch eine spätere Zeitstellung erklärt.

Datierung: um 310 n. Chr.

Sk 3 Kinder-Sarkophag mit Imago clipeata (Abb. 9)

Standort: Iter, gegenüber Grabbau D
Maße: Kasten: H 40,5 cm; L 144 cm; T 43 cm. Dm des Clipeus außen 23 cm; H der Büste 21 cm, des Kopfes 9 cm. – Deckel: H 23,5 cm; L 144 cm; T 45 cm. – Marmor
Herkunft: Grabbau C

Erhaltung: Das rechte Drittel des Deckelrandes ist weggebrochen, ebenso ein Teil des äusseren Flügels des linken Genius. An Deckel und am Kasten finden sich an beiden Nebenseiten zwei übereinstimmende Klammerlöcher. Das Relief zeigt noch zahlreiche Reste der farbigen Fassung (s. u.)

Literatur: Wolf 1977, 40; Basso 1981, 93 Taf. 36; Zander 2014, 210 Abb. 327. 328.

Die Vorderseite des Sarkophagkastens ist zum größten Teil mit senkrecht stehenden Riefeln geschmückt, deren unteres Drittel gefüllt ist; die besten Parallelen dafür stammen aus dem späten 3. und dem frühen 4. Jahrhundert[56]. Am ähnlichsten ist ein Sarkophag im Palazzo Farnese[57], der auch die seitlichen Bildfelder in der gleichen Weise gestaltet: An den beiden seitlichen Enden stehen, in symmetrischer Entsprechung, Eroten mit überkreuzten Beinen. Die innere Hand hängt herab; sie hält eine brennende Fackel und eine umgeschlagene Girlande, deren Bänder sich auf der Fackel ausbreiten. Die andere Hand ist auf die Schulter gelegt. Der Kopf ist gesenkt; die Augen sind geschlossen. Die Flügel der Eroten sind von breiten rotbraunen Linien begrenzt, die Binnengliederung ist durch dünnere Striche in der gleichen Farbe angegeben. Auch die Fackel und die Körper der Eroten zeigen braune Farbe. In der Mitte der Vorderseite steht eine leere Inschrifttafel, die von schwarzen Linien begrenzt wird. Darüber ist ein Clipeus mit einer männlichen Büste angebracht. Sie trägt eine kontabulierte Toga, wie sie in der zweiten Hälfte des 3. Jahrhunderts vorkommt[58]. Der Kopf ist in Bosse belassen und nicht ausgearbeitet.

An den Nebenseiten ist ein sitzender Greif mit erhobenem Kopf abgebildet. Die Flügel waren wohl ganz mit rotbrauner Farbe bedeckt, während der Körper in einem etwas helleren Ton bemalt ist. Die Binnengliederung der Tatzen ist mit rotbraunen Linien markiert.

Im Zentrum des Deckelfrieses steht ein Dreizack, um den sich ein Delphin windet. Von beiden Seiten schwimmen, paarweise zusammengefasst, je vier große Fische zur Mitte hin. An den Wellen finden sich noch Reste einer kräftigen hellblauen Farbe. Auf dem glatten Grund sind zwischen den Delphinen an der linken Seite weitere Wellen schwarz aufgemalt. Der

---

50 Deichmann 1967, Nr. 69 Taf. 22; Nr. 238 Taf. 53; Nr. 815 Taf. 131.
51 Goette 1990, 150–152 L48. L49. L58. L62 Taf. 54, 2. 3; 55, 1. 3.
52 Goette 1990, 59–62. 145 f. Liste D Taf. 40–44.
53 Goette 1990, 60–62. 145 D1. D5 Taf. 40, 1; 41, 1; 163. 165 S46. S72 Taf. 77, 1. 2; 80, 3.

54 Vgl. Stutzinger 1983, 417 f. Nr. 35; Jucker 1967, Taf. 40. 41.
55 Kranz 1984, 210 Nr. 93 Taf. 48, 5.
56 Deichmann 1967, Nr. 405 Taf. 71; Nr. 743 Taf. 116; 757 Taf. 119; Nr. 962 Taf. 155.
57 Deichmann 1967, Nr. 962 Taf. 155; Wilpert 1929, Taf. 71, 4.
58 Vgl. etwa Goette 1990, 150 L 45 Taf. 53,4 (gallienisch).

SARKOPHAGE ALS AUSDRUCK FAMILIÄRER KONSTELLATIONEN

9   Grab C. Sarkophag **Sk 3** (© Fabbrica di San Pietro in Vaticano)

Schaft des Dreizacks ist dagegen gelb eingefasst. Die Augen der Delphine sind rotbraun umrahmt; Linien der gleichen Farbe geben die Binnenzeichnung der Fischkörper an. Paarweise zur Mitte schwimmende Delphine finden sich an Sarkophagdeckeln des späteren 3. und des 4. Jahrhunderts[59], besonders ähnlich an einem Beispiel, das sich einst im römischen Kunsthandel befand[60]. In den meisten Fällen flankieren sie eine Inschrift.

An den Eroten ist das Haar durch Bohrung aufgelöst und Bohrpunkte markieren auch die Augeninnenwinkel, die Nasenflügel und die Mundwinkel. Bei den Delphinen sind die Zahnreihen durch gebohrte Linien markiert; Bohrung findet sich auch an den Augen und den Flossen.

Datierung: spätes 3. Jahrhundert n. Chr.

Sk 4 Riefelsarkophag (Abb. 10)

Standort: Grabbau Z, rechts neben der Treppe

Maße: Kasten H 35,5 cm; L 119 cm; T 34 cm. – Deckel: H 17 cm; L 117 cm; T 36 cm. H der Büste 13 cm; Kopf 7 cm. – Marmor

Herkunft: aus Grabbau C

Erhaltung: Die Vorderseite zeigt unten einen langen Riss; daher ist der Kasten auf eine Steinplatte montiert. An den Nebenseiten von Kasten und Deckel sind je zwei zusammengehörige Klammerlöcher.

Literatur: Ferrua 1942b, 98; Wolf 1977, 150 f. S 18; Basso 1981, 87 Abb. 16 Farbtaf. 30; Zander 2014, 205 Abb. 320.

---

59 Rumpf 1939, 78 f. Nr. 225–229; 91 f. Nr. 307–314 Taf. 60; Wegner 1966, 84 Nr. 220 Taf. 141 f.; Deichmann 1967, Nr. 87 Taf. 26; Nr. 128. 129 Taf. 31; Nr. 137. 140 Taf. 32; Nr. 223 Taf. 51; Nr. 301 Taf. 59; Nr. 614 Taf. 92; Nr. 683 Taf. 108; Dresken-Weiland 1998, Nr. 239 Taf. 79; Sapelli 1984, 303 f. Nr. X 5; Micheli 1985, 94–96 Nr. II 19; Baldassarri 1988, 11 f. Nr. 12; 30 f. Nr. 32; 33 f. Nr. 36.
60 Rumpf 1939, 91 Nr. 91 Taf. 58.

Dietrich Boschung

10   Grab C. Sarkophag **Sk 4**

Die Vorderseite des Kastens zeigt geschwungene Riefel, die symmetrisch auf die Mittelachse bezogen sind. An beiden Enden stehen, symmetrisch aufeinander bezogen, mit überkreuzten Beinen zwei Eroten, die sich auf eine Fackel stützen und in der herabhängenden Hand eine Girlande halten. An beiden Nebenseiten ist ein sitzender Greif gezeigt.

In der Mitte der Deckels steht vor einem aufgespannten Tuch eine Gewandbüste mit Mantel, deren frontal ausgerichteter Kopf in Bosse geblieben ist. Die zentrale Position der Porträtbüste ist ungewöhnlich[61]; üblicherweise wird diese Stelle von der Inschrifttafel eingenommen. Von beiden Seiten kommen Meerwesen hinzu: von links wohl ein Seepanther und ein Capricorn, von rechts ein Seegreif und ein Hippokamp. Das rechte Ende des Frieses bildet ein senkrecht stehender Delphin. Ähnliche Darstellungen[62] finden sich an Deckelfriesen des frühen 4. Jahrhunderts n. Chr.
Datierung: um 300 n. Chr.

Sk 5 Riefelsarkophag mit Clipeus   (Abb. 11)

Standort: Iter; vor Grabbau F
Maße: Kasten H 49 cm; L 203 cm; T 60 cm. Dm des Clipeus 35 cm; H der Büste 30 cm; Kopf 12,5 cm. – Deckel: H 20 cm; L 201 cm; T 72 cm. – Marmor

Herkunft: Grabbau C
Erhaltung: Rechts unten ist die vordere Ecke weggeschlagen, an der linken Schmalseite eine Klammer herausgebrochen. – Oben in der Mitte des Deckels findet sich eine rechteckige Einarbeitung von 3,5 x 10 cm, T 6,5 cm. Dabei könnte es sich um ein Hebeloch des Blockes handeln. Kasten und Deckel sind an den Seiten mit je zwei Klammern verbunden.
Literatur: Ferrua 1942b, 98; Wolf 1977, 39; Zander 2014, 204 Abb. 319; 236 Abb. 388. 389.

Die Front des Sarkophagkastens zeigt in der Mitte der Vorderseite einen Clipeus, der eine Frauenbüste enthält. Unter dem Schild kämpfen zwei Hähne. Die Verbindung von Schildbüste und Hahnenkampf ist von Sarkophagen des späten 3. und des 4. Jahrhunderts bekannt; am ähnlichsten findet es sich bei einem konstantinischen Exemplar von S. Sebastiano[63]. An beiden Seiten des Clipeus sind zwei gegeneinander gewandte Delphine gezeigt, so dass der Clipeus die Form einer Schale mit figürlichen Henkeln erhält. Darüber wächst an jeder Seite ein Pflanzenstengel empor, der ein Akanthusblatt trägt; dies erinnert an Vergleichsstücke des frühen 4. Jahrhunderts[64]. Den seitlichen Abschluss der Vorderseite bilden zwei symmetrisch angelegte Reliefbilder. Sie zeigen jeweils einen jugendlichen Hirten, der mit überkreuzten Beinen neben einem Baum steht. Er trägt ein kur-

---

61 Vgl. den Deckel eines spättetrarchischen Jagdsarkophags in Ferentillo, wo die männliche Büste nachträglich in die gerahmte Tabula eingearbeitet worden ist, Andreae 1980, Kat. 29 Taf. 93, 1; 101, 2. 3. – Ein Deckelfries aus der Zeit um 220 n. Chr. mit Jahreszeitendarstellungen stellt die beiden Büsten eines Ehepaares in die Mitte: Kranz 1984, 252 Kat. 363 Taf. 103.

62 Rumpf 1939, Nr. 65 Taf. 38; Nr. 123 Taf. 45; Nr. 48. 220. 212. 214. 276. 279 Taf. 56–58.
63 Kranz 1984, 227 Nr. 168 Taf. 73, 1; vgl. ebenda Anm. 906.
64 Deichmann 1967, Nr. 708 Taf. 112; 1003 Taf. 161.

11 Grab C. Sarkophag **Sk 5** (© Fabbrica di San Pietro in Vaticano)

zes, gegürtetes Gewand und stützt einen Arm auf seinen Stock; der zur Mitte gewandte Kopf ruht in der Handfläche. Zu Füßen des linken Hirten schnuppert ein Hund am Boden; neben dem rechten ist noch das Hinterteil eines nach außen sitzenden Hundes erhalten. Hirten in dieser Haltung erscheinen um 230 n. Chr. auf der Nebenseite eines Endymion-Sarkophags im Louvre[65], später im bukolischen Zusammenhang[66]. Die gleiche Anordung beider Hirten weist ein Sarkophag im Palazzo Borghese auf, der aus dem ersten Viertel des 4. Jahrhunderts stammt[67]. Zwischen die Reliefs sind zwei gerahmte Felder mit Riefeln eingefügt.

Die Frauenbüste im Clipeus ist mit einem Chiton und einem eng um den Körper geschlungenen Mantel bekleidet. Die Hände halten vor der linken Brust eine Buchrolle. Der Kopf trägt über dem gewellten Stirnhaar ein abstehendes tordiertes Band, das einen Zopf meint; im Nacken ist das Haar nach oben geschlagen. Die Kombination dieser Elemente ist bezeichnend für Frauenfrisuren der tetrarchischen und konstantinischen Zeit[68]. Durch die Eindrehung des Zopfes über der Stirn entstehen gleichmäßige Abschnitte, von denen jeder mit einer Perle oder einem Edelstein geschmückt ist. Damit werden wie bei einem Frauenporträt des frühen 4. Jahrhunderts im Louvre[69] die Köpfe der Haarnadeln angegeben, die die Frisur zusammenhalten. Um den Hals ist ein eng anliegendes Perlencollier gelegt. Darunter wird das gescheitelte und in Wellen über die Ohren geführte Stirnhaar sichtbar. Unter den Ohren lässt sich das nach oben umgeschlagene Nackenhaar erkennen. Ähnliche Frisuren kommen auch noch in spätkonstantinischer Zeit vor[70].

Die rechte Hälfte des Gesichts ist nicht fertig ausgearbeitet. Die Wange ist mit dem Zahneisen übergangen; die Augenpartie ist nur angelegt; die Glättung der Oberfläche ist noch nicht erfolgt.

Die Nebenseiten sind nicht ausgearbeitet. Der ebenfalls unverzierte Deckel hat die Form eines Daches mit zwei Akroteren auf der Rückseite.

Datierung: um 310–320 n. Chr.

Grab F[71]

Für die Urnen (**AU 1–4**) und für den Grabaltar des Caetennius Antigonus (**GA 3**) wird die Aufstellung in Grab F durch die Angabe von A. Ferrua erwiesen[72]. Nur für den Grabaltar lässt sich der Fundort genauer lokalisieren: Er soll in der Nähe des Eingangs entdeckt worden sein. Es ist jedoch unwahrscheinlich, dass dies sein ursprünglicher Standort war. Denn nach den beiden Klammerlöchern an der Rückseite ist anzunehmen, dass er auf einer gesondert gearbeiteten Basis stand, über deren Auffindung aber nichts bekannt geworden ist. Die stilistische Datierung zeigt zudem, dass die Ara erst nachträglich in das Grabbau F gelangte.

Die Fundumstände und der genaue Fundort des Riefelsarkophages (**Sk 6**) sind schwer zu bestimmen.

---

65 Sichtermann 1992, Nr. 72 Taf. 113, 2.
66 Ewald 1999, E 14 Taf. 57, 1 (um 300 n. Chr.).
67 Deichmann 1967, Nr. 928 Taf. 147.
68 Bergmann 1977, 195–197 Taf. 59, 5. 6; 60, 1–4.
69 Stutzinger 1983, 418 f. Nr. 36; de Kersauson 1996, 524 f. Nr. 250 (»Fausta«).
70 Vgl. etwa das Frauenporträt des Sarkophags in Syrakus: Dresken-Weiland 1998, 8 f. Nr. 20 Taf. 9, 3.
71 Mielsch – von Hesberg 1995, 93–121 Taf. 13–16; Liverani 1999a, 141; Liverani – Spinola 2010, 77–83; Zander 2014, 223–235; Sinn 2018, 37–40 Abb. 14. 15.
72 Ferrua 1942a, 232–234; Ferrua 1942b 100.

12 Grab F. Grabaltar des M. Caetennius Antigonus (**GA 3**)
(© Fabbrica di San Pietro in Vaticano)

13 Grab F. Aschenurne des M. Ceatennius Tertius (**AU 1**)
(© Fabbrica di San Pietro in Vaticano)

Eine Photographie der Grabungsarbeiten läßt vermuten, dass er auf der Auffüllung noch oberhalb der Stuckgiebel stand, d. h. etwa 3,50 m über dem Fußbodenniveau, die reliefierte Vorderseite zur Ostwand gedreht[73]. Diese Aufstellung war erst nach dem Aufbrechen des Tonnengewölbes möglich und zeigt, dass der Sarkophag beim Bau der Basilika aus dem zerstörten Bereich der Nekropole überführt worden ist, also ursprünglich nicht zu dem Grab F gehörte.

GA 3 Grabaltar des M. Caetennius Antigonus (Abb. 12)

Standort: Grabbau F
Maße: Altarkörper: H 69 cm; B unten 56 cm, Mitte 41 cm; T unten 42 cm, Mitte 34 cm. – Deckel H 30 cm; B 57 cm; T 42 cm. – Marmor

Herkunft: Grabbau F (Ferrua 1942b, 100.)
Inschrift: *M Caetennio / Antigono / et . Tulliae / Secundae / coniugi . eius /*
Erhaltung: Am Deckel sind oben zwei große Zapflöcher angebracht, die zum sicheren Verschluss dienten. Darunter ist die Deckelfläche glatt und fällt schräg ab; dies entspricht der gesägten Fläche des ursprünglichen Marmorblocks. An der Rückseite sind unten zwei Klammerlöcher eingearbeitet, die der Befestigung auf einer – verlorenen – Basis dienten.
Literatur: Ferrua 1941, 428; Ferrua 1942b, 100; Toynbee – Ward Perkins 1956, 44; Wolf 1977, 72 f. Nr. 62; Boschung 1987, 33. 111 Nr. 910; Zander 2014, 232 Abb. 381; Sinn 2018, 38.

Das Inschriftfeld der Vorderseite ist von einem Rankenfries umgeben. Von einem Akanthuskelch unten wachsen zwei Ranken mit Blättern und Blüten auf, die in der Mitte des oberen Frieses zusammentreffen. Die Leiste, die den Rundgiebel oben einfasst, läuft außen in zwei Voluten aus, auf denen die Palmettenakrotere stehen. In der Mitte ist die Leiste geteilt und

---

[73] Vgl. Ferrua 1942b, 100 Abb. 5 mit der Stütze am rechten Bildrand. Im Hintergrund der von oben gemachten Aufnahme läßt sich noch die gemalte untere Leiste der obersten Nischenreihe an der Westmauer erkennen. Die Reste von Stuckverkleidung gehören demnach zu dem aufgebrochenen obersten Teil der Ostmauer.

14 Grab F. Aschenurne des
M. Caetennius Cryseros (**AU 2**)
(© Fabbrica di San Pietro in
Vaticano)

bildet nach unten zwei Einrollungen, von denen jede eine Rosette trägt. Zwischen ihnen wächst ein Blatttrieb nach unten, der sich teilt und nach beiden Seiten eine Akanthusranke entspringen lässt, die eine Rosette trägt. An der linken Nebenseite ist eine Kanne, an der rechten eine Schale angegeben.

Grabaltäre mit rankengerahmter Inschrifttafel lassen sich ab tiberischer Zeit und bis ans Ende des 1. Jahrhunderts n. Chr. nachweisen; danach fehlen sicher datierte Beispiele[74]. Die Verzierung des Giebelfeldes mit einem zweistöckigen Rankenmotiv findet sich in der zweiten Hälfte des 1. Jahrhunderts n. Chr.[75], ebenso die Verzierung des unteren Profils mit einem Schuppenmuster[76]. Blätter und Blüten der Ranken lassen sich am besten mit einem Altar aus der Mitte des 1. Jahrhunderts n. Chr. vergleichen[77]. Der Altar stand demnach zuerst an einem anderen Platz und wurde nach dem Bau des Grabgebäudes F umgesetzt.

Datierung: Mitte des 1. Jahrhunderts n. Chr.

AU 1 Aschenurne des M. Caetennius Tertius (Abb. 13)

Standort: Grabbau F in Nische 28.
Maße: Kasten: H 26,5 cm; B 28,5 cm; T 27 cm. – Deckel: H 9,5 cm; B 26,5 cm; T 27 cm. – Marmor

Herkunft: Grabbau F (Ferrua 1942b, 100)
Inschrift: d . m / M . Caetennio / Tertio . fecit / M . Caetennius / Chilo colibe/rto santissimo (sic) /
Literatur: Ferrua 1942b, 100; Toynbee – Ward Perkins 1956, 44; Wolf 1977, 68 Nr. 29; Sinn 1987, 222 Nr. 537 Taf. 80 b; Zander 2014, 232 Abb. 382.

Die Vorderseite ist mit Widderköpfen dekoriert, an denen eine Lorbeergirlande hängt. Darauf stehen zwei Vögel; oben folgt die gerahmte Inschrifttafel. An den unteren Ecken stehen Masken. In die glatten Nebenseiten sind gekreuzte Pfeile eingeschnitten. Im Zentrum des Giebel ist eine Blüte angegeben; in den Zwickeln je drei aufgefächerte Lorbeerblätter. Die Akrotere sind als Palmetten gestaltet.

Datierung: frühantoninisch (Sinn).

AU 2 Aschenurne des M. Caetennius Cryseros (Abb. 14)

Standort: Grabbau F in Nische 34
Maße: Kasten: H 23 cm; B 50 cm; T 27,5 cm. – Deckel H 12 cm; B 50 cm; T 28 cm. – Marmor
Herkunft: Grabbau F (Ferrua 1942b, 100)
Inschrift: d . m / M . Caetennio . Cry/seroti . M . Caeten/nius . Antigonus / iun(ior) . patrono . b(ene) . m(erenti) . f(ecit) /

---

74 Boschung 1987, 32 f.
75 Beispiele: Boschung 1987, Nr. 650. 721. 759. 787 Taf. 16. 27. 31. 36.
76 Boschung 1987, Nr. 717 Taf. 27; Andreae 1995, 414 Nr. 589a.
77 Boschung 1987, Nr. 911 Taf. 50; Candida 1979, 102 f. Nr. 44 Taf. 36.

15 Grab F. Aschenurne des L. Tullius Hermadion (**AU 3**)
(© Fabbrica di San Pietro in Vaticano)

16 Grab F. Aschenurne des M. Caetennius Ganymedes
(**AU 4**) (© Fabbrica di San Pietro in Vaticano)

Literatur: Toynbee – Ward Perkins 1956, 46; Wolf 1977, 70 f. Nr. 35; Basso 1981, 122 Abb. 44; Sinn 1987, 220 f. Nr. 533; Zander 2014, 130 Abb. 198.
Neben der Tabula stehen zwei Genien, die eine Fruchtgirlande halten. – Im Giebel wird ein Fruchtkorb zwischen zwei Vögeln (Papageien?) gezeigt. Die Eckakrotere sind vorne als Masken gearbeitet, hinten glatt.
Datierung: frühantoninisch (Sinn 1987, 221).

AU 3 Aschenurne des L. Tullius Hermadion (Abb. 15)

Standort: Grabbau F in Nische 31
Maße: Kasten: H 37,5 cm; B 44 cm; T 37 cm. – Deckel: H 12,5 cm; B 47,5 cm; T 38 cm. – Marmor
Herkunft: Grabbau F (Ferrua 1942a, 233 Anm. 2)
Inschrift: d . m . / L . Tullius . / Hermadi/on . fecit / sibi . vibus /
Erhaltung: Vorne neben dem Eckakroter ein Stiftloch zur Fixierung des Deckels.
Literatur: Ferrua 1942a, 233 Anm. 2; Ferrua 1942b, 103; Toynbee – Ward Perkins 1956, 46; Wolf 1977, 69 f. Nr. 31; Basso 1981, Abb. 31 (Legende verwechselt); Eck 1986, 252 Nr. 6; Sinn 1987, 20; Zander 2014, 129 Abb. 195.

An der Vorderseite halten zwei stehende Eroten eine *tabula ansata* mit der Inschrift. – Der Giebel ist als Schuppendach gestaltet, das vorne unverzierte Eckakrotere trägt. – Die Nebenseiten sind nicht ausgearbeitet. Die Gestaltung der Inschrift als *tabula ansata* und das Motiv der haltenden Eroten finden sich auf Urnen der zweiten Hälfte des 2. Jahrhunderts n. Chr.[78]
Datierung: zweite Hälfte des 2. Jahrhunderts n. Chr.

AU 4 Aschenurne des M. Caetennius Ganymedes (Abb. 16)

Standort: Grabbau F in Nische 46
Maße: Kasten H 23 cm; B 31 cm; T 33 cm. – Deckel: H 6,5 cm; B 33,5 cm; T 33 cm. – Marmor
Herkunft: Grabbau F (Ferrua 1942b 100).
Inschrift: d m / M Caetenni Ganymedes / vixit . ann(is) . XXXVII / M Caetennius Secundus / colliberto . suo /
Literatur: Ferrua 1941, 428; Toynbee – Ward Perkins 1956, 46; Wolf 1977, 71 f. Nr. 47; Sinn 1987, 20; Zander 2014, 129 Abb. 196.
An allen vier Ecken stehen Säulen mit tuskanischen Kapitellen. Die Felder dazwischen haben eine vertiefte Rahmung; das an der Vorderseite trägt die Inschrift. Der flache Deckel hat Akrotere und Rundgie-

---

[78] Sinn 1987, 77 mit Anm. 644; 249 f. Nr. 651. 654. Taf. 95e–f.

17 Grab F. Riefelsarkophag **Sk 6** (© Fabbrica di San Pietro in Vaticano)

bel. Das vordere Giebelfeld enthält einen Lorbeerkranz mit Mittelmedaillon. – Der Deckel ist oben flach und hat eine runde Einarbeitung von ca. 9 cm Dm, die mit 5 Bohrlöchern versehen ist. Die Vorrichtung diente somit für Libationen.

Die Verwendung von glatten Säulen als Eckdekor ist selten; sie findet sich auch bei dem in das Jahr 187 n. Chr. datierten Grabaltar des M. Aurelius Onesimus[79].
Datierung: spätes 2. Jahrhundert n. Chr.

Sk 6 Riefel-Sarkophag ohne Inschrift   (Abb. 17)

Standort: Grotte di S. Pietro
Maße: L 221 cm; H des Kastens 62,5 cm; T 91 cm. – Marmor
Herkunft: Grabbau F
Erhaltung: Die Leiste oberhalb des dekorierten Teils der Vorderseite ist gesondert gearbeitet und eingesetzt; im übrigen ist der Kasten monolith. Deckelplatte wohl nicht zugehörig. Risse an den Nebenseiten, die durch Metallklammern zusammengehalten sind.

Literatur: unpubliziert.
In der Mitte der Vorderseite ist eine querrechteckige gerahmte Inschrifttafel angebracht. An beiden Seiten schließt ein hochrechteckiges Feld an, das zwei einander zugewandte Delphine zeigt; dann folgt der Riefeldekor[80]. – Die Nebenseiten sind unverziert.
Datierung: 3. Jahrhundert n. Chr.

Grab H[81]

Die photographische Dokumentation der Grabungen erlaubt eine Rekonstruktion der Fundsituation für die Sarkophage Sk 7–10 (Abb. 18 a. b; 19)[82]. Die ersten drei standen auf dem Fußboden in der Nordwestecke des Gebäudes: **Sk 7** vor der Nordwand; **Sk 8** an der Westwand und **Sk 9** vor **Sk 8**. Die gemeinsame Jagdthematik und die ähnliche Aufteilung des Sockelfrieses lassen vermuten, dass die benachbarte Aufstellung der Sarkophage ihre Zusammengehörigkeit verdeutlichen sollte, wenngleich die Inschriften keine Verbindung erkennen lassen. **Sk 9** kann erst später dazu gestellt worden sein.

---

79 Boschung 1987, 105 Nr. 796 Taf. 37.
80 Zur Typologie der Riefelsarkophage: Koch – Sichtermann 1982, 73–76. 241–245, wo die hier besprochene Variante fehlt.
81 Mielsch – von Hesberg 1995, 143–208 Taf. 21–24; Liverani 1999a, 141; Liverani – Spinola 2010, 89. 92–105.
82 Zander 2014, 244–280 mit Abb. 413. 424; Meinecke 2014, 295–302 B48 Abb. 50 Taf. 10, 1; Borg 2018, 135–139.

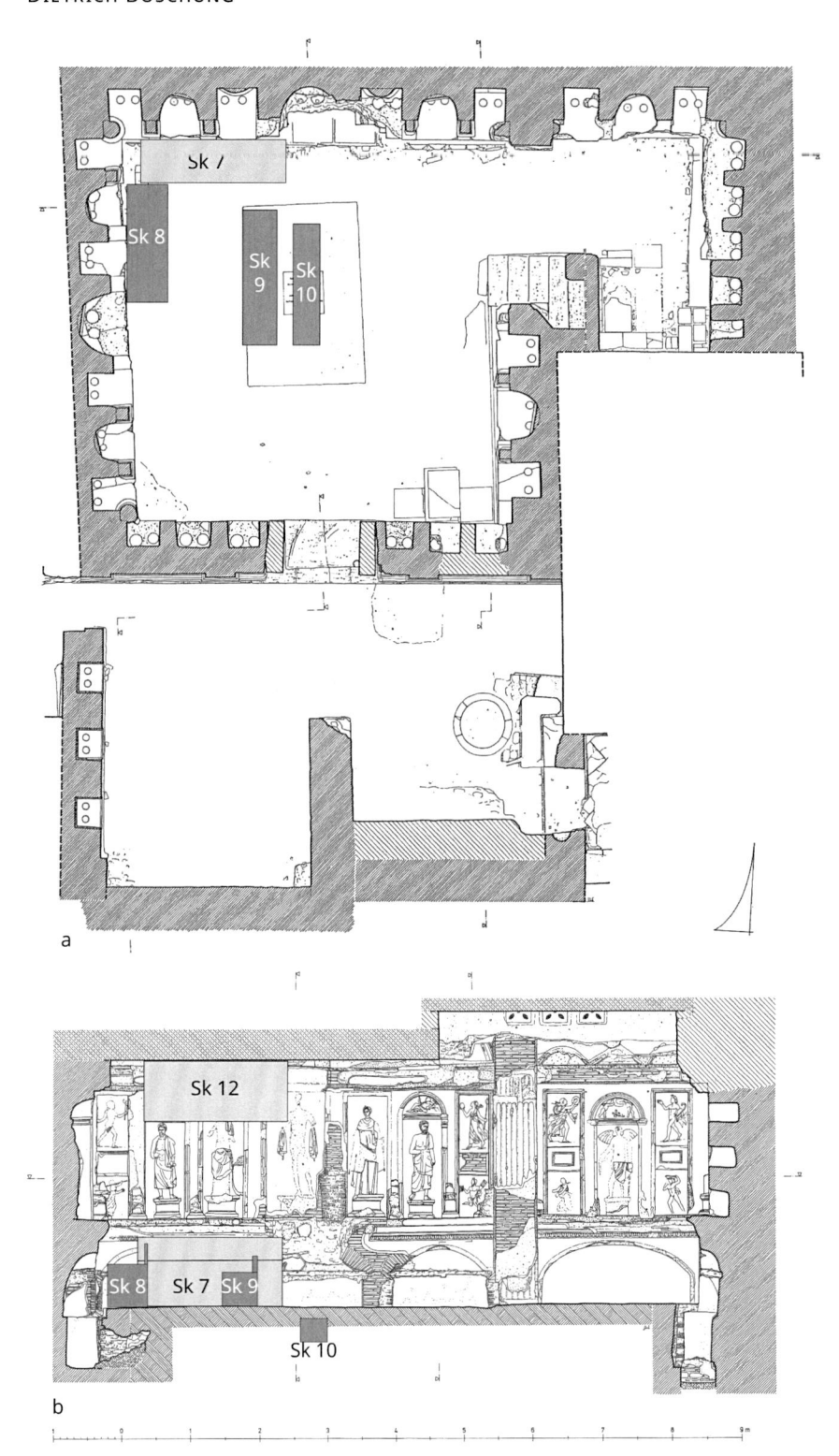

18 Grab H. Grundriss (a) und Schnitt (b) mit Fundorten der Sarkophage **Sk 7–10** (M. 1:100)

Dagegen war **Sk 10** etwa in der Mitte des Columbariums unter dem Fußboden vergraben. Der Kasten war mit einer großen und einer kleinen Steinplatte abgedeckt. **Sk 12** wurde unmittelbar unter dem Fußbodenniveau der konstantinischen Basilika gefunden. Eine Grabungsphotographie zeigt, dass er vor dem Scheitel des konstantinischen Ziegelbogens vor der Nordwand – oberhalb der Nischen N2 und N4 – angetroffen worden ist[83]. Er wurde also für eine christliche Bestattung im Innern der Kirche wiederverwendet oder er ist bei den Erdarbeiten zur Auffüllung des Raumes an seinen

---

83 Vgl. dazu die Zeichnung der – inzwischen abgebrochenen – konstantinischen Mauer: Mielsch – von Hesberg 1995, II 150 Abb. 157 oben.

19 Grab H. Fundsituation der Sarkophage **Sk 7–9** (© Fabbrica di San Pietro in Vaticano)

Fundort gelangt. Anders als bei den in C eingestellten Stücken fehlte hier der Deckel, was gegen eine Überführung aus einem anderen Grabgebäude spricht. Das Deckelfragment mit Rennwagen (**Sk 13**) ist isoliert und dürfte bei den Nivellierungsarbeiten zufällig in das Grab geraten sein. Unklar ist der Standort von **Sk 11**: Er könnte entlang einer Wand gestanden haben, aber auch zwischen **Sk 8** und **Sk 9** Platz gefunden haben.

Sk 7 Löwenjagdsarkophag für Valerinus Vasatulus (Abb. 20)

Standort: H", gegenüber dem Eingang von Grabbau H
Maße: Kasten: H 64 cm; L 217 cm; T 63 cm. – Deckel: H 33 cm; L 210 cm; T 61 cm. Büste 28,5 cm; Kopf 11,5 cm. – Marmor
Herkunft: Grab der Valerier (Grabbau H), 1943; in der Nordwestecke vor der Nordwand
Inschrift: d m / Valerinus / Vasatulus / vixit annis / XXXI m(ensibus) IIII d(iebus) X / h(oris) III Valeria Flo/rentia coius (= coniunx) / fecit marito / suo anime / benemerenti d(e)positio eius VII idus sep(te) m(bres) /
Erhaltung: Bruch durch den Kasten; l. obere Ecke des Deckels weggebrochen.
Literatur: Guarducci 1953, 24–27 Abb. 9. 10 Taf. 14a; Toynbee – Ward Perkins 1956, 91; Nicolosi 1955, 45–49 Taf. 21; Rocchetti 1961, 109 Abb. 24; Vaccaro Mellucco 1963/1964, 23 f. Nr. 14 Taf. 14, 30; Kirschbaum 1974, 30; Wolf 1977, 83–86 S 5; Andreae 1980, 183 Nr. 240 Taf. 44, 2; 45, 4. 5; 46. 47. 50, 1; 115, 3; 121, 4; Basso 1981, Abb. 45; Koch – Sichtermann 1982, 95 mit Anm. 34; Liverani – Spinola 2010, 104 f. Abb. 81; Birk 2013, 291 Kat. 512; Zander 2014, 244 Abb. 415. 416; 253 f. Abb. 428. 430; Meinecke 2014, 297 f. Nr. 3; Borg 2018, 136 f. Abb. 79.

Im Zentrum der Vorderseite erscheinen der Jagdherr und die laufende Virtus als seine Begleiterin. Der Jäger ist mit einer kurzen gegürteten Tunica, Hosen und einem Paludamentum bekleidet; Bart und Haupthaar sind kurz geschoren. Er schwingt mit der erho-

20   Grab H. Sarkophag des Valerinus Vasatulus (**Sk 7**) (© Fabbrica di San Pietro in Vaticano)

benen rechten Hand einen Speer. Virtus trägt Fellstiefel und ein kurzes gegürtetes Gewand, das die rechte Brust freilässt. Ein Löwe springt mit aufgerissenem Maul über einem erlegten Wildschwein und einem Hund gegen den Jagdherrn hoch. Er ist bereits von einem Speer durchbohrt. Im Hintergrund reiten zwei Jagdgehilfen; ein dritter steht, über dem Löwen gestikulierend und zurückblickend, am Rand. Hinter ihm gibt ein Baum die Landschaft an. Ein vierter Gehilfe liegt aufgestützt vor einer Gazelle am Boden. Er hält in der rechten Hand das Schwert, in der linken einen Schild. Auch er trägt Tunica, Hosen und Paludamentum. Das linke Drittel zeigt zwischen zwei Bäumen, wie eine Löwin von einem Hund angegriffen und von einem stehenden Jäger mit der Lanze erlegt wird. Im Hintergrund reitet ein weiterer Jäger.

Die Reliefs der Nebenseiten führen das Jagdbild weiter. Links führt ein Jüngling in Tunica, Chlamys und Jagdstiefeln einen Hund zwischen zwei Bäumen hindurch. In der linken Hand hält er einen Speer. Ein zweiter Hundeführer ist an der rechten Nebenseite zwischen zwei Bäumen dargestellt. Er ist mit einer Exomis und Stiefeln gekleidet und hält einen Schild; sein Kopf wendet sich zurück.

Die Mitte des Deckels nimmt eine *tabula ansata* mit der Inschrift ein, die von zwei stehenden Eroten mit beiden Händen festgehalten wird. Beide sind mit einem Mantel bekleidet, der über den Rücken fällt, und wenden den Kopf zurück zu den anschließenden Szenen. Links wird der Abtransport der Jagdbeute gezeigt. Auf einem Wagen, der von zwei Ochsen gezogen wird, liegt ein erlegter Hirsch. Zwei Jäger begleiten das Gespann: einer zu Pferd und einer, der einen Speer hält, zu Fuß. Ein rückwärts schreitender kahlköpfiger Mann lenkt die Ochsen. Ein Jagdhund geht voran. Im Hintergrund steht eine Säule, die einen Globus mit der Zahl »LII« trägt. Rechts erscheint frontal eine Frauenbüste im Mantel, die in der linken ausgestreckten Hand eine Buchrolle hält. Der Kopf ist in Bosse belassen. Daneben stehen zwei Knaben, die in der gleichen Weise wie die Eroten bekleidet sind. Sie halten in einer Hand eine brennende Fackel; mit der anderen spannen sie hinter der Büste ein Tuch auf. Rechts von dieser Gruppe steht ein Pfau auf einem umgestürzten Früchtekorb. Hinter ihm wächst ein Baum.

Für die Datierung haben A. Vaccaro Melucco und B. Andreae einen Ansatz um 270 n. Chr. vertreten, doch erinnert der Porträtkopf des Jägers mit seiner forcierten Stirnkontraktion und den weit aufgerissenen Augen an Bildnisse der Tetrarchenzeit[84], so dass dafür das späte 3. Jahrhundert vorzuziehen ist. Die Differenz lässt sich am einfachsten damit erklären, dass das Bildnis nachträglich ausgearbeitet worden ist und damit stilistisch jünger erscheint.
Datierung: spätes 3. Jahrhundert n. Chr.

---

84   Vgl. etwa Baratte 1995, 65–76 bes. 71 Abb. 10.

21 Grab H. Sarkophag des T. Caesenius Severianus (**Sk 8**)

22 Grab H. Sarkophag des
T. Caesenius Severianus
(**Sk 8**). Rechte Nebenseite

**Sk 8 Sarkophag für T. Caesenius
Severianus** (Abb. 21. 22)

Standort: Grabbau „H", Ostwand
Maße: Kasten: H 59 cm; L 190 cm; T 56 cm. – Deckel: H 29 cm; L des Frieses 168 cm; T 59 cm. H der Büste 24,5 cm, des Kopfs 12 cm. – Marmor
Herkunft: Grabbau H (Guarducci 1953, 27. 98 Anm. 56)
Inschrift (mit Lineatur): *d . m / T . Caesenio . Severi/ano . benemerenti / Caesenii / Faustinus Pompe/ianus et Rufinus / patri incomparabi/li /*
Erhaltung: Die Deckelplatte ist modern. An den Seiten je zwei Klammerlöcher.

Literatur: Guarducci 1953, 27. 98 Anm. 56; Toynbee – Ward Perkins 1956, 103 Anm. 86; Wolf 1977, 89–91 S 9; Eck 1986, 269 Nr. 21; Stroszeck 1998, 158 Nr. 377 Taf. 39, 1–3; Liverani – Spinola 2010, 106 Abb. 82; Birk 2013, 267 Kat. 360; Zander 2014, 247 Abb. 418; 252 Abb. 427; Meinecke 2014, 297 Nr. 2; Borg 2018, 137 f. Abb. 80.

Die Vorderseite der Wanne ist mit gleichmäßig geschwungenen Riefeln dekoriert. An beiden Enden steht ein Löwe über einem zusammengebrochenen Beutetier: links über einem Hirsch, rechts über einer Wildziege. Hinter dem Löwen wächst auf beiden Seiten ein Baum.

23   Grab H. Riefelsarkophag (**Sk 9**) (© Fabbrica di San Pietro in Vaticano)

Im Zentrum der Deckels wird die Inschrifttafel von zwei stehenden Eroten gehalten. Sie tragen beide einen Mantel, der auf den Rücken fällt, und wenden den Kopf zurück. Rechts davon steht die Gewandbüste einer Frau, deren Haar im Nacken nach oben geschlagen ist. Sie trägt Chiton und Mantel und hält eine Buchrolle. Der Kopf ist in Bosse belassen, da der Sarkophag zur Bestattung eines Mannes Verwendung fand. Von beiden Seiten schweben zwei Eroten herbei, die ein Tuch hinter der Büste aufspannen. Links ist eine Treibjagd gezeigt. Zwei Wildziegen laufen in ein aufgespanntes Netz. Ein Hirsch wird von einem Hund gehetzt; davor steht ein Jäger mit dem Speer. Ein zweiter Hirsch wird von einem weiteren Jäger aufgeschreckt.
Datierung: 260–270 n. Chr. (Stroszeck 1998, 158).

Sk 9 Riefelsarkophag mit Clipeus   (Abb. 23)

Standort: Iter, vor Grabbau G
Maße: Kasten: H 48 cm; L 193 cm; T 50 cm. Dm des Clipeus 28 cm. – Deckel: H 23,5 cm; erhaltene L des Deckelfrieses 168 cm; T 51 cm. – Marmor
Herkunft: Grabbau H
Erhaltung: Linkes Ende des Deckelfrieses und linker Eckakroter fehlen. Linkes Drittel der zerbrochenen Deckelplatte in Gips ergänzt. An den Nebenseiten links und rechts je zwei Klammerlöcher.
Literatur: Guarducci 1953, 27. 98 Anm. 56; Wolf 1977, 87 f. S 7; Zander 2014, 250 Abb. 423 (seitenverkehrt; mit vollständigem Deckel); Meinecke 2014, 298 Nr. 4.

Im Zentrum des Riefelsarkophags steht ein unausgearbeiteter Clipeus über zwei einander zugewandten Masken. Die Kombination von im Profil gezeigtem Maskenpaar und Clipeus ist für das späte 3. Jahrhundert n. Chr. mehrfach nachgewiesen; freilich blicken die Masken üblicherweise nach außen[85]. Der Deckel zeigt einen Fries mit Seewesen. In der Mitte wird frontal ein Okeanoskopf abgebildet. Von links schwimmen ein Meerwidder und ein Seehirsch nach innen, von rechts ein Seepanther und ein Seepferd. Der erhaltene Eckakroter ist als jugendlicher Kopf mit langem aufgelöstem Haar gearbeitet. Das Motiv des Kopfs zwischen Seewesen ist seit hadrianischer Zeit bekannt[86], am ähnlichsten erscheinen jedoch Vergleichsstücke aus dem späten 3. Jahrhundert n. Chr[87]. – Die Nebenseiten sind glatt.
Datierung: spätes 3. Jahrhundert n. Chr.

Sk 10 Riefelsarkophag mit Imago clipeata   (Abb. 24)

Standort: Iter, vor Grabbau G
Maße: Kasten: H 33,5 cm; L 173 cm; T 41 cm. – Marmor
Herkunft: Grabbau H; in der Mitte des Grabbaus unter dem Fußboden vergraben
Erhaltung: Der Deckel fehlt; der Kasten ist modern mit einer Gipsplatte abgedeckt. Die Nebenseiten zeigen je zwei Klammerlöcher.
Literatur: Wolf 1977, 88 f. S 8.

In der Mitte der Vorderseite hängt über zwei liegenden Füllhörnern ein Clipeus mit einer Frauenbüste, deren Kopf bossiert geblieben ist. An den äusseren

---

85 Kranz 1984, 225 Nr. 152 Taf. 71,2-3; Nr. 157 Taf. 70,3; Nr. 164 Taf. 70,4; Nr. 172 Taf. 73,2.

86 Vgl. Gasparri 1992, 33–44 Nr. 260 Taf. 4. 10.
87 Rumpf 1939, 18 Nr. 48 Taf. 56; Wilpert 1932, Taf. 161, 1.

24 Grab H. Riefelsarkophag mit Imago clipeata (**Sk 10**) (© Fabbrica di San Pietro in Vaticano)

25 Grab H. Sarkophag der Pompeia Maritima (**Sk 11**) (© Fabbrica di San Pietro in Vaticano)

Enden stehen, symmetrisch aufeinander bezogen, zwei Eroten. Ihre Beine sind überkreuzt; sie stützen sich mit einer Hand auf eine gesenkte brennende Fackel. Die andere Hand liegt auf der Schulter. Die Felder zwischen den Figuren werden von geschwungenen, symmetrisch angelegten Riefeln eingenommen. An den Nebenseiten ist ein sitzender Greif dargestellt.

Datierung: wohl Ende des 3. Jahrhunderts n. Chr.

Sk 11 Sarkophag für Pompeia Maritima (Abb. 25)

Standort: Iter, vor Grabbau G

Maße: Kasten: H 45 cm; L 175 cm; T 42 cm. Dm des Clipeus 31 cm; H der Büste 27,5 cm, Kopf 11,5 cm. – Deckel: H 29 cm; L 179 cm; T 40 cm. – Marmor

Herkunft: Grabbau H (Guarducci 1953, 27. 98 Anm. 7). Bei der Auffindung war der Deckel bereits zerbrochen und mit der Inschrifttafel des L. Flavius Diotimus ausgebessert, s. Eck 1986, 263 Nr. 16.

Inschrift: d m / Pompeiae Maritimae / matri / T Pomp(eius) Proculus Succes(sus) / b(ene) . m(erenti) . fecit /

Erhaltung: Der linke Teil des Deckels ist in Gips ergänzt. An der rechten Seite zeigen Kasten und Deckel je zwei übereinstimmende Klammerlöcher; an der linken Nebenseite des Kastens findet sich ein Klammerloch.

Literatur: Guarducci 1953, 27. 98 Anm. 56; Toynbee – Ward Perkins 1956, 119, 2 XV; Wolf 1977, 86 f. S 6; Basso 1981, Abb. 61; Eck 1986, 263 Nr. 16; Birk 2013, 219 Kat. 67; Zander 2014, 37 Abb. 42; 245 Abb. 414; Meinecke 2014, 298 Nr. 5.

Die Vorderseite des Kastens wird von geschwungenen Riefeln geschmückt, die nur den mittleren Bereich auslassen. Dort steht über einem Altar, an dem die Inschrift angebracht ist, ein Clipeus mit einer Frauenbüste. Sie ist mit Untergewand und Mantel bekleidet und hält in der linken Hand eine Buchrolle. Das Haar ist in der Mitte gescheitelt und glatt anliegend zur Seite gestrichen. Im Nacken ist es umgeschlagen und nach oben geführt. In dem runden Ge-

DIETRICH BOSCHUNG

26 Grab H. Riefelsarkophag mit Clipeus (**Sk 12**)

sicht sind die Brauenhaare durch schräg verlaufende Kerben angegeben, die Pupillen und die Tränenkarunkeln der großen Augen durch Bohrung. Die Position des Clipeus über einem Altar, der die Inschrift trägt, kehrt bei Vergleichsbeispielen des frühen 4. Jahrhunderts wieder[88]. Der unorganisch gebildete Frauenkopf weist trotz der schlichten Frisur in tetrarchische Zeit[89]. Die Nebenseiten sind unverziert.

In der Mitte des Deckels steht senkrecht ein Dreizack, zu dem von beiden Seiten her Seemischwesen schwimmen: von links ein Capricorn und ein Seepferd; von rechts ein Seepanther und ein Seegreif.
Datierung: frühes 4. Jahrhundert n. Chr.

Sk 12 Riefelsarkophag mit Clipeus   (Abb. 26)

Standort: Grabbau H; Mitte
Maße: Kasten: H 86 cm; L 207 cm; T 95 cm. Dm des Clipeus außen 46 cm; H der Büsten 29 cm (links) bzw. 31 cm (rechts); Köpfe 12 cm bzw. 14 cm. – Marmor
Herkunft: Grabbau H; »von den Ausgräbern in der Höhe der Decke gefunden« (Guarducci 1953, 27. 98 Anm. 56)
Erhaltung: Linke Nebenseite und Rückseite gebrochen und ausgeflickt. Der Kasten ist mit einer modernen Travertinplatte abgedeckt. Die linke Ne-

benseite zeigt zwei Klammerlöcher, die Rückseite in jetzigen Zustand ebenfalls zwei (ursprünglich wohl drei), die rechte Nebenseite eines.
Literatur: Guarducci 1953, 98 f. Anm. 57; Wolf 1977, 82 f. S 4; Basso 1981, Abb. 5 (Nebenseite).

Die Vorderseite des Kastens wird links und rechts von kannelierten Pilastern mit Kompositkapitellen begrenzt. Im Zentrum steht ein altarförmiges Podest mit einem gerahmten leeren Inschriftenfeld. Darauf steht ein Clipeus mit den Büsten eines Ehepaares, die beide auf demselben Akanthuskelch stehen. Rechts ist die Büste eines Mannes angebracht, die eine kontabulierte Toga trägt. Die Form des Gewandes ist vor allem im frühen dritten Jahrhundert bezeugt[90]. Links dahinter erscheint eine Frau in Tunica und Mantel. Beide Köpfe sind in Bosse belassen; bei dem Mann scheint ein Bart vorgesehen gewesen zu sein. H. Jucker hat eine Gruppe von Sarkophagen des 3. Jahrhunderts n. Chr. zusammengestellt, bei denen in einem Clipeus die Büsten eines Paares auf einem Blätterkelch ruhen[91]. Von diesen Vergleichstücken sind die Büsten an einem Jahreszeiten-Sarkophag in Pisa[92] aus dem frühen 3. Jahrhundert dem vatikanischen Riefelsarkophag besonders ähnlich, doch legt die Form der kontabulierten Toga eine etwas spätere Datierung nahe[93].

An den Nebenseiten sind durch eingeschnittene Linien zwei markierte Schilde angegeben, hinter ih-

---

88 Deichmann 1967, Nr. 414 Taf. 72; vgl. Nr. 760 Taf. 120; Nr. 858 Taf. 138.
89 Vgl. etwa Kranz 1984, 216 f. Nr. 127 Taf. 53, 4; Wilpert 1929, Taf. 133, 4.
90 Goette 1990, 149 L 29. L 30 Taf. 52, 1. 2.

91 Jucker 1961, 29–44 Taf. 7–10 Nr. S2. S10–S17.
92 Jucker 1961, 41 f. S15 Taf. 10; Kranz 1984, 196 Kat. 43 Taf. 31, 1.
93 Vgl. etwa Goette 1990, S119 Taf. 89, 3; Baratte – Metzger 1985, 146–150 Nr. 71 (um 230 n. Chr.).

Sarkophage als Ausdruck familiärer Konstellationen

27 Grab H.
Fragment eines
Sarkophagdeckels
(**Sk 13**)
(© Fabbrica di San
Pietro in Vaticano)

nen zwei gekreuzte Schilde. Dazwischen steht senkrecht eine Doppelaxt.
Datierung: um 230 n. Chr.

Sk 13 Fragment eines Sarkophagdeckels (Abb. 27)

Standort: Magazin
Maße: nicht bekannt – Marmor
Herkunft: Grabbau HH"
Inschrift: [---] dieb(us) VIII /
Erhaltung: Fragment
Literatur: Unpubliziert. Foto Fabbrica di S. Pietro, lastra n° 1925 MH-N

Das Fragment zeigt drei Rennwagen, ohne die Zugtiere. Der mittlere ist ganz erhalten, vom ersten nur der Wagenkorb, von dem dritten nur die Zugstange. Ein vierter Wagen ist zu ergänzen; wahrscheinlich war die Darstellungen der Wagen der vier Parteien kombiniert mit der Präsentation der Wagenlenker und der Vorführung der Rennpferde wie bei dem Deckel, der zu dem Mainzer Erotensarkophag aus der Zeit um 200 n. Chr. gehört[94.] Der Deckel dürfte zu einem Sarkophag mit der Darstellung von Eroten beim Zirkusrennen gehört haben.
Datierung: um 200 n. Chr.

Grabbau N[95]

AU 5 Aschenurne des C. Clodius Romanus (Abb. 28)

Standort: Grabbau N
Maße: H des Kastens 26,5 cm; des Deckels 15,5 cm. B 32,5 cm. T 29 cm. – Marmor
Herkunft: Grabbau N. Die Aschenurne stand in der zentralen rechteckigen Nische der Ostwand, wie

28 Grabbau N. Aschenurne des C. Clodius Romanus (**AU 5**)
(© Fabbrica di San Pietro in Vaticano)

eine während der Grabung gefertigte Photographie zeigt[96].
Inschrift (mit Lineatur): d . m . s / C . Clodius Romanus / Pius . vixit . an(nis) . XIX . m(ense) . I . d(iebus) . XXI / L . Volusius . Successus . et / Volusia Megiste . filio // dulcissimo /
Erhaltung: Vollständig. Keine Klammerlöcher.
Literatur: Basso 1981, 159 Farbtaf. 7. 37. 39; Zander 2014, 307 Abb. 538–540; Liverani – Spinola 2010, 118–120 Abb. 90–92.

Die Vorderseite des Kastens trägt die gerahmte Inschrift. Die linke Nebenseite zeigt in einem gerahmten Feld zwei kugelige Flaschen mit langem Hals und einem kugelförmigen Verschluss; die rechte eine

---

94 Schauenburg 1995, Kat. 27 Taf. 56, 1. 2; vgl. Kat. 86 Taf. 55, 1.
95 Liverani 1999a, 141; Liverani – Spinola 2010, 119.
96 Zander 2014, 107 Abb. 154.

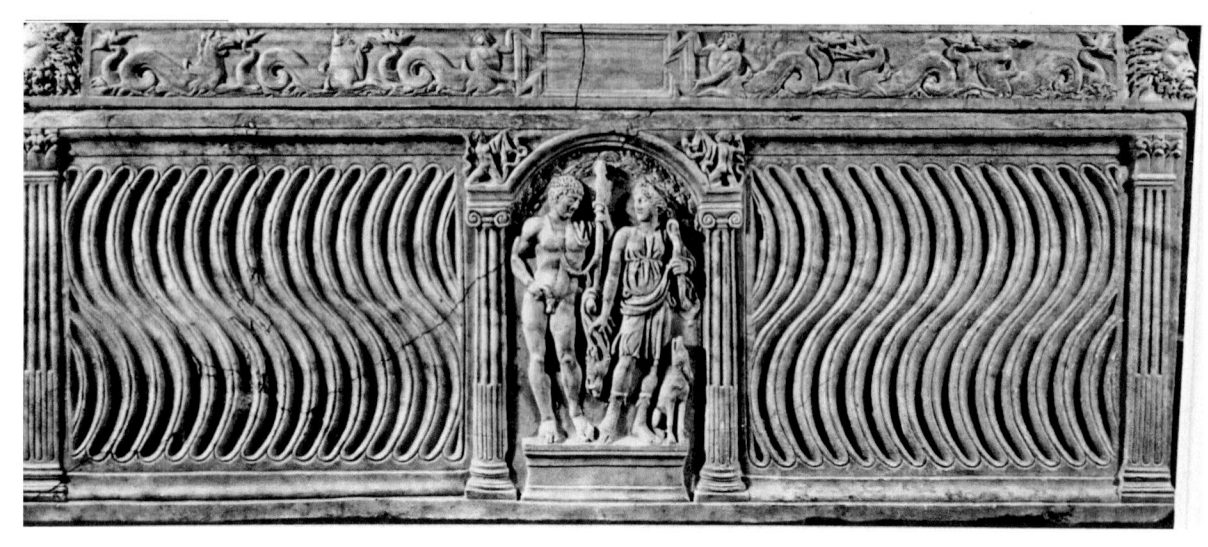

29 Grabbau R. Meleagersarkophag (**Sk 14**) (© Fabbrica di San Pietro in Vaticano)

brennende Lampe und ein Thymiaterion mit tordiertem Schaft. Der Deckel ist vorne und an den Seiten unten mit einem Peltafries verziert, die Eckakrotere mit Palmetten. Im Giebelfeld erscheint ein summarisch angelegter Kopf im Zentrum eines Lorbeerkranzes.

Datierung: frühes 2. Jahrhundert (vgl. Liverani – Spinola 2010, 119)

Grabbau R

Das Grab wurde bereits 1626 bei den Arbeiten für die Fundamente des Bronzebaldachins über dem Hauptaltar von S. Peter erfasst[97], wobei der Sarkophag **Sk 14** vermerkt wurde. Unmittelbar unter dem Niveau der Basilika fanden die Arbeiter 1626 christliche Gräber, darunter auch einen – verschollenen? – Sarkophag[98].

Der Sarkophag *Sk 26 ist sicher erst nach der Zerstörung des Gebäudes und nach dem Bau der konstantinischen Basilika deponiert worden, wie seine Position auf der Mauer zwischen R und R' zeigt.

Sk 14 Meleager-Sarkophag (Abb. 29)

Standort: Iter, gegenüber dem Eingang von Grabbau B
Maße: Kasten: H 71 cm; L 206 cm; T 78 cm (unten) – 79,5 cm (oben). – Deckel: H 15 cm; L 210 cm; T 80,5 cm. – Marmor
Herkunft: In der Nordostecke von Grabbau R, in Nord-Süd-Richtung; vgl. Apollonj Ghetti u. a. 1951, 86 mit 80 Abb. 54 O. – Der Sarkophag wurde bereits bei den Ausschachtungen für die Fundamente des Bronzebaldachins 1626 vermerkt, aber damals nicht geborgen (Apollonj Ghetti u. a. 1951, 87). Er enthielt Gebeine eines Erwachsenen und eines Kindes, ferner 10 Münzen der Kaiser Domitian (2); M. Aurel (3); Commodus (3) und Septimius Severus (2), die letzte 194 n. Chr. geprägt.

Erhaltung: An der Vorderseite Risse, die schräg von der Mitte oben ausgehen. Der Hinterkopf der Atalante ist durch den Riss abgesprengt. Der Deckel besteht aus zwei flachen Marmorplatten. Der Kasten weist an der rechten Nebenseite zwei Klammerlöcher auf, von denen nur das vordere eine Entsprechung an der Deckelplatte hat, das hintere aber nicht. Möglicherweise wurde die hintere Platte bei einer Nachbestattung ergänzt.

Literatur: Apollonj Ghetti u. a. 1951, 86 mit Anm. 1; 229 (Münzen) Taf. 26b. 27a; Toynbee – Ward Perkins 1956, 89; Koch 1975, 54–57. 131 Nr. 146 Taf. 120c. 121; Wolf 1977, 178–180 S 22; Basso 1981, Abb. 26; Koch – Sichtermann 1982, 21 A 4; 166; Zanker – Ewald 2004, 250 Abb. 223; Liverani – Spinola 2010, 134; Zander 2014, 193 Abb. 302; 195 Abb. 304; Meinecke 2014, 308 f. Nr. 1.

In der Mitte des Kastens ist eine Aedicula gezeigt. Ihre Säulen sind kanneliert mit Füllung im unteren Drittel und tragen ionische Kapitelle, über denen je ein kämpfender Gigant als Akroterfigur steht. Unter der Arkade, die von Eichenlaub mit einem Mittelmedaillon begleitet wird, steht auf einem Podium eine Statuengruppe. Sie zeigt rechts Meleager, die rechte Hand in die Hüfte gestützt, die linke erhoben und an

---

[97] Liverani 1999a, 140; Meinecke 2014, 308 f. B51.

[98] Apollonj Ghetti u. a. 1951, 86 f.

30 a. b   Grabbau R. Wannensarkophag eines Mädchens (**Sk 15**). Nebenseiten

die Lanze gelegt. Auf der linken Schulter liegt ein Mantelbausch. Ein Schwertband führt von der rechten Schulter schräg vor der Brust hindurch; das Schwert ist neben der Hüfte sichtbar. Der Kopf ist unbärtig; das lockige kurzgeschorene Haar trägt ein schmales tordiertes Diadem. Daneben steht Atalante in einem kurzen gegürteten Chiton und in Fellstiefeln, den zusammengerollten Mantel über den rechten Oberschenkel und den linken Arm gelegt. Die linke Hand hält den Bogen. Zwischen beiden Figuren hängt an einem Ast das Eberfell; ganz rechts sitzt ein Hund, der zu der Jägerin aufblickt.

An beiden Enden des Kastens stehen kannelierte Pilaster mit korinthischen Kapitellen; der Raum dazwischen wird von geschweiften Riefeln eingenommen. An den Nebenseiten sind in flachem Relief zwei gekreuzte Schilde angegeben, dahinter, ebenfalls gekreuzt, zwei Speere. Dazwischen steht senkrecht eine Doppelaxt.

Am Deckel schwimmen vier Meerwesen hinter den beiden Tritonen, die eine unbeschriftete *tabula ansata* halten, zur Mitte: ein Seegreif, eine Seestier, ein Ketos und ein Seehirsch. Die Akrotere sind als bärtige Köpfe gestaltet.

Datierung: 180/190 n. Chr.; später wiederverwendet (Koch 1975, 131).

Sk 15 Wannensarkophag eines Mädchens (Abb. 30 a. b)

Standort: Am Eingang zu den Grotte di S. Pietro
Maße: H 48 cm; B 115 cm; T 47 cm. – Marmor
Herkunft: Vor der Ostmauer von Grabbau R, in Ost-West-Richtung stehend (Apollonj Ghetti u. a. 1951, 86 mit Abb. 54 P Taf. 29a. b)
Erhaltung: Die Vorderseite ist stark mit Gips ergänzt; in der Mitte ist nur etwa das untere Drittel antik. Verloren sind die Köpfe der Dienerinnen auf beiden Seiten und der Sitzenden rechts, ferner die vorderen Beine des Klappstuhles rechts. Farbspuren an dem Relief links, s. u.
Literatur: Apollonj Ghetti u. a. 1951, 86 Taf. 29; Liverani – Spinola 2010, 134 f. Abb. 105. 106; Birk 2013, 323 Kat. A3; Zander 2014, 340 f. Abb. 598. 601; Meinecke 2014, 309 Nr. 2.

In der Mitte der Vorderseite steht ein Pilaster, von dem nur etwa das untere Drittel antik ist; daran

31 Grabbau R. Riefelsarkophag eines Kindes (**Sk 16**) (© Fabbrica di San Pietro in Vaticano)

schließen Riefelfelder an. Eine links außen folgende figürliche Szene zeigt eine Frau auf einem Korbstuhl mit Rückenlehne sitzend. Das Flechtwerk des Möbels ist mit schwarzen Strichen aufgemalt. Die Frau ist mit einem Chiton bekleidet, der von der rechten Schulter rutscht; ein Mantel ist um Beine und Hüften geschlungen. An den Gewändern finden sich Reste brauner Farbe. Das Haar ist zu Zöpfen frisiert, die in vier Lagen und schräg zueinander um den Kopf laufen; diese Frisur hat ihre besten Parallelen bei Frauenporträts der tetrarchischen Zeit[99]. Das Gesicht zeigt kleine Punktbohrungen an den Mundwinkeln, an den Augeninnenwinkeln und an der Nase. Die Füße der Sitzenden ruhen auf einem Schemel. In der rechten Hand hält die Dame ein Plektron, das mit brauner Farbe bemalt ist; mit der linken greift sie nach den Saiten einer Lyra, die eine Dienerin im Hintergrund hält. Der Schallkörper des Instruments ist als Schildkrötenpanzer angegeben. Der untere Ansatz der Saiten ist mit brauner Farbe markiert.

Rechts sitzt eine Frau in den Mantel gehüllt auf einem Klappstuhl, die Füße auf einen Schemel gestellt. Sie ist etwas kleiner als die linke, da sie erhöht auf einem Standstreifen ruht. Ihre rechte Hand ist ausgestreckt, wobei Daumen, Ringfinger und kleiner Finger eingeschlagen sind. Die Linke liegt in der Mantelschlaufe und umfasst eine Buchrolle. Vor ihr trägt ein Pfeiler eine Sonnenuhr, die auf einem Löwenfuß steht. Hinter ihr wartet eine Dienerin, die eine Rolle hält und ihr rechte Hand auf die Schulter der Dame legt. Hinter den figürlichen Bildern ist an beiden Seiten durch eingetiefte Linien ein verzierter Rundschild angegeben, dahinter gekreuzte Speere. Die Rückseite ist unverziert.
Datierung: um 300 n. Chr.

Sk 16 Kindersarkophag (Abb. 31)

Standort: verschollen; vgl. dazu Apollonj Ghetti u. a. 1951, 86 Anm. 1.
Maße: H 35 cm. L 94 cm. T 35 cm. – Marmor
Herkunft: Vor der Ostwand von Grabbau R, in Ost-West-Richtung stehend, vgl. Apollonj Ghetti u. a. 1951, 86 mit Abb. 54 Q.
Literatur: Apollonj Ghetti u. a. 1951, 86 mit Abb. 54 Q; Meinecke 2014, 309 Nr. 3; Zander 2014, 341 Abb. 602.

An der Vorderseite steht in der Mitte eine gerahmte leere Inschrifttafel, an die seitlich Riefeldekor anschließt. An der Vorderseite des Deckels verläuft eine Efeuranke. Diese Art des Dekors findet sich auch bei einem Sarkophagdeckel im Louvre[100].
Datierung: um 300 n. Chr.?

Grab S[101]

Das Grab wurde bereits 1626 bei den Arbeiten für die Fundamente des Bronzebaldachins über dem Haupt-

---

99 Vgl. Ewald 1999, 176 f. E 14 Taf. 58, 2; Kranz 1984, 216 f. Nr. 127 Taf. 53, 4; Bergmann 1977, 197 Taf. 60, 5. 6; de Kersauson 1996, 524 f. Nr. 250 (»Fausta«).
100 Baratte – Metzger 1985, 233 f. Nr. 143.
101 Liverani 1999a, 140. 142; Liverani – Spinola 2010, 127. 133 f.

32 Grab S. Klinenmonument des Flavius Agricola (**KM 1**)

altar von S. Peter erfasst[102]. Damals wurde ca. 3,60 m unter dem Fußboden der Basilika das Klinenmonument des Flavius Agricola (**KM 1**) gefunden, das also auf dem Boden des Grabgebäudes stand. Es muss zur ursprünglichen Ausstattung des Grabes gehört haben[103].

KM 1 Klinenmonument des Flavius Agricola (Abb. 32)

Indianapolis, Museum of Art Inv. 1972.148
Maße: H 67 cm. L 178 cm. T 69 cm. – Marmor
Herkunft: 1626 entdeckt. Mitgefunden wurden weitere Skulpturenfragmente und Münzen aus der Zeit des Gallienus (Apollonj Ghetti u. a. 1951, 87). Danach im Palazzo Barberini, später im Palazzo Sciarra.
Inschrift CIL VI 17985a (verloren): *Tibur mihi patria, Agricola sum vocitatus / Flavius, idem ego sum discumbens, ut me videtis / sic et aput superos annos, quibus fata dedere / animulam colui nec defuit umqua Lyaeus. / Praecessitque prior Primitiva gratissima coniuncx / Flavia et ipsa, cultrix deae Phariae casta / sedulaque et forma decore repleta /cum qua ter denos dulcissimos egerim annos. / solaciumque sui generis Aurelium Primitivum / tradidit, qui pietate sua coleret fastigia nostra /hospitiumque mihi secura servavit in aevum. / Amici, qui legitis, moneo, miscete Lyaeum / et potate procul redimiti tempora flore / et venereos coitus formosis ne denegate puellis / cetera post obitum terra consumit et ignis /*
Erhaltung: Verloren sind Teile des Kranzes, ergänzt Teile der Klinenrahmung. Links, vor dem ausgestreckten Fuß, ist eine runde Öffnung, die die Urne aufnehmen konnte. An den Enden des Bettes sind zwei Stiftlöcher, an denen Girlanden angebracht werden konnten.
Literatur: Apollonj Ghetti u. a. 1951, 87; Toynbee – Ward Perkins 1956, 32. 58 Anm. 4. 6 (aus Grab R); Pucci 1968/1969, 173–177 Taf. 75; Wrede 1981, 101–109 Abb. 19. 20. 22 (aus Grab R); Liverani 1999a, 140 (zur Auffindung in Grab S); Zanker 2000, 9 f.; Zanker – Ewald 2004, 35. 158 Abb. 143; Zander 2014, 330–332 Abb. 581.

Flavius Agricola liegt, auf den linken Ellbogen gestützt, ausgestreckt auf einer Kline. Er trägt einen Mantel, der Beine, Hüften und linken Arm bedeckt und den Oberkörper freiläßt. In der vorgestreckten linken Hand hält er einen Skyphos; die rechte ist seitlich an den Kopf geführt, um einen Kranz aufzusetzen oder zurecht zu rücken. Der Porträtkopf zeigt Agricola als älteren Mann mit Bart und schütterem Stirnhaar.
Datierung: um 160 n. Chr. (Wrede 1981, 107)

---

[102] Meinecke 2014, 308 f. B51; Zander 2014, 330.   [103] Wrede 1981, 104 (aus Grab R).

33 Grabbau T. Aschenurne der Trebellena Flaccilla (**AU 6**)
(© Fabbrica di San Pietro in Vaticano)

Grabbau T[104]

AU 6 Aschenurne der Trebellena Flaccilla (Abb. 33)

Standort: Grabbau T
Maße: Kasten H 25 cm; B 38,5 cm; T 23 cm. – Deckel H 7 cm; B 38,5 cm; T 26 cm. – Marmor
Herkunft: T; in der westlichen Nische der Südmauer (Apollonj Ghetti u. a. 1951, 55 vgl. 44 Abb. 23)
Inschrift: d m; dazwischen: Trebellenae / Flacillae / Valeria . Paecina / matri . dulcissim(ae) / fecit /

Erhaltung: Vollständig; keine Ergänzungen. Die Urne enthielt eine Münze des Konstantin (Apollonj Ghetti u. a. 1951, 55. 230 Nr. 91).
Literatur: Apollonj Ghetti u. a. 1951, 55. 57 Taf. 16a; Toynbee – Ward Perkins 1956, 119, 2 XIX; Guarducci 1966/1967, 135–143; Wolf 1977, 133 Nr. 7; Sinn 1987, 265 f. Nr. 714; Liverani – Spinola 2010, 124.

Die Vorderseite trägt in einer gerahmten *tabula ansata* die Inschrift. In den Zwickeln sind Rosetten eingefügt. Jede Nebenseite ist mit je zwei gekreuzten Schilden und Speeren dekoriert. Der Deckel ist als Firstdach gestaltet. An der Vorderseite zeigt er eine starke Profilierung, an jeder Nebenseite eine brennende Fackel. Die Rückseite ist ungeschmückt.
Datierung: wegen der Münzbeigabe kurz nach 317 n. Chr. (Sinn 1987, 266).

Grabbau Z[105]

Sk 17 und Sk 19 wurden in Arkosolien der Nord- bzw. der Westwand gefunden (Abb. 34. 33–36)[106]. Das rechte Arkosolium der Nordwand ist mit einer reliefierten Marmorplatte (**Sk 18**) verschlossen, die eine Sarkophagfront imitiert und hinter der sich die Bestattung in einem Tonsarkophag verbirgt. Bei der Aufstellung von **Sk 19** waren Abarbeitungen am rechten Rand notwendig.

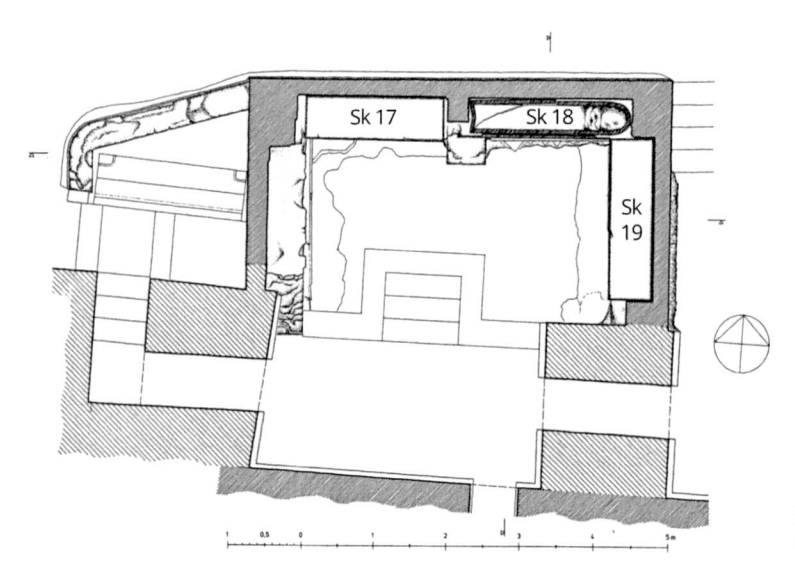

34 Grab Z. Grundriss und Standorte der Sarkophage **Sk 17–19** (M. 1 : 100)

---

104 Liverani – Spinola 2010, 124. 126.
105 Mielsch – von Hesberg 1995, 225–233 Taf. 26b–28; Liverani 1999a, 142; Feraudi-Gruénais 2001a, 58 f. K 23; Liverani – Spinola 2010, 83–89; Boschung 2010, 139–141; Zander 2014, 143–152; Meinecke 2014, 302–305 B49 Abb. 51–53 Taf. 10, 2.
106 Ferrua 1942b, 104 (Grabbau Z heißt hier »H«).

35 Grabbau Z. Dionysischer Sarkophag (**Sk 17**) (© Fabbrica di San Pietro in Vaticano)

Sk 17 Dionysischer Sarkophag (Abb. 35)

Standort: Grabbau Z, an der innern Nordwand
Maße: Kasten H 50 cm; L 195 cm; T 53 cm. – Deckel H 28 cm; L 189 cm; T 60 cm. – Marmor
Herkunft: Grabbau Z, in einem Arkosolium (Ferrua 1942b, 104)
Erhaltung: Der linke Akroter fehlt zum größten Teil; ein Stück des Kastens an der vorderen Ecke oben rechts ist weggebrochen. An den Nebenseiten links und rechts je zwei übereinstimmende Klammerlöcher.
Literatur: Ferrua 1941, 16; Ferrua 1942b 104; Nicolosi 1955, 33–40 Taf. 15–17; Guarducci 1959, 64 f. Abb. 21; Matz 1968, 298–300 Nr. 159 Taf. 174, 1; 176–179 (mit der älteren Lit.); Turcan 1966, 23. 195 f. 358 Tabelle II 6; 511. 518. Taf. 28c; Wolf 1977, 142–146 S 14; Basso 1981, Farbtaf. 21; Kranz 1984, 81 Anm. 485; Liverani – Spinola 2010, 90 f. Abb. 69. 70; Boschung 2010, 140; Zander 2014, 148 f. Abb. 225–227; 152 Abb. 234; Meinecke 2014, 302 Nr. 1.

Das Relief der Vorderseite zeigt die Auffindung der Ariadne. Links sitzt Dionysos auf einem Wagen. Der Gott ist unbärtig; er wird mit langem Haar und mit einem Efeukranz gezeigt. In der linken Hand hält er einen Kantharos, die rechte ist auf den Thyrsos gestützt. Sein Mantel ist über die Beine und den linken Arm gelegt, so dass der Körper nackt bleibt. Den Wagen zieht ein Kentaurenpaar. Der bärtige und bekränzte Kentaur spielt dabei die Lyra und wendet den Kopf zu Dionysos zurück. Die Kentaurin im Hintergrund bläst die Flöte. Auf dem Rücken des Kentauren steht ein Amor, der ein Vexillum hält; dahinter erscheint ein Satyr, der schräg über die Brust ein Fell trägt. Er blickt zum Gott zurück. Das Gespann wird von Pan geführt, der einen schmalen Fellstreifen um die Hüften gegürtet hat und über eine Maske hinweg schreitet. Auch er blickt zum Gott zurück. Hinter ihm steigt ein Satyrknabe über den Kopf eines Ziegenbocks; er hält einen Panther. Angeführt wird der Zug von einem Papposilen und einer Mänade. Der alte Silen ist bärtig und trägt einen Kranz aus Weinlaub auf seinem kahlen Kopf. Um seine Beine hat er einen Mantel geschlungen, der Körper ist nackt. In seiner linken Hand hält er ein Tympanon. Die Mänade trägt ein langes Gewand mit Ärmeln und darüber eine Nebris. Ihre rechte Hand legt sie auf die Schulter des Papposilen, mit der linken legt sie den Thyrsos schräg vor seine Beine, um ihn zurückzuhalten. Davor liegt die schlafende Ariadne. Ein fliegender Amor und ein Satyr ziehen das Gewand weg, das noch um ihre Beine geschlungen ist. Der Satyr trägt schräg über den Oberkörper ein Fell und schwingt ein Pedum. Vor ihm tanzt mit zurückgewandtem Kopf eine Mänade, die die Kymbala schlägt.

Daran schließt sich rechts die Entdeckung des Pentheus an. Von links attackiert ihn eine Mänade. Sie reisst den entblößten König, der noch sein Szepter hält, vom Baum und schwingt dabei einen Thyrsos. Eine zweite Mänade, von vorn gesehen, zückt das Schwert. Ihr Peplos öffnet sich und läßt ihr rechtes Bein nackt aus dem Gewand hervortreten.

An den Nebenseiten sind jeweils ein Satyr und eine Mänade gezeigt. Die Akrotere des Deckels sind als jugendliche Satyrköpfe mit langem Haar gestaltet. Im Relieffeld dazwischen tanzen drei Mänaden und vier Satyrn. Die links anschließende Gruppe zeigt den alten Silen auf einem zusammenbrechenden Esel

36 Grabbau Z. Scheinsarkophag (**Sk 18**)

und von zwei Satyr gestützt. Rechts steht der jugendliche Dionysos an einem Rundaltar; ein Satyr zerrt einen Ziegenbock herbei.

Datierung: 180 n. Chr. (Nicolosi 1955, 39; Matz 1968, 300); severisch (Kranz 1984, 81 Anm. 485); Ende 2. Jahrhundert (Meinecke 2014, 302).

Sk 18 Scheinsarkophag[107] mit Meerwesenfries (Abb. 36)

Standort: Grabbau Z, an der inneren Nordwand
Maße: H 60,5 cm; L 219 cm; T 2,5 (oben rechts) – 5,5 cm (unten). – Marmor
Herkunft: Grabbau Z
Erhaltung: Die rechte untere Ecke ist abgeschlagen, um den anschließenden Sarkophag einpassen zu können.
Literatur: Wolf 1977, 146 f. S 15; Boschung 2010, 139 f. Abb. 1.

Zwischen zwei Riefelfeldern ist eine leer belassene Inschrifttafel über zwei gekreuzten Füllhörnern angebracht, auf denen zwei Vögel stehen. Darüber ist ein Fries eingemeisselt, der Eroten und Seewesen darstellt. Von links außen reitet ein Amor auf einer Seeziege nach rechts. Davor steht ein weiterer Eros, der mit erhobenem Speer und Schild gegen einen Seepanther kämpft, der von der Mitte herkommt. Von dort reitet ein Amor auf einem Capricorn nach rechts; vor ihm steht ein Eros einem Hippokamp gegenüber, der von der rechten Ecke ausgeht, und fasst nach seiner Schauze. Die Akrotere sind als Jünglingsköpfe gestaltet.

Datierung: wegen der Zurichtung älter als **SK 19**; Ende 2. Jahrhundert n. Chr.?

Sk 19 Dionysischer Riefelsarkophag (Abb. 37)

Standort: Grabbau Z, an der inneren Ostwand
Maße: Kasten: H 54,5 cm; L 218 cm; T 55 cm. – Deckel: H 27,5 cm; L 212 cm; T 56 cm. – Marmor
Herkunft: Grabbau Z, gefunden 1940/1941.
Erhaltung: Die linke Seite ist zum größten Teil abgearbeitet, um den Sarkophag an die anschließende Reliefplatte (**Sk 18**) anzupassen. Unten ist die ur-

---

[107] Zur Form vgl. Koch – Sichtermann 1982, 82 f.; Agnoli 1998, Taf. 66–71.

37 Grabbau Z. Dionysischer Sarkophag (**Sk 19**) (© Fabbrica di San Pietro in Vaticano)

sprüngliche Breite erhalten, so dass der Kantharos stehen blieb; dagegen ist der Arm der Mänade abgearbeitet. Nach Matz wurde der Sarkophag hier in Zweitverwendung aufgestellt.

Literatur: Ferrua 1941, 15 f.; Toynbee – Ward Perkins 1956, 56 Taf. 28; Guarducci 1963, 36 Abb. 11; Turcan 1966, 23. 82. 319 mit Anm. 5; Matz 1975, 481 Nr. 312 Taf. 322, 1; 324, 3; 325; Wolf 1977, 147 f. S 16; Boschung 2010, 139–141 Abb. 2; Zander 2014, 151 Abb. 231–233; Meinecke 2014, 302 Nr. 2.

Im Zentrum der Vorderseite ist eine Aedicula angegeben. Als Akroterfiguren sind oberhalb der kannelierten Pilaster zwei Tritone angebracht, die ein Muschelhorn blasen. Unter dem flachen Bogen steht der jugendliche Dionysos, mit Weinlaub bekränzt und mit einer Nebris bekleidet, die hinter den Beinen fast bis zum Boden herabhängt. Mit der linken Hand hält er einen Thyrsosstab, mit der gesenkten rechten einen Kantharos, mit dem er einen Panther tränkt. Am linken Ende tanzt eine Mänade, die einen Thyrsos schwingt und einen Kranz aus Trauben und Weinlaub trägt. Der Bildhauer hat sie in Rückenansicht gezeigt; der Mantel bedeckt nur ihre Beine; Rücken und Gesäss sind nackt. Zu ihren Füßen liegt ein umgestürzter Krater. Ein Panther springt an ihr hoch.

Als Gegenstück dazu tanzt rechts ein junger Satyr, der mit der erhobenen rechten Hand einen geschulterten Weinschlauch hält und auf dem linken Arm einen Säugling trägt. Auf seinem rechten Unterarm liegt ein Pantherfell auf, sonst ist er nackt. Zwischen seinen Beinen steht eine Pantherin, die zu ihm aufblickt und eine Tatze auf einen Widderkopf legt.

Im Zentrum des Deckels ist die gerahmte leere Inschrifttafel angebracht. Sie ist von Seewesen flankiert: Von links schwimmen ein Seegreif und ein Seeketos auf sie zu, von rechts ein Hippokamp und ein Seepanther.

An den Nebenseiten sind sitzende Greifen dargestellt.

Datierung: frühseverisch (Matz 1975, 481; Meinecke 2014, 302).

Grabbau Phi[108]

Die beiden Sarkophage wurden auf dem Boden des Grabes gefunden (Abb. 38); sie gehörten also zu der Ausstattung des Grabbaus[109]. Dabei stand **Sk 21** vor **Sk 20** und muss daher später in das Grab gebracht worden sein (Abb. 37–39).

---

108 Mielsch – von Hesberg 1995, 235–255 Taf. 29–32; Liverani 1999a, 142; Feraudi-Gruénais 2001a, 59–62 K 24; Liverani – Spinola 2010, 68–72; Boschung 2010, 140–145 Abb. 3; Zander 2014, 153–174; Meinecke 2014, 305–309 B50 Abb. 54; Borg 2018, 135.

109 Ferrua 1942b, 104 (Grab Phi heißt hier noch »I«).

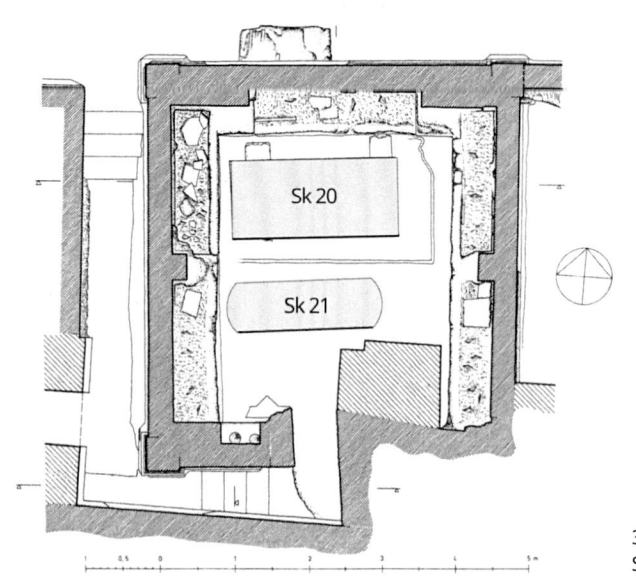

38 Grabbau Phi. Grundriss und Standort der
Sarkophage **Sk 20** und **Sk 21** (M. 1:100)

Sk 20 Sarkophag für Q. Marcius Hermes und Marcia Thrasonis (Abb. 39)

Standort: Grabbau Phi

Maße: Kasten: H 100 cm; L 226 cm; T 104 cm. – Deckel: H 37,5 cm; L 230 cm; T 104 cm. H der Büsten 31 cm; Köpfe 14 cm (links) bzw. 15 cm (rechts). – Marmor

Herkunft: Grabbau Phi

Inschrift: Q . Marcius . / Hermes . sibi . / et . Marciae . / Thrasonidi . / dignissimae . // coniugi . vibis . / posuit /

Erhaltung: Der Deckel ist zerbrochen und auf eine moderne Platte montiert. Der Fries ist vollständig erhalten, die Deckelplatte nur mit Lücken. Oben auf der Deckelplatte sind am rechten Ende zwei Spendeschalen eingearbeitet, die einen äußeren Dm von ca. 13 cm haben. Beide sind in der Mitte durchbohrt.

Literatur: Ferrua 1942b, 104 f.; Nicolosi 1955, 41–44 Taf. 18–20; Toynbee – Ward Perkins 1956, 89 f. Taf. 24–27; Matz 1958, 146–150. 167 Nr. Ad Taf. 25b. 26a. b; Zadoks-Josephus Jitta 1962, 64 Abb. 4; Reschke 1966, 341. 386 f. Nr. 14; Matz 1975, 479 f. Nr. 306; 520 (Werkstattgruppe 17); Turcan 1966, 42 f. Nr. 3; 80 f. 98. 100. 360 Tabelle IV 4; Wolf 1977, 157–160 S 19; Basso 1981, 153 Farbtaf. 19. 20; Andreae 1982, 138 (Bestellung des Sarkophags zu Lebzeiten; Ausarbeitung der Porträts nach dem Tod); Kranz 1984, 37 Anm. 163; 80 Anm. 477; Pochmarski 1990, 166 f. 313 SR 75; 375; Zanker – Ewald 2004, 139 f. Abb. 122; Boschung 2010, 141–143 Abb. 4. 5; Liverani – Spinola 2010, 73 Abb. 54; Birk 2013, 220 Kat. 73; Zander 2014, 153 Abb. 235; 169 Abb. 259; 172 f. Abb. 263–268; 367 Abb. 651; Meinecke 2014, 306 f. Nr. 1; Borg 2018, 135.

Im Zentrum der Vorderseite ist eine Aedicula angegeben. Sie besteht aus zwei tordierten Säulen mit korinthischen Kapitellen und einer Arkade. Die Akrotere sind als Masken gestaltet; darüber stehen Hippokampen. Der jugendliche Dionysos in der Aedicula legt seinen rechten Arm über einen Satyr, der ihn zu stützen versucht. In der gesenkten rechten Hand hält er einen Kantharos, die rechte ruht auf dem Thyrsos. Das Haar des Gottes fällt in langen Locken auf seine Schultern; er trägt einen Kranz aus Weinlaub und Trauben. Ein Mantel liegt auf der rechten Schulter und auf dem linken Oberschenkel auf. Neben dem linken Bein wächst eine Rebe empor, deren Blätter sich hinter dem Kopf des Gottes ausbreiten. Stamm und Blätter sind fast ganz vom Hintergrund gelöst, ebenso die Hippokampen der Aedicula. Unten liegt ein Panther, über den ein Pan steigt. Er hält in der erhobenen rechten Hand ein Horn, in der gesenkten linken ein Lagobolon.

Am linken Ende des Kastens tanzt auf einem Podium eine Mänade, die mit zurückgewandtem Kopf eine Flöte bläst. Ihr Haar ist in einem Knoten am Hinterkopf zusammengebunden. Der Mantel bläht sich hinter ihrem Kopf auf. Auf der anderen Seite, ebenfalls auf einem Podium, steht ein tanzender Satyr, der auf dem linken Arm ein Pantherfell und einen Knaben trägt. Die rechte Hand ist über den Kopf erhoben und hält ein Lagobolon. Neben ihm sitzt ein Panther, der zu ihm aufblickt. Die beiden Felder zwischen den figürlichen Reliefs sind mit geschwungenen Riefeln ausgefüllt. An beiden Nebenseiten des Kastens ist in flachem Relief ein sitzender Adlergreif angegeben, an der Deckelplatte eine liegende brennende Fackel.

Sarkophage als Ausdruck familiärer Konstellationen

39 Grabbau Phi. Sarkophag des Q. Marcius Hermes und der Marcia Thrasonis (**Sk 20**) (© Fabbrica di San Pietro in Vaticano)

In der Mitte des Deckels halten zwei Satyrn die Inschrifttafel. Beide haben ein Pantherfell über die Schulter geworfen. Zu ihren Füßen liegen Syrinx und Lagobolon. Die Akrotere sind als jugendliche Köpfe mit langem Haar gestaltet. Beidseits der Mittelgruppe steht jeweils eine frontal ausgerichtete Gewandbüste. Die Frauenbüste rechts trägt eine gegürtete Tunica und, über die linke Schulter gelegt, einen Mantel. In der erhobenen linken Hand hält sie einen Apfel; die rechte ist mit drei ausgestreckten und zwei eingeschlagenen Fingern vor die Brust geführt. Das glatt anliegende Haar ist in der Mitte gescheitelt und oberhalb der Ohren nach hinten geführt. Im Nacken ist es umgeschlagen und nach oben gezogen. Die Ohren sind mit einem Gehänge aus Juwelen oder Perlen geschmückt. Hinter der Büste halten zwei Victorien ein Tuch hoch. Die Männerbüste rechts trägt die Toga. Die linke Hand hält eine Buchrolle, die rechte ist in einem Redegestus (drei Finger ausgestreckt, zwei eingeschlagen) vor die Brust erhoben. Das lockige Haar ist kurz geschnitten, verdeckt aber dennoch die Ohren. Auch der Bart ist kurz gestutzt. Zwei nackte Eroten spannen ein Tuch hinter der Büste auf.

Für die Datierung des Sarkophags sind sowohl die spätseverische wie die frühgallienische Zeit vorgeschlagen worden[110]. Beide Ansätze können sich auf Porträts berufen. Das Bildnis des Hermes kombiniert eine Frisur mit kurzen eingedrehten und durch tiefe Bohrung getrennten Locken über der Stirn, wie sie in spätantoninischer und severischer Zeit vorkommt, mit einem eingeritzten Schnurrbart und einem etwas volleren, flach gegegebenen Bart, wie die Söhne des Septimius Severus sie zeigen. Diese Kombination findet sich etwa bei einem Kopf in den Kapitolinischen Museen, den Klaus Fittschen in die Zeit des Caracalla datiert[111]. Auf der anderen Seite entspricht die Haartracht der Thrasonis den Kaiserinnenporträts aus den Jahren um die Mitte des 3. Jahrhunderts[112]. Dabei fällt auf, dass die beiden Köpfe in unterschiedlicher Weise in die Darstellungen am Deckel integriert sind.

---

110 Zanker – Ewald 2004, 140: 220 n. Chr. – Meinecke 2014, 307: spätseverisch. – Matz 1975, 480: Zeit des Alexander Severus. – Zadoks-Josephus Jitta 1962, 64: um 250. – Kranz 1984, 80 Anm. 477: frühgallienisch. Vereinzelt steht die Spätdatierung durch Reschke 1966, 386 f. Nr. 14: um 280 n. Chr.

111 Fittschen u. a. 2010, 113 f. Nr. 112 Taf. 141.
112 Zadoks-Josephus Jitta 1962, 64 vergleicht mit den Bildnissen der Etruscilla. s. auch Fittschen – Zanker 2014, 147 f. Nr. 162 Taf. 156.

40 Grabbau Phi. Sarkophag der Marcia Felicitas (**Sk 21**) (© Fabbrica di San Pietro in Vaticano)

Bei dem Kopf des Hermes laufen die Falten des aufgespannten Tuchs bis zu der Bohrrille weiter, die den Kopfumriss markiert. Bei dem Frauenporträt ist der Kopf dagegen von einem breiten flachen Rand umgeben, der die ursprüngliche Ausdehnung der Bosse anzeigt. Wahrscheinlich ist das Männerporträt bereits bei der Herstellung des Sarkophags ausgearbeitet worden, während der Frauenkopf zunächst in der Rohform blieb und erst nach etwa einem Vierteljahrhundert ausgearbeitet worden ist. Auch die Unterschiede in der Gestaltung von Ohren und Augen sprechen dafür, dass die beiden Porträts nicht gleichzeitig vollendet worden sind.

Datierung: um 220, Ausarbeitung des Frauenkopfes um die Mitte des 3. Jahrhunderts n. Chr.

Sk 21 Sarkophag für Marcia Felicitas   (Abb. 40)

Standort: Iter, gegenüber den Grabbauten B und C

Maße: Kasten: H 62 cm; L 204 cm; T 66 cm. H der Büste 25 cm, Kopf ca. 10 cm. – Deckel H 34 cm; L 208 cm; T 66 cm. – Marmor

Herkunft: aus Grabbau Phi (Ferrua 1942b, 104 f.)

Inschrift: d m s / Marciae Feli/citati Marcia / Urbica sorori / carissimae //

Erhaltung: Der Deckel ist zerbrochen; die zusammengesetzten Stücke sind auf eine moderne Marmorplatte montiert. Klammerloch an den Nebenseiten und am Deckel. – An der linken Seite ist hinter dem Dioskuren ein Stück der Wandung ausgebrochen.

Literatur: Ferrua 1942b, 105; Toynbee – Ward Perkins 1956, 92. 111 f. 115; Turcan 1966, 321 Anm. 2; Wolf 1977, 176–178 S 21; Basso 1981, 83 Abb. 15; Kranz 1984, 273 Kat. 519 Taf. 109,1. 3–4; Boschung 2010, 143–145 Abb. 6; Zander 2014, 180 f. Abb. 281. 283. 284; 183 Abb. 287; 196 Abb. 305; Meinecke 2014, 307 Nr. 2; Russenberger 2015, 522 Anm. 14; Borg 2018, 135. – <http://arachne.uni-koeln.de/item/objekt/144136>

An der Vorderseite der Sarkophagwanne ist in der Mitte über zwei Theatermasken ein Clipeus mit einer Frauenbüste gezeigt. Sie ist mit Chiton und Mantel bekleidet. In der linken Hand hält sie eine Buchrolle; die rechte liegt in der Mantelschlaufe. Das eng am Kopf anliegende Haar ist in kleinen, scharf akzentuierten Wellen oberhalb der Ohren zur Seite geführt. Es wird im Nacken nach oben geschlagen, wobei sich hinter den Ohren kleine Locken lösen. Auf dem Oberkopf wird der vordere Rand einer Scheitelflechte sichtbar.

An den Enden der Wanne stehen, symmetrisch angeordnet, die Dioskuren. Jeder trägt einen Pilos und eine Chlamys. Mit einer Hand halten sie ein Pferd am Zügel, das ein Raubtierfell als Satteldecke trägt, mit der anderen einen Speer. Der Speer ist fast ganz vom Hintergrund gelöst; links ist er daher z. T. weggebrochen. Hinter beiden Pferden wächst ein Baum empor.

Die Mitte des Sarkophagdeckels wird von der Inschrifttafel eingenommen, deren Seiten durch geschweifte Leisten gebildet sind. Die beiden Felder links und rechts daneben sind symmetrisch gestaltet. Die Mitte wird jeweils von einem Krater mit Früchten gebildet. Der linke Krater ist größtenteils verloren; erhalten ist noch der rechte Henkel und ein großer Grantapfel, der darauf liegt. Der rechte enthält Äpfel und kleinere Früchte. Daneben liegen, mit den Füßen zum Krater ausgestreckt, in felsigem Gelände die geflügelten Jahreszeitengenien. Links der Inschrift ist es der Sommer, der einen Korb mit Ähren und einen Ast hält. Rechts der Inschrift liegen der Herbst mit einem Zweig und einem Früchtekorb sowie der Winter mit einem Schilfzweig und einem Korb mit Oliven. Der Winter trägt Hosen, gegürtete Tunica und eine Chlamys; die beiden anderen nur die Tunica. Von dem Frühling, der als Pendant zum Sommer ganz links lag, ist nur noch der rechte Oberschenkel und eine Fußspitze erhalten. Er dürfte einen Früchtekorb gehalten haben.

Bohrungen finden sich an Haar, Mundwinkeln und Augen der Jahreszeiten, ebenso bei den Dioskuren (Haar, Hände, Schamhaar) und ihren Pferde (Mähne, Augen). Das Porträt ist dagegen ohne Bohrungen gearbeitet; die Iris ist durch einen gravierten Kreis umrissen.

Datierung: nachgallienisch bis tetrarchisch (Kranz 1984, 273 Kat. 519), 270 n. Chr. (Meinecke 2014, 307 Nr. 2); 250–260 n. Chr. (Turcan 1966, 321 Anm. 2)

Raum Phi 1?[113]

Sk 22 Riefelsarkophag

Standort: Raum Phi 1, Nordostecke
Maße: H 65 cm; L 202 cm; T 57,5 cm. – Marmor
Herkunft: Grabbau Phi1? Die Aufnahme Mielsch – von Hesberg 1995, II 257 Abb. 289 zeigt auf dem Boden von Phi 1 einen Sarkophag mit zwei Riefelfeldern; die beiden seitlichen Flächen und das Mittelfeld sind undekoriert.
Erhaltung: mehrere Klammerlöcher.
Literatur: Wolf 1977, 169 S 20.
Datierung: um 300 n. Chr.?

Iter

Sk 23 Kindersarkophag (Abb. 41. 42 a. b)

Standort: Iter; gegenüber von Grabbau B
Maße: Kasten H 33,5 cm; L 113,5 cm; T 45 cm; innen ca. L 106 cm; T 32 cm. – Marmor
Herkunft: wie Standort
Inschrift: mensibus . XI . diebus . X
Erhaltung: Deckel verloren. Innen an der rechten Seite abgerundet; an dieser Seite ist ein Kopflager ausgearbeitet. An diesem ist wiederum eine annähernd runde Fläche von ca. 19 cm Durchmesser leicht eingetieft. Vier Stiftlöcher dienten der Fixierung des Deckels, für den oben ein Falz eingearbeitet ist.
Literatur: Toynbee – Ward Perkins 1956, 88 f.; Wolf 1977, 180 S 23; Basso 1981, Farbtaf. 54; Herdejürgen 1996, 163 f. Nr. 158 Taf. 62, 1; 65, 1–3; Huskinson 1996, 63 Kat. 9.7; Dimas 1998, 349 Kat. 541; Zander 2014, 120 Abb. 180 f.; 192 Abb. 300.

An der Vorderseite stehen drei Eroten, die zwei Fruchtgirlanden halten. Auf der oberen Leiste ist das Ende der Inschrift erhalten. An der rechten Nebenseite sitzt eine trauernde Frau auf einem Korb. Sie ist verschleiert und in ihren Mantel gehüllt; den Kopf stützt sie in die rechte Hand. Auf der linken Nebenseite sitzt mit übergeschlagenen Beinen ein bärtiger Mann auf einem lehnenlosen Stuhl. Er trägt ein Gewand mit kurzen Ärmeln, das um den Hals eine Art Kragen bildet, also wohl eine Paenula ist. Sein rechter Unterarm ist auf das Knie gestützt, das Kinn ruht auf der Fläche der rechten Hand. Die linke Hand hängt über den rechten Oberschenkel herab. Er hat volles, kurz geschnittenes Haar, das die Ohren freiläßt. Auch der Bart ist kurz geschnitten. Die Brauen sind zur Nasenwurzel herabgezogen; nach außen steigen sie stark an. Über dem Nasensatz sind zwei Steilfalten eingetragen.

Datierung: kurz nach 150 n. Chr. (Herdejürgen 1996, 164); hadrianisch (Toynbee – Ward Perkins 1956, 88).

---

113 Mielsch – von Hesberg 1995, 257.

41   Iter. Girlandensarkophag (**Sk 23**) (© Fabbrica di San Pietro in Vaticano)

42 a. b   Iter. Girlandensarkophag (**Sk 23**). Nebenseiten (42 b: © Fabbrica di San Pietro in Vaticano)

Sk 24 Sarkophag für Ostoria Chelidon (Abb. 43. 44 a. b)

Standort: Iter; vor Grabbau F.

Maße: Kasten: H 61 cm; L 205 cm; T 58 cm. H der Figuren 52,5 cm (links) bzw. 54 cm (rechts); Köpfe 9,5 cm. – Deckel: H 25 cm; L 208 cm; T 59 cm. – Marmor

Herkunft: vor der Fassade von F[114]. Eine während der Grabungen angefertigte Photographie zeigt, dass der Sarkophag nicht auf dem Niveau des Iter stand, sondern auf einer Aufschüttung von ca. 1,50 m Höhe: Sie zeigt ihn unterhalb des linken Fensters von Grabbau E und der Architekturvedute von F[115]. Dies kann erst während der Terrassierungsarbeiten für die Basilika geschehen sein. Der Sarkophag enthielt das Skelett der Bestatteten mit den Beigaben[116].

Inschrift: (am Deckel) . d . m . / Ostoriae . Che/lidonis . c(larissimae) . f(eminae) . / Osterii . Euho/diani . consulis / (auf dem Kasten): designati / filiae in/conpara/bilis (sic) . castita/tis . et . amoris / erga maritum / exempli femi/nae . Vib . Iolaus / a memoria / Imp . Augusti / uxori /

Erhaltung: An der rechten Nebenseite an Kasten und Deckel zwei übereinstimmende Klammerlöcher.

Literatur: Ferrua, 1941, 14 f.; Ferrua 1942b, 102; Guarducci 1959, 59 f. Abb. 18; Toynbee – Ward Perkins 1956, 92 f.; Wolf 1977, 174–176 S 13; Meinecke 2014, 309 f.; Zander 2014, 45 Abb. 52; 131 Abb. 200; Eck 2022, 223–226.

In der Mitte des Kastens ist eine *tabula ansata* angebracht, links und rechts außen steht vor einem aufgespannten Tuch je eine Gewandfigur: Links eine Frau in Tunica und Mantel, die eine Buchrolle hochhält, rechts ein Togatus, ebenfalls mit Buchrolle. Beide

---

[114] Ferrua 1941, 14 f.; Ferrua 1942b, 102.
[115] Eck 1989, 68 Taf. 3. 4 a. Vgl. Mielsch – von Hesberg 1995, 99 Abb. 97.
[116] Ferrua 1941, 14 f.

Sarkophage als Ausdruck familiärer Konstellationen

43 Iter. Sarkophag der Ostoria Chelidon (**Sk 24**) (© Fabbrica di San Pietro in Vaticano)

44 a.b Iter. Sarkophag der Ostoria Chelidon
(**Sk 24**). Eckfiguren

Köpfe sind in Bosse belassen. Neben dem Togatus steht ein Rollenbündel. Den Rest der Vorderseite nehmen zwei mit Riefeln gefüllte Felder ein. Die Nebenseiten sind ohne Reliefschmuck. Die Deckelfront ist in der Mitte glatt belassen und mit dem Anfang der Inschrift versehen. Von beiden Seiten schwimmen paarweise angeordnet Seepanther und Hippokampen zur Mitte hin. Eine ähnliche Anordnung zeigt ein Riefelsarkophag der kapitolinischen Museen[117], der nach dem Frauenporträt etwa aus der Mitte des 3. Jahrhunderts n. Chr. stammen dürfte. Haltung und Tracht der beiden stehenden Figuren in den seitlichen Bildfeldern entsprechen einem mittelseverischen Riefelsarkophag in der Villa Medici[118].

Datierung: nach 226 n. Chr. (Eck 2022, 224 mit Anm. 7).

---

[117] Rumpf 1939, Nr. 209 Taf. 59, der eine Datierung in die erste Hälfte des 4. Jahrhunderts vorschlägt; zum Porträt vgl. aber etwa Fittschen – Zanker 1983, 112 Nr. 168 Taf. 196. Vgl. M. Sapelli in: Giuliano 1985, 242–244 Nr. V11 (tetrarchisch).

[118] Goette 1990, 164 S66 Taf. 79, 4; Amedick 1991, 160 Nr. 240 (mittelseverisch); Ewald 1999, 50 Taf. 24, 1.

Sk 25 Sarkophag mit *tabula ansata*

Standort: Iter; an der äusseren Westwand von Grabbau T (in situ)
Maße: Kasten: H 44 cm. L 210,5 cm. T 58 cm. – Deckel: H 11 cm. L 212 cm. T 59 cm. – H der Tabula 31,5 cm; B mit *ansae* 58 cm, ohne 37,5 cm. – Kalkstein
Herkunft: vor Westmauer des Grabbau T, vgl. Apollonj Ghetti u. a. 1951, 76 f.
Erhaltung: ein Teil des Deckels weggebrochen; am Kasten ein kleiner Ausbruch an der Vorderseite unten. An der Vorderseite 4 große Klammerlöcher am Kasten und 3 am Deckel.
Literatur: Apollonj Ghetti u. a. 1951, 76 Abb. 53 Taf. 22b; Wolf 1977, 174 S 11.

Die Vorderseite zeigt nur eine *tabula ansata*, die aber ohne Inschrift geblieben ist[119]. Die Steinplatte, die den Sarkophag abdeckt, war mit dem Kasten verklammert.
Datierung: frühes 4. Jahrhundert n. Chr. (Aufstellungskontext).

Frühchristliche Sarkophage, gefunden unter dem Fußboden von St. Peter

*Sk 26 Riefelsarkophag mit Imago clipeata

Standort: Grabbau RR"
Maße: Kasten: H 58 cm; H der Figur rechts 45 cm; Dm des Clipeus 28 cm; H der Büsten 24 cm, Köpfe 9 cm. L 210 cm. T 87 cm. – Deckel: H 34 cm. – Marmor
Herkunft: In situ auf der Mauer zwischen R und R'. Nach Auflassung der Nekropole und nach dem Bau der Basilika eingebracht. Im Innern eine intakte Beisetzung (nicht untersucht, s. Apollonj Ghetti u. a. 1951, 83 Abb. 57). Aus mehreren Steinplatten (Boden, Nebenseiten, Front, Rückseite) zusammengesetzt.
Literatur: Apollonj Ghetti u. a. 1951, 81–84 Abb. 54. 56–58 Taf. 24b. 27b. 28a. b; Deichmann 1967, 283 Nr. 681 Taf. 108; Wolf 1977, 126 S 12; Koch 2000, 76. 289 f.; Dresken-Weiland 2003, 373 Kat. E7 Abb. 22. 23; Liverani – Spinola 2010, 137 Abb. 107–109; Boschung 2010, 145; Zander 2014, 344 Abb. 604–606.

Im Zentrum des Riefelsarkophags steht ein Clipeus mit den Büsten eines Ehepaars. Darunter sitzt ein Hirte zwischen zwei Bäumen; an dem rechten hängt seine Tasche. Er melkt ein Schaf, das vor ihm steht. Im Hintergrund ist der Pilaster angegeben, der den Clipeus trägt. In den Eckfeldern steht an beiden Seiten ein bärtiger Mann im Pallium, der eine Buchrolle hält, für die das Repertorium eine Deutung als Petrus (rechts) und Paulus erwägt. Ursprünglich war dafür ein anderer Dekor vorgesehen. Denn ganz rechts ist noch der Rest eines Kompositkapitells erhalten, das bei Anlage der Nische größtenteils beseitigt worden ist. Die Basis der Figur ist aus dem unteren Profil herausgeschnitten. Auf der anderen Seite ist die Arbeit den Reliefs des Mittelteils so ähnlich, dass keine größere zeitliche Differenz dazu bestehen kann. Möglicherweise wurden die seitlichen Figuren auf Wunsch des Käufers an dem vorfabrizierten Stück ausgearbeitet.
Datierung: 2. Drittel 4. Jahrhundert (Deichmann 1967, 283 Nr. 681); nachkonstantinisch (Koch 2000, 290).

*Sk 27

Standort: Gefunden vor dem Grabbau N, auf der Höhe des *titulus*
Literatur: Deichmann 1967, 271 f. Nr. 674 (1. Drittel 4. Jahrhundert); Apollonj Ghetti u. a. 1951, 37 f. Taf. 7. 8a; Koch 2000, 53. 261; Dresken-Weiland 2003, 371 f. Kat. E4.

Deckel: Jonasszenen; Jünglinge im Feuerofen; auf der Oberseite Christusmonogramm. – Kasten, von links nach rechts: Quellwunder und Beauftragung des Petrus; Übergabe der Gesetzestafeln; Daniel und der babylonische Drache; Heilung des Blinden; Orans (im Zentrum); Heilung der blutflüssigen Frau; Opfer des Abraham; Gefangennahme des Petrus; Auferweckung des Lazarus.
Datierung: Erstes Viertel des 4. Jahrhunderts (Deichmann 1967, 272); konstantinisch (Koch 2000, 261).

*Sk 28 Sarkophag des Iunius Bassus

Literatur: Deichmann 1967, Nr. 680; Koch 2000, 38. 44. 46 Abb. 15; 85 f. 124. 208 mit Anm. 32. 213. 284–285 mit Abb. 43; 293. 295 f. 349 f. 358; Abb. 64; Dresken-Weiland 2003, 372 Kat. E5. – Zum Fundort: Apollonj Ghetti u. a. 1951, 220–222; Zander 2014, 89–91 Abb. 126–128. – <http://arachne.uni-koeln.de/item/objekt/21103> (11.08.2022)
Datierung: 359 n. Chr.

---

[119] Gaggadis-Robin 1998, 274 Taf. 109, 1.

*Sk 29

Herkunft: gefunden unter dem Fußboden von St. Peter
Literatur: Deichmann 1967, 283 f. Nr. 682; Ferrua 1941, 6 f.; Koch 2000, 109. 235. 243 o. Nr.; 283. 290 Nr. 21; 296; Dresken-Weiland 2003, 375 Kat. E15.
Riefelsarkophag; im mittleren Bildfeld eine weibliche Gewandfigur mit Buchrolle, in den seitlichen die Apostel Petrus und Paulus. Deckel: In der Mitte zwei Tritonen mit der Inschrifttafel; links Meerwurf des Jonas, rechts Jonas in der Kürbislaube. Akrotere mit männlichen Köpfen.
Datierung: 2. Drittel 4. Jahrhundert (Deichmann 1967, 284); Kasten nachkonstantinisch, Deckel vorkonstantinisch? (Koch 2000, 243. 283)

*Sk 30

Herkunft: gefunden unter dem Fußboden von St. Peter
Literatur: Deichmann 1967, 284 Nr. 683; Ferrua 1941, 7; Koch 2000, 51. 109. 290. 349; Dresken-Weiland 2003, 376 Kat. E20.
Riefelsarkophag mit Pilastern links und rechts; im Mittelfeld Orans mit Truhe zwischen zwei Palmen. Deckel: Inschrifttafel zwischen je zwei Paaren von Delphinen links und rechts.
Datierung: letztes Viertel 4. Jahrhundert (Deichmann 1967, 284); nachkonstantinisch (Koch 2000, 290).

*Sk 31 Riefelsarkophag

Standort: Grotte Vaticane (am Eingang zur Nekropole)
Maße: L 210,5 cm. H 50,5 cm. T 55,5 cm. – Marmor
Herkunft: unter dem Fußboden der konstantinischen Basilika
Erhaltung: Das rechte Ende ist hinten abgerundet, wohl wegen einer schadhaften Stelle des Blocks. Die Steinplatte, mit der der Sarkophag abgedeckt ist, ist nicht zugehörig. – Auf der Rückseite aufgemalt »24«.
Literatur: Ferrua 1941, 8.
Im Zentrum des Riefelsarkophags steht über einem Korb mit Früchten und Ähren ein Clipeus mit der Büste einer Frau. Sie trägt Tunica und Mantel. Die linke Hand hält eine Buchrolle, die rechte liegt in der Mantelschlaufe, wobei Zeigefinger und Mittelfinger ausgestreckt sind. Das Gesicht ist nicht ausgearbeitet. Der Bereich von Stirn, Nase, Mund und Kinn ist ganz glatt und entspricht der Sägefläche des Blocks. Das Haar ist im Nacken nach oben geschlagen und war somit in der Art von Frisuren des 3. Jahrhunderts angegeben.

Links und rechts stehen in symmetrischer Entsprechung Eroten, die sich auf eine brennende Fackel stützen und in der gesenkten Hand eine Girlande halten. Ihre Augen sind geschlossen. Neben ihnen steht außen der Köcher. Das Haar der Eroten ist mit groben Punktbohrungen aufgelöst und mit demselben Mittel werden Augeninnenwinkel, Mundwinkel, Nasenflügel, Kinngrube, Bauchnabel und der Ansatz der Genitalien angegeben. – Nebenseiten und Rückseite sind undekoriert.
Datierung: 3. Jahrhundert n. Chr.

*Sk 32 Riefelsarkophag

Standort: Grotte Vaticane (Museum neben dem Eingang zur Nekropole)
Marmor.
Herkunft: gefunden unter dem Fußboden der konstantinischen Basilika
Erhaltung: Von dem Hirten des rechten Bildfelds fehlen der Kopf und die Arme; von dem Hund ist nur noch ein Rest erhalten. Der Deckel ist zerbrochen; es fehlen Teile der Platte und der Front mit dem linken Akroter.
Literatur: Ferrua 1941, 8.
Im Mittelfeld steht vor einem aufgespannten Tuch ein unbärtiger Mann in der Toga. Darunter trägt er ein längeres Ärmelgewand; an den Füßen Calcei. Neben ihm stehen ein Bündel von Schriftrollen und ein Kasten mit einem großen Schloss. Der anschließende Riefeldekor wird an beiden Seiten von einem figürlichen Feld begrenzt. In symmetrischer Entsprechung stehen zwei aufgestützte Hirten neben einem Baum, an dem eine Syrinx hängt. Sie tragen die gegürtete Exomis und wenden den Kopf zurück. Ein sitzender Hund blickt zu ihnen auf.

Die Mitte des Deckels nahm ein gerahmtes Inschriftfeld ein. In den beiden folgenden Felder lagen paarweise Jahreszeitengenien auf felsigem Gelände. Am besten ist davon die Figur ganz rechts erhalten. Sie ist geflügelt und trägt eine Chlamys. Mit der Hand des aufgestützten Arms hält sie einen Früchtekorb; ein zweiter Korb stand auf ihrem Knie. Vom Genius ganz links sind Bauch und Oberschenkel zu sehen, von den beiden anderen mit noch Reste der Mäntel und der Hände mit den Körben.

Der Akroter rechts ist als Frauenkopf gestaltet, wobei das Untergesicht fehlt. Er ist verschleiert und steht auf einer Mondsichel, die zur Hälfte erhalten ist. Über der Stirn ist im Haar eine kleinere Mondsichel und ein Stern angebracht[120].

Die Nebenseiten sind ohne Dekor.

Datierung: Bielefeld 1997, Kat. 150 (frühes 4. Jahrhundert); Deichmann 1967, 252 Nr. 625 (konstantinisch).

*Sk 33 Sarkophag mit Kreuz

Standort: Iter; vor der äußeren Westwand von Grab V
Maße: Kasten H 52 cm; L 216 cm; T 72 cm. – Deckel: H 9 cm; L 215 cm; T 72 cm. Das gesondert gearbeitete dekorierte Feld der Vorderseite mißt 170 × 44 cm. – Marmor
Herkunft: wohl unter dem Fußboden der konstantinischen Basilika

Erhaltung: Der Sarkophag ist nicht monolith, sondern aus mehreren Platten zusammengesetzt: Boden; Nebenseiten; dekoriertes Feld der Vorderseite. Als Deckel ist ein wiederverwendeter Architekturblock benutzt (vom Gebälk einer Aedicula?)
Literatur: Wolf 1977, 173 f. S 10.

Die Vorderseite zeigt zwei rechteckige Felder mit geschwungenen Riefeln. Zwischen ihnen steht ein Kreuz. Die Nebenseiten sind mit einem Gittermuster verziert.

Der Sarkophag ist mit einer flachen Steinplatte abgedeckt.

Datierung: fortgeschrittenes 4. Jahrhundert n. Chr.

Zusammenfassung

Die Ausgrabungen in der Nekropole unter Sankt Peter ergaben unterschiedliche Aufstellungskontexte der einzelnen Grabdenkmäler, die in der heutigen Aufstellung nur noch teilweise nachvollziehbar sind. An ihrem Fundort geblieben sind die in Grabbau C eingemauerten Grabaltäre GA 1–2 und die in Grabbau Z in Nischen eingesetzten Sarkophage Sk 17–19 sowie die im Zentrum von Grab Phi nachträglich eingebrachten Exemplare Sk 20–21. Für andere Sarkophage ließ sich die Fundsituation in der heutigen Präsentation nicht erhalten, insbesondere für das einst im Boden eingelassene Stück Sk 10 sowie die erst bei Auflassung der Nekropole in der Auffüllung deponierten Exemplare Sk 1–5, Sk 12 und Sk 24. Die Sarkophage *Sk 26–*Sk 33 wurden im 4. Jahrhundert nach dem Bau der konstantinischen Basilika unter dem Fußboden der Kirche vergraben.

Der Beitrag behandelt den Wunsch der Hinterbliebenen, familiäre Verhältnisse in Darstellungen und Aufstellungskontexten über den Tod hinaus abzubilden.

Riassunto

Gli scavi nella necropoli sotto la basilica di San Pietro hanno rivelato contesti diversi per i singoli monumenti funerari, che nella disposizione attuale possono essere ricostruiti solo in parte. Nelle posizioni originarie sono rimasti gli altari funerari GA 1–2 murati nella tomba C e i sarcofagi Sk 17–19 inseriti nelle nicchie della tomba Z, nonché gli esemplari Sk 20–21 successivamente inseriti al centro della tomba Phi. Per altri sarcofagi non è stato possibile conservare nella presentazione attuale la situazione di ritrovamento, in particolare per Sk 10, che un tempo era incassato nel pavimento, e per S 1–5, Sk 12 e Sk 24, che furono depositati nel riempimento solo quando la necropoli fu abbandonata. I sarcofagi *Sk 26–*Sk 33 furono sepolti sotto il pavimento della chiesa nel IV secolo dopo la costruzione della basilica costantiniana.

Nel contributo si esamina il desiderio dei sopravvissuti di rappresentare le relazioni familiari in rappresentazioni e contesti che vanno oltre la morte.

---

120 Zum Motiv: Bielefeld 1997, Kat. 150 Taf. 43 (frühes 4. Jahrhundert); Koch 2000, 53 Anm. 77; Deichmann 1967, Nr. 625 Taf. 94 (konstantinisch).

Abbildungsnachweis

Abb. 1 © Fabbrica di San Pietro in Vaticano 470/86 (R. Sansaini)
Abb. 2 © Fabbrica di San Pietro in Vaticano 598/86 (R. Sansaini)
Abb. 3 © Fabbrica di San Pietro in Vaticano 469/86 (R. Sansaini)
Abb. 4 a. b Zeichnung A. Smadi nach Mielsch – von Hesberg 1986, Taf. 5 a. b und Angaben des Verf.
Abb. 5 a © Fabbrica di San Pietro in Vaticano 2944 (R. Sansaini)
Abb. 5 b © Fabbrica di San Pietro in Vaticano 2947 (R. Sansaini)
Abb. 6 D-DAI-Rom 88.15 (K. Anger)
Abb. 7 D-DAI-Rom 88.19 (K. Anger)
Abb. 8 Foto D. Boschung
Abb. 9 © Fabbrica di San Pietro in Vaticano 2943/86 (R. Sansaini)
Abb. 10 Foto D. Boschung
Abb. 11 © Fabbrica di San Pietro in Vaticano 473/86 (R. Sansaini)
Abb. 12 © Fabbrica di San Pietro in Vaticano 435a (M. Falcioni)
Abb. 13 © Fabbrica di San Pietro in Vaticano Lastra Nr. 439 MH (R. Sansaini)
Abb. 14 Fabbrica di San Pietro in Vaticano Lastra Nr. 432 N M H (M. Falcioni)
Abb. 15 © Fabbrica di San Pietro in Vaticano Lastra Nr. 429 MC (R. Sansaini)
Abb. 16 © Fabbrica di San Pietro in Vaticano 408 MF (R. Sansaini)
Abb. 17 © Fabbrica di San Pietro in Vaticano 439 MH
Abb. 18 a. b Zeichnung A. Smadi nach Mielsch – von Hesberg 1995, Taf. 21. 22 und Angaben des Verf.
Abb. 19 © Fabbrica di San Pietro in Vaticano 139 MH (R. Sansaini)
Abb. 20 © Fabbrica di San Pietro in Vaticano 356 MH
Abb. 21 D. Boschung
Abb. 22 D. Boschung
Abb. 23 nach Zander 2014, Abb. 423 – © Fabbrica di San Pietro in Vaticano (Foto: R. Sansaini)
Abb. 24 Fabbrica di San Pietro in Vaticano 205/86
Abb. 25 © Fabbrica di San Pietro in Vaticano 141/86 (R. Sansaini)
Abb. 26 D. Boschung
Abb. 27 © Fabbrica di San Pietro in Vaticano Lastra Nr. 3125
Abb. 28 © Fabbrica di San Pietro in Vaticano 3240 MN (M. Anelli)
Abb. 29 © Fabbrica di San Pietro in Vaticano 205/86 (R. Sansaini)
Abb. 30 a. b D. Boschung
Abb. 31 © Fabbrica di San Pietro in Vaticano Lastra Nr. 592 S
Abb. 32 <http://collection.imamuseum.org/artwork/31732> / »Courtesy of the Indianapolis Museum of Art at Newfields«
Abb. 33 © Fabbrica di San Pietro in Vaticano (M. Anelli)
Abb. 34 Zeichnung A. Smadi nach Mielsch – von Hesberg 1995, Taf. 27 und Angaben des Verf.
Abb. 35 © Fabbrica di San Pietro in Vaticano 252a MZ
Abb. 36 D. Boschung
Abb. 37 © Fabbrica di San Pietro in Vaticano 246 MZ (R. Sansaini)
Abb. 38 Zeichnung A. Smadi nach Mielsch – von Hesberg 1995, Taf. 29 und Angaben des Verf.
Abb. 39 nach Zander 2014, Abb. 259 – © Fabbrica di San Pietro in Vaticano (M. Falcioni)
Abb. 40 © Fabbrica di San Pietro in Vaticano 500/86
Abb. 41 © Fabbrica di San Pietro in Vaticano 161/86
Abb. 42 a D. Boschung
Abb. 42 b © Fabbrica di San Pietro in Vaticano 162/86
Abb. 43 nach Zander 2014, Abb. 200 – © Fabbrica di San Pietro in Vaticano
Abb. 44 a. b D. Boschung

Grabbauten, errichtet für wen?
Familien und ihr soziales Umfeld, gespiegelt in den Inschriften und Grabbauten der Nekropole unter St. Peter

Werner Eck

Die Gesellschaft des antiken Rom hat im Verlauf einer langen Geschichte Regeln nicht nur für das soziale Miteinander der Lebenden entwickelt, sondern auch für diejenigen, die nicht mehr unter den Lebenden weilten. Grundsätzliche Hauptregel war: niemand sollte nach seinem Tod unbestattet bleiben, jeder Tote sollte seine letzte Ruhe finden. Selbst Menschen, die hingerichtet worden waren, wurden normalerweise bestattet[1]. Die Verweigerung der Bestattung als Strafe war höchst selten. Die meisten Römer waren von der Vorstellung geprägt, dass Tote, die keine Grabesruhe gefunden hatten, den Lebenden in irgendeiner Form schaden könnten.

In welcher Weise freilich ein Toter bestattet wurde, das hing von den Umständen ab, die vielfältig und gegensätzlich sein konnten. Ein namenloser Leichnam, der im öffentlichen Raum gefunden wurde, durfte zwar nicht unbestattet bleiben, aber es genügte, ihn einfach irgendwo mit Erde zu bedecken[2] oder ihn in einem Massengrab enden zu lassen, wie das nicht nur auf dem Esquilin nachgewiesen wurde[3]. Insbesondere in Kriegszeiten oder bei Seuchen half man sich notgedrungen mit solchen Notmaßnahmen[4]. Doch das war nicht die übliche Realität. Die Mehrzahl der Toten hatte Angehörige oder Mitmenschen, die für eine Bestattung sorgten. Das konnten Soldaten derselben Einheit sein, Mitglieder eines Collegiums[5], aber ebenso auch Freigelassene, die für ihre *conliberti* oder *conlibertae* nach deren Tod sorgten, und ebenso auch Sklaven untereinander, die faktisch miteinander lebten. Inschriften aus Rom, die gerade das Einstehen von Freigelassenen oder Sklaven füreinander bezeugen, sind zahlreich[6].

Die Normalität bei der großen Masse der Bevölkerung aber war die Bestattung durch einzelne Mitglieder der Familie, erwünschtermaßen in der Abfolge der Generationen, also die Eltern durch die Kinder oder die Enkelkinder, manchmal die Geschwister untereinander. Wenn die Abfolge der Generationen umgedreht wurde, und Eltern die schon herangewachsenen Kinder zur letzten Ruhe betten mussten, dann wurde oft heftige Klage erhoben, man müsse gegen die Regeln der Natur handeln, was nicht selten in den Inschriften seinen Niederschlag gefunden hat[7]. In einer Grabinschrift aus der Baetica wird sogar von der gestörten Ordnung, dem *ordo turbatus*, gesprochen, wenn der *maior* den *minor* bestatten musste[8]. Gelegentlich werden der Großvater oder die Großmutter

---

1 Ulp. lib. 9 de off. procos. Dig. 48, 24, 1: *Corpora eorum qui capite damnantur cognatis ipsorum neganda non sunt: et id se observasse etiam divus Augustus libro decimo de vita sua scribit. hodie autem eorum, in quos animadvertitur, corpora non aliter sepeliuntur, quam si fuerit petitum et permissum, et nonnumquam non permittitur*; Paul. lib. 1 sent. Dig. 48, 24. 3: *Corpora animadversorum quibuslibet petentibus sepulturam danda sunt.*
2 Quint. 3, 6, 11: *hinc et ille venit affectus, quod ignotis cadaveribus humum <in>gerimus, et insepultum quodlibet corpus nulla festinatio tam rapida transcurrit, ut non quantulocumque veneretur aggestu*. In ICUR VIII 21396 wird als Strafe jemandem, der ein anderes Grab verletzt, angedroht: *Male pereat, insepultus iaceat, non resurgat, cum Iuda partem habeat, si quis sepulcrum hunc violaverit.*
3 Siehe zusammenfassend Schrumpf 2006, 119–138. Vgl. auch Bodel 2000, 128–135.
4 Aus der Zeit der Seuche unter Marc Aurel siehe HA Marc. 13, 3: *Tanta autem pestilentia fuit, ut vehiculis cadavera sint exportata serracisque.*

5 Siehe z. B. CIL VI 11034 = Dessau 7890.
6 Nur beispielhaft sei auf den Befund bei Buonocore 1984 verwiesen.
7 Siehe z. B. CIL X 1268: *quod filius patri facere debuit pater fecit filio*; oder CIL VI CIL 7479: *D(ecimus) Caecilius Optatus na[tus] Planco et Sil(i)o co(n)s(ulibus) IIII K(alendas) S[ept(embres)], obi(i)t pr(idie) Idus Apr(iles) Tauro et Libone c[o(n)s(ulibus)]. Vixit an(nos) II et mens(es) VIII. Quod debuit filius parentibus officium praestare hunc non merito sed fato mors in maturum apstulit suis carissimum*; oder CIL VI 18282: *quod neptis aviae facer(e) debuit, avia fecit nepti suae.*
8 CIL II 7, 199: *Q(uintus) Cassius Nigr[i f(ilius)] Celtiber ordine turbato maior sepelire minorem [debuit].* In einer Inschrift aus Ausculum klagen Eltern (CIL IX 678): *Sex(to) Tussidio Felici Tussidia Fortunata et P(ublius) Cerrinius Felix. Miserrimi parent(es) debuit hic ante miseros sepelire [p]arentes; [vi]xit ann(os) XX.*

genannt, die die Pflicht gegenüber den Enkeln erfüllen[9], manchmal die Enkel und Enkelinnen gegenüber den Großeltern[10]. Doch auch in diesen Fällen gilt: Die Mehrheit der Toten blieb eingebunden in den engeren oder weiteren familiären Zusammenhang, der über den Augenblick hinaus bestand. Die Familie war eine das Leben des einzelnen Angehörigen überdauernde Gemeinschaft, in der Vergangenheit, Gegenwart und Zukunft miteinander verbunden waren oder zumindest verbunden sein sollten. Das drückte sich auch gegenüber den Toten aus, die im familialen Verband ihre Ruhe fanden. Das Verständnis für diese Notwendigkeit galt auf allen gesellschaftlichen Ebenen.

Daraus entwickelten sich im Laufe der Jahrhunderte der römischen Geschichte verschiedenartige Bestattungsformen, in denen die Verbindung zwischen Menschen sich auch nach dem Tod weiterhin zeigte. Wie das gestaltet wurde, hing von vielen Faktoren ab, der politischen und sozialen Stellung dessen, der ein Grab errichtete, von den finanziellen Möglichkeiten, nicht wenig auch von dem Bedürfnis, seine eigene Person, die Familie oder eine Gruppe zu repräsentieren. Von solchen Faktoren wurde auch der Aufwand für das verwendete Material und insbesondere für die Größe von Grabstätten bestimmt. In den großen Tumulusgräbern, die teilweise auf weit ausgedehnten Flächen errichtet wurden, war jeweils Platz für viele Grabstätten. Octavian wollte zwar mit seinem gewaltigen Grabbau ein deutliches politisches Signal vor der Auseinandersetzung mit Antonius und Kleopatra geben; aber der Innenraum wurde von Beginn an nicht für ihn allein konzipiert. Lange Jahrzehnte wurden Mitglieder der führenden Familie des Reiches in seinem Mausoleum beigesetzt; als letzter fand dort der kurzlebige Kaiser Nerva seine Grabstätte; sein ›Recht‹, dort bestattet zu werden, basierte schlicht darauf, dass er in der Reihe der Herrscher stand, die auf Augustus folgten[11]. In der Grabinschrift des Munatius Plancus an seinem Mausoleum bei Gaeta steht nur sein Name und sein cursus honorum, niemand sonst wird dort erwähnt; doch im Innern waren mindestens vier Plätze für die Bestattung vorgesehen, somit nicht nur für den Erbauer des Monuments[12]. Auch das Tumulusgrab des M. Licinius Paetus an der via Flaminia war für mehrere Personen konzipiert; die dort angebrachte Grabinschrift zeigte dies jedem Beobachter; auf dieser waren zwar die Namen des Grabgründers sowie von dessen Schwester Licinia Polla zu lesen; der Tod der Schwester war vermutlich sogar der Anlass für die Errichtung des Tumulus gewesen. Doch der größere Teil der Tafel war unbeschriftet; jeder konnte sehen, dass der Platz freigehalten war, um die Namen weiterer Personen einzumeißeln, was aber nicht mehr geschehen ist[13]. Dass ein großer Grabbau nur für eine einzige Person errichtet wurde, wie das bei der Pyramide für C. Cestius Epulo vor der Porta Ostiense der Fall zu sein scheint[14], wurde zumindest seit augusteischer Zeit nach allem, was wir erkennen können, eher zur Ausnahme[15].

Die Front solcher Bauten war gewaltig; genauere Angaben, wie breit diese war, finden sich bei diesen monumentalen Schaustücken jedoch nicht. Die Größe allein strahlte Bedeutung aus. Rechtliche Probleme, welches Territorium zu dem einzelnen Grabbezirk gehörte, gab es in solchen Fällen wegen des hohen Sozialprestiges der Erbauer wohl kaum. Das aber war bei kleineren Grabanlagen durchaus von Bedeutung. Man wollte und musste vielleicht auch zeigen, wo ein funerärer Besitz begann und wo er endete. Wie wichtig dies in der Realität gewesen ist, zeigt die erstaunlich hohe Zahl der Angaben in den Grabinschriften Roms, mit denen die Größe eines privaten Grabbezirks angegeben wird: *in fronte pedes ..., in agro pedes ...*. Mehr als 2000 Texte zeigen, wieweit das jeweilige Recht an einem funerären Territorium reichte. Diese Grabbereiche beginnen mit Miniflächen von nur 1½ Fuß im Quadrat[16] und reichen bis zu 500 Fuß Länge und Breite oder mehr[17]. Der überwiegende Teil aller Grabanlagen in Rom, von denen die meisten als Mausoleen zu bezeichnen sind, nämlich rund 1200, erreicht jedoch eine Frontbreite zwischen 10 und 20 Fuß, wobei mehr als 500 dieser Inschriften das Maß *in fronte pedes XII* zeigen[18]. In diesem Bereich ist somit der Durchschnitt dessen zu fassen, was die Bewohner

---

9   Siehe z. B. CIL VI 12174. 17957. 24011. 26661. 28706; Koßmann 2019, 268.
10 CIL VI 16283. 18206. 20670; AE 2009, 163.
11 von Hesberg – Panciera 1994.
12 CIL X 6087 = Dessau 886. Fellmann 1957.
13 CIL VI 32932.
14 CIL VI 1374 = Dessau 917. Das scheint die überwiegende Meinung in der Forschung zu sein. Siehe dazu Knosala 2022, Kat. Nr. 11.
15 Siehe etwa Heinzelmann 2001.

16 CIL VI 27639. 38547.
17 CIL VI 20858; mehr als 500 Fuß: CIL VI 30076.
18 Zu den Maßen, die im Jahr 1987 durch den Index zu CIL VI von Jory ermittelt werden konnten, siehe Eck 1987, 82; Eck 2001, 197–201; die obigen Zahlen wurden über die Datenbank Clauss ermittelt; die Zahl der Texte ist inzwischen deutlich gestiegen. Der Anstieg beruht wesentlich auf der Erfassung der vielen verstreut publizierten Texte, die nach dem letzten Supplement zu CIL VI von 1933 gefunden wurden oder dort nicht aufgenommen waren.

der Stadt Rom in den Jahrhunderten zwischen der späten Republik und dem 3. Jahrhundert als die Normalität der Grabbauten erlebten und was, wie man annehmen muss, von sehr vielen als nötig erachtet wurde.

Mausoleen, die in diesen Durchschnittsgrößen errichtet wurden, prägen neben den großen Tumuli und manchen exotischeren Grabbauten die funeräre Landschaft an den Ausfallstraßen aus den Städten in vielen Teilen der römischen Welt, aber besonders im Suburbium der Stadt Rom. Die Nekropole unter St. Peter ist ein Teil dieser die Stadt Rom umringenden funerären Landschaft. So ist es keine Besonderheit, dass Grabbauten in der eben skizzieren Form uns auch dort als die beherrschende Form der Bestattung entgegentreten. Das Besondere an dieser Nekropole ist freilich, dass hier der Befund weit weniger zerstört ist als an den meisten anderen Ausfallstraßen um Rom, wo nur selten das ursprüngliche Ensemble, also Grabbauten und inschriftliche Information über die Grabgründer zusammen erhalten geblieben sind. An den meisten Straßen, die von Rom aus in alle Richtungen führten, kann die Masse der Inschriften keinem konkreten funerären Kontext zugeordnet werden oder höchstens einem weitgehend zerstörten. Das ist, zusammen mit wenigen anderen Plätzen, grundlegend anders unter St. Peter. Damit aber lässt diese Nekropole, obwohl nur ein kleiner Ausschnitt aus einem früher ungemein größeren Ensemble erhalten ist, vielleicht nicht nur erkennen, wer diese Bauten errichtet hat, sondern auch, wenigstens annäherungsweise, warum sie in dieser Form und Größe erbaut wurden und welche Intentionen damit für die Grabgründer und deren Familien verbunden waren. Das ist jedenfalls die zentrale Frage, worauf diese gemeinschaftliche Publikation ausgerichtet ist.

Freilich ist mit dem Befund unter St. Peter nur eine Möglichkeit gegeben, solche Fragen zu beantworten; denn auch die dortigen Grabbauten und vor allem die Inschriften machen dazu keine direkten Aussagen. Nur sehr indirekt können wir uns vielleicht an Motive und Absichten der Grabgründer herantasten.

Wer errichtete die Bauten und wer sollte nach dem Willen des Grabgründers dort ein Bestattungsrecht erhalten, nur für den engeren Kreis der Familie oder für einen weiteren Personenkreis? Für einen Teil der Bauten in der Nekropole ist dies feststellbar, vor allem dann, wenn der Grabtitulus, also die öffentlich sichtbare ›Rechtsurkunde‹ des Grabbaus, bis auf uns gekommen ist. Der Text eines *titulus* muss freilich keine umfassende Aussage über die Absichten des Grabgründers und den vollen Kreis derer geben, die dort rechtlich Zugang erhalten haben; denn dass dort Personen bestattet wurden, an die der Grabgründer noch gar nicht denken konnte, zeigt sich in nicht wenigen Fällen, auch in der vatikanischen Nekropole. Erst wenn ein solcher Text mit dem konkreten Geschehen in einem Grabbau konfrontiert werden kann, wie es unter St. Peter möglich ist, gewinnen wir Informationen, die vielleicht eher erkennen lassen, welche Gedanken zumindest den Grabgründer bei seinem Beschluss bewogen haben. Manche ließen den Grabbau selbst ausführen, andere hatten den Auftrag dazu in ihrem Testament niedergelegt. Beide Möglichkeiten sind in dieser Nekropole zu finden.

Ein schneller Durchgang durch alle Grabbauten lässt in der Verbindung von Grabinschriften und archäologischem Befund Folgendes erkennen[19]:

Grabbau A

Einen Grabgründungstitulus hat es für diesen nicht gegeben, wohl aber wurde ein Auszug aus dem Testament des C. Popilius Heracla als Inschrift über dem Eingang angebracht, der die Anweisungen für die Errichtung des *monumentum* enthält, sicher detaillierter, als es vermutlich ein *titulus* getan hätte[20]. Der Testator will, dass seine Erben das Grab für ihn und seine Frau Fadia Maxima errichten; das *ius monumenti* geht an seine Freigelassenen, sowie an eine Novia Trophime und deren Freigelassene und Nachkommen über; Novia Trophime ist die eine der zwei Erben, die Heracla benannt hat[21]. In welchem Verhältnis sie zu ihm steht, lässt sich nicht erkennen. Der Erblasser selbst war vermutlich ein Freigelassener, wie sein Cognomen Heracla vermuten lässt, der nicht auf legitime Eltern verweisen konnte[22]. Das

---

19 Im Folgenden werden die Inschriften nur dann im Wortlaut zitiert, wenn dies wegen der Argumentation notwendig erscheint; ansonsten wird nur auf den jeweiligen Text in Anhang I verwiesen.
20 Es ist irreführend, wenn Gee 2011/2012, 63 Anm. 2 meint, »This naming of a location is not typical in a titulus«; denn sie vergisst zu erwähnen, dass es sich hier eben nicht um einen *titulus* handelt, sondern um ein Kodizill, also einen Anhang zum Testament des Popilius (nicht Populus, wie es im Text heißt). Somit kann man die Aussage des Kodizills nicht gegen den sonstigen Inhalt eines *titulus* ausspielen.
21 AE 1945, 136 = AE 1949, 196 = FIRA² III Nr. 56 *bis*.
22 Solin 2003, 525 f. Bei ihm findet sich nur eine einzige freigeborene Person in den mehr als 70 Zeugnissen für den Namen Heracla in Rom

aber war sicher bei seiner Frau Fadia Maxima der Fall; dass sie eine *ingenua* war, besagt ihr Beiname Maxima[23]; denn dieses sehr verbreitete Cognomen ist wie das männliche Pendant Maximus bei Sklaven oder Freigelassenen kaum bezeugt. Im Grabbau H (siehe dort) ist Maxima der Beiname der freigeborenen Tochter. Wie es mit den Eltern des Heracla zum Zeitpunkt der Abfassung des Testaments stand, lässt sich nicht sagen, sie sind jedenfalls nicht erwähnt. Entweder waren sie bereits gestorben, was am wahrscheinlichsten ist, oder sie hatten selbst für ein Grab Vorsorge getroffen. Diese Beobachtung gilt für fast alle Erbauer der Gräber in dieser Nekropole; deren Eltern erscheinen nicht[24]. Kinder, also eine auf Heracla folgende Generation, sind im Testament nicht erwähnt. Das Grab soll auch erst nach seinem Tod erbaut werden; denn dieser Auftrag wird im Testament den Erben übertragen. Außer Fadia Maxima, der Ehefrau des Testators, werden freigeborene Personen nur insoweit eingeschlossen, dass auch den Nachkommen der *liberti* oder *libertae* der Novia Trophime das Grabrecht eingeräumt wird; diese sollten dann *ingenui* sein.

Grabbau B

Wer das Grab erbauen ließ, bleibt unbekannt. Die einzige Inschrift, die aber nicht in die Zeit der Gründungsgeneration gehört, sondern deutlich später zu datieren ist, nennt eine Fannia Redempta, die von ihrem Mann, einem *Aug(ustorum) libertus*, bestattet wurde[25]. Sie selbst war zweifellos eine *ingenua*[26], was bei Ehen von kaiserlichen Freigelassenen durchaus häufig, wenn nicht sogar üblich gewesen ist[27].

Grabbau C

Der Grabtitulus ist erhalten. Dort erscheint ein L. Tullius Zethus als Grabgründer[28]. Er ist vermutlich ein Freigelassener, worauf zum einen die fehlende Filiation hinweist, zum anderen auch sein Cognomen Zethus, das in Rom bei keinem Freigeborenen nachweisbar ist[29]. Er errichtete das Grab *sibi et Tulliae Athenaidi coniugi bene merenti et Tulliae Secundae et Tullio Athenaeo fili(i)s et libe{[[r]]}/ris eorum, libertis libertabusque, quos hi, qui supra scripti sunt, manu misissent* (sic!)[30]. Der Grabgründer hat also etwas längerfristig gedacht und ging von drei Generationen aus, die hier bestattet werden sollten: Er selbst mit seiner Frau, die Kinder und die Enkelkinder. Freigelassene sind zugelassen, nicht jedoch deren Nachkommen, was vermutlich gezielt so verfügt wurde; denn der Grabgründer hat, wie die für seine beiden Kinder von Anfang an vorhandenen Grabaltäre zeigen, die Anlage sorgfältig geplant. Wegen der Formel *coniugi bene merenti*, die Zethus zum Namen seiner Frau hinzufügt, muss man annehmen, dass sie bei der Abfassung des *titulus* bereits tot war und ihr Tod somit wohl der Anlass für die Errichtung des Grabes gewesen ist. Bereits vom Grabgründer wurden die schon erwähnten Aschenaltäre für die Tochter Tullia Secunda und den Sohn Tullius Athenaeus vorgesehen[31]. Die Tochter Tullia Secunda heiratete allerdings später einen Caetennius Antigonus, der in Bau F einen Grabaltar für sich und seine Frau hat aufstellen lassen[32]. So konnte Tullia den für sie im Mausoleum ihrer Eltern vorgesehenen Grabplatz an ihre Tochter Passulena Secundina abtreten; es müsste ein Kind aus einer ersten Ehe gewesen sein, bevor sie Caetennius Antigonus heiratete[33]. Dass eine weitere Caeten-

---

23 Eltern haben so nicht selten ihr ältestes Kind, in diesem Fall die älteste Tochter, so benannt. Valeria Maxima, der Tochter des Valerius Herma, ist vor ihrem Bruder Olympianus geboren (siehe unten S. 134).
24 In Grabbau H soll dies so gewesen sein, was aber mehr als unwahrscheinlich ist; siehe unten Anm. 66 und Inschrift **H 9**.
25 Inschrift **B** im Anhang I. Dass die Bestattung erst zu Beginn des 4. Jahrhunderts erfolgt sein soll, wie das etwa durch EDR000651 suggeriert wird (247 n. Chr. / 320 n. Chr.; vergleichbar auch Liverani 2008, 45), lässt sich aus der Nennung von *Augg(ustorum) lib(ertus)* natürlich in keiner Weise ableiten.
26 Auch ihr Name findet sich nicht unter den stadtrömischen Sklavennamen.
27 Siehe Weaver 1972, 122–136.
28 Nach Feraudi-Gruénais 2003, 26, soll *fecit* hier »erwerben bedeuten«. Doch spricht nichts dafür, dass das Grab zwar in hadrianischer Zeit erbaut, aber von Tullius Zethus erst um 150 erworben worden sei. Gerade die Tatsache, dass die Tochter Tullia Secunda zweimal verheiratet war und deren Tochter Passulena Secundina aus einer ersten Ehe den Grabplatz ihrer Mutter erhielt, macht es schlicht unmöglich, dass der Erwerb erst so spät erfolgte.

29 Solin 2003, 521 f.
30 Inschrift **C 1** im Anhang I.
31 Für Tochter und Sohn: Inschriften **C 2** und **3** im Anhang I. Nicht zutreffend Feraudi Gruénais, die davon ausgeht, der Sohn sei als erster dort beigesetzt worden, weshalb der Vater auch den Grabbau erst damals erworben habe (Feraudi-Gruénais 2003, 26 f.). Wäre der Grabaltar aus diesem Anlass in das Grab gekommen, dann hätte in der Inschrift mit höchster Wahrscheinlichkeit auch das Lebensalter gestanden, also *vixit annos* ...; doch genau dies fehlt, nicht anders als bei dem Altar der Tochter, die dort auch nie bestattet wurde.
32 Siehe unten Anm. 38.
33 Inschrift **C 2** im Anhang I: *D(is) M(anibus) / Tullia Secunda / filia{[[e]]} hic sita / est; / Passulenae Secu/ndinae mater / cessit*: dazu Eck 1989, 81–84. Übernommen wird hier die Interpretation von Platscheck 2009–2012, insoweit, dass sich *mater* nicht auf die im *titulus* genannte Tullia Athenais bezieht, sondern auf Tullia Secunda. Seine sonstige Rekonstruktion ist irrig, siehe dazu Eck 2018a, 244–246.

nia Procla (Inschrift C 4 im Anhang I) dort bestattet werden konnte, geht wohl auch auf die Verbindung zu Tullia Secunda und Caetennius Antigonus zurück.

Grabbau D

Es ist keine Inschrift erhalten, die nachweislich zu dem Grab gehört. Einige Texte, die wohl später bei den Baumaßnahmen der konstantinischen Zeit in den Grabbau gelangt sind, gehören sicher nicht zu den dort erfolgten Bestattungen (siehe Anhang II).

Grabbau E

Der einst vorhandene *titulus* ist verloren gegangen. Fast alle Personen, die dort auf Inschriften genannt werden, tragen das Gentilnomen Aelius, von denen fast alle kaiserliche Sklaven oder Freigelassene gewesen sind[34]. Doch nur in einem Fall zeigt das Praenomen eindeutig, dass T. Aelius Tyrannus *libertus* des Antoninus Pius war, also nicht vor Februar 138 freigelassen worden sein kann[35]. Je nachdem, wie man die genealogischen Beziehungen zwischen den sechs oder sieben Personen mit dem Gentile Aelius/Aelia sieht, können ein oder zwei Personen auch schon von Hadrian Freiheit und Bürgerrecht erhalten haben.

Drei Inschriften sind mit Grabstellen auf der westlichen Seite des Baus verbunden, keine findet sich dagegen an der Nordwand, die dem Eingang gegenüber liegt und die somit den vornehmsten Platz darstellt. Deshalb ist es nicht sehr wahrscheinlich, dass einer der durch die Inschriften in E bekannten Aelii der Grabgründer war[36]. Die Konzentration fast aller Inschriften der Aelii an der Westwand lässt eher vermuten, dass diese eine *pars dimidia* an dem Grabbau erworben haben, so wie es beim Grabmal N und auch sonst bezeugt ist[37]. Obwohl der Grabgründer unbekannt bleibt, ist es doch recht wahrscheinlich, dass er wie die Aelii aus dem Kreis der Freigelassenen, wenn nicht sogar von kaiserlichen Freigelassenen gekommen ist.

Grabbau F

Auch hier ist der Grabtitulus nicht erhalten. Damit kann man nicht mit absoluter Sicherheit sagen, wer der Grabstifter gewesen ist. Doch verschiedene Hinweise führen zu dem Schluss, dass ein M. Caetennius Antigonus den Grabbau errichten ließ. Zum einen ist es sehr wahrscheinlich, dass der repräsentative Altar für die Asche von M. Caetennius Antigonus und seiner Frau Tullia Secunda tatsächlich in der Mitte gegenüber dem Eingang stand, also im Zentrum des Grabbaus. Zum andern nennen Inschriften von einzelnen Grabstätten und insbesondere von Urnen mehrere Freigelassene, deren Namen entweder mit M. Caetennius oder mit L. Tullius beginnen, die somit von Caetennius Antigonus oder Tullia Secunda freigelassen wurden[38]. All das spricht für die Stiftung des Grabes durch Caetennius Antigonus. Ob Kinder oder weitere Angehörige in den einst vorhandenen *titulus* eingeschlossen waren, bleibt unsicher. Den *liberti libertaeque* war ohne Zweifel das Grabrecht zugestanden, wie die Urnen zeigen. Einige der recht zahlreichen späteren Bestattungen brauchen hier nicht zu interessieren, da diese, soweit man jedenfalls nach den Namen erschließen kann, von den Grabgründern nicht antizipiert werden konnten[39]. Es könnte sein, dass Antigonus einen Sohn hatte, der aber schon vor seiner eigenen Freilassung, also noch als Sklave, geboren war. Denn auf einer Urne steht der Text: *D(is) M(anibus) M(arco) Caetennio C(h)ryseroti M(arcus) Caetennius Antigonus iun(ior) patrono b(ene) m(erenti) f(ecit)*[40]. Der Zusatz *iunior* kann nur heißen, dass der andere Antigonus im Grab mit ihm in einem verwandtschaftlichen Verhältnis stand. Allerdings war dann der ältere Antigonus rechtlich nicht sein Vater, da er Chryseros seinen *patronus* nennt, der ihn freigelassen hatte. Da die Urne in der östlichen Ecke der Nordwand stand, also gegenüber dem Eingang, könnte es sein, dass Chryseros auch der Patron des Grabgründers gewesen ist, der dann aber vor dem Patron verstorben wäre, da nicht er ihn bestatten lässt, sondern sein vermutlicher Sohn.

---

34 Inschriften **E 1–4** im Anhang I.
35 Inschriften **E 2** im Anhang I: *T(ito) Aelio Aug(usti) lib(erto) Tyranno*.
36 Eck 1989, 71 Anm. 69.
37 Siehe z. B. CIL VI 8495 = Dessau 1612. 18049. 18435.
38 Inschriften **F 2–5. 8–10** im Anhang I. Man kann aber nicht mit Feraudi-Gruénais 2003, 29 f., von einem Grabbau sprechen, der von zwei Familien, den Caetenni und den Tullii genutzt wurde. Dass dort auch Personen mit dem Namen Tullius beigesetzt wurden, war möglich, weil Tullia Secunda Caetennius Antigonus geheiratet hat, über den dann auch ihre Freigelassenen dort ein Grabrecht erhielten.
39 Siehe die Inschriften **F 6. 7. 11–14** im Anhang I.
40 Inschrift **F 2** im Anhang I. F

Grabbau G

Es sind keine Inschriften erhalten.

Grabbau H

Gründer war C. Valerius Herma, der seine Frau Flavia Olympias, seine älteste Tochter Valeria Maxima, seinen jüngeren Sohn C. Valerius Olympianus sowie seine Freigelassenen in den *titulus* einschloss. Er werden keine ihn unter Umständen überlebenden Kinder genannt[41]. Grund dafür war, dass zum Zeitpunkt, als das Grab erbaut wurde, nicht nur die Kinder, sondern auch seine Frau bereits gestorben waren. Der schon erfolgte Tod der Frau ist durch eine Inschrift, die an der eigentlichen Grabstelle von Herma und Olympias angebracht war, zu erschließen; die Platte wurde während der Grabung an anderer Stelle der Nekropole in Wiederverwendung gefunden[42]. Vor allem aber sind die ausgemauerten Gruben, in denen die Tonsarkophage für die 12-jährige Tochter[43] und für den etwas mehr als vier Jahre alten Sohn[44] versenkt wurden, so angelegt, wie es der Größe des Leichnams der Kinder entsprach. Die Grube für den Sohn war 1,56 m lang, für die Tochter 1,76 m. Alle anderen Gruben aber, in denen Erwachsene beigesetzt wurden, messen mehr als 2 m[45]. Damit ist klar, dass die Kinder schon tot waren und man die Größe der Tonsarkophage, in denen die einbalsamierten Leichen provisorisch geborgen waren, berücksichtigte, als man das Mausoleum erbaute. Wenn der Grabstifter im *titulus* keinen Hinweis auf weitere Kinder aufnahm, dann ging er jedenfalls bei der Errichtung des Grabes nicht davon aus, dass er noch für das Begräbnis weiterer engster Familienangehöriger zu sorgen habe.

Valerius Herma war selbst Freigelassener. Bei seiner Frau ist im *titulus* die Filiation angegeben, ebenso auch in der eigentlichen Grabinschrift: *T(iti) f(ilia)*; damit wird die Ingenuität betont. Umgekehrt erscheint in seinem Namen kein Hinweis auf seine Abstammung, was nur heißen kann, dass er rechtlich gesehen, keinen Vater hatte. Dass bei ihm auf den Status als Freigelassener nicht durch einen Hinweis auf den Patron aufmerksam gemacht wird, besagt freilich nicht, dass die Herkunft aus dem Sklavenstand verheimlicht werden sollte. Gerade in der Konfrontation mit dem Namen seiner Frau, bei der die Filiation so deutlich hervorgehoben wurde, war der ehemalige Sklavenstand unmittelbar zu erkennen. Auf die zahlreichen anderen Bestattungen in diesem größten aller Grabbauten unter St. Peter ist nochmals zurückzukommen.

Grabbau I

Es sind keine Inschriften zu den Bestattungen erhalten, lediglich die Ausdehnung des Grabes: 12 mal 15 Fuß ist an den Wangen des Eingangs zu lesen[46].

Grabbau L

Ein Marcus Caetennius Hymnus erbaute zusammen mit seinem Sohn, M. Caetennius Proculus, das Mausoleum, als die Tochter bzw. Schwester, Caetennia Hygia mit 21 Jahren starb. Die Freigelassenen beider Grabgründer und deren Nachkommen konnten hier bestattet werden, dem Erben aber sollte es verschlossen sein[47]. Ob sich dies im vorliegenden Fall gegen den Patron, der ja zumindest einen Teil der Erbschaft erhielt, richtete? Es ist jedenfalls sehr wahrscheinlich, dass Caetennius Hymnus ein Freigelassener war, worauf mit großer Wahrscheinlichkeit sein Cognomen verweist[48]. Sein Freilasser sollte wohl einer der Caetennii aus Grabbau F sein oder der gemeinsa-

---

41 Inschrift **H 1** im Anhang I: *C(aius) Valerius Herma fecit et Flaviae T(iti) f(iliae) Olympiadi co(n)iugi et Valeriae Maximae filiae et C(aio) Valerio Olympiano filio et suis libertis libertabusque posterisq(ue) eorum.*
42 Inschrift **H 2** im Anhang I: *D(is) M(anibus). C(aius) Valerius Herma. Dum vivo mihi feci et Flaviae T(iti) f(iliae) Olympiadi co(n)iugi.*
43 Ergänzug des Fragments durch Annemarie Andermahr bei Eck 1986, 257 f. = Inschrift **H 4** im Anhang I: *[D(is) M(anibus) Valeriae] C(ai) f(iliae) M[aximae, quae vixit an]nis XII, m[ens(ibus) --, dieb(us) --, C. Valerius Herma pater]* = AE 1987, 114.
44 Inschrift **H 3** im Anhang I.
45 Eck 1989, 64 f. Nach Feraudi-Gruénais 2003, 31, sollen die Kinder erst nach der Mutter gestorben sein, was schlicht deswegen auszuschließen ist, weil die Kinder bereits gestorben waren, als der Grabbau errichtet wurde. Da zeigt die auf ihr Alter ausgerichtete Größe der Grabgruben sowie der dort deponierten Tonsarkophage. Vermutlich sind Mutter und Kinder etwa zum selben Zeitpunkt gestorben und ihr gleichzeitiger Tod war für den Vater der Anlass, den Grabbau zu errichten.
46 Inschrift **I** im Anhang I.
47 Inschrift **L 1** im Anhang I: *D(is) M(anibus) Caetenniae Hygiae quae vixit ann(os) XXI, d(ies) XIII M(arcus) Caetennius Hymnus filiae pientissimae et M(arcus) Caetennius Proculus sorori karissimae fecerunt et sibi et libertis libertabusque suis posterisque eorum h(oc) m(onumentum) h(eredem) n(on) s(equetur) h(uic) m(onumento) d(olus) m(alus) a(besto)* und Inschrift L 2.
48 Siehe Solin 2003, 1262 f.: unter den insgesamt 58 Personen mit diesem Cognomen in Rom findet sich nur ein einziger Freigeborener.

me Patron beider Grabgründer. Ob eine Caetennia Procla, deren Inschrift in Grabbau C gefunden wurde, wegen ihres Cognomens mit Caetennius Proculus verwandt war und deshalb mit diesem Zweig der vatikanischen Caetennii zusammenhängen könnte, lässt sich nicht sicher entscheiden, ist aber durchaus möglich. Am Eingang ist das Grabterritorium mit 14 mal 19 Fuß angegeben[49].

Grabbau M

Diesem Grabmal wird die Inschrift CIL VI 20293 zugewiesen, die aber nicht in situ gefunden wurde. Es handelt sich um einen *titulus*, dessen Text auf einer Tafel von 35 cm Höhe und 60 cm Breite steht[50]; das sind Maße, wie sie ungefähr auch vielen anderen Grabgründungstituli eigen sind. Der Text lautet: *D(is) M(anibus). Iulio Tarpeiano vixit ann(o) I me(n)s(ibus) VIIII diebus XXVII Iulia Palatina et Maximus parentes fec(erunt) lib(ertis) libert(abus) posterisq(ue) eorum. H(oc) m(onumentum) h(eredem) n(on) s(equetur)*. Der Text lässt erkennen, dass der sehr frühe Tod des Kindes die Ursache für die Errichtung des Grabes war. Das Kind stammte nicht aus einer legitimen Ehe; der Vater war vielleicht noch Sklave, worauf das fehlende Gentile hindeutet. Die Mutter könnte *ingenua* gewesen sein, da das Cognomen in Rom bei keiner Freigelassenen oder Sklavin nachzuweisen ist; sie lebte vielleicht mit dem eigenen Sklaven zusammen. Beide sahen sich, gegen die rechtlichen Regeln, als Eltern an.

Grabbau N

Das Grab wurde von einem M. Aebutius Charito erbaut. Vermutlich noch während der Bauzeit, jedenfalls bevor der *titulus* in die Wand eingelassen wurde, kaufte sodann ein Ehepaar die rechte Hälfte des Baus, als ihr neunzehnjähriger Sohn Clodius Romanus verstarb[51]. Beide Vorgänge sind auf dem Grabtitulus untereinander eingemeißelt. Charito spricht nur von seinen Freigelassenen, die das Recht auf Begräbnis im Grabbau hätten, nicht über nähere Angehörige wie Ehefrau oder Kinder. Dagegen verweisen L. Volusius Successus und Volusia Megiste, die Eltern von Clodius Romanus, neben den Freigelassenen auf ihre eigenen Nachkommen; sie sollten also noch andere Kinder gehabt haben, die sie aber nicht namentlich anführen; vielleicht dachten sie auch nur an zukünftige Kinder. Da sie beide das Gentile Volusius/a tragen, bleibt es spekulativ, wie der Name des Clodius Romanus, den sie als ihren Sohn bezeichnen, zu erklären ist. Aebutius Charito ist mit einiger Wahrscheinlichkeit ein Freigelassener, da Freigeborene, die diesen Namen tragen, im stadtrömischen Inschriftenmal kaum zu finden sind, wohl aber nicht wenige *liberti*[52]. Bei Volusius Successus und Volusia Megiste sollte zumindest eine Person wegen des gemeinsamen Gentilnomens freigelassenen Status gehabt haben, wenn nicht sogar beide.

Grabbau O

Zwei freigelassene Matuccii errichten den Grabbau für ihren Patron Matuccius Pallas, dessen Personalstatus unbestimmt bleibt[53], sicher aus Anlass seines Todes. Das Grab soll außer ihnen selbst auch ihren Kindern und deren Nachkommen dienen sowie ihren Freigelassenen[54].

Grabbau S

Kein *titulus* erhalten. Ein repräsentativer Sarkophag für einen Flavius Agricola wurde im Grab gefunden. Seine Frau Flavia Primitiva trägt das gleiche Gentile wie er; das könnte darauf hindeuten, dass beide freigelassen waren oder jedenfalls einer von beiden; dass er Tibur seine *patria* nennt, schließt seine Geburt als Sklave nicht aus. Der Sohn seiner Frau mit dem Namen Aurelius Primitivus deutet wohl darauf hin, dass sie bereits vorher mit einem Aurelius verheiratet war[55].

---

49 Ferrua 1942a, 229 = AE 1987, 159. EDR080252.
50 Siehe EDR150954.
51 Inschrift **N 1a** im Anhang I: *D(is) M(anibus) M(arcus) Aebutius Charito fecit sibi et libertis libertabusque suis posterisque eorum*. Inschrift N 1b im Anhang I: *D(is) M(anibus) C(ai) Clodi Romani, q(ui) vix(it) a(nnos) XIX m(ensem) I d(ies) XXI L(ucius) Volusius Successus et Volusia Megiste filio dulcissimo; emerunt in parte dimidia et sibi posterisq(ue) suis lib(ertis) lib(ertabus) q(ue) p(osterisque) eorum. H(uic) m(onumento) d(olus) m(alus) a(besto)*.

52 Siehe Solin 2003, 491–493.
53 Auch bei ihm spricht der Name eher für Freigelassenenstatus (Solin 2003, 290 f.), aber weniger eindeutig als im vorausgehenden Fall des Charito.
54 Inschrift **O 1** und **2** im Anhang I.
55 Inschrift **S** im Anhang I.

Grabbau T

Kein *titulus* erhalten. Lediglich eine Urne trägt eine Inschrift für eine Trebellena Flacilla, die von ihrer Tochter Valeria Taecina beigesetzt wurde[56]. Direkte Aussagen zum sozialen Status gibt es nicht; auch die Namen enthalten keine entsprechenden Hinweise. Ob möglicherweise auch noch eine weitere Inschrift aus diesem Grab stammt[57] und ob die dort genannten Personen zum Kreis der Grabgründer gehören könnten, muss offen bleiben, insbesondere auch deswegen, weil die Maße der Platte, die an einem *arcosolium* angebracht gewesen sein muss, zu keinem Grab dieser Art im Grabbau T passen[58].

Grabbauten Z, Phi, Chi und Psi

Da überall die Frontseite zerstört ist, fehlt in allen Fällen auch der *titulus*. Lediglich in Phi sind zwei aussagefähige Inschriften erhalten, beide auf Sarkophagen, die zur Erstbelegung des Grabes gehören sollten. Ein Q. Marcius Hermes lässt den Sarkophag für sich und seine Frau Marcia Thrasonis zu beider Lebzeiten im Grab aufstellen. Im zweiten Sarkophag bestattet eine Marcia Urbica ihre Schwester Marcia Felicitas[59]. Alle drei gehören zum selben Familienclan. Die Namen deuten auf den Status von Freigelassenen, vor allem das gemeinsame Gentile bei Marcius Hermes und Marcia Thrasonis[60].

Aus dem gesamten Befund zeichnen sich zwei Tendenzen ab:

1. In keinem einzigen Fall sind freigeborene Römer oder Römerinnen alleine die Grabstifter, wohl aber in fünf Fällen eindeutig liberti, in weiteren fünf ist dies zumindest sehr wahrscheinlich. Zwei ingenui werden als Miterbauer genannt, aber eben nur neben dem freigelassenen Vater. Der Befund ist damit, jedenfalls in der Nekropole unter St. Peter, recht eindeutig[61]. Die Initiative zur Errichtung der Gräber geht somit von Personen aus, die rechtlich keine Vorfahren hatten, die bereits ein Grabmal besaßen, in dem sie nach ihrem Tod die letzte Ruhe hätten finden können. So verwundert auch nicht, dass die Generation der Eltern der Grabgründer nirgendwo erwähnt wird. Der Ursprung all dieser Personen beginnt bei ihnen selbst bzw. bei ihren Freilassern oder Patronen. Gerade deswegen drängt sich eine Frage auf. Haben diese Patrone ihrerseits diesen Freigelassenen kein *ius monumenti* zugestanden, so wie das andererseits allen freigelassenen Grabgründer, von denen ein *titulus* unter St. Peter erhalten ist, getan haben? Denn im Text der hier besprochenen Grabstiftungsinschriften wird fast stets vermerkt: *libertis libertabusque* und meist noch *posterisque eorum*. Oder haben vielleicht alle diese freigelassenen Grabstifter auf das ihnen im Grab ihrer Patrone zustehende Recht verzichtet und stattdessen eine eigene Grabanlage erbaut? Dass jemand ein eigenes Grab errichtet, obwohl ihm – aller Wahrscheinlichkeit nach – ein solches Recht in einem anderen zugestanden hatte, ist in der Nekropole selbst wohl nachweisbar; denn Grabbau L wurde von einem M. Caetennius Hymnus errichtet, der vermutlich ein Freigelassener eines M. Caetennius aus Mausoleum F gewesen ist; dort sind eine Reihe von Freigelassenen bestattet, so dass man voraussetzen darf, dies sei im heute fehlenden *titulus* auch so vermerkt gewesen[62]. Valerius Herma hatte seinen Grabbau auch für seine Freigelassenen geöffnet; somit hatten die Valerii Philumenus et Galatia dort ein Anrecht auf einen Grabplatz; doch sie traten diesen an eine andere Person ab. Den Grund darf man wohl darin sehen, dass sie den Platz nicht benötigten, weil sie selbst ein eigenes Grab erworben hatten[63]. Doch bleiben hier viele Unwägbarkeiten, weil zu viele, auf Grund der Überlieferung nicht erkennbare Gründe zu dem jeweiligen Entschluss beigetragen haben können.

2. Beobachtung: Eine wichtige Bedingung muss man allerdings bei allen diesen *liberti* voraussetzen. Wenn man nicht annehmen will, dass sie

---

56 Inschrift **T 1** im Anhang I.
57 Inschrift **T 2** im Anhang I: *D(is) M(anibus) / D(ecimi) Laeli Alexsandri et / D(ecimi) Laeli{[[o]]} Luciliani̯, [q]ui / vixit annis XX, mensibu[s -- d]ieb(us) VI / Samiar[i]a Hermocrati[a --] ma[rito] / et filio [d]ulcissimo.*
58 Nach Papi 2000/2001, 249 Anm. 23 messen die *arcosolia* der Westwand: 88 × 210; der Nordwand: 84 × 210; der Ostwand: 78 × 206 cm; die Platte selbst misst aber nur 165 cm in der Breite.
59 Inschrift **Phi 1** und **2** im Anhang I.
60 Solin 2003, 822.
61 Siehe schon Eck 1989, 70.
62 Inschrift **L 1** im Anhang I. Man muss freilich in diesem Fall fragen, ob er nicht der Freigelassene eines Freigelassenen des Grabgründers war. Dann könnte es sein, dass *liberti* eines *libertus* kein Grabrecht hatten, weil es ja nur hieß: *libertis libertabusque posterisque eorum*. Die *posteri* waren streng genommen nur die freigeborenen Kinder der *liberti*. Dem Wortlaut nach wären die *liberti* der zweiten Generation ausgeschlossen gewesen.
63 Inschrift **H 17a** im Anhang I.

von ihren Patronen – aus welchem Grund auch immer – finanziell abgesichert wurden, was man nicht einfach voraussetzen darf, dann müssen sie alle nach der Freilassung ökonomisch so erfolgreich gewesen sein, dass sie den Bau finanzieren konnten. Denn der Aufwand für so sorgfältig erbaute und ausgestattete Grabbauten, wie sie in dieser Nekropole erhalten sind, ist nicht ganz klein gewesen. Für Mausoleum A ist im Testament festgehalten, die beiden Erben, denen nach dem Tod des Erblassers Popilius Heracla die Aufgabe zufiel, das Grabmal zu errichten, sollten je 3000 Sesterzen aus dem ihnen zugefallenen Erbteil investieren, also insgesamt 6000 Sesterzen[64]. Dabei ist klar, dass die Parzelle, auf der der Grabbau errichtet werden sollte, bereits im Besitz des Heracla gewesen sein muss. Denn sonst wäre es ihm nicht möglich gewesen, genau anzugeben, wo das Grab errichtet werden solle: *in Vatic(ano) ad circum iuxta monumentum Ulpi Narcissi*. Dieses *monumentum* würde man wohl direkt im Anschluss an Mausoleum A finden, wenn man dort weiter ausgraben würde. Jedenfalls war die Summe, die Heracla nennt, nur auf den Grabbau selbst ausgerichtet. Die Größe des Grabs und der dafür nötige finanzielle Aufwand lässt sich nicht genau bestimmen, da nur die Front von A ausgegraben werden konnte, nicht das Innere. Doch da man wenigstens die Ausdehnung der Front von A mit der der anderen Grabbauten unter St. Peter vergleichen kann, ergibt sich, dass A in etwa dem Durchschnitt entsprochen haben sollte. Die Front einiger Mausoleen ist kleiner als bei A, andere sind in der Front identisch, einige aber sind erheblich breiter als A[65]. Das aber bedeutet dann, dass für die meisten Gräber kaum weniger als 6000 Sesterzen ausgegeben werden mussten, in einigen Fällen allerdings deutlich mehr wie etwa bei F, H und O; F hat in *fronte pedes XXII*, H *pedes XXIII semis*, wobei H in der Rückwand noch deutlich breiter ist; die Grundfläche misst einschließlich des Vorhofs mindestens das Dreifache von Grabbau A; auch O ist erheblich breiter als A. Zusätzlich wird gerade die Innenausstattung weitere Kosten nach sich gezogen haben, wie es etwa die vielen Stuckreliefs in H annehmen lassen; die Investitionen waren sicher erheblich höher als für die Ausmalung der Innenräume in anderen Grabbauten, Gleiches gilt von den wertvollen großen Marmorsarkophagen in Grabbau Phi. Die 6000 Sesterzen, die für A angesetzt waren, entsprachen in den ersten Jahrzehnten des 2. Jahrhunderts, als dieses Grab errichtet wurde, dem fünffachen Jahressold eines Legionssoldaten, die damals nicht einen der am schlechtesten dotierten Berufe ausübten.

Alle Grabgründer haben, wie die nicht bestreitbaren sichtbaren Elemente ihrer Bauten zeigen, einen erheblichen Aufwand betrieben. Dann aber muss man fragen, welche Intentionen die Grabgründer antrieben, diese Kosten aufzuwenden. Natürlich bestand fast bei allen Grabbauten in der Nekropole zunächst einmal die Notwendigkeit, den Begräbnisort für einen oder mehrere Verstorbene zu schaffen. Denn – das lässt sich bei fast stets erkennen – der unmittelbare Anlass für den Bau ist meist ein aktueller Todesfall, nicht etwa primär die Sorge um das zukünftige Begräbnis der eigenen Person, obwohl dies in der Forschung immer wieder als ein grundlegendes Motiv angesehen wird. Der Tod einer konkreten Person als Anlass ist ganz eindeutig bei A: der Grabplatz war zwar schon vorhanden gewesen, aber der Bau sollte erst nach dem Tod des Heracla beginnen; erst dann wurde die Summe, die im Testament dafür vorgesehen war, verfügbar. Beim Grabbau des Tullius Zethus ist der Tod der Frau das auslösende Moment[66]. Bei H sind die beiden Kinder des Valerius Herma und wohl auch seine Frau bereits tot; vermutlich sind sie innerhalb einer kurzen Zeit verstorben; man darf vermuten, dass ihr Tod eine Folge der Seuche war, die nach dem Partherkrieg des Verus auch Rom sehr stark getroffen hatte[67]. Bei L war der Tod der Tochter des Caetennius Hymnus der Auslöser, das Grab zu erbauen[68]. Als ihr Patron Matuccius Pallas verstarb, fiel zweien seiner Freigelassenen die Pflicht zu, den Grabbau O zu errichten. Vielleicht hatte der Patron dies in seinem Testament bestimmt und auch die Mittel festgelegt, ähnlich wie Popilius Heracla. Die zeitliche Abfolge von auslösendem Todesfall und darauf folgender Erbauung des Grabes ist also durchgehend.

---

64 Inschrift **A** im Anhang I. Die nachfolgende Diskussion des ökonomischen Aufwandes für Grabbau A im Vergleich zu den anderen mit mehr Details bei Eck 1989, 71–73.
65 A: 15 Fuß; B: 17; C: 12; D: 15; E: 15; F: 22; G: 12; H: 23, 5 (die Ausdehnung an der hinteren Wand war noch größer); I: 12; L: 14; M:5,5; N: 9; O: 16; T: 12; U: 12; Z: 20; Phi: 17; X 11; Psi 20.
66 Siehe oben bei Grabbau C.
67 Vgl. die Beiträge in: Lo Cascio 2012.
68 AE 1987, 152.

Lediglich beim Grab M ist es nicht so eindeutig; denn Aebutius Charito nennt niemandem speziell, für den das Grab bestimmt war; sicher ist jedoch, dass die Eltern von Iulius Tarpeianus die andere Hälfte des Grabes kauften, weil ihr Sohn im Alter von weniger als zwei Jahren verstarb[69].

Doch für die Grabgründer müssen über den aktuellen Todesfall hinaus noch andere Überlegungen wichtig gewesen sein, wenn sie Grabmonumente dieses Typus erbauen ließen. Der Gedanke war nicht allein auf die engere Familie: also sie selbst als Erbauer und ihre Kinder ausgerichtet. Das zeigt nicht nur der stereotype Verweis auf das Recht der Freigelassenen, sondern vor allem die Zahl der Grabplätze, die in den einzelnen Bauten eingerichtet wurden. Nach dem, was sich heute feststellen lässt, wiesen die Bauten unmittelbar bei Fertigstellung folgende Zahl von Grabplätzen auf[70]: B: mindestens 68; C: ca. 70; D: 34; E: etwa 68; F: mindestens 120; G: mindestens 46; H: mindestens 170; I: 20[71]; L: mindestens rund 60[72]; M: Zahl der ursprünglich geplanten Grabplätze unklar[73]; N: kaum weniger als 30; O: mindestens 40; T: mindestens 25; U: wohl auch ca. 25.

Erst in den Gräbern der südlichen Reihe verringern sich nachweislich die Grabplätze, da dort nicht mehr nur Plätze für die Aufstellung von Aschenurnen oder die einfachen *ollae* in den Nischen für die Asche der Toten nötig waren; hier sollten vielmehr die Körper der Toten unverbrannt bestattet werden. Damit korrespondiert die geringere Zahl von Grabplätzen: in Grabbau Z: 12 *arcosolia*; in Phi: 12 *arcosolia* + 2 Sarkophage; in X: wohl 6 *arcosolia*. Die Zahl der Plätze ist also auch hier nicht unbedingt gering, aber doch erheblich eingeschränkter als in der nördlich davon gelegenen Gräberreihe.

Vor allem in dieser nördlichen Gräberreihe von A bis O mit den sehr zahlreichen Plätzen für die Asche von Verstorbenen haben die Grabgründer, so darf man wohl annehmen, natürlich auch überlegt, wie viele Verstorbene dort ihre letzte Ruhe finden müssten oder könnten. Doch kann man bezweifeln, dass die Entscheidung jeweils durch eine genauere Kalkulation beeinflusst wurde. Zumindest konnte niemand sagen, wie viele Nachkommen die *liberti* haben würden. Man muss allerdings bei der Überlegung, wie viele Grabplätze der Grabgründer wollte, den Typus der Gräber berücksichtigen: die Wände waren generell mit runden oder querrechteckigen Nischen gegliedert, in denen je zwei *ollae* eingetieft waren. Diese Form und das, was sich daraus ergab, waren offensichtlich fast standardgemäß gegeben. Wenn also ein Grabstifter einen Platz von x *pedes* in der Front und y *pedes* in die Tiefe erworben hatte, dann war nicht nur die Größe des Grabmals insgesamt bestimmt, sondern in einem gewissen Maß auch die Zahl der Plätze im Grab, wo die Asche von Verstorbenen geborgen werden konnte; diese Plätze ergaben sich ganz natürlich durch die normale Gliederung der Wände. Modifiziert wurde das höchstens dadurch, dass Besonderheiten eingeplant wurden, wie etwa die zwei Aschenaltäre an der Rückwand von Grabbau B links und rechts von der Stelle, die für die Asche der Eltern vorgesehen war. Hier lässt sich allerdings auch zeigen, dass der Grabgründer wohl doch Wert darauf gelegt hat, dass zahlreiche Plätze vorhanden sind; denn es wurden sogar noch in einer vierten Zone direkt unter der Einwölbung des Grabmals weitere Nischen mit zwei *ollae* in die Wand eingelassen. Man möchte zumindest annehmen, dass dies nicht nur aus Zufall geschah. Dennoch: eine genauere Kalkulation muss nicht zugrunde liegen.

Aber: auch wenn eine solche nicht vorhanden war, dann kann man nicht bestreiten, dass alle Grabgründer ihre Grabbauten auf eine langfristige Nutzung ausgelegt haben oder zumindest davon ausgingen, dass dies so sein werde. Nutzung allerdings durch wen? An welche zukünftigen Nutzer dachten die Grabgründer, wenn sie ihre Bauten errichteten?

Tullius Zethus mochte an seine Kinder denken; es waren freilich nur zwei, während in seinem Grabbau ca. 70 einzelne Grabplätze vorgesehen waren. Seine Tochter Tullia Secunda brauchte ihren reservierten Platz jedoch nicht; der Grabaltar, in dem ihre Asche geborgen wurde, stand wegen ihrer späteren, wohl der zweiten Heirat mit Caetennius Antigonus in F zur Verfügung. Immerhin fand ihre Tochter aus einer früheren Ehe im Grabbau der Großeltern ihre letzte Ruhe. Ob die Asche des Sohnes, Tullius Athenaeus, schließlich in dem für ihn vorgesehenen Altar geborgen wurde, bleibt offen. Ein Hinweis auf das Alter, in dem er verstarb, wofür in dem Inschriftenfeld noch genügend Platz gewesen wäre, wurde jedenfalls nicht nachgetragen: das könnte zumindest Zweifel daran aufkommen lassen, ob seine Asche dort schließlich beigesetzt wurde. Es könnte aber auch sein, dass er keine Nachkommen hatte, die dafür Sorge getragen

---

69 CIL VI 20293.
70 Für die Gräber B – H sowie Z und Phi siehe Eck 1989, 74 f.
71 Liverani – Spinola 2010, 108–113.

72 Nur ein Teil der Wände des Grabbaus konnte ausgegraben werden.
73 Liverani – Spinola 2010, 114.

hätten. Andere Bestattungen sind inschriftlich nicht erfasst, so dass sich auch keine weiteren Aussagen über die Intention des Zethus machen lassen, auch nicht über die Zeitspanne und die Personen, die dort bestattet wurden.

Deutlicher wird im Grabbau H, wie lange es benutzt wurde und wer konkret begraben wurde; denn dort wurden außer dem *titulus* noch weitere Inschriften an individuellen Grabstellen angebracht, die detailliertere Einblicke in die personelle und zeitliche Nutzung der Grabanlage erlauben. Als das Grab erbaut wurde, lebte von der engeren Familie des Valerius Herma niemand mehr. Von den Eltern des Herma selbst oder seiner Frau Flavia Olympias findet sich, wie auch in den anderen Grabbauten, nichts[74]. Seine Frau war gestorben; er setzt die Inschrift am zentralen Grab in der Mitte der Nordwand für sich selbst und für seine Frau: *dum vivo mihi feci et Flaviae T(iti) f(iliae) Olympiadi co(n)iugi*[75]; nur er selbst war noch am Leben. Auch seine beiden Kinder waren vorher gestorben[76]. Die Gräber für alle drei Verstorbenen wurden gleichzeitig geplant, was sich auch an der völlig gleichartigen Gestaltung der Platten zeigt, mit denen die an der Nordwand nebeneinander liegenden Gräber verschlossen wurden; auf diesen Marmortafeln standen auch die ähnlich formulierten Grabinschriften. Das verweist auf eine gleichzeitige Planung und Ausführung.

Man darf mit einiger Wahrscheinlichkeit annehmen, dass Valerius Herma, als er nach dem Tod aller Familienangehörigen das Grab erbaute, nicht mehr an eigene Kinder gedacht hat. Zumindest lässt sich nachweisen, dass er damals schon in relativ vorgerücktem Alter stand. Mit großer Wahrscheinlichkeit darf man davon ausgehen, dass er bei seiner Freilassung bereits die seit der augusteischen Gesetzgebung dafür regelhaften 30 Jahre erreicht hatte. Erst danach konnte er eine legitime Ehe mit Flavia Olympias, einer *ingenua*, schließen; daraus entstammten zwei freigeborene Kinder, von denen die Älteste, Valeria Maxima, mit etwas über 12 Jahren starb. Somit müsste der Vater, wenn man von Mindestzeiten bei seiner eigenen Freilassung und der Geburt der Tochter ausgeht, sicher schon mehr als 43 Jahre alt gewesen sein, als die Tochter verstarb; doch ein höheres Alter Hermas zu diesem Zeitpunkt ist durchaus möglich. Er überlebte jedenfalls als einziger den plötzlichen Tod aller engsten Angehörigen. In den nicht wenigen im Grab erhaltenen Inschriften findet sich kein Hinweis, dass er nochmals geheiratet oder noch weitere Kinder gehabt hätte, obwohl er noch längere Zeit gelebt haben muss, um einigen anderen Personen erlauben zu können, in seinem Grabbau bestattet zu werden. Dazu gehörte einer seiner Freigelassenen, ein C. Valerius Eutychas, dem er gestattete, den Sarkophag mit dem Leichnam von dessen ›Frau‹ in einem *arcosolium* zu deponieren; sie war vermutlich sogar noch Sklavin und hatte wohl auch kein Recht auf einen Platz; so musste Herma speziell die Erlaubnis geben[77]. Ebenso sorgte Herma selbst für die Beisetzung eines fast neunjährigen Knaben, eines C. Appaienus Castus, in einem Sarkophag, der rechts neben dem Eingang in die Erde eingetieft wurde[78]. In welchem Verhältnis beide zueinander standen, ist nicht zu sehen. Aber Herma muss sicher einen besonderen Grund gehabt haben. Schließlich bestattete Herma auch selbst noch einen fast vierjährigen *alumnus* mit Namen C. Valerius Asiaticus, der somit in seiner persönlichen Obhut gestanden hatte[79]. Auch die vermutliche Mutter des Asiaticus, eine Valeria Asia, wurde dort bestattet, und zwar von einem Valerius Princeps[80]. Sie erhielt auch einen besonderen Platz, nämlich an der Nordwand, rechts von den drei Gräbern der Familie des Grabstifters. Die Platte mit ihrer

---

74 Nach dem Kommentar in EDR109849 wäre das anders. Danach soll in dem Grab auch der Vater des Herma, ein Valerius Valens, bestattet worden sein. Herma sei identisch mit einer gleichnamigen Person, die in der Grabinschrift für den Vater zusammen mit seinen Geschwistern Dionysius, Leonas und Marciane erscheine (Inschrift **H 9** im Anhang I). Dies trifft sicher nicht zu. Die Inschrift stammt wohl aus dem Grabbau des Herma, vermutlich von dem Arkosolgrab an der Ostseite. Dass Herma in seinem eigenen Grab nur als einer der Bestattenden genannt ist und nicht als derjenige, der zusammen mit seinem Bruder und der Schwester die Bestattung durchführe, ist wenig wahrscheinlich. Zudem muss man fragen, warum auch der Vater das Gentile Valerius getragen hat? Dann hätte auch er vom selben Herrn freigelassen worden sein müssen wie sein Sohn, der Grabgründer? Weit wahrscheinlicher ist, dass Valerius Valens ein Freigelassener des Grabgründers war, der seinerseits einem seiner Kinder das Cognomen des Freilassers gegeben hat. Auch der Typus der Inschrift und die Buchstabenformen sprechen für eine spätere Zeit.
75 Inschrift **H 2** im Anhang I.
76 Siehe schon oben den Text zu Anm. 42–44.
77 Inschrift **H 7** im Anhang I: *Dynateni C(aius) Valerius Eutychas coiugi benemerenti fecit permissu C(ai) Valeri Hermaes patroni optimi.*
78 Inschrift **H 8** im Anhang I: *D(is) M(anibus) C(ai) Appaieni Casti, qui vix(it) ann(is) VIII, m(ensibus) X, d(iebus) XVIII, alumno dulc(issimo), cui locum optulit C(aius) Val(erius) Herma. In fronte ped(es) V, sarcofago terra deposito.*
79 Inschrift **H 6** im Anhang I: *C(aio) Valerio Asiatico / alumno C(aius) Valerius Herma, / qui vix(it) an(nos) III, m(enses) XI, d(ies) III.*
80 Inschrift **H 5** im Anhang I: *C(aius) Valerius Princeps [Va]leriae Asiae libertae i[ncom]parabili, quae vix(it) ann(os) -- mecum [ann(os)] --].*

Grabinschrift wurde sogar völlig gleichartig mit den drei Platten gestaltet, die für Herma, seine Frau und deren Kinder angebracht wurden. Das sagt mit hoher Wahrscheinlichkeit, dass alle vier Verschlussplatten gleichzeitig hergestellt worden sind. Verstarb sie wie die engere Familie des Hermas an der Seuche der 60er und 70er Jahre? Verbindet man jedenfalls die Aussagen der Inschriften der Mutter Valeria Asia und des Sohnes Valerius Asiaticus, dann darf man wohl schließen, dass eine besonders enge Verbindung dieser Personen zu Valerius Herma bestanden hat, vielleicht über Valerius Princeps, den Ehemann von Valeria Asia, der wohl auch Vater von Valerius Asiaticus gewesen ist. Bei Princeps findet sich im Namen kein Hinweis auf eine Freilassung, während andere Valerii im Grab durchaus als solche gekennzeichnet werden. Könnte er vielleicht ein Bruder des Herma gewesen sein, womit erklärt werden könnte, warum seine Frau und sein Sohn herausgehobene Plätze erhielten?[81] Oder, was vielleicht noch näher liegt, Valeria Asia könnte die Schwester des Herma gewesen sein, die beide vom selben Herrn freigelassen wurden. Herma könnte also an seine nähere Verwandtschaft gedacht haben, als er seinen großen Grabbau schuf.

Auch andere seiner Freigelassenen oder deren Kinder erscheinen in den Inschriften, sogar zum Teil in Arkosolgräbern, die beim Tod des Herma noch nicht alle belegt waren. Das gilt für das Grab im nördlichen Teil der Westwand, das direkt an das Grab von Valerius Olympianus anstößt. In diesem hätten zwei Freigelassene des Herma bestattet werden können; sie heißen Valerii Philumenus und Galatia. Sie nahmen das Recht aber nicht in Anspruch, überließen vielmehr den Platz einem T. Pompeius Successus, der dort seinen 19-jährigen Sohn bestattete[82]. Herma muss damals schon tot gewesen sein, sonst hätte sicherlich er gefragt werden müssen, so wie bei der Sklavin Dynatene. Pompeius Successus Familie nutzte diese erste Erlaubnis, um auch noch anderen Familienmitgliedern eine Bestattung zu ermöglichen[83]. Auch an der Ostwand wurde wohl einer der Freigelassenen Hermas beigesetzt, ein Valerius Valens, zusammen mit seinem Sohn Dionysius; zwei weitere Söhne und eine Tochter sorgten für die Bestattung; sie verschlossen das Arcosolium mit einer Marmorplatte[84]. Die Namen weiterer Valerii wurden nur als Graffiti in den Verputz eingekratzt, jeweils unter der *olla*, in der die Asche des einzelnen Toten geborgen war[85]. Schließlich sind auch noch die freigeborenen Nachkommen von Freigelassenen des Herma im Grab zu finden: Ein *[C. Va]l(erius) Iuli[anus]* bestattete seine Tochter, deren Mutter vermutlich bei der Geburt oder bald danach gestorben war. Iulianus hatte in einer Legion gedient und war als *[e]vokatus [Aug(usti)]* in eine herausgehobene Reservemannschaft des Heeres in Rom aufgenommen worden[86]. Das dürfte kaum vor dem ersten Drittel des 3. Jahrhunderts geschehen sein, da der Vater als *evokatus* den normalen Heeresdienst bereits abgeschlossen hatte und damit sicher über 45 Jahre alt war. Da er selbst schon Freigeborener sein musste, um im Heer dienen zu können, sollte seine Geburt eher an das Ende des 2. Jahrhunderts gehören. Schließlich ist auch eine Valeria Florentia zu diesen *posteri* zu zählen, die ihren Mann, einen Valerinus Vasatulus in einem repräsentativen Sarkophag bestattete, der dort Platz gefunden hatte. Da in der Inschrift am Sarkophag von der *depositio* des Verstorbenen gesprochen wird, sollte es sich um das Begräbnis eines Christen handeln, das erste und einzige dieser Art in H, vermutlich nicht vor der 2. Hälfte des 3. Jahrhunderts[87]. Ob eine Reihe anderer Inschriften, die zum Teil nachweislich in diesem Grabbau gefunden wurden, ursprünglich wirklich Bestattungsplätze markierten, ist nicht zu verifizieren. Denn während der konstantinischen Phase sind einige Inschriften mit dem Füllmaterial dorthin gelangt; sie können also nichts über die konkrete Nutzung des Grabes sagen[88].

Dieser Grabbau hat somit nachweislich für fast eineinhalb Jahrhunderte als Grablege einer Personengruppe gedient, die sich rechtlich, wie es scheint, weitestgehend auf den Grabgründer Valerius Herma zurückführte. Es waren seine Freigelassenen beiderlei Geschlechts und deren – freigeborene – Nachkommen. Das war der Personenkreis, dem Herma nach dem Text des *titulus* das Bestattungsrecht zugestan-

---

81 Eck 1986, 81.
82 Inschrift **H 17a** im Anhang I. Zu dem Begräbnis gehören auch noch die Inschriften **H 17b** und **c** im Anhang I.
83 Siehe den Sarkophag der Pompeia Maritima, die von ihrem Sohn T. Pompeius Proculus Successus bestattet wurde: Inschrift **H 18** im Anhang I. Dagegen gehört Inschrift **H 21** im Anhang I nicht zu dieser Familie, da *Pomp(--)* im Namen des dort genannten Flavius Secundus eher als *Pomp(tina)* verstanden werden darf. Es ist jedoch, anders als im Kommentar zu EDR080215 angenommen, wenig wahrscheinlich, es könnte sich um einen Verwandten von Flavia Olympias handeln. Flavius ist ein zu häufiges Gentile.
84 Inschrift **H 9** im Anhang I. Siehe zu diesem Text schon oben Anm. 73.
85 Inschrift **H 11–14** im Anhang I.
86 Inschrift **H 15** im Anhang I.
87 Inschrift **H 16** im Anhang I.
88 Siehe die Inschriften **H 19–21** im Anhang I. Siehe Eck 1986, 265–269.

den hatte. Herma selbst ließ sich allerdings nicht durch die Formulierung des Grabtitulus einengen. Er hat Valerius Asiaticus und Appaienus Castus, die er als seine *alumni* bezeichnet, in sein Grab aufgenommen, auch die Bestattung der Sklavin eines anderen, der genannten Dynatene, zugelassen. Die Freiheit, die Regelungen des *titulus* zu überschreiten, blieb ihm natürlich. Aber über das *ius sepulchri* der Freigelassenen fanden auch andere dort Platz, die weder seine Freigelassenen noch deren Nachkommen waren. Dass diese Personen dort Zugang erhielten, kann notwendigerweise noch keine Überlegung des Grabgründers gewesen sein, als er das Mausoleum errichtete. Seine Freigelassenen beiderlei Geschlechts und deren – freigeborene – Nachkommen, sie sollten die Nutznießer des aufwendigen Grabbaus mit den zahlreichen Begräbnisplätzen sein und sind es in einem bestimmten Maß auch nachweislich gewesen.

War aber diese Überlegung für Herma – wie auch für die anderen Grabgründer unter St. Peter – der primäre Grund, den jeweiligen Bau in dieser aufwendigen Form zu errichten? Das wäre eine sehr altruistische Überlegung gewesen. Sollte nicht mehr dahinter stehen, vor allem ein Grund, der unmittelbarer mit dem Grabgründer und dessen Familie zusammenfiel? Das den Freigelassenen zugestandene Recht war zwar zu ihrem Vorteil, aber es sollte vor allem dem Interesse des Grabgründers und seiner Familie dienen. Man darf davon ausgehen, dass jedenfalls bei den Grabstiftern unter St. Peter die Zahl der Freigelassenen nicht gering war. Durch sie und ihre dann wohl auch zahlreicheren Nachkommen, die aus ihrem Recht heraus ein Interesse an dem Grabbau haben mussten, war die Unversehrtheit des Baus und der dortigen Bestattungen zu sichern, vielleicht auch ein gewisser Kult an den Gräber. Aber vor allem war auf diese Weise die Bewahrung der *memoria* an den Grabgründer und seine Familie gesichert. Dadurch sollte das nicht Vergessen-Werden, das Weiterleben der Verstorbenen gewährleistet werden. Herma hat dieses Ziel im Grunde für rund einundhalb Jahrhunderte erreicht. Und vermutlich hätte das Grabmal noch weit länger gestanden und damit die Erinnerung an den Grabgründer bewahrt, wenn nicht Constantin wegen des Petrusgrabes die Basilica hätte errichten lassen, unter der der Grabbezirk verschwand[89]. Aber dann wäre der Grabbau später wohl geplündert oder zerstört worden wie viele an den Ausfallstraßen Roms und wir könnten über den Grabgründer und die Geschichte seines Grabes wenig oder nichts aussagen, selbst wenn die eine oder andere Inschrift erhalten geblieben wäre.

Dass ein Grabgründer mit der Errichtung eines Mausoleums auf die Zukunft achtete, und zwar vor allem auch seine eigene Zukunft und die seiner Angehörigen, war nichts Besonderes, was speziell bei Valerius Herma gegolten hat; es war wohl eine generelle Haltung der meisten Grabgründer, die auf ein Weiterleben in der Erinnerung der Nachwelt hofften. Die römischen Feldmesser, die *agrimensores*, waren Experten in der Wahrnehmung der kulturellen Landschaft um die Städte. In einem ihrer Texte wird dieses Streben nach einem Weiterleben in der Erinnerung der Nachwelt deutlich beschrieben: jedes *monumentum* oder *sepulchrum* sei an den Gemeinde- oder Staatsstraßen errichtet worden als Zeugnis für ein Weiterleben (*ad itinera publica propter testimonium perennitatis est constitutum*)[90]. Eine fast gleichartige Formulierung, geradezu eine Definition, findet man bei dem severischen Juristen Ulpian, der schreibt: Ein Monument sei das, was existiere, um die Erinnerung an jemanden zu bewahren (*Monumentum est, quod memoriae servandae grati existat*)[91]. Das gilt zwar generell für alle Bauten, doch besonders die Gräber, die für alle wichtig waren, sollten diese Zukunft gewährleisten, durch alle sichtbaren Elemente. Diese können sehr individuell gestaltet sein, sehr spezifisch etwa bei Senatoren durch Abzeichen wie *fasces*, *sellae curules* oder die Symbole für die Mitgliedschaft in einem der *collegia maiora*[92]. Das war dem Personenkreis, wie er in der Nekropole fassbar wird, nicht möglich; diese Personen konnten sich nicht auf solche Weise charakterisieren und präsentieren. Und doch vermittelten die Bauten eine sehr klare Botschaft: die Grabgründer hatten in ihrem Leben etwas erreicht, sie konnten für ihre Familien sorgen, sie hatten sich aus dem Sklavendasein hochgearbeitet, sie verfügten nun selbst über Sklaven und konnten ihren eigenen Freigelassenen das Grabrecht einräumen. Sie konnten insgesamt eine Erfolgsgeschichte präsentieren. Sie fühlten sich gewiss nicht als Unterschicht, weshalb sie auch in der Forschung nicht so bezeichnet werden sollten[93]. Ein Mann wie Valerius Herma unterstrich mit seinem Grabbau sei-

---

89 Dazu auch Bodel 2014, 181–183.
90 Zitiert bei Eck 1987, 81,
91 Ulpian ad edictum, Dig. 11, 17, 2, 6.
92 Siehe etwa den Grabbau des Senators P. Cluvius Maximus Paulinus, gefunden bei Monte Porzio Catone: Degrassi 1939 = Degrassi 1962, 511–522.

93 Der Begriff Unterschichten als Bezeichnung für die Grabgründer, der immer wieder bei Grabbauten wie unter St. Peter verwendet wird. geht an der Realität der römischen Gesellschaft und an den konkreten Bauten unter St. Peter deutlich vorbei. Siehe zur Kritik an solchen Vorstellungen auch MacMullen 1993, 47–64, hier 49 Anm. 4.

nen Erfolg im Leben; er betonte diesen Erfolg auch durch die Größe des Mausoleums und durch die Gestaltung der Fassade, zumal wenn dort auch noch sein Porträt und das seiner Frau angebracht worden waren. Aber die Botschaft über diesen sozialen Aufstieg geht im Grunde von allen Bauten unter St. Peter aus, ob sie nun kleiner oder größer waren. Diese Intention hatten alle, wenn sie sich entschlossen, ein Grab dieses Typus zu errichten. Natürlich war die praktische Absicht darauf ausgerichtet, die Totenruhe für die Familie zu schaffen und diese für die Zukunft zu sichern. Aber gleichzeitig sollte gezeigt werden, was die Grabgründer erreicht hatten, obwohl sie fast ausnahmslos als Sklaven geboren waren. Sie hatten in ihren Augen einen angesehenen Platz in der Gesellschaft Roms gefunden.

Anhang I

Die Inschriften aus der Vatikanischen Nekropole unter St. Peter, die zu den dort aufgefundenen Bauten gehören, sind hier zusammengestellt. Im Text wird auf sie mit dem Grabbau und der entsprechenden Nummer verwiesen, falls mehr als eine Inschrift aus einem Mausoleum stammt. Bei den einzelnen Inschriften werden nicht alle Publikationen angegeben, in denen der Text jeweils abgedruckt ist, sondern nur diejenigen, die wichtig erscheinen. Die Datenbank Clauss-Slaby sowie die Epigraphic Database Rom sind mit den entsprechenden Nummern angegeben.

Zu den hier verwendeten Abkürzungen siehe die nachfolgende Bibliographie.

Grabbau A

AE 1945, 136 = AE 1949, 196 = Apollonj Ghetti u. a. 1951, 16 = FIRA² III Nr. 56 *bis*. EDCS-15000127; EDR073540:

D(is) M(anibus). / Ex codicillis triplicibus Popili / Heraclae. / C(aius) Popilius Heracla heredib(us) salut(em). / Vos heredes mei rogo iubeoque / fideique vestrae committo, uti / monumentum mihi faciatis in Vatic(ano) / ad circum iuxta monumentum Ulpi / Narcissi ex HS VI(milibus) n(ummum). In quam rem / numerabit Novia Trophime HS III(milia) n(ummum) / et coheredes eius HS III(milia) n(ummum). Ibique reliquias meas et Fadiae Maximae uxoris meae, / si quid ei humanitus acciderit, poni volo. / Cuius monumenti ius lego libertis liberta/busq(ue) meis et quos testamento manumisero / sive quem in statu libertatis reliqui et hoc amplius / Noviae Trophime, libertis libertabusq(ue) eius / posterisque supra scriptorum; et itum aditum am/bitum sacrificique faciendi causa ad id monu(men)/tum uti ei liceat.

Grabbau B

Ferrua 1941, 427 = AE 1949, 68 = AE 2001, 522 = Zander 2014, 190. EDCS-33600312; EDR000651.

D(is) M(anibus) / Fanniae Redempta/e, quae vixit ann(is) XX/XVI, mens(ibus) V, dieb(us) VI/I, Aurel(ius) Augg(ustorum) lib(ertus) Her/mes coniugi inc/omparabili, cum / qua vixit ann(is) XX/XIII.

Grabbau C

1. Ferrua 1942a, 79 = Toynbee – Ward Perkins 1956, 61 Anm. 22 = AE 1987, 154 = Zander 2014, 198. EDCS-33600313; EDR080247.
   D(is) M(anibus). / L(ucius) Tullius Zethus fecit sibi et / Tulliae Athenaidi coniugi bene / merenti et Tulliae Secundae et / Tullio Athenaeo fili(i)s et libe{[[r]]}/ris eorum libertis liberta/busque, quos hi, qui supra scripti / sunt, manu misissent. / In front(e) ped(es) XII in agr(o) ped(es) XVIII.

2. Toynbee – Ward Perkins 1956, 118 Anm. 2 I = Eck 1996b, 253 = AE 2010, 168 = Eck 2018a, 244–246. EDCS-33600314; EDR109852.
   D(is) M(anibus). / Tullia Secunda / filia{[[e]]}[94] *hic sita / est. / Passulenae Secu/ndinae mater / cessit.*

3. Toynbee – Ward Perkins 1956, 118 Anm. 2 I = Eck 1996b, 253 = Eck 2018a, 244–246. EDCS-33600315; EDR109851.
   D(is) M(anibus). / L(ucius) Tullius Athenaeus / filius hic situs est.

4. Ferrua 1942a, 229 = Toynbee – Ward Perkins 1956, 60 Anm. 19 = AE 1987, 159. EDCS-07400094; EDR080252.
   D(is) M(anibus). / Caetenniae Proclae / coniugi carissimae, / quae vix(it) ann(os) XX, / M(arcus) Aurelius Filetus / bene merenti titulu(m) posuit.

---

[94] Der Steinmetz hatte irrtümlich *filiae* eingemeißelt, also einen Dativ, der in Grabinschriften sehr üblich war. Als der Fehler bemerkt wurde, ließ man das E eradieren und setzte auf die eradierte Stelle einen deutlichen Trennpunkt.

Grabbau E

1. Ferrua 1942a, 83 = Ferrua 1942b, 100 = AE 1945, 134b = AE 1949, 70 = Toynbee – Ward Perkins 1956, 118 Anm. 2 VIII = Zander 2014, 216. EDCS-15100081; EDR109912.
   D(is) M(anibus). / Urbano Aug(usti) vern(ae), / adiutori tabulari(orum) / rationis patrimoni(i), / (qui) vixit annis XXI, m(ensibus) VII, d(iebus) XXII / Tyrannus Aug(usti) lib(ertus) / et Aelia Urbana / parentes / filio karissimo.

2. Ferrua 1942a, 82 f. = Ferrua 1942b, 100 = Toynbee – Ward Perkins 1956, 118 Anm. 2 VII = AE 1945, 134 = Eck 1996b, 232 f. EDCS-15100081; EDR000659.
   D(is) M(anibus). / T(ito) Aelio Aug(usti) lib(erto) Tyranno, / qui fuit a comm(entariis) prov(inciae) Belgicae, / coniugi dulcissimo / Aelia Andria uxor et / Aelius Valerianus socer / et Restitutus fecit collib(erto).

3. Ferrua 1942a, 83 = Ferrua 1942b, 100 = Toynbee – Ward Perkins 1956, 118 Anm. 2 X. EDCS-33600316; EDR000658.
   D(is) M(anibus) s(acrum). / Aeliae Urbanae / matri karissimae / Tyrannus filius.

4. Ferrua 1942a, 83 = Ferrua 1942b, 100 = AE 1949, 69 = Toynbee – Ward Perkins 1956, 118 Anm. 2 IX = Eck 1996b, 233. EDCS-33600317; EDR000656.
   D(is) M(anibus). / Aeliae Saturninae, / (quae) vixit ann(os) XXXVI, mens(es) II / Aelia Aug(usti) lib(erta) Urbana / libertae karissimae.

5. Toynbee – Ward Perkins 1956, 119 Anm. 2 XII = Eck 1986, 246 f. = AE 1987, 104. EDCS-07400039; EDR080200.
   D(is) M(anibus) s(acrum). / Statia Kara, vix(it) / ann(os) XXXV. Iul(ia) Victo/ria mater inf(elicissima) f(iliae) dulcis(simae).

Grabbau F

1. Apollonj Ghetti u. a. 1951, 29 = Toynbee – Ward Perkins 1956, 44 = AE 1987, 148. EDCS-07400083; EDR080243.
   M(arco) Caetennio / Antigono / et Tulliae / Secundae / coniugi eius.

2. Toynbee – Ward Perkins 1956, 46 = Eck 1986, 252 f. = AE 1987, 109. EDCS-07400086; EDR080245.
   D(is) M(anibus). / M(arco) Caetennio Cry/seroti M(arcus) Caeten/nius Antigonus / iun(ior) patrono b(ene) m(erenti) f(ecit).

3. Ferrua 1941, 13 = Toynbee – Ward Perkins 1956, 46 = AE 1987, 150. EDCS-07400085; EDR080244.
   D(is) M(anibus) / M(arci) Caetenni Ganymedis, / (qui) vixit ann(os) XXXVII, / M(arcus) Caetennius Secundus / colliberto suo.

4. Toynbee – Ward Perkins 1956, 44 = AE 1987, 149. EDCS-07400084; EDR080243.
   D(is) M(anibus). / M(arco) Caetennio / Tertio fecit / M(arcus) Caetennius / Chilo co(n)libe/rto san(c)tissimo.

5. CIL VI 13761. EDCS-15500190; EDR150948[95].
   D(is) M(anibus). / Q(uinto) Caecilio / Narcisso / amico bene / merenti f(ecit) / Caetennius et / Tullia.

6. Eck 1986, 248–251. = AE 1987, 107 = Zander 2014, 234. EDCS-07400042; EDR109843.
   Aurelio Nemesio co(n)iugi / carissimo bene merenti, qui / vixit annis LIII, menses(!) VIIII, diebus / XI, qui cum summa laude artis suae / musicae magister chori orchestopa/lae et pantomimorum deserviit. Hu/ic Aurelia Eutychiane uxor dedit / ac posuit.

7. Toynbee – Ward Perkins 1956, 46 = AE 1987, 153 = Libitina 2, Nr. 27. EDCS-07400088; EDR109843.
   D(is) M(anibus). / M(arcus) Aur(elius) Hieron evokatus / M(arco) Aur(elio) Hieroni fil(io) dulcissimo / bene merenti fecit, qui vixit / an(nis) VI, mens(ibus) duo(bus), dieb(us) XXVI.

8. Ferrua 1942a, 233 f. = Toynbee – Ward Perkins 1956, 46 = Eck 1986, 252 f. = AE 1987, 108. EDCS-33600319; EDR080203.
   D(is) M(anibus). / L(ucius) Tullius Hermadion / L(ucio) Tullio Hermadioni filio / dulcissimo fecit, qui vixit / annis XVIIII, m(ensibus) V, diebus V.

9. Ferrua 1942a, 233; Toynbee – Ward Perkins 1956, 46; Eck 1986, 251 f.; AE 1987, 109. EDCS-07400044; EDR080204.
   D(is) M(anibus). / L(ucius) Tullius Hermadi/on fecit sibi vibus.

10. Toynbee – Ward Perkins 1956, 118 Anm. 2 XII = Eck 1986, 247 f. = AE 1987, 105 = Libitina 2, Nr. 24. EDCS-07400040; EDR080201.
    D(is) M(anibus) / Aureli Gigantis / et Papiriae / Profuturae / <uxoris> eius Tullius / Hermadion amicis / b(ene) m(erentibus).

11. Ferrua 1941, 13 = Degrassi 1962, 391 = Libitina 2, 76 Nr. 25. EDCS-33600318; EDR000652.
    P(ublius) Gellius Bitalio / Nymphae carae / sacrum.

12. Ferrua, 1942a, 234 = Apollonj Ghetti u. a. 1951, 148 = Toynbee – Ward Perkins 1956, 47 = AE 1987, 155. EDCS-33600319; EDR080248.

---

[95] Urne, siehe Sinn 1987, 355: Sie könnte aus diesem Grabbau stammen; zumindest ist es auffallend, dass ein Caetennius und eine Tullia für die Bestattung sorgen. Beide Gentilizia finden sich verwendet für ein Paar – zudem das erste in maskuliner, das zweite in femininer Form – nur in diesem Grab.

Siricius / an(n)orum XXV, / me(n)s⌈i⌉um V. / Uxor fecit virgi/nio suo, cum que / bene vicxit a(nnos) VIIII.

13. Toynbee – Ward Perkins 1956, 47 = AE 1987, 156 = Libitina 2, 77 Nr. 29. EDCS-07400091; EDR080249.
Anima dulcis / Gorgonia, / mire ispecie et castitate / eius Aemili(a)e Gorgoniae, que / vixit ann(os) XXVIII, mens(es) II, d(ies) XXVIII, dormit in pace. / Coiugi dulcissime / feci.

14. Wolf 1977, 66 Nr. 13 = Libitina 2, Nr. 35. EDCS-33600320; EDR110191.
[---?] Ḟẹḷịc̣[i]ssime (mulieris?) l(ibertae)? <fecit> Iasis?, v(ixit) ann/us / uno / et / me/ns(ibus) [---]. // [Del]icio?

Grabbau H

1. Apollonj Ghetti u. a. 1951, I 113 Anm. 2 = Toynbee – Ward Perkins 1956, 101 Anm. 59. EDCS-33600321; EDR109849.
C(aius) Valerius Herma fecit <sibi> et / Flaviae T(iti) f(iliae) Olympiadi co(n)iugi et / Valeriae Maximae filiae et C(aio) Valerio / Olympiano filio et suis libertis / libertabusque posterisq(ue) eorum.

2. Apollonj Ghetti u. a. 1951, 113 f. = Guarducci 1953, 77 = Toynbee – Ward Perkins 1956, 101 Anm. 59. EDCS-33600325; EDR000660.
D(is) M(anibus). // C(aius) Valerius Herma dum / vivo mihi feci et / Flaviae T(iti) f(iliae) Olympiadi co(n)iugi.

3. Toynbee – Ward Perkins 1956, 101 Anm. 60 = Eck 1986, 254. EDCS-33600323; EDR109846.
D(is) M(anibus). // C(aio) Valerio Olympiano, qui vixit / annis IIII, menses(!) V, dies(!) XIII, / C(aius) Valerius Herma pater[96].

4. Eck 1986, 257–259 = AE 1987, 114. EDCS-07400049; EDR080209.
[D(is) M(anibus).] // [Valeriae] C(ai) f(iliae) M[aximae], / [quae vix(it) an]nis XII, m[enses(!) ---], / [dies(!) ---, C(aius) Valerius Herma pater][97].

5. Eck 1986, 256 f. = AE 1987, 113 = Libitina 2, Nr. 48. EDCS-07400048; EDR080208.
D(is) [M(anibus).] // C(aius) Valerius Princeps [Va]/-leriae Asiae libertae i[ncom]/parabili, quae vix[it ann(os) ---] / mecum [ann(os) ---].

6. Eck 1986, 255 f. = AE 1987, 112. EDCS-07400047; EDR080207.
D(is) [M(anibus)]. // C(aio) Valerio Asiatico / alumno C(aius) Valerius Herma, / qui vix(it) an(nos) III, m(enses) XI, d(ies) III.

7. Ferrua 1942a, 237 = Toynbee – Ward Perkins 1956, 101 Anm. 61. EDCS-33600324; EDR109844.
D(is) M(anibus). // Dynateni C(aius) Valerius Eutychus / co(n)iugi bene merenti fecit / permissu C(ai) Valeri Hermaes patroni optimi.

8. Basso 1981, 158 = Eck 1986, 260 f. = AE 1987, 116. EDCS-07400051; EDR080211.
D(is) M(anibus) / C(ai) Appaieni Cas/ti, qui vix(it) an(nos) VIII, / m(enses) X, d(ies) XXVIII, alumno / dulc(issimo), cui locum optu/lit C(aius) Val(erius) Herma. In / fronte ped(es) V sarcofa/go terra deposito.

9. Eck 1986, 259 f. = AE 1987, 115 = Libitina 2, Nr. 47. EDCS-07400050; EDR080210.
D(is) M(anibus). F(ecerunt) / fili(i) piissimi Valerio Valenti / patri et Valerio Dionysio fratri. / Valeri fecerunt Leonas, Herma / et Marciane filia.

10. Ferrua 1942a 235 = Toynbee – Ward Perkins 1956, 119 Anm. 2 XIII = Libitina 2, Nr. 40. EDCS-33600322; EDR000661.
D(is) M(anibus). / Valeriae Theonices / co(n)iugi karissimae et / de se bene merenti fecit / Q(uintus) Aninius Liberalis.

11. Eck 1986, 264 f. = AE 1987, 121a = Libitina 2, Nr. 54. EDCS-07400056; EDR080216.
C(aius) Valerius Secundus.

12. Eck 1986, 264 f. = AE 1987, 121b = Libitina 2, Nr. 55. EDCS-07400057; EDR080217.
Valeria Procilla.

13. Eck 1986, 264 f. = AE 1987, 121c = Libitina 2, Nr. 56. EDCS-07400058; EDR080218.
C(aius) Valerius [---].

14. Eck 1986, 264 f. = AE 1987, 121d = Libitina 2, Nr. 57. EDCS-07400059; EDR080219.
C(aius) Valeri(us) / Cario.

15. Eck 1986, 267 f. = AE 1987, 123 = Eck 1996b, 259. EDCS-07400061; EDR109841.
[D(is) M(anibus).] / [Valeriae C(ai) f(iliae)?--]neti [---], / [quae vix(it) ann(is) ---, m(ensibus) ---], d(iebus) XII[--] / [C(aius) Va]l(erius) Iuli[anus e]vokatus [Aug(usti)? --] / [pa]ter filia[e d]ulcissimae, q[uam] / [m]atrEM/NON[98] *novit pater agno[vit].*

---

[96] In den Publikationen wird zwar *dies* zu *die(bu)s* verbessert, was aber angesichts des vorausgehenden *menses* unnötig erscheint.

[97] Vermutlich muss man auch hier *m[enses(!) ---] / [dies(!) ---]*, also den Akkusativ schreiben, wie bei der Grabinschrift des Bruders (siehe die vorausgehende Anmerkung).

[98] Der Steinmetz schrieb zunächst MATREM, wollte dann jedoch *mater* schreiben, wohl analog zu *pater*; daher tilgte er das E und versuchte das M zu N umzugestalten, was beides nur halb gelang (siehe das Photo in EDR109841). Warum es zu diesem Fehler kam, lässt sich nicht erkennen, da das Relativpronomen nicht erhalten ist; vielleicht war zunächst *quae* statt *quam* eingemeißelt;

16. Guarducci 1953, 22–24 = Toynbee – Ward Perkins 1956, 91 f. = Eck 1996b, 529 = Zander 2014, 523. EDCS-33600326; EDR111276.
    D(is) M(anibus). / Valerinus / Vasatulus / vixit annis / XXXXI, mens(ibus) IIII, d(iebus) X, / h(oris) III Valeria Flo/rentia co(n)ius (!) / fecit marito / suo anime / bene merenti. D(e)p(ositio) eius VIII Idus Sep(te)mbres.
17a. Toynbee –Ward Perkins 1956, 119 Nr. XIV = Eck 1986, 261 = AE 1987, 117. EDCS-07400052; EDR080212.
    D(is) M(anibus). / Tito Pompeio T(iti) f(ilio) Successo iun(iori), / qui vixit annis decem no/vem, me(n)sibus duobus, die uno fi/lio carissimo dulcissimo T(itus) Pompeius Succ(essus) pater, / cui locum obt(ulerunt) Valerii Philumenus et Galatia amico bene merenti.
17b. Eck 1986, 269 = AE 1987, 118 = Papi 2000/2001, 240–244 Nr. 1 = AE 2001, 518. EDCS-07400053; EDR080213.
    D(is) M(anibus). / T(ito) P(ompeio) S(uccesso) iun(iori).
17c. Papi 2000/2001, 240–244 Nr. 1 = AE 2001, 518. EDCS-23702272; EDR110725.
    T(ito) P(ompeio) S(uccesso) i(uniori).
18. Toynbee – Ward Perkins 1956, 119 Nr. XV = Eck 1986, 263 = AE 1987, 119. EDCS-07400054; EDR080214.
    D(is) M(anibus). / Pompeiae Maritimae / matri / T(itus) Pomp(eius) Proculus Succes(sus) / b(ene) m(erenti) fecit.
19. Toynbee – Ward Perkins 1956, 103 Anm. 86 = Eck 1986, 269 = AE 1987, 124. EDCS-07400062; EDR080221[99].
    D(is) M(anibus). / T(ito) Caesenio Severi/ano bene merenti / Caesenii / Faustinus, Pompe/ianus et Rufinus / patri incomparabi/li.

Die folgenden zwei Inschriften sind am ehesten bei den konstantinischen Baumaßnahmen mit dem Füllschutt in den Grabbau H gekommen:

20. Eck 1986, 270 f. = AE 1987, 126 = Libitina 2, Nr. 39. EDCS-07400064; EDR080223.
    D(is) M(anibus). / Abinius / Crhysantus (!) / et (A)elia Felicissi/ma fecerunt / sibi et suis liber/tis libertabusqu(e) / posterisque eorum[100].
21. Eck 1986, 264 = AE 1987, 120 = Libitina 2, Nr. 44. EDCS-07400055; EDR080215.
    [D(is)] M(anibus) / [T(iti)? Fl]avi Pomp(tina?) T(iti) f(ilii) Secund(i), q(ui) v(ixit) an(nos) / VIII, me(n)s(es) VII[101].

Grabbau I

In fr(onte) p(edes) XII, in a(gro) p(edes) XV.

Grabbau L

1. Apollonj Ghetti u. a. 1951, 30 f. = Toynbee – Ward Perkins 1956, 64 f. = AE 1987, 152 = Zander 2014, 292. EDCS-07400087; EDR000812.
    D(is) M(anibus) / Caetenniae / Hygiae, / quae vixit ann(os) XXI, d(ies) XIII, / M(arcus) Caetennius Hymnus / filiae pientissimae et / M(arcus) Caetennius Proculus / sorori karissimae / fecerunt et sibi et libertis libertabusque / suis posterisque eorum. / H(oc) m(onumentum) h(eredem) n(on) s(equetur), h(uic) m(onumento) d(olus) m(alus) a(besto).
2. Apollonj Ghetti u. a. 1951, 36 f. = Toynbee – Ward Perkins 1956, 46 = AE 1987, 152 = Zander 2014, 292. EDCS-55800130; EDR000665 und EDR000666.
    In fr(onte) / p(edes) XIIII // in agr(o) / p(edes) XIX.

Grabbau M

CIL VI 20293 = Apollonj Ghetti u. a. 1951, 40 = Toynbee – Ward Perkins 1956, 72 = Libitina 2, Nr. 58. EDCS-12200970; EDR150954.
D(is) M(anibus). / Iulio Tarpeiano / vixit ann(o) I, me(n)s(ibus) / VIIII, diebus XXVII, / Iulia Palatina et / Maximus parentes / fec(erunt) lib(ertis) libert(abusque) pos/terisq(ue) eorum. / H(oc) m(onumentum) h(eredem) n(on) s(equetur).

---

quam aber war für das Ende: *pater agnovit* nötig; das könnte zu dem Korrekturversuch geführt haben.
99 Die Tafel soll in H gefunden worden sein, doch ist unsicher, wo sie dort angebracht gewesen sein soll.
100 Am Ende dieser Inschrift steht die Formel *et suis liber/tis libertabusqu(e) / posterisque eorum*. Das spricht für einen selbständigen Grabbau, in dem die beiden Gründer das Verfügungsrecht hatten. Ein solches in einem anderen Mausoleum auszuüben, bei dem der Grabgründer Valerius Herma eben diese Formel angewendet hatte, ist mehr als unwahrscheinlich. Vermutlich ist die Inschrift entweder in H in irgendeiner Form wiederverwendet worden oder sie gelangte im Verlauf der Zerstörung anderer höher gelegener Gräber in den Bereich der Gräberstraße nahe dem Grabbau H oder sogar in diesen.
101 Zu Pomp(tina) siehe oben Anm. 83.

Grabbau N

1. Apollonj Ghetti u. a. 1951, 37 = Toynbee – Ward Perkins 1956, 119 Nr. XVI = Papi 2000/2001, 259–261 = AE 2001, 523 = Zander 2014, 206. EDCS-23702277; EDR000671.
1a. *D(is) M(anibus). / M(arcus) Aebutius Charito / fecit sibi et libertis / libertabusque suis / posterisque eorum.*
1b. *D(is) M(anibus) / C(ai) Clodi Romani, q(ui) vix(it) a(nnos) XIX, / m(ensem) I, d(ies) XXI, L(ucius) Volusius Succes/sus et Volusia Megiste / filio dulcissimo emerunt / in parte dimidia et sibi posterisq(ue) / suis lib(ertis) lib(ertabus)q(ue) p(osterisque) eorum. H(uic) m(onumento) d(olus) m(alus) a(besto).*
2. Guarducci 1992, 185–191 = AE 1992, 185 = Zander 2014, 307. EDCS-02700606; EDR000667.
D(is) M(anibus) s(acrum). / C(aius) Clodius Romanus / pius vixit ann(os) XIX, m(ensem) I, d(ies) XXI. / L(ucius) Volusius Successus et / Volusia Megiste filio / dulcissimo.

Grabbau O

1. Apollonj Ghetti u. a. 1951, 43. 48 = Toynbee – Ward Perkins 1956, 119 Nr. XVII = Zander 2014, 312. EDCS-55800131; EDR000668.
T(ito) Matuccio Pallanti patrono / optimo fecerunt / Matucci II Entimus et Zmara/gdus, lineari(i), et sibi liberis/que suis posterisque eorum / et libertis libertabusque / suis.
2. Apollonj Ghetti u. a. 1951, 48 = Toynbee – Ward Perkins 1956, 119 Nr. XVII. EDCS-55800132; EDR000669.
D(is) M(anibus). / T(ito) Ma[t]uccio Deme/trio, q[u]i vix(it) ann(os) / XXIIII, [mens(es) ---] T(itus) Ma-/tucciu[s Herm]a/iscus co[lliber]/tu[s].

Grabbau S

CIL VI 17985a, cfr. 34112 = CLE 856 = Toynbee – Ward Perkins 1956, 30 = AE 1972, 10 = Liverani – Spinola 2010, 133 f. EDCS-00600988; EDR147411.
Tibur mihi patria, Agricola sum vocitatus, / Flavius idem, ego sum discumbens, ut me videtis, / sic et aput superos annis quibus fata dedere / animulam colui, nec defuit umqua(m) Lyaeus. / Praecessitque prior Primitiva gratissima coniunxs / Flavia et ipsa cultrix deae Phariaes casta / sedulaque et forma decore repleta, / cum qua ter denos dulcissimos egerim annos / solaciumque sui generis Aurelium Primitivum / tradidit, qui pietate sua coleret fastigia nostra / hospitiumque mihi secura servavit in aevum. / Amici qui legitis, moneo miscete, Lyaeum / et potate procul redimiti tempora flore / et venereos coitus formosis ne denegate puellis. / Cetera post obitum terra consumit et ignis.

Grabbau T

1. Apollonj Ghetti u. a. 1951, 55 = Toynbee – Ward Perkins 1956, 119 Nr. XIX = Libitina 2, Nr. 60. EDCS-33600327; EDR000670.
D(is) M(anibus) / Trebellenae / Flaccillae / Valeria Taecina / matri dulcissim(ae) / fecit.
2. Papi 2000/2001, 248–250 Nr. 4 = AE 2001, 521 = Libitina 2, Nr. 59. EDCS-23702275; EDR110197.
D(is) M(anibus) / D(ecimi) Laeli Alexsandri et / D(ecimi) Laeli{[[o]]} Luciliani, [q]ui / vixit annis XX, mensibu[s ---, d]ieb(us) VI, / Samiar[i]a Hermocrati[a ---] ma[rito] / et filio [d]ulcissimo.

Grabbau Z

1. Ferrua 1941, 431 = Toynbee – Ward Perkins 1956, 57. EDCS-70900105; EDR150873.
[--- quae vixit] anno[s --] deposita V [---] / Febrar[ias ---]
2. Wolf 1977, 152.
[--]ameneim [--] / [--] mecum f[ecit --] / [--e] fr[---].

Grabbau Phi

1. Ferrua 1942a, 84 = Ferrua 1942b, 104 = Toynbee – Ward Perkins 1956, 102 Anm. 79 = AE 1987, 160 = Zander 2014, 155. EDCS-07400095; EDR080253.
Q(uintus) Marcius / Hermes sibi / et Marciae / Thrasonidi / dignissimae / coniugi vibis / posuit.
2. Ferrua 1942a, 85 = Ferrua 1942b, 104 = AE 1987, 161 = Zander 2014, 181. EDCS-07400096; EDR080254.
D(is) M(anibus) s(acrum). / Marciae Feli/citati Marcia / Urbica sorori / carissim(a)e.

Anhang II

Die beiden folgenden Inschriften, beide auf Sarkophagen, wurden in D aufgefunden. Sie gehören nicht zur Belegung des Grabbaus; sie gelangten wohl erst in konstantinischer Zeit dorthin:

1. Toynbee – Ward Perkins 1956, 57 = AE 1987, 157. EDCS-07400092; EDR080250.
   D(is) M(anibus) M(arci) Ulp(i) Pusinnionis Cupi-[t]iani. M(arcus) Ulp(ius) Pusinnio pater filio dulcissimo.

2. Toynbee – Ward Perkins 1956, 62 Anm. 40 = AE 1987, 158. EDCS-07400093; EDR080251.
   D(is) M(anibus) / L(uciae) Acestiae / Hedonetis / coniugis / carissimae. / M(arcus) Ulpius Pusinnio / maritus.

Zusammenfassung

Die Nekropole unter St. Peter ist ein außerordentlicher Befund. Denn hier sind nicht nur die Inschriften bekannt, wie es bei der großen Masse der *tituli sepulcrales* meist der Fall ist, sie sind vielmehr im Kontext der Grabbauten erhalten, für die sie bestimmt waren. Dadurch werden zum einen der familiale Zusammenhang und partiell das soziale Umfeld erkennbar, zum andern erlaubt dieser Zusammenhang öfter die Frage, von welchen Intentionen sich die Grabgründer leiten ließen, wenn sie den Auftrag gaben, dort einen Grabbau in einer bestimmten Form mit einer größeren Anzahl von Grabplätzen zu erbauen. Deutlich wird vor allem, dass fast alle Bauten von Freigelassenen errichtet wurden. Am Ende des Beitrags werden alle Inschriften für die einzelnen Grabbauten in einer Art Corpus der *tituli sepulcrales* der Nekropole im Wortlaut zusammengestellt.

Riassunto

La necropoli sotto la basilica di San Pietro è un complesso straordinario. Non sono note soltanto le iscrizioni, come di solito accade per la stragrande maggioranza dei *tituli sepulcrales*, ma sono anche conservate nel contesto delle sepolture alle quali appartenevano. Da un lato, ciò consente di riconoscere il contesto familiare e, in parte, l'ambiente sociale; dall'altro, il contesto permette spesso di chiedersi quali intenzioni avessero i fondatori delle tombe quando commissionarono la costruzione di un sepolcro con una certa forma per un maggior numero di sepolture. Risulta chiaramente che quasi tutti gli edifici furono costruiti da liberti. Alla fine del contributo tutte le iscrizioni delle singole tombe sono presentate in una sorta di corpus dei *tituli sepulcrales* della necropoli.

Zur Nutzung der Grabbauten und zur Errichtung der Fundamente für die Basilika Konstantins

Henner von Hesberg

Die dem Apostel Petrus geweihte Basilika überlagerte im Vatikangebiet das ausgedehnte Areal einer Nekropole, von der uns die bekannten Reste einen guten Einblick vermitteln (Abb. 1 a–c)[1]. Man könnte erwarten, dass sich auf Grund dieser Konstellation dort ein ›Pompeji-Effekt‹ abzeichnet, also Einfrieren eines bestimmten historischen Zustandes in der Folge eines äußeren plötzlichen Ereignisses[2]. Dadurch verfügten wir über so etwas wie eine Momentaufnahme mit vielen Einblicken in das Alltagsleben eines solchen Raumes. Aber selbst in Pompeji hatte sich die Katastrophe schon im Vorfeld angedeutet und nach der Verschüttung entfernten Hinterbliebene und Schatzsucher zahlreiche wertvolle Materialien aus der Lava wie etwa Marmorteile oder Metallobjekte[3]. Die Momentaufnahme enthält also viele Unschärfen. Das gilt noch viel stärker für die Grabanlagen unter St. Peter und in dieser Hinsicht ähnelt der Zustand vielen anderen Befunden, die durch die spätantiken Großbauten Roms versiegelt und fixiert wurden[4].

Dennoch liegt der Reiz in der Terminierung der Nutzung und der guten Erhaltung der Befunde, die es erlauben, einen Einblick in die Abfolge der Bestattungen, die Veränderungen der Ausstattung und des umliegenden Geländes über rund zwei Jahrhunderte hinweg zu gewinnen, der an freistehenden Grabbauten in vergleichbarer Form nicht möglich wäre. Deutlicher als an vielen anderen Stellen zeichnen sich in der Folge bestimmte Phasen der Nutzung der Bauten von ihrer Erbauung bis zu ihrer Aufgabe ab. Ferner ist auch das Ende aufschlussreich, als schrittweise der Bau der Basilika auf dem Areal entstand und die Reste der Grabbauten von den Fundamenten des Kirchenbaus eingeschlossen wurden. Der erste Teil der Betrachtung gilt der Nutzung der verschiedenen Gräber, der zweite dem Ende der Nekropole und damit eng verschränkt dem Bau der Fundamentierung der Basilika.

Nutzung der Grabbauten

In diesem Zusammenhang werden nur die Bauten betrachtet, während die wenigen Einzelgräber und damit das Gebiet um die Memoria Petri nicht eingeschlossen werden. Die Grabbauten der ersten Reihe (A–O) blieben insgesamt etwa hundertfünfzig bis zweihundert, die der zweiten Reihe (Z–Phi) über hundert Jahre lang in Gebrauch, bevor sie von der konstantinischen Kirche überdeckt wurden (Abb. 1). Sie bieten damit eine gute Möglichkeit, die Nutzung solcher Anlagen diachron zu betrachten, auch wenn bedauerlicherweise während der Grabungen die entsprechenden Indizien sehr unterschiedlich beachtet, ausgewertet und konserviert oder wenigstens notiert wurden. So hat man in einigen Grabbauten – etwa in B oder F – die späteren Einbauten erhalten, in anderen – z. B. in H – hingegen weitgehend entfernt, ohne dass die Gründe für derartig unterschiedliche Vorgehensweisen im nachhinein zu erkennen sind.

Eine zentrale Frage knüpft sich an die Besitzverhältnisse. Blieben die Bauten in den jeweilgen Zeit-

---

1 Dieser Beitrag wurde auf dem Kolloquium nicht vorgetragen. Er versucht, die in den Publikationen der Grabbauten A–Psi vorgestellten Einzelbeobachtungen zu bündeln und auszuwerten. Werner Eck, Gregor Döhner und Johannes Lipps danke ich für kritische Lektüre und weitere Verweise, Christina Murer zusätzlich für Hinweise auf die Spoliierung der Grabbauten.
2 Dies wird auch im Kontrast zu vergleichbaren Nekropolen in Rom oder Ostia deutlich, in denen die Weiternutzung bis in das frühe Mittelalter reichen kann: Lugli 1919, 289; Calza 1940, 27. 40 f. 59 f.

3 Zevi 2003, 851–866. Unter St. Peter sind möglicherweise auch erst später beim Neubau der Basilika einzelne Teile eingebracht worden: Eck 1986, 284 f. Nr. 36; Eck 1989, 60.
4 Wie etwa die Basilika des Maxentius: Giavarini 2005. – Lateransbasilika: Colini 1944, 344–367 Abb. 284 Taf. 22; Liverani 1998, 7–16 Abb. 8. Liverani 2013, 360–363. – S. Sebastiano: von Gerkan 1927, 284 f. Taf. 5; Jastrzębowska 2016, 512 f.

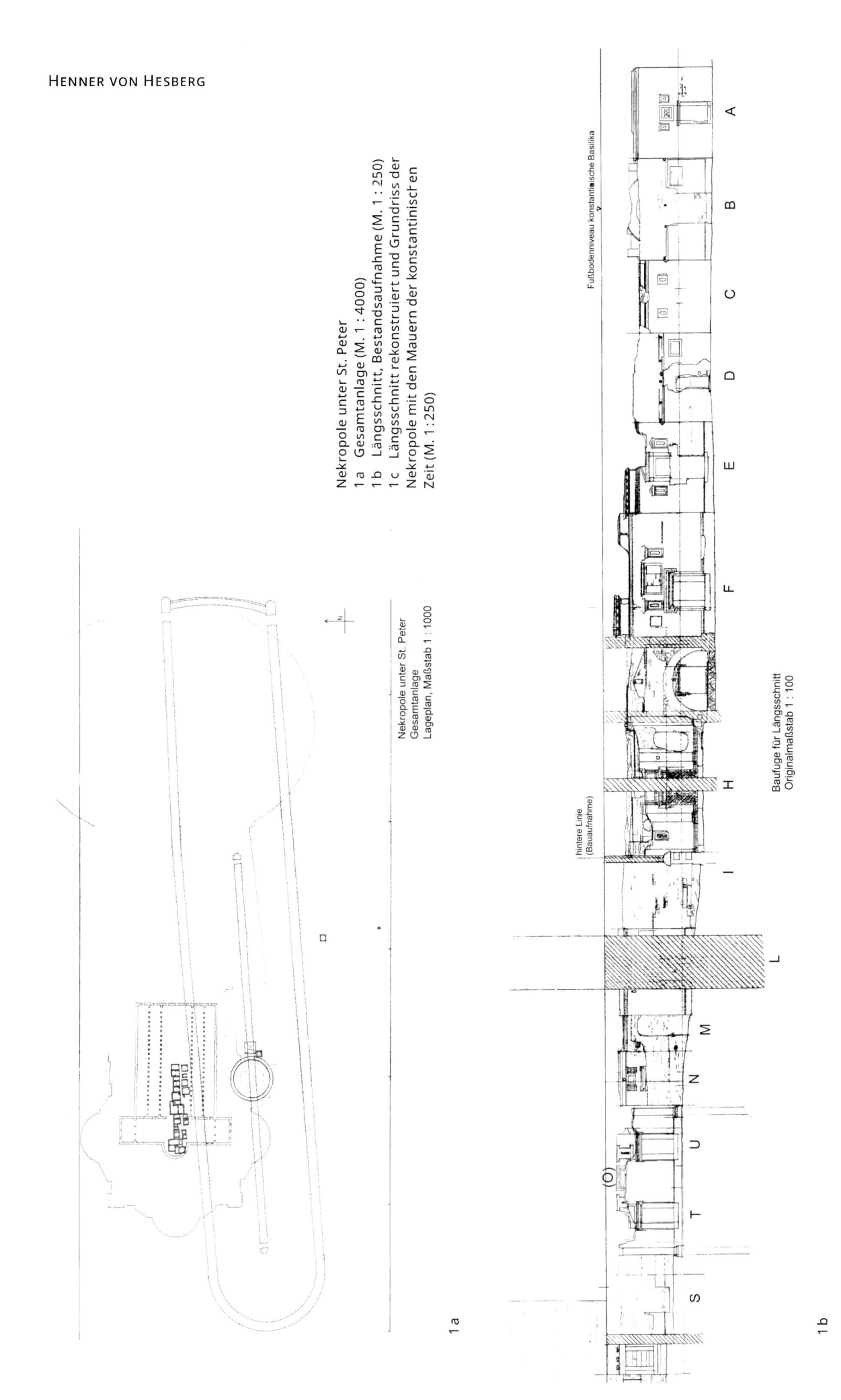

Nekropole unter St. Peter
1a Gesamtanlage (M. 1 : 4000)
1b Längsschnitt, Bestandsaufnahme (M. 1 : 250)
1c Längsschnitt rekonstruiert und Grundriss der Nekropole mit den Mauern der konstantinischen Zeit (M. 1:250)

Nekropole unter St. Peter
Gesamtanlage
Lageplan, Maßstab 1 : 1000

1a

1b

1c

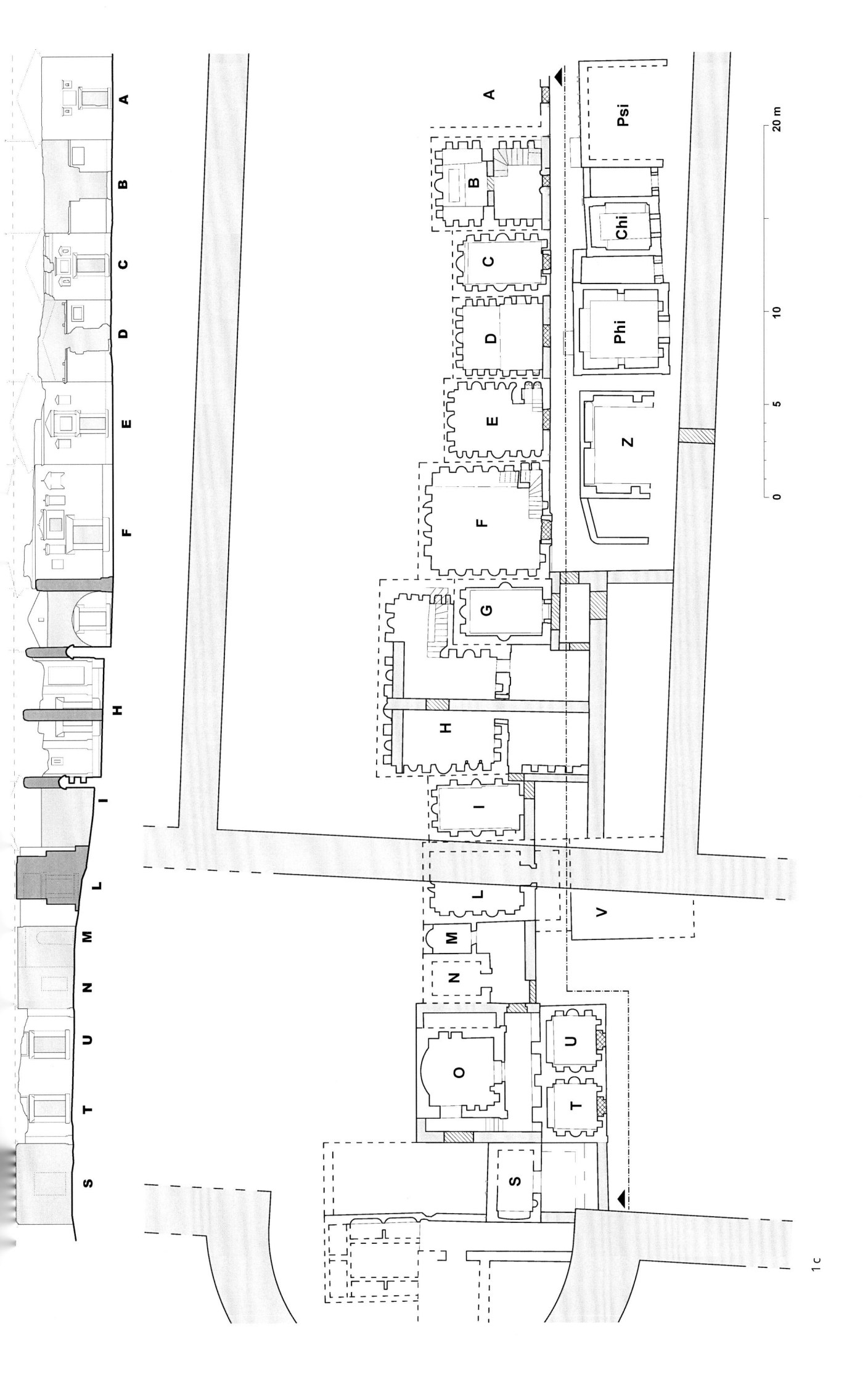

räumen ihrer Existenz hindurch Eigentum derselben Familie oder wurden sie von neuen Nutzern übernommen, nachdem die Anlagen von den Vorbesitzern nicht länger mehr gepflegt wurden? Wenn die erwachsenen Kinder des Grabinhabers Erfolg hatten und sich anderswo ein eigenes Grabmal errichtet hatten, ist schwer zu verstehen, wer zwei oder drei Generationen nach dem Versterben des ursprünglichen Erbauers für die Pflege seines Baus aufkam. Es lag wohl vor allem im Interesse der Freigelassenen und derer Nachkommen oder anderer Angehöriger, dass die Gräber nicht einfach von anderen übernommen wurden, wobei gesetzliche Vorgaben eine eventuelle Fremdnutzung zu regeln versuchten[5].

Das Problem prägt gewiss seit jeher in Rom den Besitz eines Grabes. Cicero stellt zum Beispiel mehrfach Überlegungen an, wie das Grab seiner Tochter möglichst lang für die Zukunft zu sichern sei[6]. Davor kann nur die Beisetzung an einem Ort schützen, dessen Umgebung nicht von stetem Wechsel der Besitzer betroffen ist, was etwa bei Villen zu befürchten ist (Cic. ad. Att. 12, 19, 1. 38, 1). Ferner begünstigt seiner Meinung nach die Dauer, wenn der Bau eine möglichst sakrale Qualität gewinnt[7]. Die Probleme dabei sind vielfältig und liegen von Beginn an jenseits der sakralrechtlichen Absicherung vor allem auf der praktischen Seite.

Geht man vom archäologischen Befund aus, sind – von derartigen monumentalen Einzelgräbern, wie sie Cicero im Sinn hatte, einmal abgesehen – spätere Aus- und Einbauten in Grabanlagen Roms und seiner Umgebung häufig belegt. Dabei geben sich unterschiedliche Muster zu erkennen. In größeren Columbarien wurden vielfach einzelne Aedikulen eingefügt, aber diese Bauten waren ohnehin für eine stete Aufnahme unterschiedlicher Bestattungen vorgesehen. Die kleinen zusätzlichen Einbauten unterschieden sich nur qualitativ von den übrigen, nacheinander mit den Bestattungen eingebrachten Ausschmückungen etwa der Urnennischen[8].

Generell existierte ein großes Spektrum an Möglichkeiten der Pflege des Grabes und damit eng verbunden der Bewahrung der Besitzverhältnisse. Es waren zwar gesetzliche Regelungen zur Weiterverwendung und Wiederbenutzung vorhanden[9], aber daneben suchte man auch nach anderen Möglichkeiten, woraus sich ein steigender Bedarf an zusätzlichen Regelungen ergab. Plinius d. J. (epist. 10, 68) als Statthalter von Pontus-Bithynien fragt beispielsweise bei Trajan an, ob man gestatten solle, Gebeine umzulagern, wenn das Alter des Grabes (*iniuria vetustatis*), Überschwemmungen und andere Umstände es erforderlich machten. Dafür musste in Rom das Kollegium der Pontifices gefragt werden. Der Princeps antwortete (epist. 10, 69), dass in diesem Fall der örtlichen Tradition zu folgen sei[10]. Unter Septimius Severus wurde ein Gesetz erlassen, dass die Beraubung eines Grabes unter Todesstrafe stellte (Dig. 47, 12 ,3 ,7)[11]. Kaiser Constans erließ wiederum 349 n. Chr. ein Gesetz, das die *violatio sepulcri* erneut streng bestrafte[12]. Die Fülle der Gesetze, aber auch die vielen Vorschriften in den Grabinschriften machen deutlich[13], dass hier ein steter Handlungsbedarf bestand.

Archäologisch sind entsprechende Indizien für die Konservierung und Beibehaltung der Grabanlagen nicht immer leicht zu interpretieren. Im Umgang mit der Grabanlage reicht das Spektrum von einer Bewahrung bestehender Bauten bis hin zu ihrer Konservierung in situ. Ein Beispiel dafür stellt ein Bau dar, der in Portus von Speicheranlagen trajanischer Zeit überlagert wurde. In deren Innern blieb er – wenn auch im Grunde abgeschlossen und kaum zugänglich – über die Zeiten erhalten[14].

Am anderen Ende der Skala stehen Überbauungen. Dafür konnten schon zu allen Zeiten ganze Areale mit Bestattungen aufgegeben werden. Im Umfeld des Grabbaus für Lucilius Paetus an der Salaria wurde beispielsweise in der Antike das Terrain deutlich erhöht, wodurch die alten Gräber versiegelt und auf höherem Niveau Platz für neue Grabanlagen geschaffen wurde[15]. Grabbauten wurden auch in großer Zahl bei der Anlage von Bauten im öffentlichen Interesse niedergelegt oder in die neuen Konstruktionen ein-

---

5 Siehe hier den Beitrag von Hesberg S. 42–44. Kaser 1978, 53.
6 Die Monumente werden »*propter testimonum perennitatis*« angelegt: Grom. Vet. 271, 12; 272, 18. 19. Bürgin-Kreis 1968, 31–33; Eck 1987, 80 f.
7 Cic. ad. Att. 12, 19, 1: »*illud quasi consecratum remanere possit*«. Vgl. zum Problem der Konstituierung eines Grabes: Van Andringa 2018.
8 Pensabene 1978/1979, 19–21 Taf. 5–9; Heinzelmann 2000, 73 f. Abb. 28; Borbonus 2014, 75–87 Abb. 28–35.
9 Zusammenfassend: De Visscher 1963, 65–73; Kaser 1978, 51–59; Engels 1998, 162–164; Haug 2003, 283 f.
10 Zur Geltung des Grabrechts in den Provinzen: Bürgin-Kreis 1968, 31–33. Die Unterschiede zwischen den kulturell bedingten und regionalen Bestattungssitten waren in der Antike sehr wohl bewusst: vgl. etwa Lukian. luct. 21–23.
11 Bürgin-Kreis 1968, 32.
12 De Visscher 1963, 112–123; Bürgin-Kreis 1968, 28; Toynbee – Ward Perkins 1956, 197; Gregori 2004, 391–404; De Paolis 2010, 618–621.
13 Kaser 1978, 69–89.
14 Calza 1925, 60–63 Abb. 4. 5. Vom Typus her ähnelt die Anlage Bau O. Der Zweifel des Ausgräbers, dass es sich um einen Grabbau gehandelt habe, scheint mir deshalb nicht berechtigt zu sein.
15 Mari 2005, 242 f.; Cupitò 2008, 40. Vgl. die Situation etwa vor der Porta Romana in Ostia: Heinzelmann 2000, 34 f. Abb. 15.

bezogen. Dafür gibt es zahllose Beispiele vor allem bei Stadtmauern, wofür lediglich auf die Aurelianische Mauer verwiesen sei[16], hingegen naheliegender Weise seltener in den Städten selbst[17].

Außerhalb Roms begegnen wir schon im 2. Jahrhundert n. Chr. Lösungen, in denen bestehende Grabbauten von Grund auf neu gestaltet wurden. Das muss nach den vorhandenen Indizien durch die neuen Besitzer oder eine neue Generation von Nachkommen geschehen sein. In das Tumulusgrab ›Torrione di Micara‹ bei Frascati wurden das Innere entfernt und im 2. Jahrhundert. n. Chr. Ziegelgräber eingebaut. Die vorhandenen Reste lassen nicht erkennen, wie die Besitzer mit den alten Beisetzungen umgingen, aber die tiefgreifende Veränderung ist unübersehbar[18]. Ähnlich könnte ein in Retikulat gebautes Tumulusgrab in der Nähe – ›Torrioncino di Micara‹ – im 2. Jahrhundert entkernt und um eine geräumige Vorhalle erweitert worden sein[19]. Vielleicht erklärt eine ähnliche Konstellation den merkwürdigen Befund eine Ziegelgrabes auf einem Tumulus bei Castel Madama, bei dem der Sockel neu genutzt wurde[20]. Möglicherweise war es hier zu den Veränderungen gekommen, die schon Cicero (ad. Att. 12, 19, 1. 38, 1) befürchtete, dass nämlich neue Besitzer eines Villengrundstücks auch die Grabbauten weitreichend umgestalten könnten.

In Bezug auf die Bauten unter St. Peter aber interessieren vor allem kleinere Grabanlagen, die ihre Blütezeit überlebt hatten und die während der Kaiserzeit erneut belegt wurden. In diesem Bereich ist das Spektrum an Möglichkeiten schwer überschaubar; die Befunde sind auch selten einmal sorgfältig ergraben und gut ausgewertet, so dass einige Beispiele ausreichen müssen. Die Grabbauten aus der zweiten Hälfte des 1. Jahrhunderts. v. Chr. an der Villa Wolkonsky wurden in diesem Zeitraum systematisch neu genutzt, durch später eingefügte Mauern aufgeteilt und in der Folge eine Menge von Bodengräbern, aber auch Urnen eingebracht. Das geschah selbst dann, wenn nach der Inschrift des Freigelassenen P. Quinctius und seiner Angehörigen das Grab an keine Erben übergehen sollte[21]. Bisweilen interpretierte man auch die Eigentumsverhältnisse der Ausstattungsteile sehr großzügig, wofür in der gleichen Gegend das Grab der Domitii ein Beispiel gibt. In ihm wurden selbst Inschriftenplatten neu verwendet und offenbar wiederum neu beschriftet[22]. Ähnlich verfuhr man mit einzelnen Inschriften, wie ein Beispiel von der Ostiense belegt[23]. In anderen Fällen wurden die *tituli* an der Front versetzt, ohne dass sich daraus weitere Hinweise auf Veränderungen in den Besitzverhältnissen ergeben[24].

Andere Befunde etwa an der Via Portuense sind ebenfalls schwer zu interpretieren, was die Besitzverhältnisse angeht. In ein aus Quadern errichtetes Grab des 1. Jahrhunderts v. Chr. wurde wohl in der zweiten Hälfte des 3. Jahrhunderts n. Chr. ein weiterer Bau aus Ziegelmauern hineingesetzt[25]. Möglicherweise handelt es sich um einen ähnlichen Befund, wie er von der Salaria bekannt ist. Dort wurde ein früher Bau schon in der frühen Kaiserzeit vollständig überlagert[26]. In einem anderen Bereich der Portuense wurden in einem großen, von einer Retikulatmauer umschlossenen Grabbezirk später verschiedene Pfeiler und am Ende ein Ziegelbau eingefügt, der sich über frühere Bestattungen legte. Ferner wurden alle umgebenen Grabbauten mit einfachen Tonsarkophagen voll gestellt. Da sich die Inschriften nicht zuordnen lassen, bleiben zwar die Besitzverhältnisse im unklaren, aber in jedem Fall kam es zu einer massiven Veränderung des ursprünglichen Bestandes[27].

Vergleichbare Befunde lassen sich häufiger nennen, so mehrfach von der Via Laurentina[28]. Eine Aufhöhung im Innern ist an einem Columbarium im Bereich der Villa Doria Pamphili auf dem Giannicolo zu

---

16 Eisner 1986, 27 f. Nr. R7; 118 f. Nr. N1; 138–141 Nr. O1; 21–124 Nr. S1–S3 Taf. 5,1; 47,04.5; 57, 1; 48. 49; Patterson 2000, 101 f.; Coates-Stephens 2012, 92 f. Hinzu kommen die Grabbauten, deren Teile in der Stadtmauer verbaut wurden: Visconti – Vespignani 1881.
17 Dion Chrys. 47, 16 (In Tarsos und Nikomedeia ließ man, wohl für eine Stadterweiterung, Gräber verlegen). In Hierapolis ist eine solche Überbauung der Nekropole auch archäologisch zu fassen: Romeo u. a. 2014, 3–6 Abb. 4. 5; Scardozzi 2015, 71–77 Abb. 8.
18 Petrachi 2010, 177–181 Abb. 8–18; Valenti 2010, 113 f. Abb. 13.
19 Valenti 2010, 115 f. Abb. 14–16.
20 Giuliani 1966, 98 Nr. 122 Abb. 93. 93.
21 CIL I 2527a = AE 2000, 181; Fornari 1917, 174–177 Abb. 1. 2; Colini 1944, 395 f. Abb. 332. 335. Zur rechtlichen Situation: Kaser 1978, 20. 62 f.

22 CIL VI 35975. 35976; Colini 1944, 388. Wiederverwendung der Materialien lässt sich in den meisten Nekropolen nachweisen, sowohl von einzelnen Markern bis hin zu Teilen der Bauten: Liverani – Spinola 2010, 161. Allerdings geben sich die Rechtfertigungen für die Wiederverwendung etwa in Auflassung des früheren Baus nicht zu erkennen.
23 Meloni 2013, 161–165 Abb. 1–3.
24 Möglicherweise die Inschrift des A(ulus) Caesonius A(uli) f(ilius) Col(lina) Paetus, seines Freigelassenen A. Caesonius Philemo und der Telgennia P(ubli) l(iberta) Philumina am Grab der Caesonii: Colini 1944, 394 Abb. 331; EDCS 52603013.
25 Lugli 1919, 290–294 Abb. 3. 4.
26 Lugli 1917, 293 f. Bau D Abb. 1. 2.
27 Paribeni 1922, 408–410 Abb. 2.
28 Floriani Squarciapino 1961, 152 f. Abb. 1. 5–8. Bei Santa Tecla: Scrinari 1982–1984, 400 f. Taf. 1–4.

finden²⁹. Auf den großen Tumulus des Lucilius Paetus an der Via Salaria wurde schon verwiesen. Nach seiner Verschüttung wohl im 2. Jahrhundert n. Chr. blieb zwar der Zugang durch einen Dromos offen, aber im späten 3. oder 4. Jahrhundert erweiterte man das Innere um ein Hypogäum mit Nischen³⁰. Ähnlich ging man im Hypogäum der Aurelier an der Viale Manzoni vor³¹. Auch im Bereich der Via Salaria insgesamt sind solche Neunutzungen der Grabanlagen in großer Zahl mit Bestattungen bis in das 6. Jahrhundert n. Chr. zu verfolgen³². In einzelnen Fällen wurden dabei sogar Röhren zu den früheren Gräbern verlegt, um Gußspenden weiterhin möglich zu machen³³.

Aber auch einzelne Bauten auf der Isola Sacra wurden erweitert. Das geschah in einigen Fällen sehr rasch nach der Errichtung der ersten Bauten, aber offenbar handelte es sich dabei um eigens dafür konzipierte Komplexe³⁴. Für das 3. und 4. Jahrhundert stellte schon Guido Calza fest, dass besonders die älteren Anlagen in der Zeit Konstantins neu benutzt wurden, und wies auf die entsprechenden Modalitäten hin, etwa die Schaffung neuer Körpergräber, Übermalungen und neu eingefügter Inschriften³⁵. Grab 16 erhielt einen Vorhof und in konstantinischer Zeit Aufmauerungen für Körperbestattungen³⁶. In dem offenen Hof des Grabes 34 wurde ein Baldachin mit Wasserstelle in konstantinischer Zeit durch ein Mosaik neu gefasst. Offenbar teilte man auch in dieser Zeit mit einer zusätzlichen Wand mit Tür das Area neu auf³⁷. Später wurden immer mehr Bestattungsgruben im Gesamtbereich der Nekropole aufgemauert³⁸. Ida Baldassarre hat in den neueren Untersuchungen die Fülle der weiteren, zwischen den Grabbauten angelegten Einzelgräber deutlich gemacht³⁹. Zugleich begann mit dem 3. Jahrhundert auch die Spoliierung der alten Grabbauten und die Wiederverwendung des Marmormaterials und der Statuen innerhalb der Stadt selbst, wie Christina Murer herausgestellt hat⁴⁰.

Wahrscheinlich fand man überall zu jeder Zeit Wege, die rechtliche Vorgabe, dass ein rechtmäßig bestatteter Leichnam »nicht gestört werden darf«, zu umgehen oder auf die Situation anzupassen⁴¹. Vieles mag dabei – wie etwa auch bei Umbettungen Verstorbener⁴² – sakralrechtlich abgesichert gewesen sein, denn es war gestattet, ein Grab wieder herzurichten, wenn die Bestatteten dabei unversehrt blieben⁴³. Aber in vielen Fällen wird man es auch nicht so genau geprüft haben. Nicht umsonst versuchten sich die Besitzer der Gräber selbst mit einer großen Zahl in den Inschriften fixierten Vorschriften zu schützen. Dabei ging es vor allem um die Nutzung, wobei immer wieder die Angst zu spüren ist, dass nicht erlaubte Bestattungen vorgenommen werden⁴⁴. Rechtsstreitigkeiten um die Grabnutzung und entsprechende Maßnahmen zur Sicherung des Schutzes standen deswegen an der Tagesordnung (Dig. 11, 7)⁴⁵.

Was veränderte sich, wenn ein neuer Nutzer den Bau für sich in Anspruch nahm? Die genannten Befunde in den Bauten nahe der Villa Wolkonsky legen nahe, das frühere Bestattungen zusammengeschoben und im Extremfall vielleicht auch entfernt wurden. Insgesamt beließ man wohl den vorhandenen Bestand und versuchte, ihn durch Aufhöhungen des Bodens im Innern, Anbauten oder auch die Vermauerung der Urnennischen und Arkosolien zu neutralisieren, während die neuen Nutzer weitere Bestattungen einfügten, und nur eingeschränkt die alten weiterhin pflegten.

Vergleichbare Erscheinungen gibt es auch in den Bauten unter St. Peter. Als Ort für Umbettungen hatten Jocelyn Toynbee und John Ward Perkins die Konstruktion des Anbaus Z' verstanden; »found filled with human bones«, wobei sie die früheren Bestattungen mit dem Ort (Grabbau Z') selbst verbinden

---

29 Lissi Caronna 1970, 356 f. Abb. 15. 16.
30 Mari 2005, 242 f.
31 Bendinelli 1922, 412–420 Abb. 14 Taf. 1.2; Bisconti 1999, 277; Bradley 2018, 3 f.
32 Cupitò 2008, 40.
33 Lugli 1917, 295.
34 Helttula 2007, 171–174 Nr. 106–110; 192 Nr. 112–117.
35 Iulia Eunia für ihren Ehemann Telesphorus: IPOstie-A, 00285 = ISIS 00042; Calza 1940, 40 f. 264 Abb. 159; Helttula 2007, 53 Nr. 42.
36 Calza 1940, 294–297 Taf. 3.
37 Calza 1940, 307 f. Abb. 24. 87.
38 Calza 1940, 67. 342. 360 Abb. 20.
39 Baldassarre 2002, 20 f. Abb. 2. 13. 14.
40 Murer 2016, 181–196; Murer 2018, 118–125; Gering 2018, 93. 126. 222. 340. 350 f. Abb. 57. Christina Murer hat diese Probleme in ihrer Habilitationsschrift ausführlich behandelt.

41 De Visscher 1963, 161–194; Bürgin-Kreis 1968, 30–32; Kaser 1978, 23–26. Zu den diversen Formen der Besitzverhältnisse und der entsprechenden Terminologie in den Gräbern Ostias: De Paolis 2010, 583–603. 618–625 (Schutzklauseln und Strafen); Duday – Van Andringa 2017, 76 f.
42 Allerdings wird man zwischen unterschiedlichen Vorgängen unterscheiden müssen. Einmal wurden die Toten vor Errichtung des eigentlichen Baus zwischengelagert: Eck 1989, 84–86, in wenigen Fällen aber auch deutlich später an eine andere Stelle umgebettet: Kaser 1978, 26 f.; Meyer 1986, 280; Laubry 2007, 150–156.
43 Dig. 47, 12, 7; Ducos 1995, 142.
44 Calza 1940, 275–278.
45 Bürgin-Kreis 1968, 35; Kaser 1978, 27 f.; Laubry 2007, 156–166.

(Abb. 1 c)⁴⁶. Deutliche Veränderungen oder Erneuerungen in der Ausstattung einiger Bauten sind selten zu erkennen. Sie betreffen – soweit sich das überhaupt sagen lässt – nur dann die Außenseite, wenn die Anordnung der Bauten untereinander verändert wird. Das konnte aber zu unterschiedlichen Zeiten unter ganz unterschiedlichen Konditionen geschehen. Bei S und L wurde ein Vorhof angefügt, um mehr Platz für Bestattungen zu gewinnen, bei O die Tür des Bezirks höher gelegt, weil rundherum das Laufniveau stieg⁴⁷, und Bau B erhielt ähnlich wie zuvor schon die Rückseiten der Bauten Z und Phi auf der Außenseite einen wasserfesten Putz, als verstärkt das Abwasser durch den Gang davor abgeleitet wurde⁴⁸. Dieser Art des Putzes schützte auch Z⁴⁹.

Ansonsten konzentrieren sich die Veränderungen auf Dekor und Ausstattung im Innern. Die Grabbauten bieten dazu – wie von Harald Mielsch herausgearbeitet – sehr unterschiedliche Befunde und Umgestaltungen der Dekorationen vor allem der Wände, aber teilweise auch der Fußböden und Deckensysteme. Seine Analysen seien an dieser Stelle noch einmal kurz unter der Perspektive zusammengefasst, wieweit sie vom Interesse eines neuen Besitzers oder Inhabers motiviert sein könnten.

Innerhalb der Abfolge der Veränderung und Erneuerung des Dekors in den Bauten sind wiederum deutliche Unterschiede zu beobachten. An den Grabbauten E⁵⁰, F⁵¹ und H⁵² mit einer elaborierten, architektonischen Schmuck und Malerei umfassenden Innenausstattung sind keine auffälligen Änderungen im Dekor festzustellen. Offenbar behielt man gerne diesen aufwendigen und haltbaren Dekor bei. Dennoch aber kommt es zu einer großen Zahl späterer Bestattungen. Besonders in Bau F und H (Abb. 2 a. b) lassen sie sich gut verfolgen⁵³. In F kamen Inschriften einzelner Verstorbener hinzu, deren Bezug zur Familie der Caetenni Maiores nicht mehr klar ist (Abb. 3)⁵⁴. In der Folge mögen weitere hinzukommen sein, die nicht mehr über Inschriften ausgewiesen sind. In H lassen sich zunächst minimale Änderungen im Ausstattungskonzept während der Errichtung des Baus feststellen⁵⁵. Dann aber wurde der Bau während des 3. Jahrhunderts n. Chr. mit einer Reihe von Sarkophagen aus Marmor, Stein oder Ton gefüllt, die vor den Arkosolien ihren Platz fanden und teilweise wiederum untereinander erneut umgerückt oder auch aufeinander gestellt wurden⁵⁶. Zusätzlich vertiefte man einzelne Bodengräber und mauerte weitere auf, bisweilen mit Angaben in römischen Fuß⁵⁷. Immerhin hielt man dabei ein gewisses Niveau bei, vielleicht weil – wie Werner Eck zeigte – der Bau wohl in den Händen der Familie blieb⁵⁸. Es fand sich etwa auch der Kopf eines Knaben aus Stuck, der in das erste Drittel des 3. Jahrhunderts n. Chr. zu datieren ist und an die frühere Reihe der Porträts anknüpfte⁵⁹. In der Schlussphase des Baus diente vor allem die seitliche Kammer als Behältnis für Tonsarkophage. Einzelne wurden unter dem Treppenbogen eingemauert, andere in großer Zahl nur noch eingestellt, wobei sich dieser Vorgang nicht datieren läßt⁶⁰.

Anders sieht es in den etwas einfacheren Bauten aus, deren Dekor hauptsächlich aus Malerei besteht. Abgesehen von dem nur schlecht erhaltenen und sehr schlicht dekoriertem Bau D⁶¹ sind bei den anderen zwar häufiger mehrere Phasen greifbar, aber auch hier unterscheiden sich die Gründe. Denn es gibt einige wenige Bauten mit raschen Veränderungen bald nach der Erbauung des Grabes. Bau I zeigt etwa zwei Dekorationsphasen, die erste vor 160 n. Chr.⁶² und die zweite 10 Jahre später⁶³. In Bau C wurde der Wagenlenker neu interpretiert⁶⁴. Die Veränderungen lagen

---

46 Toynbee – Ward-Perkins 1956, 53 »found and carefully reburied when the tomb was built«. Mielsch – von Hesberg 1995, 223 Abb. 266.
47 Apollonj Ghetti u. a. 1951, 51 Abb. 29. 33. 34. 44 Taf. 20a.
48 Mielsch – von Hesberg 1986, 12 Taf. 9. Die Funktion des Putzes wird im Gang zwischen Z und Phi deutlich. Er wurde beim Neubau zum Schutz vor Abwasser aufgebracht: Mielsch – von Hesberg 1995, 223 Taf. 39.
49 Toynbee – Ward-Perkins 1956, 53; Mielsch – von Hesberg 1995, 223. 235.
50 Mielsch – von Hesberg 1995, 88–91.
51 Mielsch – von Hesberg 1995, 118.
52 Mielsch – von Hesberg 1995, 199.
53 Siehe hier Eck S. 133. 143 f. Nr. 1–14. (Grabbau F 1–15).
54 In einem Bankgrab an der Nordseite wurde Tullius Hermadion beigesetzt; die späteren freigeborenen Tullii könnten über die Freigelassenen der Frau des Grabgründers, Tullia Secunda, hier ein Recht über erworben haben. Siehe hierzu Eck S. 133.
55 Mielsch – von Hesberg 1995, 156 Abb. 162. 163.
56 Siehe den Beitrag Boschung für die Sarkophage des T. Caesenius Severianus (Sk 8) und des Valerinus Vasatulus (Sk 7) S. 103–106.
57 Mielsch – von Hesberg 1995, 157–160; Eck 1989. Siehe hier den Beitrag Eck S. 144 Nr. H 8.
58 Siehe den Beitrag Eck S. 139 f.
59 Mielsch – von Hesberg 1995, 196 Nr. 6 Abb. 240–242.
60 Mielsch – von Hesberg 1995, 159 f.
61 Mielsch – von Hesberg 1986, 65 f.
62 Mielsch – von Hesberg 1995, 220 f.
63 Mielsch – von Hesberg 1995, 220 f.; Feraudi-Gruénais 2001a, 56.
64 Mielsch – von Hesberg 1986, 58 »durch die spätere Einfügung der Siegespalme mit blauen Blüten eindeutig die *factio veneta* hervorgehoben«; Feraudi-Gruénais 2001a, 48. Vgl. neben den zahlreichen, von H. Mielsch genannten Parallelen für Bildern von Wagenlenkern im Grabkontext auch die Bleifigur eines Wagenlenkers in der Via Taranto: Pallottino 1934–1936, 62 Abb. 15.

2a

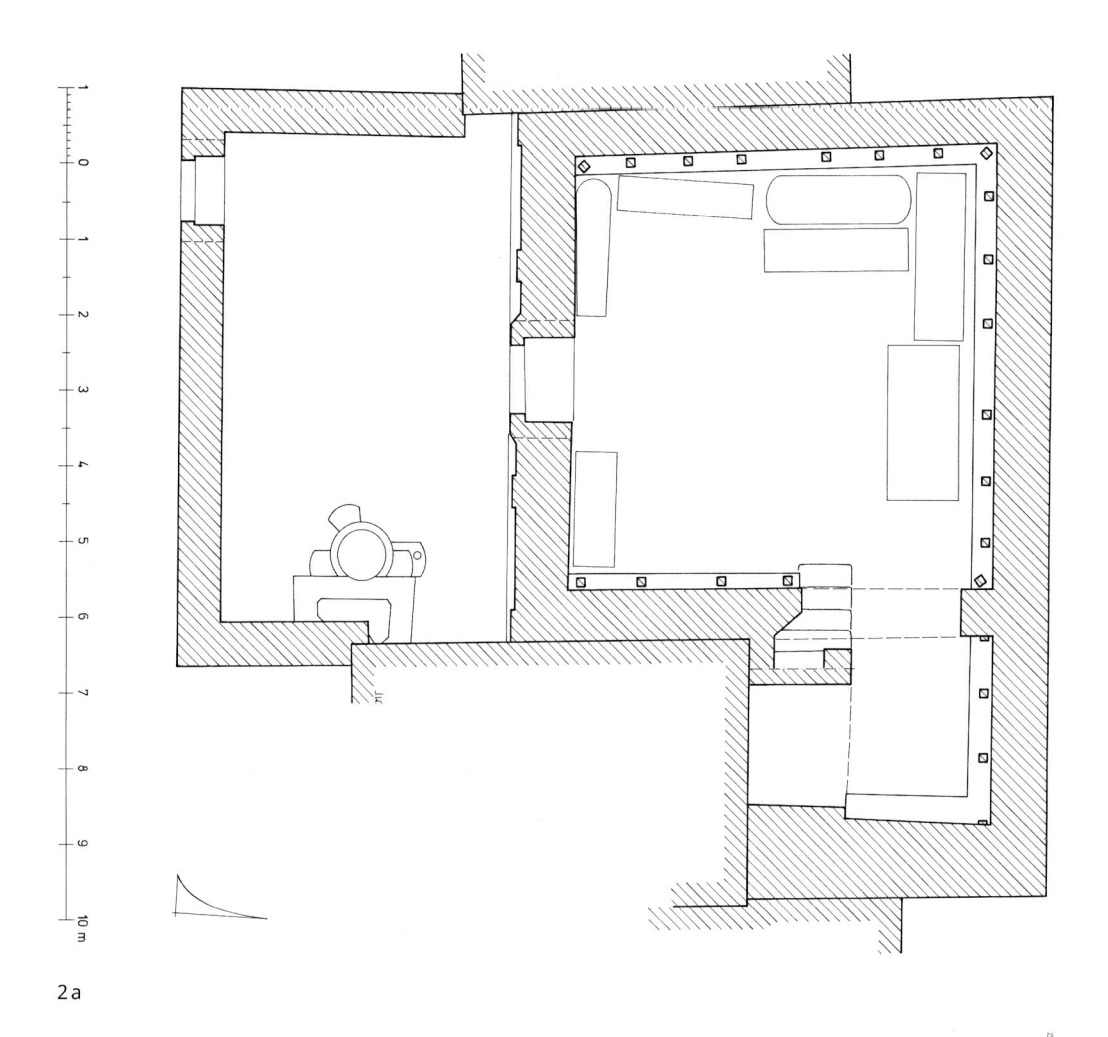

2b

2 Nekropole unter St. Peter, Grabbau H, spätere Belegung mit Sarkophagen
a. Grundriss (M. 1:100)
b. Schnitt mit Ansicht der Ostwand (M. 1:75)

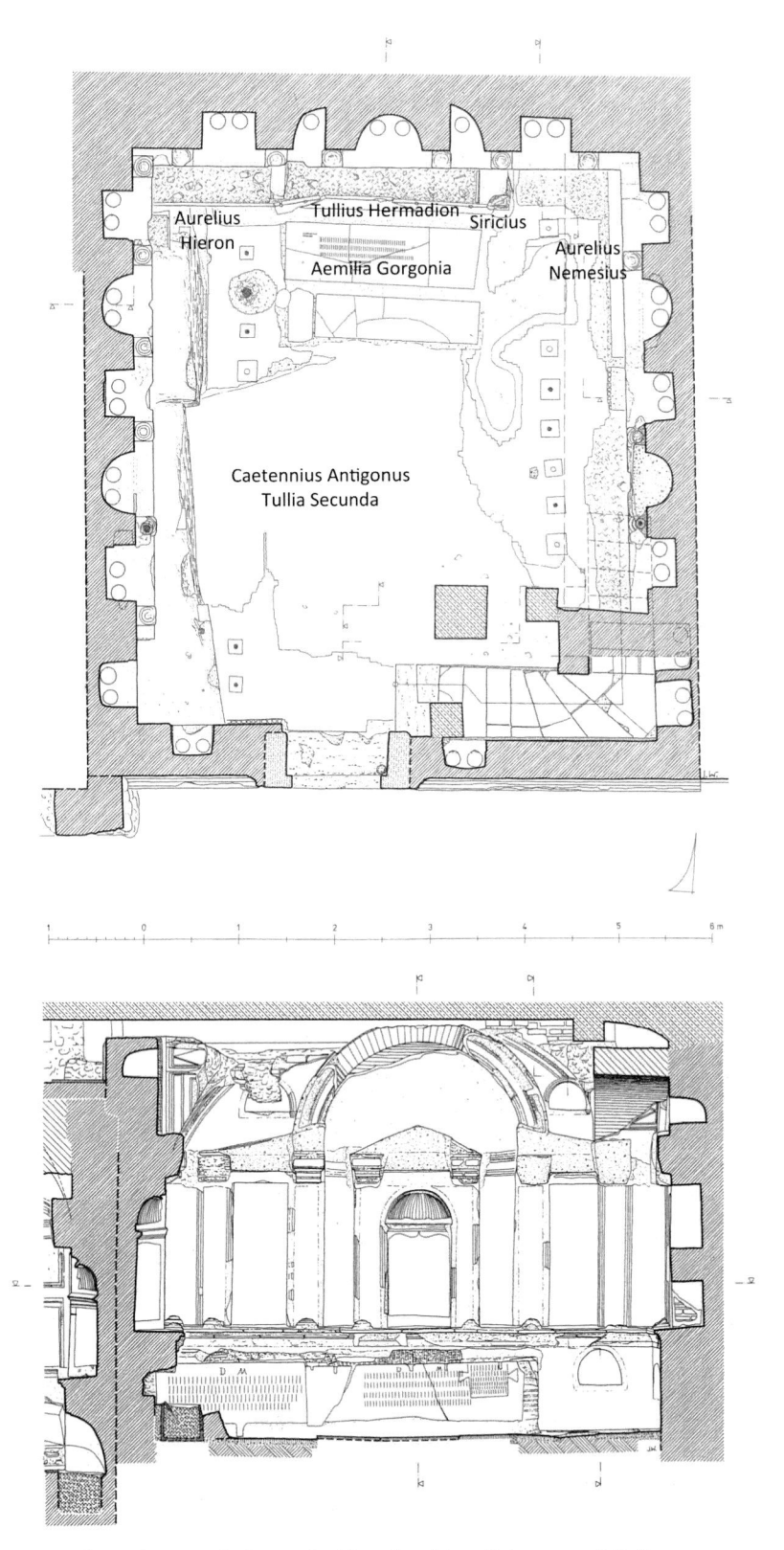

3 Nekropole unter St. Peter, Grabbau F, spätere Belegung mit Gräbern
(M. 1:75)

4a

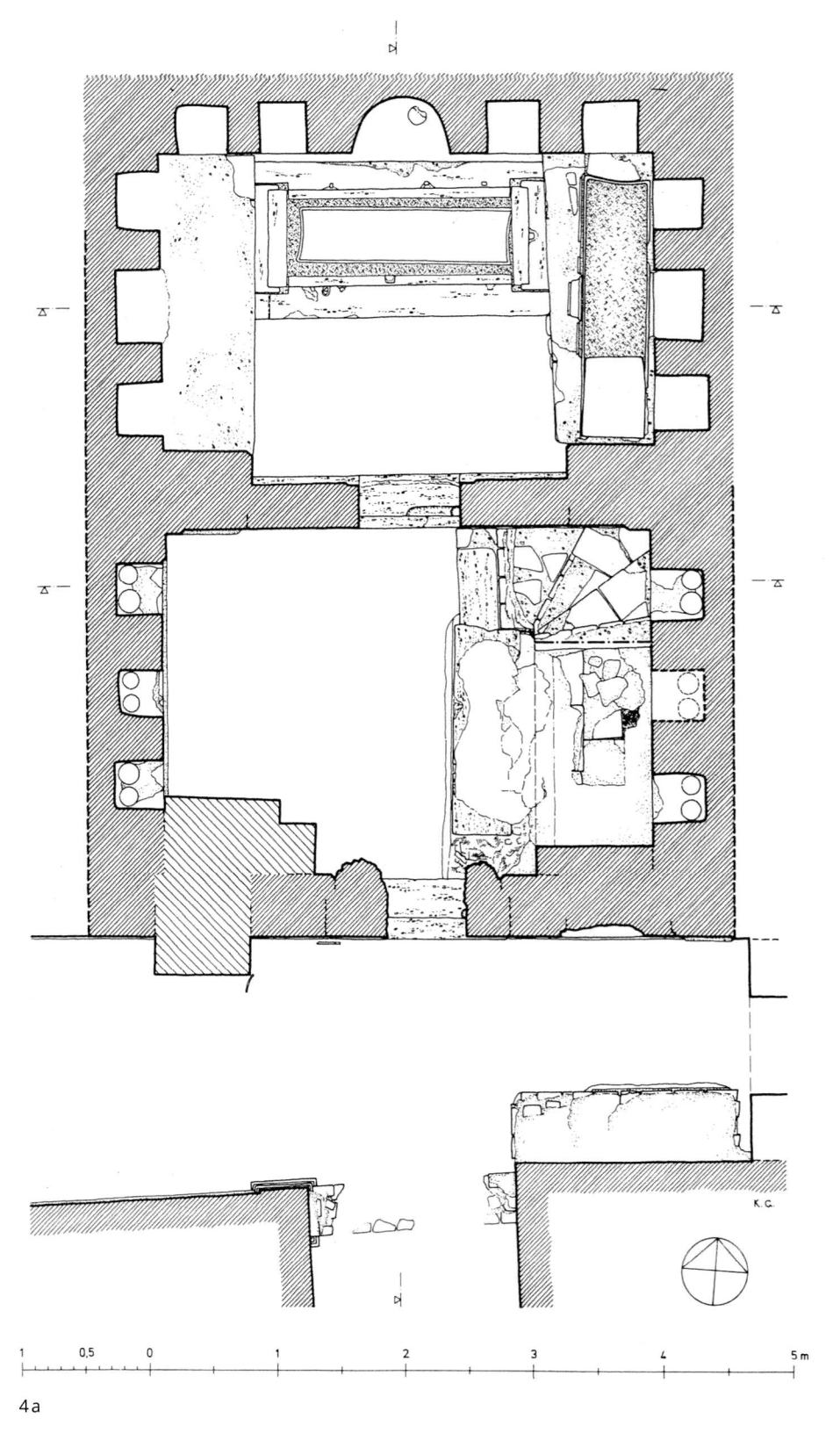

4a–c Nekropole unter St. Peter, Grabbau B (M. 1 : 50)
a. Grundriss
b. Ostwand
c. Eingebaute Türwand, späte Um- und Ausbauten

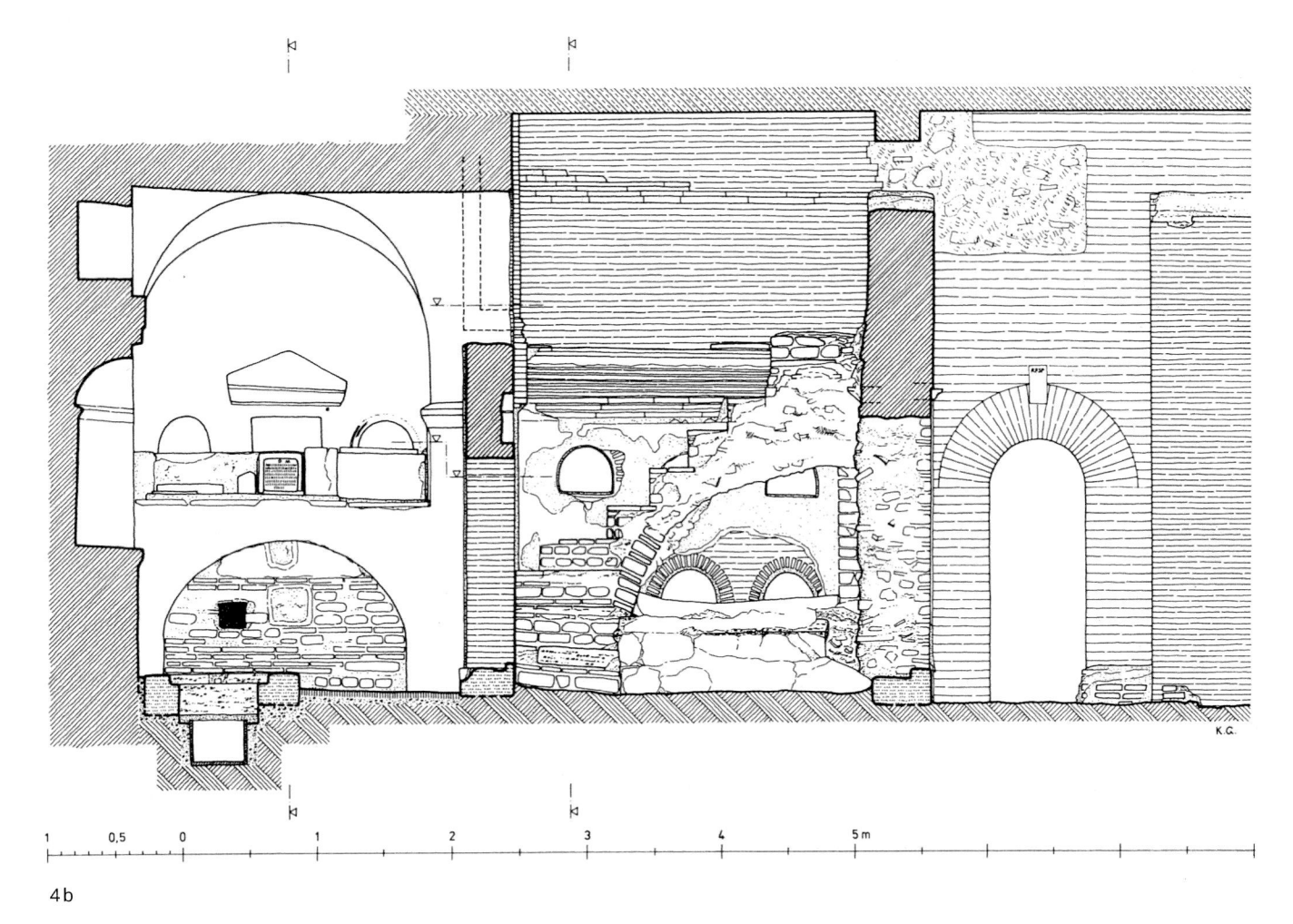

Zur Nutzung der Grabbauten und zur Errichtung der Fundamente für die Basilika Konstantins

4b

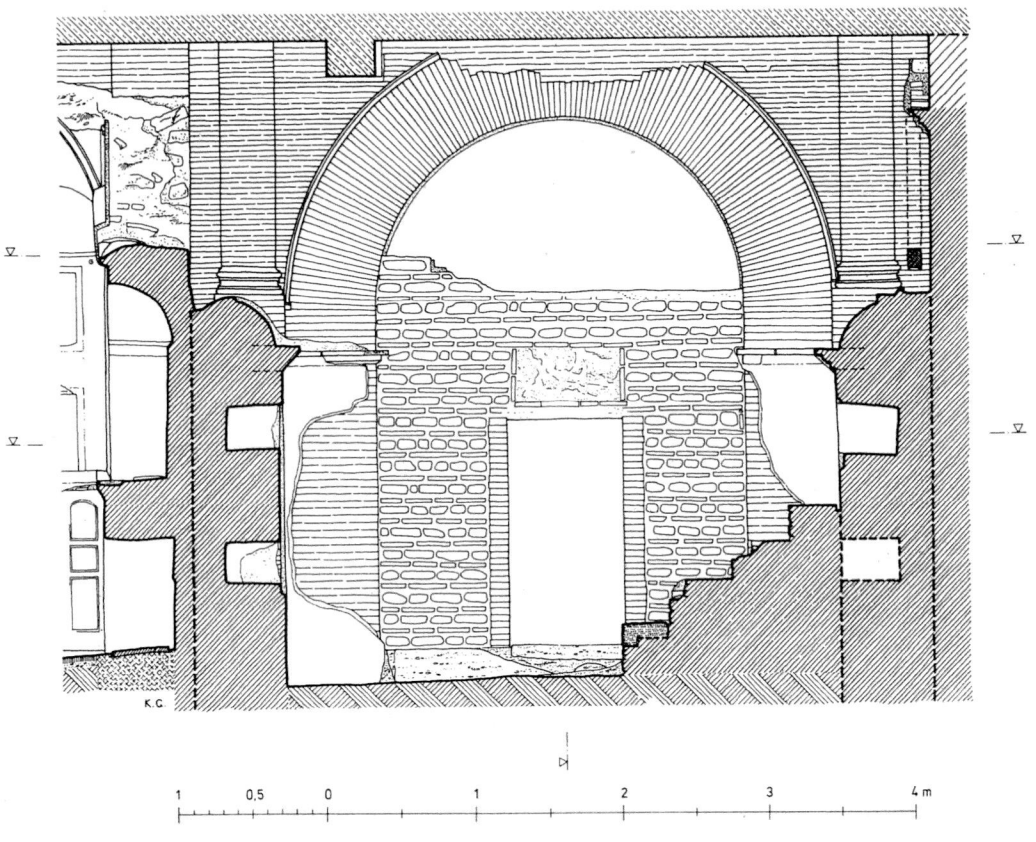

4c

– ähnlich wie schon für H erwähnt – noch im unmittelbaren Interesse des Erbauers, der mit Teilen des Dekors offensichtlich unzufrieden war.

Eine größere Zahl an Bauten wurde aber in deutlichem Abstand nach der Errichtung neu ausgemalt. In Grabbau B sind drei Eingriffe zu unterscheiden (Abb. 4 a. b)[65]. Nach der ersten, hadrianischen Phase wurde in der zweiten Phase im mittleren 3. Jahrhundert n. Chr. der Fußboden um ein Schwarzweiß-Mosaik ergänzt[66]. Die Malerei der dritten Phase ist nur noch in wenigen Abschnitten erhalten. Sie umfasste ursprünglich alle Wände, nahm zusätzlich zu einer Marmorierung[67] Details der ersten Phase auf[68] und ist in die Jahrzehnte vom 3. zum 4. Jahrhundert n. Chr. zu datieren [69]. In Bau C gehört die Grundausstattumg ebenfalls in hadrianische Zeit, während sie in den Jahrzehnten der Wende vom 3. zum 4. Jahrhundert n. Chr. durch einen weißen Kalkanstrich mit wenigen Farbelementen umfassend neu gestaltet wurde, wobei nur die Decke in ihrer ursprünglichen Form erhalten blieb[70]. Gleiches gilt für Bau G, dessen zweite Phase möglicherweise an den »Beginn des 4. Jhs. denken« lässt[71]. In allen Fällen wurde die Stuckarchitektur auf ein Minimum reduziert.

Wie sind die Übermalungen hauptsächlich aus tetrarchisch-konstantinischer Zeit zu verstehen? Verbergen sich dahinter neue Nutzer oder haben die Nachfahren aus den Familien der Erbauer es für nötig befunden, eine neue Ausstattung zu schaffen? Die Frage lässt sich zwar methodisch nicht beantworten. Aber eine gewisse Wahrscheinlichkeit spricht dafür, dass ähnlich den anderen, zuvor genannten Beispielen aus Rom und Ostia die nach mehr als 150 Jahren eingebrachte neue Ausstattung auch veränderte Nutzungsverhältnisse markiert. Die Bauten wurden 150 Jahre nach dem Tod des ursprünglichen Bauherrn einschneidend umgestaltet. Die Inschriften geben einen Wechsel der Besitzverhältnisse zwar nicht direkt zu erkennen, denn die Hauptinschrift auf der Frontseite des Grabbaus wurde in keinem Fall ausgetauscht[72], aber in der Folge der Nachfahren wird es zu einer Verschiebung in Nutzung und Betreuung der Gräber gekommen sein.

In vielen Fällen – etwa bei B (Abb. 4 a. b)[73], F (Abb. 3)[74], G[75], I[76] oder auch Z[77]– wurden Nischen später zu- und Körpergräber oder Arkosolien aufgemauert und damit der Zugang zu den Urnen dauerhaft geschlossen. Es könnte sich um vergleichbare Vorgänge handeln, wie sie im Einzelfall für das hadrianische Grab Nr. 90 des P. Gabinius Sabinus auf der Isola Sacra bezeugt sind. Dort wurden in der zweiten Hälfte des 2. Jahrhunderts. Nischen unter einer neuen Verkleidung verdeckt und Körpergräber angelegt. Eine Perella Hieronis und Annii haben darin einem L. Caecilius Victor »pavimentum purum virgin(em) monumenti huius« geschenkt, worauf die »sarcophaga nova« stehen sollen[78]. Offenbar hatte es eine gewisse Bedeutung, dass die Grabplätze von vorhergehenden Bestattungen getrennt wurden und damit unbelastet waren. Einen merkwürdigen Befund bietet auch Grab 29 von der Via Portuense. Dort wurde eine Serie von Nischen aus der ersten Nutzungsphase mit Ollae, die anscheinend gar nicht benutzt wurden, später verschlossen[79]. In Einzelfällen handelt es sich vielleicht auch um den Versuch, die Statik der Bauten zu verbessern[80].

Alle Grabbauten unter St. Peter, aber auch in den Bereichen an der Via Triumphalis[81], wurden bis zum Bau der Basilika genutzt. Das legt auch das Fundma-

---

65 Mielsch – von Hesberg 1986, 28–38; Mielsch 2009, 9–12 Abb. 4–6.
66 Mielsch – von Hesberg 1986, 26. 37 Abb. 25.
67 Mielsch – von Hesberg 1986, 31.
68 Mielsch – von Hesberg 1986, 29. 31.
69 Mielsch – von Hesberg 1986, 26. 38 Abb. 9. 10 Farbabb. 5; Feraudi-Gruénais 2001a, 46–48.
70 Mielsch – von Hesberg 1986, 55; Feraudi-Gruénais 2001a, 48; Mielsch 2009, 12 f. Abb. 7. 8.
71 Mielsch – von Hesberg 1995, 142 Abb. 143–145; Feraudi-Gruénais 2001a, 50 f. Anm. 305, sieht eine Ausstattung, die »sich über einen Zeitraum von mehreren Jahrzehnten erstreckt«. Das Arkosol wurde erst sekundär eingebaut »bevor die Dekoration bis ganz nach unten hin fertiggestellt wurde«. Dafür fehlen aber Indizien. Vgl. auch Mielsch 2009, 14 Abb. 9. 10. Die Arkosolien lassen sich vielmehr als architektonische Integration isolierter Körperbestattungen verstehen, wie sie etwa im flavischen Grab südlich des Circus belegt sind: Magi 1966, 209–223 Abb. 2. 3. 9–12; Meinecke 2014, 205–207 Nr. A 9..

72 Lediglich bei B besteht die Möglichkeit eines Austauschs in der Front der konstantinischen Fassade im Innern: Mielsch – von Hesberg 1986, 13 Abb. 5.
73 Mielsch – von Hesberg 1986, 16 f. Abb. 10.
74 Mielsch – von Hesberg 1995, 107.
75 Mielsch – von Hesberg 1995, 129 f. 138–140 Abb. 145. Farbabb. 20. 21.
76 Mielsch – von Hesberg 1995, 208 Farbabb. 26.
77 Mielsch – von Hesberg 1995, 226 f. Abb. 267–269 Taf. 27. 28. Dort kam auch noch ein niederer Sockel vielleicht für ein weiteres Kindergrab hinzu.
78 Calza 1940, 272 f. 350–354; De Visscher 1963, 257 f.; Helttula 2007, 136 Nr. 116. De Visscher 1963, 258 erwähnt dort auch die Basilica Petri. Zur rechtlichen Implikation von purus: Kaser 1978, 31 Anm. 66. 71 f. Ein Bau ohne Bestattungen kann auch verkauft werden. Vgl. CIL VI 2899.
79 Lugli 1919, 343–345 Abb. 27. 29.
80 Lugli 1917, 298 Abb. 1. 4.
81 Liverani – Spinola 2010, 216.

terial nahe, dass sich aber nur in Ausnahmen einzelnen Bauten eindeutig zuweisen lässt[82]. Aus dem 1. Jahrhundert stammen nur 4, aus dem 2. Jahrhundert schon 14 und dem 3. und 4. Jahrhundert bis einschließlich Konstantin mindestens 85 Münzen. Darunter liegt wiederum das Gewicht mit etwa 50 Münzen auf der Zeit der 1. und 2. Tetrarchie und des Maxentius[83]. Das entspricht etwa den Befunden auch aus dem Bereich der Via Triumphalis[84].

Von den Lampen hingegen, deren Bestand von 20 Exemplaren kaum nennenswert ist[85], lassen sich 9 bestimmen. Von ihnen gehören 6 in das 2. und 3 in das 3. Jahrhundert oder später. Importstücke sind nicht ausmachen. Es fehlen aber auch Beispiele mit christlichen Motiven, wie man sie in der letzten Phase hätte erwarten können. Wie die Schmauchspuren erweisen, waren die Lampen in Gebrauch gewesen und belegen somit den Einsatz von künstlichem Licht im Totenkult[86].

Die übrige Keramik ist nicht sehr aufschlussreich. Zu nennen sind einige Fragmente von Amphoren[87]. Deren Spektrum reicht vom 1. Jahrhundert n. Chr. bis in die Spätantike. Ein Amphorenkörper in F könnte noch dem 1. Jahrhundert n. Chr.[88], Hälse mit Henkeln in F zu afrikanischen Amphoren ›Africana 2A‹ der zweiten Hälfte des 2. Jahrhunderts oder dem 3. Jahrhundert n. Chr. zugehören[89]. Eine weitere findet sich in Z[90]. In F kommt noch der Hals einer Late Roman 2, hinzu, die ab dem frühen 4. Jahrhundert n. Chr. Verbreitung fand[91]. In B etwa liegt das Fragment einer Weinamphore ›Late Roman 1‹, die von der Mitte des 3. Jahrhunderts bis in das 6 Jahrhundert hinein produziert wurde[92]. Die Zeugnisse aus der Spätzeit überwiegen, wobei eine Zuordnung zum Grabkult oder zu den Bauarbeiten nicht möglich ist.

Der Grad der Dichte, mit der die Bauten über die Zeiten hinweg genutzt wurden, ist allerdings auf Grund der Grabungen und der Funde schwer einzuschätzen. Selbst wenn über die gemauerten Einzelgräber, Urnen mit datierenden Münzen und Inschriftenplatten eine Folge an Beisetzungen bis in die Spätzeit auszumachen ist wie in Bau B[93], F[94], H[95] oder T[96] und die Nutzung bis in die letzten Jahre der Errichtung der Basilika fortdauerte, ist aus dem Fehlen solcher Indizien in anderen Bauten nicht zwingend das Auslaufen der Nutzung zu folgern. Bestattungsplätze etwa in den Arkosolien oder Sarkophagen können mehrfach belegt, und zusätzliche Hinweise darauf während der Grabungen entfernt worden sein.

In dieser späten Phase entstanden allein schon wegen ihres Mauerwerks neben Bau M[97] auch die einfach abgeschlossenen Bezirke neben Bau Z und zwischen den ursprünglich einzeln stehenden Bauten Chi bis Psi. Deren Rückwände sind teilweise noch erhalten. Die Anlage zwischen Psi und Chi war nach den erhaltenen Resten offenbar überwölbt und verfügte über einen Abfluss auf dem Dach. Das erfordert zwingend auch eine Front mit Tür und zumindest eine derartige Einrichtung wird man bei den anderen Einbauten erwarten, wenn auch eine Überdachung nicht unbedingt erforderlich war. Die Bestattungen waren hier in Form verschiedener Sarkophage vielleicht nur einfach eingestellt gewesen[98]. Aber auch Bodenbestattungen wie bei M sind denkbar[99]. Die Besitzer bleiben unbekannt, aber gewisse Absprachen mit den Nachbarn werden selbst in der Spätzeit der Nutzung bei der Planung erforderlich gewesen sein, zumal zumindest bei dem Einbau zwischen Psi und Chi deren Außenwände für den Einbau des Deckengewölbes aufgeraut wurden[100].

Insgesamt fällt auf, dass sich auch in den anderen zuvor genannten Nekropolen in Rom und Ostia für das späte 3. und das 4. Jahrhundert eine intensive Neunutzung alter Bauten und deren Umfeld andeu-

---

82 Beispielsweise sind die Funde aus H bislang vollständig verschwunden, Mielsch – von Hesberg 1995, 161.
83 Apollonj Ghetti u. a. 1951, 229 f.
84 Steinby 2003, 126–140 Taf. 27–33.
85 Sie werden heute in dem kleinen Magazin der ›Fabbrica di San Pietro‹ verwahrt. Guarducci 1956/1957, 132–136 Abb. 14–17.
86 Steinby 2003, 144–153 Taf. 34–38 (65 Beispiele etwa aus demselben Zeitraum wie die Lampen unter St. Peter).
87 Vgl. etwa Grabbau B, Mielsch – von Hesberg 1986, 13 Abb. 3, oder Grabbau Z, Mielsch – von Hesberg 1995, 227 Abb. 269. Die Bestimmung der Amphoren verdanke ich Eleni Schindler-Kaudelka.
88 Mielsch – von Hesberg 1995, 101 Abb. 101.
89 Mielsch – von Hesberg 1995, 101 Abb. 102.
90 Mielsch – von Hesberg 1995, 226 f. Abb. 267. 269.
91 Mielsch – von Hesberg 1995, 101 Abb. 101.
92 Mielsch – von Hesberg 1986, 13 Abb. 3.

93 Bau B wurde für die Umnutzung am stärksten verändert: Toynbee – Ward-Perkins 1956, 37–39 Abb. 5; Mielsch – von Hesberg 1986, 12–16.
94 Eck 1989, 75–77 Abb. 4; Mielsch – von Hesberg 1995, 91; s. hier Beitrag Eck S. 133 f.
95 Eck 1989, 81–84 Taf. 4b. 8–11; Mielsch – von Hesberg 1995, 157–161.
96 In T vor allem die Urne der Trebellena Flacilla, die ihr von ihrer Tochter Valeria Taecina gestellt wurde und eine auf 317/318 n. Chr. datierte Münze des Konstantin enthielt: Apollonj Ghetti u. a. 1951, 55 Taf. 16a; Guarducci 1983a, 47 f. Taf. 25 f.
97 Apollonj Ghetti u. a. 1951, 37–42.
98 Mielsch – von Hesberg 1995, 257 Abb. 289 Taf. 35.
99 Apollonj Ghetti u. a. 1951, 38 Abb. 18. 20. 21.
100 Mielsch – von Hesberg 1995, 223. 274 Taf. 33. 34. 39. Zu den diversen Formen der Besitzverhältnisse und der entsprechenden Terminologie in den Gräbern Ostias: De Paolis 2010, 583–603.

tet[101], ohne dass daneben an anderer Stelle oberirdisch vergleichbare neue Bauten dieser Art errichtet wurden. Die Gründe dafür sind in verschiedenen Bereichen zu suchen – nicht zuletzt auch in schwindenden ökonomischen Ressourcen – und eine Synthese ist an dieser Stelle auf Grund der unterschiedlichen Veränderungen nicht möglich[102]. Neben einem Wandel in den Familienstrukturen[103] oder auch ökonomischen Veränderungen[104] ließ das Interesse an einer Selbstrepräsentation innerhalb bestimmter Gruppen der Gesellschaft insgesamt nach und verlagerte sich auf den Aspekt der Ruhe im Grab und des Trostes der Angehörigen[105].

Diese Veränderungen belegen vielleicht die Porträtstatuen und überhaupt die gewandelten Intentionen im Individualporträt am deutlichsten[106]. Dabei verschieben sich, wie Martin Kovacs gezeigt hat, auch die medialen Bezüge, was den veränderten Ansprüchen an eine bildliche Darstellung ablesbar ist[107]. Der Wunsch, mit einem neuen Monument vor dem städtischen Publikum hervorzutreten, in ihm die Leistung und den sozialen Status der Familia unter Beweis zu stellen und eine lang dauernde Erinnerung (Memoria) zu schaffen, war – von den senatorischen und Kaisergräbern einmal abgesehen[108] – deutlich geschwunden[109]. Das Grab diente vielmehr als Ort der letzten Ruhe und die war auch in einer schon lange in Funktion befindlichen Anlage zu finden[110]. In einiger Hinsicht entsprach diese Haltung auch jener, die sich in den christlichen oder jüdischen Gemeinden mit dem Ausbau der Katakomben niederschlug[111]. Späterhin im 5. Jahrhundert n. Chr. veränderte sich die Haltung ein weiteres Mal – nicht zuletzt als Folge von Seuchen und Katastrophen –, denn die Gräber wurden nun noch einfacher gestaltet und im Stadtgebiet zunehmend anders verteilt[112].

Der Fundamentbereich der Basilika

Die Errichtung der Basilika (Aula)[113] unter Konstantin erforderte verschiedene Schritte[114]. Dabei konnte man eigentlich auf eine lange Erfahrung zurückblicken, nicht zuletzt auf die Konstruktion der Basilika des Maxentius am Forum Romanum mit ähnlichen Problemen etwa in der Fundamentierung[115].

Zunächst musste durch einen oder eher durch eine Gruppe von Architekten ein Konzept erarbeitet, mit dem Kaiser und seinen Beratern abgestimmt und schließlich in den Grundzügen gebilligt werden. Die Bauausführung wurde wohl von einer Vertrauensperson des Kaisers überwacht[116]. Ob der erste Plan am Ende mit dem ausgeführten Bau schon völlig identisch war, lässt sich nicht sagen. Die wenigen ausgegrabenen Reste im Bereich der Nekropole aber lassen keinen eindeutigen Hinweis auf Änderungen erkennen. Allenfalls bei der Positionierung des sog. Triumphbogens über der östlichen Außenmauer des Querschiffs bleibt offen, warum man die Fundamentierung im Mittelbereich durchzog. Denn dessen südlicher Pfeiler war im Bereich von Bau V gesockelt (Abb. 1 c). In L und auch zwischen L und V hätte man nicht unbedingt das Fundament verlängern müssen[117]. Da man

---

101 Besonders auf der Isola Sacra: Baldassarre 2002, 20 f. Abb. 2; Meinecke 2014, 148 f.
102 Ando 2008, 42–46.
103 Kaser 1978, 51–57: »Verdrängung der *sepulcra familiaria*«; Morris 1992, 162–167.
104 De Martino 1991, 402–419; Di Gennaro – Griesbach 2003, 141–143.
105 Bezeichnenderweise ist das letzte Zeugnis im Abschnitt ›Galea‹ der Via Triumphalis ein um 300 n. Chr. datierter Sarkophag mit der Darstellung der ›Insel der Seeligen‹: Liverani – Spinola 2010, 155 Abb. 9. Zum Thema: Andreae 1963, 135–140 Taf. 73; Koch – Sichtermann 1982, 209 f. Abb. 249; Strobel 1993, 299e–307
106 Zu den Porträts auf den Sarkophagen: s. hier den Beitrag Boschung, S. 81. Allgemein: Kovacs 2019, 317–322 (Überblick über den Stand der Diskussion); zu den Wiedergaben der Verstorbenen in den Katakomben: Zimmermann 2007, 161–179.
107 Kovacs 2019, 333–344. 363 f. Vgl. auch Zanker 2002, 64 f. Abb. 10; Studer-Karlen 2012, 219–222; Romeo 2016/2017.
108 Wobei sich auch hier die Formen der Selbstrepräsentation deutlich veränderten: Borg 2007, 60–63; Tortorella 2010; Griesbach 2011, 85–87; Orlandini 2017, 420–422.
109 Die Sarkophage hingegen bezogen sich auf einzelne Personen. Die Produktion der Sarkophage mit paganen Themen ließ in diesem Zeitraum nach, die mit christlichen Themen hingegen behauptete sich bis zum Ende des 4. Jahrhunderts. n. Chr. Siehe hier den Beitrag Boschung S. 87 f. 124–126.

110 Baldassarre 2002, 25 f. Abb. 17–21. Unter St. Peter bietet dafür auch die Ausstattung des Baus M bietet ein schönes Beispiel, denn der Aufwand konzentriert sich ganz auf das Mosaik des Deckenbildes, während der Bau geradezu behelfsmäßig wirkt, Sear 1977, 17 f. (Kosten). 127 f. Taf. 53; Liverani – Spinola 2010, 114–119 Abb. 66–68.
111 Fiocchi Nicolai u. a. 1998, 25–48; Fiocchi Nicolai 2001, 15–47; Dresken-Weiland 2014.
112 Meneghini 2013, 405–407.
113 In den Inschriften am Bau werden unterschiedliche Begriffe gewählt (Aula, Domus Regalis) bezeichnet: Toynbee – Ward Perkins 1956, 195 f. (mit Lit.); Liverani 2008, 155–161; Bauer 2012, 156 f.; Jastrzębowska 2016.
114 Toynbee – Ward-Perkins 1956, 198: »carried out in stages«. Ob die Phasen wirklich derart klar untereinander getrennt waren, sei dahingestellt, ist am Ende aber kaum von Belang. Vgl. Arbeiter 1988, 63–66.
115 Giavarini 2005; Leppin – Ziemssen 2007, 87–95 (mit Lit).
116 Für die Basilika des Maxentius wird auch der *praefectus urbi*, Attius Insteius Tertullus genannt: Jastrzębowska 2016, 509 f.
117 In der Basilika des Maxentius wurden die Fundamente der Mauerzüge im Innern auch nicht durchgezogen. Es hätte also keinesfalls etwa ein statisches Erfordernis für die Lösung unter St. Peter bestanden: Amici 2005, 149–160, Abb. 5, 5. 6.

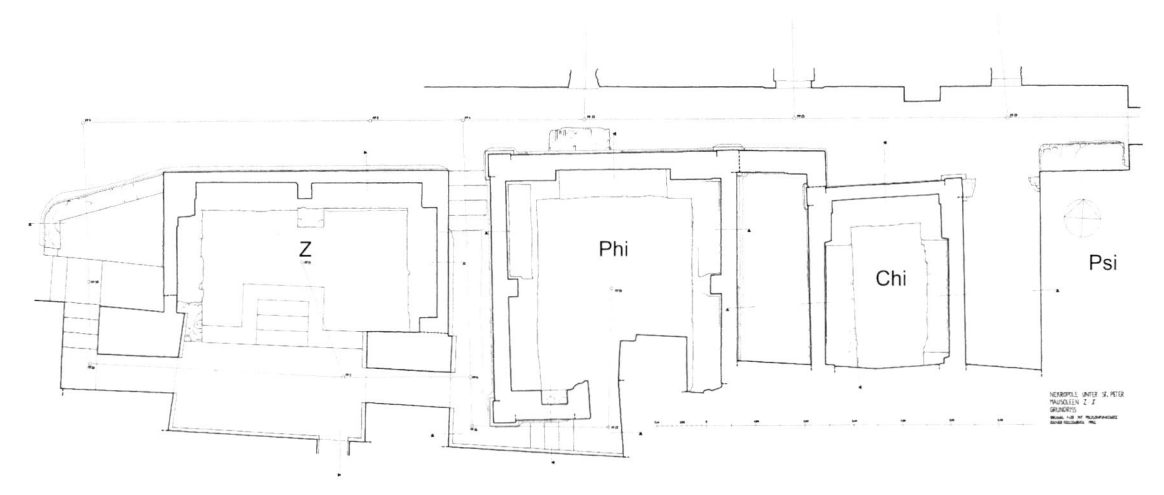

5   Nekropole unter St. Peter, Grabbauten Z, Phi, Chi und Psi, Grundrisse (M. 1 : 150)

dort – wie der Befund in L belegt – durchaus sparsam mit dem Material umging, dachte man vielleicht ursprünglich an eine Lösung ähnlich wie in der Lateransbasilika, in der das Mittelschiff durch ein Säulentabernakel abgegrenzt werden sollte[118].

In einem zweiten Schritt musste das Areal enteignet werden. Da es anders als bei dem Areal, auf dem die Lateransbasilika gegründet war[119], keine staatlichen Vorbesitzer gab, geschah es über Entschädigungen. Welche staatliche Instanz dabei mit den Eigentümern der Gräber verhandelte und wie sie zum Verkauf gedrängt wurden, ist unklar. Der Vorgang hat sich wohl auch über eine längere Zeit hingezogen, wenn man die Art der Weiternutzung der Grabanlagen verfolgt. Sie wirkt vielfach zufällig von den jeweiligen Konstellationen abhängig. Jedenfalls konnte Konstantin als Pontifex Maximus sakralrechtliche Bedenken ausräumen und mit seiner Auctoritas seinen Vorstellungen Gewicht verleihen[120].

In einem dritten Schritt wurde der Grundriss des neuen Baus im Gelände ausgesteckt[121]. Dazu wurden notwendigerweise einzelne Grabbauten zumindest teilweise niedergerissen, etwa die Fronten von Z und vielleicht auch Psi (Abb. 1 c)[122]. Offenbar kalkulierte man dabei sehr scharf, denn der Abstand zwischen der Front von Phi und der Fundamentmauer der Basilika beträgt lediglich 60 cm. Um diesen Betrag greift sie am Sockel der Mauer nach außen aus. Die Frontmauer von Phi blieb also bestehen, weil sie für die anschließende Auffüllung günstig lag, um dort eine Barriere zu bilden. Wie weit die Sockelung der Fundamentmauern der Basilika noch zusätzlich abgesenkt wurde, ist nicht bekannt. Allzu tief aber kann es nicht mehr gereicht haben, denn andernfalls hätte man für die Anlage des dafür erforderlichen Grabens breiter ausschachten müssen, wobei die erwähnte Frontseite von Phi stärker in Mitleidenschaft gezogen wäre (Abb. 5 und S. 56 Abb. 31)[123].

Zu beiden Seiten von Phi aber wurde vor der Fundamentmauer ein etwa 1,5 m breiter Korridor für Gerüste und die Bewegung des Baumaterials geschaffen[124]. Vielleicht ist es kein Zufall, dass Phi in einem Abstand von 25,3–30,5 m von der Ecke der Querschiffsmauer liegt, also von ungefähr 100 rF, und der Durchgang in Fundamentmauer A im Abstand von 21,8 m, also bei 75 rF.

Im vierten Schritt wurden die Grundmauern für die konstantinische Basilika errichtet, wobei man

---

118 De Blaauw 1994, 117–127 Abb. 2; Liverani 1992/1993, 93–99 Abb. 10–13; Leppin – Ziemssen 2007, 95 Abb. 60; Jastrzębowska 2016, 511 Abb. 4; Liverani 2016c, 320–325 Abb. 6–8. Bosman 2020, 186–194 Abb. 9. 12. 13. Ungeklärt ist die Zugehörigkeit einzelner Säulenschäfte aus weißem Marmor aus diesem Bereich: Krautheimer u. a. 1977, 200 Abb. 163.
119 Toynbee – Ward-Perkins 1956, 197; Krautheimer u. a. 1977, 24–39; Liverani 1998, 7–11; Brandenburg 2017, 20 f.
120 Apollonj Ghetti u. a. 1951, 154; Eck 1989, 58 f. Rechtliche Probleme wie bei öffentlichen oder privaten Wohnbauten hat es bei Grabbauten wohl kaum gegeben, Rainer 2002, 36–38. Eher überwogen religiöse Bedenken.

121 Dabei war ein Teilabriss wohl nicht immer erforderlich, wie die Fundamentierung der Lateransbasilika belegt. Offenbar benutzte man dort die Mauern der bestehenden Gebäude als Verschalungen für die neu aufgeführten Fundamente: Colini 1944, 344–367 Abb. 284 Taf. 22.
122 Toynbee – Ward-Perkins 1956, 53 Abb. 7. Die Zeichnung lässt offen, wie frühere Reste integriert wurden. In der konstantinischen Konstruktion wurde die Front des Grabmals nicht integriert.
123 Ähnlich ging man bei der Fundamentierung der Maxentiusbasilika vor: Amici 2005, 151 Abb. 5, 1–4; 5, 40.

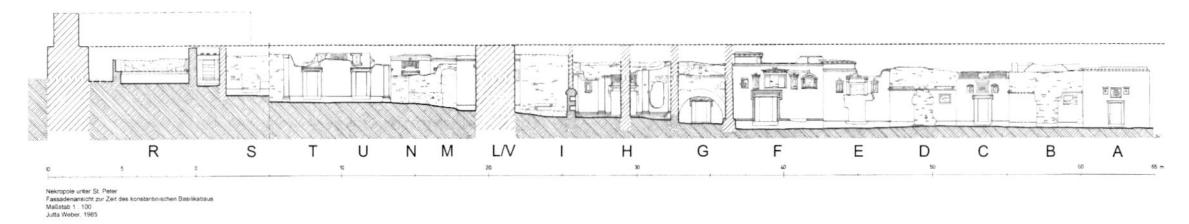

6 Nekropole unter St. Peter, Fassadenansicht der Grabbauten zur Zeit des konstantinischen Basilikabaus (M. 1:500)

wiederum auf die Erfahrungen bei dem Bau des Maxentius mit seinen unterschiedlich hohen Streifenfundamenten zurückgreifen konnte (Abb. 1 b. c)[125]. Für die Durchführung benötigte man Gerüste, deren Balkenlöcher teilweise im Mauerwerk zu sehen sind[126]. Die gewünschte Disposition ist aus den Resten ablesbar. Die erhaltene Sockelmauer A für die südliche Säulenstellung im Langschiff ist oberhalb des Fundaments 2,06 m breit (7 rF = 2,07 m). Sie weist bei 1,45 m (5 rF = 148 cm) Höhe einen Rücksprung von je 8 cm auf und erreicht mit dieser Dicke von 1,90 m (6,5 rF = 1,92 m) das Bodenniveau der Basilika. Die schon außerhalb des hier betrachteten Bereichs liegenden Sockelmauern B und C der anschließenden Seitenschiffe zeigen ein oberes Auflager von 2,68 m (9 rF = 2,66 m)[127]. Der erwähnte Triumphbogen soll in seiner Spannweite der Apsis entsprochen haben[128].

Schon die wenigen Indizien machen deutlich, dass das Konzept des Baus auf Bemessungen in römischen Fuß beruhte. Darin gewähren die Grabungen nur bescheidene Einblicke. Allerdings überrascht in den bisherigen Überlegungen zum ursprünglichen Plan der konstantinischen Basilika, dass die aus dem Befund belegten Abmessungen nur eingeschränkt herangezogen werden. Aus den Überlieferungen der Renaissancearchitekten wurde zwischen den Plinthen der Säulenbasen des Mittelschiffs eine Breite von 23,54 m (80 rF = erschlossen, was für den Achsabstand zwischen den Säulen selbst 25,45 m ergibt[129]. Nach den Indizien der Grabung beträgt der Abstand zwischen den Fundamentmauern des Mittelschiffs (A und An) lediglich 20,8 m (70 ½ rF = 20,80 m)[130]. Setzt man darüber die Säulen mittig auf, beträgt deren Achsabstand 23,0 m (78 rF = 23,01 m). Gleiches gilt für die Apsis, deren Innendurchmesser mit 17,87 m (60 ½ rF = 17,85 m) angegeben wurde. Die Maße der Grabung legen 17,20 m (58 rF = 17,11 m) nahe. Ausschlaggebend wäre ein exaktes Aufmaß der heute noch vorhandenen Reste, was m. W. nicht vorliegt.

In den Fundamentmauern C und A besteht der Sockel der besseren Stabilität wegen aus reinem Ziegelmauerwerk, während darüber Opus listatum folgt. Obwohl das Mauerwerk nach den Aufschüttungen nicht mehr zu sehen war, war es durchgehend sehr sorgfältig gefügt. Das gilt auch für den Entlastungsbogen aus Bipedalplatten über dem 60 cm breiten Durchgang in Mauer A[131].

Für die Ostmauer des Querschiffs hingegen schlug man keine Bresche durch die Grabbauten, denn L und V blieben erhalten und deren Innenwände wurden teilweise als Verschalung für die konstantinische Mauer eingesetzt (Abb. 6). In L wurde das Fundament lediglich grob aus unregelmäßigen Steinen aufgemauert. Auf der Westseite fügte man wohl eine einfache Verschalung aus Holz ein, die gegen die Innenwand des Baus mit Stützen ausgesteift wurde. Allerdings ist die Wand wiederum wie Fundamentmauer A der Basilika in sich gestuft[132], denn auf dem Fundament am Boden folgt ein weit ausgreifender, vom Boden aus etwa 2,3 m hoher Sockel und darüber nach einem Rücksprung die restliche Mauer[133]. Möglicherweise kam es an dieser Stelle aber auch gar nicht mehr auf eine präzise Auslegung des Fundaments an, da der Triumphbogen ohnehin auf dem Mauerstück in V ruhte. Umgekehrt fällt auf, dass man trotz des insgesamt umfassenden Bauvolumens am Ende dennoch sparsam mit den Materialien umging, denn man hätte auch ganz einfach das gesamte Innere des Baus L ausgießen

---

124 Mielsch – von Hesberg 1995, 238.
125 Calabresi – Fattorini 2005, 77–86 Abb. 3, 3; 3, 5.
126 Krautheimer u. a. 1977, 185–188 Abb. 152; Arbeiter 1988, 63–66 Abb. 37.
127 Apollonj Ghetti u. a. 1951, 151 Abb. 106. Die Abmessungen des Baus insgesamt bei Arbeiter 1988, 90–103 Beil. 1.2.
128 Arbeiter 1988, 97.
129 Christern 1967, 140–142; Arbeiter 1988, 90–103; Carpicei – Krautheimer 1996, 20–26 Abb. 26.
130 Die Bezeichungen A und An folgen den Plänen bei Apollonj Ghetti u.a. 1951, 147–153 Abb. 103. 106, aus denen auch die Maße abgegriffen sind.
131 Apollonj Ghetti u. a. 1951, 150 f. Taf. 60b.
132 Apollonj Ghetti u. a. 1951, 151 Abb. 106.
133 Apollonj Ghetti u. a. 1951, 30 Abb. 12 Taf. 4. Die Untergliederung ist in Taf. 4a gut zu sehen.

können und alle Zweifel an richtigen Abmessungen hätten sich fürs Erste erübrigt.

Der Durchgang belegt zugleich, dass bis zur endgültigen Aufschüttung eine Arbeitsebene auf dem Laufniveau der Nekropole erhalten bleiben sollte. Denn für die Errichtung der zusätzlichen Mauern waren für die Bereitstellung der Materialien vor allem Wege, Lagerplätze und Areale für die jeweiligen Arbeitsschritte erforderlich. Die Gänge zwischen den Grabbauten waren schmal, aber reichten offenbar für diese Art der Arbeiten aus (Abb. 1 c). Eine Hilfe boten aber auch die Durchgänge in den Fundamentmauern der Basilika. Für die südliche Mauer A des Mittelschiffs ist zwar nur einer belegt, aber es könnte mehrere gegeben haben. Wahrscheinlich wurden zugleich in die Vorhöfe von H und L schon Breschen geschlagen, um die Zugänglichkeit zu den Gerüsten zu erleichtern.

Nach dem Abbinden der Mauern wird man in einem fünften Schritt die Verfüllung der Hohlräume zwischen ihnen in Angriff genommen haben. Dazu untergliederte man den Fundamentbereich noch zusätzlich. Schon die Ausgräber haben dieses System der vorwiegend 60 cm dicken Mauern aus Opus listatum beschrieben, welche die bestehenden Mauern der Grabbauten ergänzten und dadurch eine Abfolge geschlossener Kammern schufen[134]. Sie halfen den Konstrukteuren der Basilika mit Hilfe der verbliebenen Grabbauten die Voraussetzungen für eine horizontale ›Aussteifung‹ der Flächen zu schaffen, um am Ende bei der Aufschüttung den Lastendruck auf die Grabbauten zu verringern. Die Rasterfundamentierung erlaubte aber auch, den Fußbodenaufbau der künftigen Basilika durch zusätzliche Mauerzüge, die bisweilen – wie in H – über Entlastungsbögen in ihrer Position gehalten wurden, zu stabilisieren. Vor allem aber bot die Vorgehensweise eine vergleichsweise bequeme Möglichkeit nacheinander Kammer für Kammer dieses Systems vom Norden her, wo das endgültige Bodenniveau teilweise abgetragen werden musste, zuzuschütten[135]. Zugleich konnte man die verschiedenen Niveaus für die Umbettung von Bestattungen oder auch neue Bestattungen nutzen. Das ist bei den einzelnen Bauten schon erwähnt worden, etwa an der Außenseite von U, im Innern von H oder auch mit dem Sarkophag der Ostoria Chelidon vor E und F. In allen Fällen brachte man Sarkophage oder auch einfach gestaltete Körperbestattungen auf den verschiedenen Niveaus ein und erhöhte danach die Aufschüttungen[136].

Die Werkleute schlugen zur Umsetzung des Plans immer denselben Weg ein. Bestehende Mauern wurden bis knapp unter das Bodenniveau der Basilika mit Mauern aus Opus listatum aufgehöht. Vielfach blieben dabei zunächst schmale Durchgänge frei, um vielleicht den Hinterbliebenen für die Gräber letzte Besuche zu ermöglichen (Abb. 1 c). Im Zuge der Enteignung werden entsprechende Regularien für den Umgang mit den Gräbern vereinbart worden sein, die nicht die Bauarbeiten beeinträchtigten.

Die Durchgänge dienten aber vor allem der Logistik der Bauarbeiten. Das Schüttmaterial wurde wohl von verschiedenen im Norden hinter den Grabbauten aufgehöhten Rampen eingefüllt. Dazu wurden die Dächer der Bauten in der Regel zerstört und das anfallende Material gleich für die Auffüllung verwendet. Aber auch das zusätzliche Material musste in den Flächen verteilt und Lücken in den Bauten gefüllt werden, etwa wenn in O der Bereich unter der Treppe geschlossen werden sollte oder bei M das Dach nicht zerstört wurde. Für alle derartigen Arbeiten war ein temporär begrenzter Zugang auf dem unteren Laufniveau zumindest bequemer, wenn nicht gar zwingend erforderlich.

Insgesamt fällt auf, dass Akte des Vandalismus oder bewusster Beraubung durch die Arbeiter nicht nachzuweisen sind. Es fehlen zwar einzelne Inschriften- oder Fensterplatten aus Marmor, aber das hängt häufig damit zusammen, dass dort die Lücken durch Mauern verstärkt werden sollten. Vielfach verwendete man das gewonnene Material direkt neu, etwa bei der Umgestaltung des Zugangs zu I (Abb. 7)[137]. Bei einer Beraubung würde man erwarten, dass wirklich alle Marmorteile oder auch die Mosaikemblemata entfernt wurden. Im Innern wurden die Wände auch nur in den Bereichen abgeschlagen, an denen die konstantinischen Mauerzüge ansetzen sollten. Offenbar schonte man den Bestand der Grabbauten bis zum letzten Moment. Bisweilen hinterließen die Bauarbeiter oder die spätesten Nutzer der Anlagen noch Zeichnungen oder Grafitti[138].

Gleiches gilt für andere Ausstattungsgegenstände. Zwar wurde die Metallurne in C entfernt[139], aber die Urnen aus Alabaster in E nicht[140]. Aufschlussreich ist

---

134 Apollonj Ghetti u. a. 1951, 153 f. Abb. 107.
135 Auch das entsprach der Vorgehensweise an der Maxentiusbasilika: Amici 2005, 151 Abb. 4–8.
136 Zander 2012/2013, 204 f. Abb. 1; Zander 2016/2017, 650 f. Abb. 2.

137 Mielsch – von Hesberg 1995, 209 f. Taf. 36.
138 Zander 2012/2013, 211–218 Abb. 6–9.
139 Mielsch – von Hesberg 1986, 45 Abb. 38; Mielsch 2009, 13.
140 Mielsch – von Hesberg 1995, 91 Abb. 86–88; Mielsch 2009, 15 f. Abb. 14.

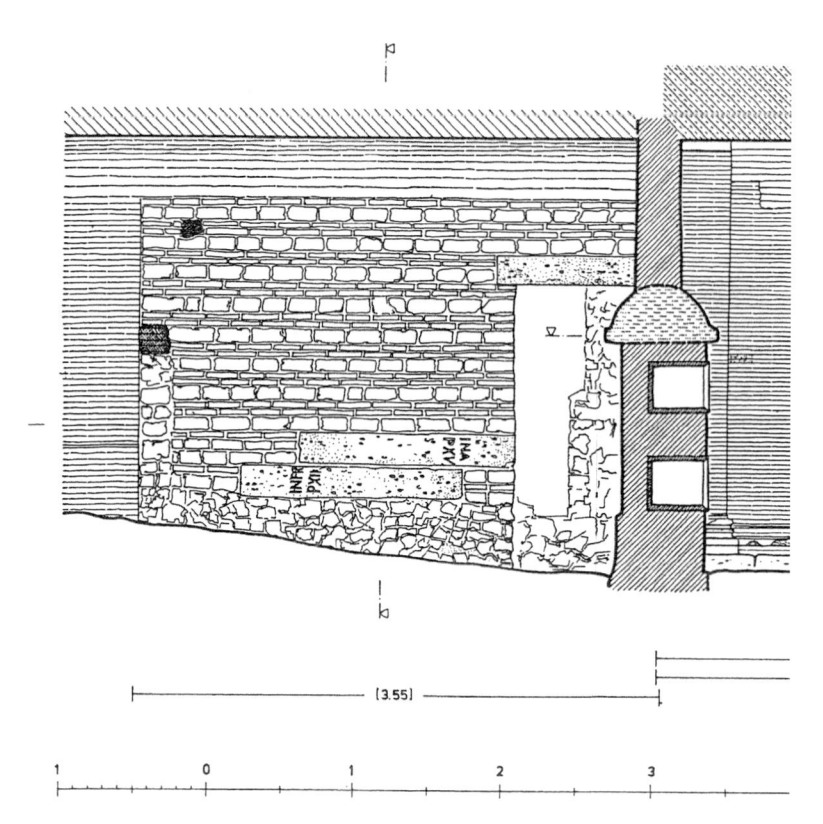

7 Nekropole unter St. Peter, Grabbau I, konstantinischer Umbau der Front (M. 1:50)

auch, dass die kostbaren Beigaben etwa im Sarkophag der Ostoria Chelidon nicht geraubt wurden. Vielmehr hat man das Behältnis mitsamt dem Leichnam vor den Bauten E und F zur letzten Ruhe gebettet[141]. In G könnten also auch die Angehörigen die Metallurne dem Grab entnommen haben. Insgesamt muss die Baustelle deshalb wohl während der Arbeiten bewacht worden sein.

Andere Bauten aber mussten völlig weichen, wie Werner Eck nachgewiesen hat[142]. Von ihnen zeugen eine Reihe von Inschriften, möglicherweise aber auch einzelne Bauteile, die sich im Antiquarium der ›Fabbrica di San Pietro‹ befinden und nicht zu den bekannten Anlagen passen[143]. Sie standen aber kaum in einer weiteren Reihe nördlich der bekannten Anlagen, denn in diesem Fall wären mehr unbekannte Teile unter den Funden der freigelegten Bauten zu erwarten.

Bei dem Einbau zusätzlicher Mauern achteten die Konstrukteure auf den Abfluss des Regenwassers, das während der Verfüllung in den Gang zwischen den Grabbauten nach Osten in die dort zum Tiber führenden Kanalisationen abgeleitet wurde. Wurde dieser Gang definitiv ohne die Möglichkeit des Abflusses geschlossen wie etwa durch die Quermauer zwischen L und V oder in der Folge auch im Bereich vor G, bedeutet es, dass dieser Bereich einigermaßen rasch verfüllt werden musste (Abb. 1 c). Die Verfüllung erfolgte von Ost nach West und von Kompartiment zu Kompartiment.

Die Arbeiten an der Fundamentierung und Aufhöhung des Niveaus begannen in Apsis und Querschiff. An Grabbau S sind die einzelnen Schritte gut auszumachen (Abb. 1 b. c). Die Mauern des Vorhofes wurden als erstes niedergerissen. In der Zwischenzeit stellte man dort einen relativ einfachen Travertinsarkophag auf einem Sockel auf[144]. Die Tür des Baus wurde in der Folge vermauert, aber noch ein Wasserabfluss belassen[145]. In einem weiteren Schritt schloss man die Fläche vor S bis zur Fassade von T mit einer 3 m hohen durchgehenden Mauer, also bis zum oberen Abschluss der Frontmauern von T und U, deren Giebel mitsamt Gebälk zuvor entfernt worden war[146]. Danach erhöhte man in diesem

---

141 Eck 1989, 68 Taf. 2.
142 Eck 1989, 68–70.
143 Unpubliziert. Siehe hier Beitrag Hesberg S. 7 Anm. 8.
144 Apollonj Ghetti u. a. 1951, 76 f. Abb. 53 Taf. 22b.

145 Apollonj Ghetti u. a. 1951, 72 Abb. 50. 52 Taf. 23a (dort ist der Ausfluss zu erkennen). Ob sie zu der »fognatura davanti alla facciata« (S. 76) führte, ist nicht klar. Dieser Strang ist nur in einzelnen Partien etwa auch unter Bau T zu verfolgen.
146 Apollonj Ghetti u. a. 1951, 56 Abb. 35.

Bereich das Bodenniveau zunächst um etwas mehr als einen Meter, die Frontmauern an Bau S wurden durchbrochen und zum Abschluss wurden die Hohlräume bis zu den oberen Mauerkanten verfüllt[147].

Um geschlossene Kammern zu schaffen, die in der Folge mit Erdreich zugeschüttet wurden, erhöhten die Arbeiter auch Bezirksmauern von O, um sie mit den oberen Abschlüssen der anschließenden Bauten zu verbinden[148]. Zwischen der Front von L und der Zugangstür zu O wurde eine 60 cm dicke Mauer in Opus listatum hochgezogen, die eine frühere Umfassungsmauer vor L mit einbezog[149] und in einem ersten Moment im Westen einen 1,16 m (4 rF = 118 cm) breiten Durchlass frei ließ, der später mit einer etwas dünneren, nur aus Tuffbrocken gemauerten Wand endgültig geschlossen wurde (Abb. 1 b. c).

Aufschlussreich ist auch ein Ausfluss knapp oberhalb des Laufniveaus, der das Wasser in den mit Hilfe der neuen Mauern verstärkten Mittelgang lenkte. Allerdings musste dazu die Umfassungsmauer vor L, die ursprünglich nach ihrem Abdruck auf der Rückwand von Bau V eine ähnliche Gestalt wie die des Bezirks vor H aufwies und auch noch gegenüber als Negativ in der konstantinischen Mauer zu fassen ist, beseitigt werden[150]. Wahrscheinlich errichtete man die starke Fundamentmauer zwischen der Fassade von L und der Rückwand von V etwas später, denn die äußere Untergliederung entspricht nicht der des Abschnitts im Innern von L und in der Rückwand von V fehlt eine Bresche. Im Anschluss verfüllte man diesen Bereich gewiss sehr rasch, denn andernfalls hätte sich das Regenwasser dort gestaut[151]. Ein Durchlass in der massiven Fundamentmauer war schon nicht mehr vorgesehen.

Im Anschluss nahm man den östlichen Abschnitt unter dem Mittelschiff in Angriff, wobei die Werkleute ihre Lösungen auf die jeweiligen Situationen abstimmten. Nach Osten hin sind fünf größere Kompartimente zu erkennen. Im Bereich von I–G wurde zunächst, wie schon an anderer Stelle beschrieben, die Fassadenmauer von I so verändert, dass sie zum einen vom Vorhof von H noch einen Zugang erlaubte, der dort mit 60 cm Breite neu eingefügt und mit wiederverwendeten Travertinblöcken überspannt wurde (Abb. 1 b. c; 7)[152]. Zugleich aber sollte sie wiederum knapp unter dem Bodenniveau der Basilika enden und nicht zuletzt deshalb musste die vergleichsweise schwache Frontmauer des ursprünglichen Baus verstärkt werden. Die Gerüstlöcher auf der Höhe von etwa 2,3 m sind im Innern noch gut zu erkennen[153]. Zugleich sollte die konstantinische Mauer linear mit der Fassade von L fluchten.

In einem zweiten Moment erhöhte man wieder mit Hilfe von Gerüsten, deren unregelmäßig angeordnete Balkenlöcher noch auf dem oberen Abschluss zu sehen sind, die Vorhofmauer von H (Abb. 2 b)[154]. Diese nur 34 cm dicke Mauer wird ursprünglich an die Fundamentmauer A der Basilika herangereicht haben. Wahrscheinlich verbreiterte sie sich in diesem Bereich zumindest am Sockel.

Östlich folgte dazu die nächste aufwendig gestaltete Mauer im Abstand von 3 m, wobei in diesem Fall das runde Fußmaß gewiss auch durch den Wunsch bestimmt war, die Tür von H etwa mittig zu durchschneiden. Heute ist nur noch wenig vorhanden, aber ursprünglich setzte sie sich aus zwei Abschnitten zusammen. Innerhalb der Grabkammer bestand sie aus einem 1,2 m (4 rF) hohen und 90 cm (3 rF) breitem Sockel, auf dem die 60 cm breite Mauer bis zur Unterkante des Basilikabodens führte (Abb. 1 c).

Die Besonderheit im Innern stellte der gewaltige Entlastungsbogen mit einer Spannweite von 4,8 m (16 ¼ rF) dar, der aus 45 cm breiten Ziegeln (*sesquipedales*) gefügt war. Er ist heute entfernt, aber durch Giorgio Zander gut dokumentiert[155]. In den Bogen wurde die genannte Mauer eingefügt, wobei aus der Dokumentation nicht ganz klar hervorgeht, wie sich Bogen und Mauersockel miteinander verschränkten[156]. Etwa im Zentrum blieb ein 1,3 m (4 ½ rF = 1,33 m) breiter Durchgang offen. Das Opus listatum variiert zu seinen beiden Seiten in der Verteilung der Schichten aus Ziegeln und Tuffbrocken. Oberhalb des Bogens finden sich nur noch Tuffbrocken[157].

Vor der Rückwand im Innern von H wurden zusätzlich weitere Mauern eingezogen. Auf der Ostseite wird die Mauer durch einen 1,75 m (6 rF) weit ausgreifenden Viertelbogen wiederum aus Sesquipeda-

---

147 Apollonj Ghetti u. a. 1951, 72–75 Abb. 50–53.
148 Apollonj Ghetti u. a. 1951, 66 Abb. 44 Taf. 20a.
149 Apollonj Ghetti u. a. 1951, 67 Abb. 45.
150 Apollonj Ghetti u. a. 1951, 67 f. Abb. 42. 43. 45.
151 Apollonj Ghetti u. a. 1951, 33 f. Abb. 16 Taf. 5. Oberer Dm 2,25 m, 7,5 rF gl 221. Die übrigen Abmessungen gehen ebenfalls in römischen Fuß auf.
152 Mielsch – von Hesberg 1995, 209 Abb. 254 Taf. 22. 25b.

153 Mielsch – von Hesberg 1995, 209 Abb. 254.
154 Mielsch – von Hesberg 1995, 160 Abb. 155 Taf. 22.
155 Dabei handelte es sich gewiss um Spolienmaterial, etwa aus Bau F, in dem der Entlastungsbogen unterhalb der Treppe und die Fassade weitgehend abgebrochen war. Mielsch – von Hesberg 1995, 107 Taf. 16.
156 Mielsch – von Hesberg 1995, 151 Abb. 158.
157 Die Dokumentation von G. Zander in: Mielsch – von Hesberg 1995, 150 Abb. 156. 157.

les verstärkt[158]. Schwieriger ist der gestauchte Bogen aus gleichen Ziegeln auf der Westseite zu verstehen. Nach der Dokumentation Zanders schwebte er nach der Freilegung in der Luft[159]. Diese Mauer dürfte auch nach dem Zeugnis des Gußmauerwerks am Sockel erst erstellt worden sein, als das Innere schon etwa 2,5 m hoch verschüttet war, man sie also dort ca. 50 cm in die Schüttmasse eintiefte und darauf den Bogen mit der Mauer setzte. Sie schnitt in den Gebälkbereich der ursprünglichen Dekoration ein und war demnach 60 cm dick (Abb. 1 c; 10)[160]. Die Funktion dieser Abfolge von Verstärkungen gibt sich nicht direkt zu erkennen, aber möglicherweise misstrauten die Bauleute der Standfestigkeit der Rückwand mit ihrer Erstreckung von etwa 5,5 m, die zudem als Schüttkante schnell auch in Mitleidenschaft gezogen werden mochte. Vor allem aber konnten sie auf diese Weise leichter die Verbindung zum Boden der Basilika herstellen, indem man diese Mauern am Ende noch weiter emporführte.

Die zentral verlaufende Trennmauer in H setzte sich im Vorhof in 60 cm Breite fort. Allerdings wurde sie dort weniger sorgfältig ohne Sockel und aus gröberem Steinmaterial ohne Ziegellagen gefügt[161]. Die zentrale Mauer hatte auf der Ostseite den Zugang zum Innern des Baus H verschlossen, denn dort betrug die Öffnung nur noch 30 cm. Deshalb schlug man in die Wandzone der Fassade daneben zwischen zwei Pilastern eine neue, 60 cm breite Öffnung ein. Ihre überraschende Höhe von 2,3 m verdankt sie wohl der Lage des Fensters am oberen Ende[162].

Die schrittweise Verschüttung, in der sich Horizonte bei etwa 0,7 und dann bei 2,5 m fassen lassen, wurde schon in der Publikation vom Bau H behandelt[163]. Allerdings dürfte das Terrain nicht überall gleichmäßig aufgehöht worden sein, sondern abgestimmt auf die jeweilige Situation. Aber insgesamt wurde das Material von der Nordseite her von oben in das Innere der Bauten geschüttet und danach in den Räumlichkeiten nach Fertigstellung der Zwischenmauern verteilt. Die während dieser Arbeiten neu geschaffenen Öffnungen in den Mauern werden wiederum nur eingeschränkt der Pflege der Gräber gegolten haben[164], sondern vor allem der Erleichterung der Konstruktionsarbeiten der Zwischenmauern und anschließend zur Verteilung des Materials und seiner Verdichtung.

Die Umbauten vor Bau G wurde schon in dessen Publikation zu klären versucht (Abb. 8–10). Sie sind in zwei Abschnitte zu untergliedern. Im ersten wurde vor dem Bau wieder in der bereits bekannten Manier eine 45 cm tiefe Mauer mit Entlastungsbogen aus Sesquipedales errichtet, der eine Spannweite innen von 2,95 m besitzt. Zugleich wurden die Schräggeisa entfernt und die Wand dort mit Ziegelmauerwerk aufgehöht. Dazu gehört wohl auch die Verwandlung der Oberseite des Baus in eine Arbeitsplattform, wahrscheinlich erneut zum Einschütten der Füllmaterialien (Abb. 9)[165]. Diese Mauer bog im rechten Winkel auf der Westseite zu eine 60 cm breiten Mauer aus Opus listatum um, die nach Süden hin wieder zur Fundamentmauer A der Basilika führte[166]. Unmittelbar im Winkel wurde ein 60 cm breiter und 1,9 m hoher Durchlass freigelassen, der über zwei Stufen die unterschiedlichen Niveaus vor G und im westlichen Gang verband. Zu diesen Arbeiten gehörte auch die etwas improvisiert wirkende Pflasterung des Vorhofes mit Hilfe von Bipedalplatten verbunden mit einer Sicherung des Eingangs gegen einlaufendes Wasser und der vorgelagerten Bank. Das Bodenniveau hatte sich zu dem Zeitpunkt schon um etwa 40 cm erhöht[167]. Offenbar also ging es darum, das Innere des Baus zu schützen, den Zugang weiterhin offen zu halten und zugleich eine Arbeitsplattform zu gewinnen. Möglicherweise muss man auch die vergleichbare Pflasterung zwischen den Bauten O, V und L analog verstehen[168].

In der nach Süden reichenden Mauer wechselt nach 2,7 m (9 rF = 2,66 m) das Mauerwerk und wird in diesem Abschnitt deutlich gröber. Auf der Rückseite geht sie in eine ähnlich gefügte, mit etwa 90 cm Dicke erstaunlich starke Mauer über, in die gegenüber der Fassade von G ein etwa 1 m hoher Entlastungsbogen aus Sesquipedales eingelassen ist (Abb. 1 b. c)[169]. Dieser verstärkte Mauerzug verläuft ungefähr parallel und mittig zwischen Fundamentmauer A und den Fassaden von G und H wahrscheinlich bis V und damit an die Ostmauer des Querschiffs. Ungewiss bleibt, ob die Nord-Süd-Mauern im Areal von H sich hinter dieser starken Mauer fortsetzten und bis an die Fun-

---

158 Mielsch – von Hesberg 1995, 160 Abb. 156–158.
159 Guarducci 1983, 132 Taf. 39; Mielsch – von Hesberg 1995, 161 Abb. 157.
160 Mielsch – von Hesberg 1995, Taf. 12.
161 Mielsch – von Hesberg 1995, 161 Abb. 146. 147.
162 Mielsch – von Hesberg 1995, 160 f. Abb. 146. 156.
163 Mielsch – von Hesberg 1995, 160 f.
164 Toynbee – Ward-Perkins 1956, 198.
165 Mielsch – von Hesberg 1995, 130.
166 Mielsch – von Hesberg 1995, 130 Taf. 17. 20. 36. 38.
167 Mielsch – von Hesberg 1995, 130 Taf. 17.
168 Apollonj Ghetti u. a. 1951, 65 f. Abb. 29. 44.
169 Mielsch – von Hesberg 1995, 130 Abb. 130. 131 Taf. 17.

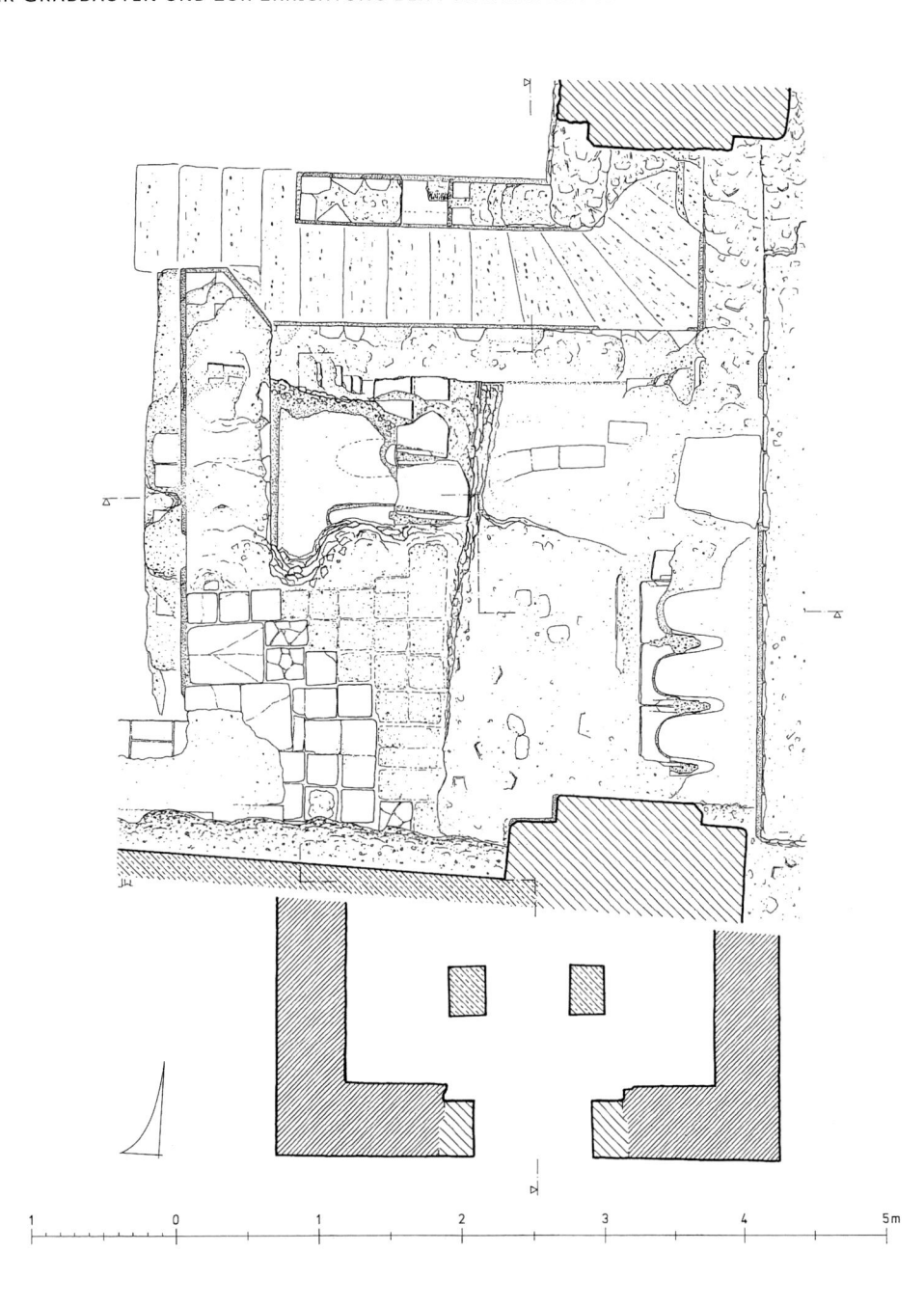

Zur Nutzung der Grabbauten und zur Errichtung der Fundamente für die Basilika Konstantins

8 Nekropole unter
St. Peter, Grabbau G,
Umgestaltung des
Daches (M. 1:50)

damentmauer A des Mittelschiffs heranreichten. Zugleich kann man wohl ausschließen, dass sich die Reihe der Bauten von Psi bis Z hier nach Westen hin noch fortsetzte, denn andernfalls hätte man deren Rückwände genutzt.

Das Dach von G wurde dadurch in eine Arbeitsplattform verwandelt, dass man den Firstbereich des Ziegeldaches abschlug und stattdessen einen Boden aus etwa 20 × 20 cm großen Ziegelplatten verlegte, der bis an die Innenkante der Westwand in H reichte (Abb. 8). Der Dachfirst von H musste also zuvor eingeebnet worden sein. Der Eingang und damit das Innere von G blieben während dieser Zeit gesichert[170]. Wiederum mag der Bau eingeschränkt noch der Grabpflege gedient haben, aber wahrscheinlich war es für die Werkleute praktisch, von dessen Dach aus die Erde in Bau F zu schütten, während das Innere für eine Übergangszeit als Lager- und Arbeitsraum genutzt werden konnte[171].

Aufschlussreich für die Vorgänge der Aufschüttung sind überdies die Spuren auf dem Dach von D, denn dort sind noch im Schnitt die Reste

[170] Mielsch – von Hesberg 1995, 130 Taf. 18–20. 24. 36.
[171] Mielsch – von Hesberg 1995, Taf. 18. 19. Auf eine temporär angelegte Überdachung könnten zusätzlich die Balkenlöcher an der Westwand von G weisen: Mielsch – von Hesberg 1995, 129 Taf. 24. Solche Einrichtungen fanden sich auch bei den Grabmonumenten bei Duppach, die wohl in der zweiten Hälfte des

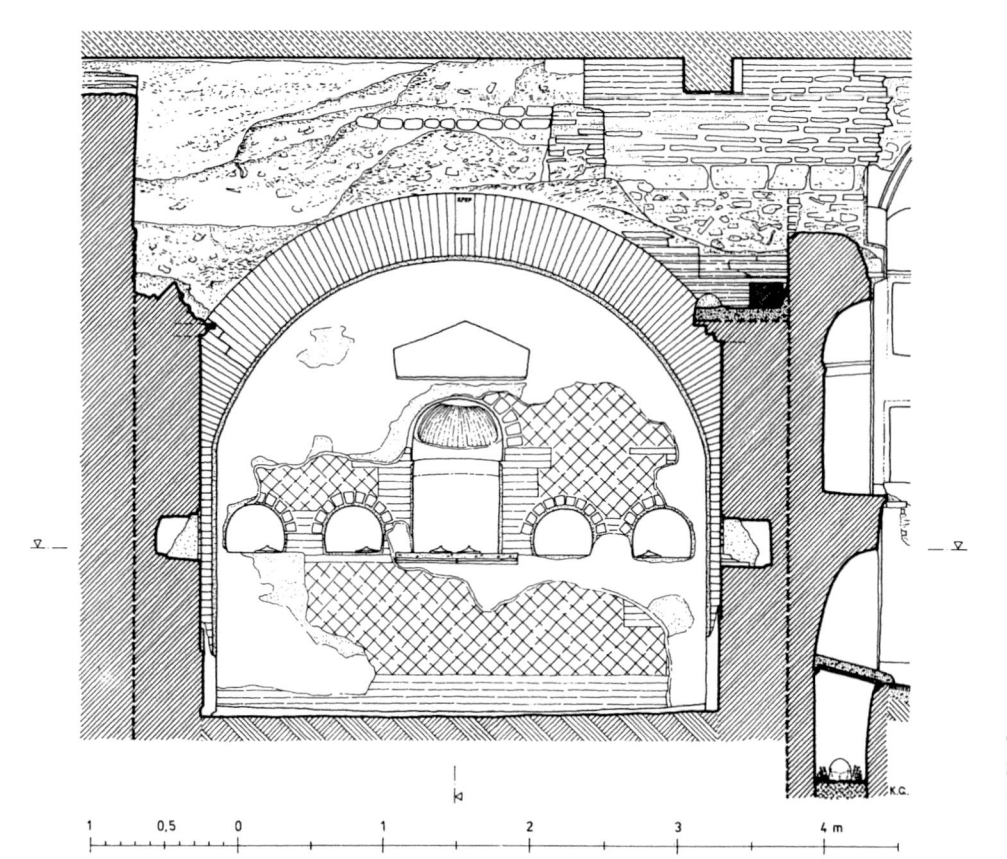

9 Nekropole unter St. Peter, Grabbau D, konstantinische Mauern auf dem Dach (M. 1:50)

verschiedener, aus größeren Steinbrocken verlegter Pflaster zu erkennen (Abb. 8). Ein kleines 45 × 60 cm messendes Mäuerchen wurde in Süd-Nord-Richtung etwas aus dem Zentrum verschoben dort aufgesetzt. Es diente dazu, zwei Bereiche zu trennen. Nach Osten hin höhte man den existierenden Abschluss der Giebelwand auf und schuf ein Pflaster aus etwa 15 cm dicken Platten. In einem zweiten Schritt wurde darüber im Bereich der Rückwand von C die Lücke durch eine grob gefügte Ziegelmauer geschlossen. Auf der westlichen Seite des kleinen Trennmäuerchens wurde 45 cm höher ein Pflaster aus einer Doppellage aus 7–8 cm dicken Steinen verlegt (insgesamt also wieder 15 cm)[172]. Die unterschiedlichen Niveaus nutzten jeweils den Caementiciumkern des Gewölbes über der rückwärtigen Kammer von D. Die Pflaster selbst geben aber nur als Arbeitsflächen während der Bauarbeiten einen Sinn.

Alle diese Vorgänge sprechen ebenso wie die in den konstantinischen Mauern wieder verwendeten Materialien – etwa der Zahnschnitt aus der Fassade und die Sesquipedales aus F[173] – dafür, dass die verschiedenen Abbruch- und Auffüllungsarbeiten ineinander verschränkt waren. Dennoch aber wird die Verfüllung vom Norden ausgehend zunächst bis an die Fundamentmauer A der Basilika herangeführt worden sein. Die beschriebene Vorgehensweise machte eine gewisse Flexibilität möglich. Nachdem die Arbeiter H und seinen Vorhof aufgefüllt hatten, hätten sie dank der eingezogenen Mauern das Innere von G dennoch für eine kurze Zeit weiterhin nutzen können.

Als nächste Einheit werden die Bauten F und E geschlossen worden sein. Bei ihnen entfernten die Arbeiter lediglich den Türrahmen und wertvollere Ausstattungsteile, um die Fassadenmauer durch neue Aufmauerungen zu sichern[174]. Im Anschluss wird wiederum zusätzlich zu dem nicht wiederverwendeten Abbruchmaterial Erde von Norden her eingeschüttet worden sein. Denn die Ausgräber stell-

3. Jahrhunderts n. Chr. abgebrochen wurden: Henrich 2010, 128 f. Abb. 88. An den Grabmonumenten in Avenches, die schon in der zweiten Hälfte des 2. Jahrhunderts n. Chr. niedergelegt wurden, lassen sich auch die eingesetzten Maschinen und die Streuung der Materialien verfolgen: Flutsch – Hauser 2012, 155–166.

172 Mielsch – von Hesberg 1986, 63 f. Taf. 6. 7a.
173 Mielsch – von Hesberg 1995, 130 Taf. 14.
174 Mielsch – von Hesberg 1995, 79. 107.

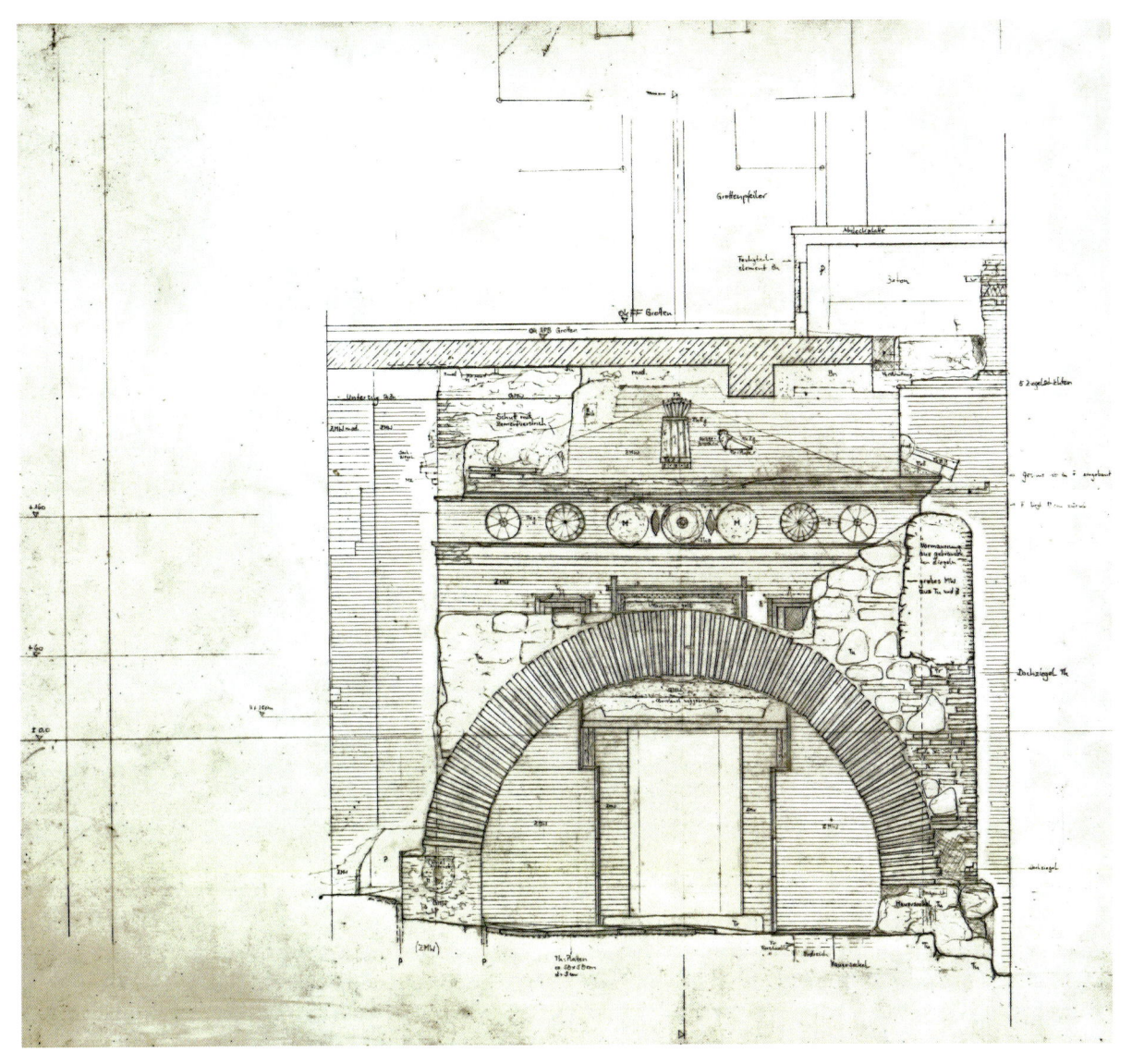

10   Nekropole unter St. Peter, Grabbau G, Fassade (M. 1:50)

ten fest, dass in Bau F eine große Menge reiner Erde eingefüllt wurde[175]. Insgesamt beträgt die Masse bei F etwa um die 110 m³, was mehr als 120 t Last bedeutete[176]. Die Öffnungen – besonders die Türen – mögen zwischenzeitlich nur mit Planken geschlossen worden sein, um den Durchgang erst einmal frei zu halten.

Als dritte Einheit ab der großen Mauer des Querschiffs wurden die Bauten B–D verfüllt (Abb. 1 b. c). An den Fronten der Bauten wurden in gewohnter Weise die bestehenden Mauern erhöht, wie besonders gut in B und D zu sehen ist[177]. Die Arbeiter entfernten die Türrahmungen und schlossen die Öffnungen mit einer außen vergleichsweise sauber auf Verschalung gefügten Mauer aus Opus listatum, während sie innen ohne Verschalung die Mauer grob schichteten. Darüber reduzierten sie zunächst die halbrunde Kappe der Vorhofmauern und legten die Querstangen des Gerüstes auf den oberen Abschluss dieser Mauerzüge. Der Abstand zwischen den Gerüstlöchern beträgt bei D etwa 1,1 m, bei B ist er noch größer und unregelmäßiger. Der neue obere Mauerab-

---

[175] Apollonj Ghetti u. a. 1951, 154.
[176] Dazu Toynbee – Ward-Perkins 1956, 12: »over a million cubic feet of earth«. Im Bereich des ausgegrabenen Teils der Nekropole käme man wohl auf über 2000 m³.

[177] Mielsch – von Hesberg 1986, 61 f. Abb. 59.

schnitt, der bis knapp unter das Bodenniveau der konstantinischen Basilika reichte, besteht nur noch aus unregelmäßig verlegten Tuff- und Ziegelbrocken[178]. Die Aufschüttung erfolgte hier in drei Phasen. Die erste Aufschüttung von etwa 1 m erfolgte in C mit einer Umbettung von vier Sarkophagen[179], später schuf man eine Arbeitsfläche, die etwa 2,2 m (7 ½ rF = 2,21 m) über dem Laufniveau des Ganges vor den Bauten lag. Sie wird durch verschiedene Indizien markiert, etwa den Eintritt einer Abwasserleitung, welche die neugewonnene Fläche entwässern half, oder auch durch die Höhe der Durchbrüche zwischen den einzelnen Bauten[180]. Wahrscheinlich diente die Aufschüttung in Phasen einer gleichmäßigen Verfestigung der Verfüllung, dem Anlegen einer Arbeitsebene, aber auch der Vereinfachung in der Verteilung der Materialien.

Eine Besonderheit bildet der Befund in B, denn er veranschaulicht als einziger, wie Bestattungen während der Bauarbeiten noch eingebracht wurden (Abb. 4 a. b)[181]. Mit der Vermauerung der Eingangstür wurde die rückwärtige offene Kammer auf ihrer Front durch eine Mauer geschlossen, die neben der Tür zwei Fenster für die Beleuchtung des nun geschlossen Raums erhielt. Hier war ferner eine Einlassung für die Marmorplatte des *titulus* vorgesehen, die in ihren Abmessungen jener auf der Außenseite entsprach (Abb. 4 c). Wahrscheinlich also setzten die Nutzer die Inschriftenplatte um. Im Vorraum wurde zusätzlich eine Treppe eingefügt, die konstruktiv mit den Bestattungen unter ihr eng verbunden ist. Von da ab war für eine kurze Zwischenzeit das Innere von außen nur noch über Leitern oder vielleicht eine provisorische Holztreppe zugänglich. Am Ende wurde alles zugeschüttet und dafür der Bogenwickel in der konstantinischen Mauer wieder bis zur Unterkante der Fenster auf einem Niveau von etwa 2,6 m (9 rF) geöffnet, um von dort aus das Füllmaterial hinein zu schaufeln[182].

Als nächstes Kompartiment wurde von Norden her der Weg zwischen den Bauten und danach die Grabbauten Z–Psi verfüllt. Es fällt auf, dass hier die Mauerkronen nicht weiter bis zur Unterkante des Fußbodens der Basilika aufgehöht wurden. Das könnte zusätzlich dafür sprechen, dass die konstantinischen Aufmauerungen in den nördlichen Bauten zugleich auch als Schüttkanten genutzt wurden, was am Ende im südlichen Bereich aber nicht mehr erforderlich war. So werden die Arbeiten nach Osten hin bis zum Ende des Mittelschiffs fortgeführt worden sein. Da aber zugleich im hier betrachteten Bereich eine Arbeitsrampe entstanden war, konnte man schon die Fundamentbereiche der südlichen Seitenschiffe für Aufschüttungen in Angriff nehmen.

Zur vielumstrittenen Frage der Datierung der Basilika tragen die hier zusammengefassten Überlegungen nichts bei[183], denn die zeitliche Abfolge der einzelnen Schritte und auch deren jeweilige Dauer lässt sich nicht mehr kalkulieren. Die Fundamente konnten auch für längere Zeit ohne weiteren Aufbau stehen bleiben, allein schon um eine gewisse Setzung und Verdichtung der Füllmaterialien zu erreichen.

Die Bauten unter St. Peter belegen eindrucksvoll deren durchgehende Nutzung als Grablegen bis in die Zeit der Bauarbeiten hinein. Obwohl während der Fundamentierungsarbeiten die existierenden Mauern der Grabbauten noch stärker geschlossen und zu einem Rost untereinander verbunden wurden, gab es zunächst immer wieder Durchlässe und Zugänge. Einzelne Bauten blieben über die Treppen wie bei E, F und H von oben her zugänglich, aber kaum mehr für eine geregelte Pflege der Gräber, denn nach der Entfernung der Decken muss sich die weitere Aufschüttung rasch fortgesetzt haben. In anderen Fällen baute man – wie bei Grabbau B – wohl in Nachahmung dieser Vorbilder eine einfache Treppe ein, die sogar noch genau eingemessen wurde (B 75 bzw. 90 cm, also 2 ½ bzw 3 rF), sicherte aber zugleich auch die Kammer neu. Das Grab der Fannia könnte auch erst in dieser Zeitspanne eingebracht worden sein (Abb. 4 a. b). Andere Grabbauten wie G und I wurden durch veränderte Vorbauten von den Seiten her zugänglich gehalten. Offenbar lag den Angehörigen in einzelnen Fällen daran, das Andenken an ihre Toten noch bis zum letzten Moment am Grab zu pflegen, auch wenn sie dazu starke Beeinträchtigungen durch die laufenden Arbeiten in Kauf nehmen mussten. Daneben wurden nun Umbettungen, weitere Bestattungen und unter ihnen wahrscheinlich in zunehmender Zahl christliche Gräber eingebracht. Vorher waren sie eher eine vereinzelte Erscheinung[184], aber

---

178 Mielsch – von Hesberg 1986, 64 Abb. 59 Taf. 9.
179 Siehe den Beitrag von Boschung S. 88–91.
180 Mielsch – von Hesberg 1986, 130 Taf. 4–7.
181 Toynbee – Ward-Perkins 1956, 39–41 Abb. 5; Mielsch – von Hesberg 1986, 11–19 Abb. 4. 5 Taf. 9.

182 Mielsch – von Hesberg 1986, 11–19 Taf. 4b.
183 Toynbee – Ward-Perkins 1956, 196–198; Arbeiter 1988, 51–60.
184 Toynbee – Ward-Perkins 1956, 14–17. Vgl. auch das Grab beim Rundbau: Guarducci 1959/1960, 128–132.

nun kommt es zu einer starken Ansammlung vor allem im Bereich des Querschiffes[185] mit einem großen Spektrum von arm bis reich[186].

Sieht man alles zusammen, dann erlauben die Befunde innerhalb der Nekropole zum einen wichtige Einblicke, wie sich nach der Errichtung der Bauten dort das Leben gestaltete und welche Veränderungen deshalb in den folgenden Jahrhunderten notwendig wurden und welche Lösungen man dafür gefunden hat. Einen starken Einschnitt brachte dabei das ausgehende 3. Jahrhundert mit sich. Zum andern geben die Vorgänge, die mit der Zerstörung von Grabbauten und der Überbauung und Aufschüttung des Mittelschiffs verbunden waren, einen guten Einblick in die konsequent geplanten Arbeitsschritte und zeigen überdies in der durchgängigen Verwendung römischer Fußmaße die rationale Vorgehensweise, die den Bau der Basilika bestimmte.

Zusammenfassung

Dank der guten Erhaltung gewähren die Grabbauten unter St. Peter einen Einblick in die Nutzung der Grabbauten bis zum Zeitpunkt der Errichtung der Basilika. Dabei sind häufiger ähnlich wie auch sonst in Rom Vorgänge zu beobachten, in denen frühere Bestattungen versiegelt und die jüngeren in ein erneuertes Ambiente eingefügt wurden. Offenbar respektierte man die alten Beisetzungen, aber schuf zu einem bestimmten Zeitpunkt eine neue Form. Dazu passt, dass in einer ganzen Reihe von Grabbauten in der zweiten Hälfte des 3. Jh. n.Chr. die Innenräume neu ausgemalt wurden, ohne dass der *titulus* erneuert wurde, die Besitzverhältnisse formal also bestehen blieben.

Die genauen Bauaufnahmen gewähren ferner einen Einblick in die Vorgänge bei der Errichtung der konstantinischen Basilika. Während deren Fundamente errichtet und die Grabbauten durch zusätzlich errichtete Mauerzüge zu einer Abfolge von Kammern transformiert wurden, liefen die Bestattungen bis zur endgültigen Aufschüttung in den Bauten weiter. Allerdings kamen in der Endphase der Fundamentierungsarbeiten auch zahlreiche christliche Bestattungen hinzu. Irritierend ist die massive Ausführung des Fundaments für den Triumphbogen der Basilika, da es für dessen spätere Gestalt nicht erforderlich war.

Riassunto

Grazie alla buona conservazione, le tombe sotto la chiesa di San Pietro forniscono una visione dell'uso delle sepolture fino all'epoca della costruzione della basilica. Qui, come altrove a Roma, si possono spesso osservare i processi durante i quali le sepolture precedenti venivano sigillate e quelle più recenti aggiunte in un ambiente rinnovato. Le vecchie sepolture venivano evidentemente rispettate, ma a un certo punto veniva creata una nuova forma. È opportuno notare che in una serie di tombe della seconda metà del III secolo d.C. gli interni furono ridipinti senza che il *titulus* fosse rinnovato, il che significa che la struttura formale della proprietà rimaneva invariata.

Le precise documentazioni architettoniche consentono anche di seguire i processi di costruzione della basilica costantiniana. Mentre venivano gettate le fondamenta e le tombe con la costruzione di ulteriori muri venivano trasformate in una serie di camere, le inumazioni continuarono negli edifici fino al riempimento finale. Tuttavia, nella fase finale dei lavori di fondazione furono aggiunte anche numerose sepolture cristiane. Rimane da spiegare la massiccia esecuzione delle fondamenta previste per l'arco trionfale della basilica, che non era necessaria per l'assetto successivo.

---

185 Apollonj-Ghetti u. a. 1951, 65 f. Abb. 44 Taf. 21. Siehe hier den Beitrag Boschung S. 84.

186 Bauer 2012, 157–159.

Abbildungsnachweis

Abb. 1a. b D-DAI-ROM-A-B-41, Vatikannekropole (J. Weber)
Abb. 1 c F. de Santis
Abb. 2a. b D-DAI-ROM-A-B-41, Vatikannekropole (J. Weber)
Abb. 3 D-DAI-ROM-A-B-41, Vatikannekropole (J. Weber)
Abb. 4 a–c D-DAI-ROM-A-B-41, Vatikannekropole (K. Gärtner)
Abb. 5 D-DAI-ROM-A-B-41, Vatikannekropole (R. Roggenbuck)
Abb. 6 D-DAI-ROM-A-B-41, Vatikannekropole (J. Weber)
Abb. 7 D-DAI-ROM-A-B-41, Vatikannekropole (W. Bruszewski)
Abb. 8 D-DAI-ROM-A-B-41, Vatikannekropole (J. Weber)
Abb. 9 D-DAI-ROM-A-B-41, Vatikannekropole (K. Gärtner)
Abb. 10 D-DAI-ROM-A-B-41, Vatikannekropole (J. Weber)

La necropoli vaticana lungo la via Triumphalis

Il contesto topografico e sociale, i rituali familiari

Giandomenico Spinola

Le recenti indagini archeologiche e antropologiche nei settori riunificati dell'Autoparco e di S. Rosa, nell'area vaticana della necropoli lungo la *via Triumphalis*, consentono di proporre alcuni primi approfondimenti che saranno oggetto di specifici futuri studi e pubblicazioni.

Sarà però necessario partire da alcuni aspetti topografici, che permettono di inquadrare meglio questo articolato contesto sepolcrale. Innanzitutto bisogna precisare che la necropoli lungo la *via Triumphalis* e la necropoli lungo la *via Cornelia* costituiscono in realtà un unico grande complesso sepolcrale sui fianchi orientale e meridionale del colle vaticano, probabilmente senza alcuna soluzione di continuità (fig. 1)[1]. Nel caso della parte di necropoli rinvenuta sotto la basilica di S. Pietro, il sepolcreto appare più ricco, occupato da tombe della classe medio-alta, in quanto molto vicine alla *via Cornelia*; diversamente, i settori di necropoli venuti alla luce lungo la *via Triumphalis* risultano più poveri – caratterizzati da sepolture di schiavi, liberti, artigiani – in quanto le tombe più a valle distano una cinquantina di metri dal percorso stradale principale. Del resto, ad esempio, poco prima dell'ipotetica biforcazione tra le vie *Cornelia* e *Triumphalis* era un grande sepolcro a piramide, la c.d. *Meta Romuli*, insieme ad altri sepolcri monumentali che sembrano aver affiancato la *Triumphalis* nel suo primo tratto. Lungo questa via, nel settore di S. Rosa, nella sua ultima fase (a partire dagli inizi del III sec. d. C.), alcune di queste tombe più modeste vennero rasate e il loro spazio rioccupato da sepolcri più ricchi, attribuibili con certezza epigrafica a membri della classe equestre[2].

La prossimità o meno alle principali vie extraurbane, quindi, condiziona il livello sociale di chi può essere seppellito in monumenti sepolcrali delle diverse aree; ciononostante, se rimane relativamente più documentabile la presenza di singole sepolture povere a ridosso delle tombe più importanti, difficilmente si potrà rinvenire un sepolcro imponente in un'area dedicata alle sepolture di schiavi e liberti. Il prestigio relativo alla prossimità con gli assi viari principali viene comunque ridefinito nel corso dei secoli e, in base alla specifica storia del sito, l'area occupata dai sepolcri più ricchi, come quella dedicata alle tombe più modeste, può ampliarsi o ridursi.

Che l'area vaticana, in genere, fin dalla tarda età repubblicana fosse desiderata anche per le tombe più ricche lo possiamo ulteriormente dedurre dalle fonti. Ne è testimonianza anche la ricerca di Cicerone, più a monte ma sempre sulla riva destra del Tevere, di un giardino funerario (*fanum*) ove costruire una tomba a tempietto, per seppellirvi l'amata figlia Tullia[3]. A questo scopo Cicerone tenta l'acquisto di un terreno idoneo negli *horti* di Tito Quinzio Scapula, il seguace di Pompeo suicidatosi dopo la sconfitta di Munda. Questi terreni furono ereditati da varie famiglie e sembrò conveniente a Cicerone acquistarne un piccolo appezzamento per il sepolcro, andando però in conflitto con gli interessi del più ricco degli eredi, il tribuno della plebe Lucio Roscio Othone[4]. Un altro ostacolo, dichiarato epistolarmente tra il marzo e il

---

1 La continuità delle sepolture sul colle Vaticano è avvalorata dagli sporadici rinvenimenti nell'area dei Palazzi Apostolici e in quella dei giardini (cfr. Liverani 1999a, 40–43, in particolare 42; Liverani – Spinola 2010, 16. 18–20, 142 s.). Sulla base di alcuni recenti sterri, finalizzati a lavori edili, si è potuto verificare che in età medievale e rinascimentale, nell'area dei giardini, in più occasioni e in più parti della sommità del colle si sono effettuati ingenti lavori di livellamento e di riporto del terreno, per regolarizzare l'area e ›ammorbidire‹ il pendio del colle, che precedentemente doveva essere caratterizzato da più ripidi salti di quota e da piccoli fossi. Di conseguenza, per le aree osservate, al di sotto di un metro/un metro e mezzo di terreno di riporto moderno compare subito lo strato geologico vergine; se vi fossero state sepolture e tombe, queste sarebbero state asportate con i lavori menzionati.
2 Cfr. Liverani – Spinola 2010, 259–284; Steinby 2013, 551; Spinola 2022, 369 s. Questa dinamica è comune ad altre necropoli: cfr. ad esempio Baldassarre 1987; Liverani 1999a, 41; Baldassarre 2002, 12. 20.
3 Cic. Att. 12, 18, 1; 19, 1; 35; 36; 37, 2; 38; 44, 2–3; cfr. Verzár-Bass 1998, 401–404; Picuti 2008, 50; Paturet 2012, 28.
4 Cfr. Eck 1996a; Papi 1996a; Liverani – Spinola 2010, 16.

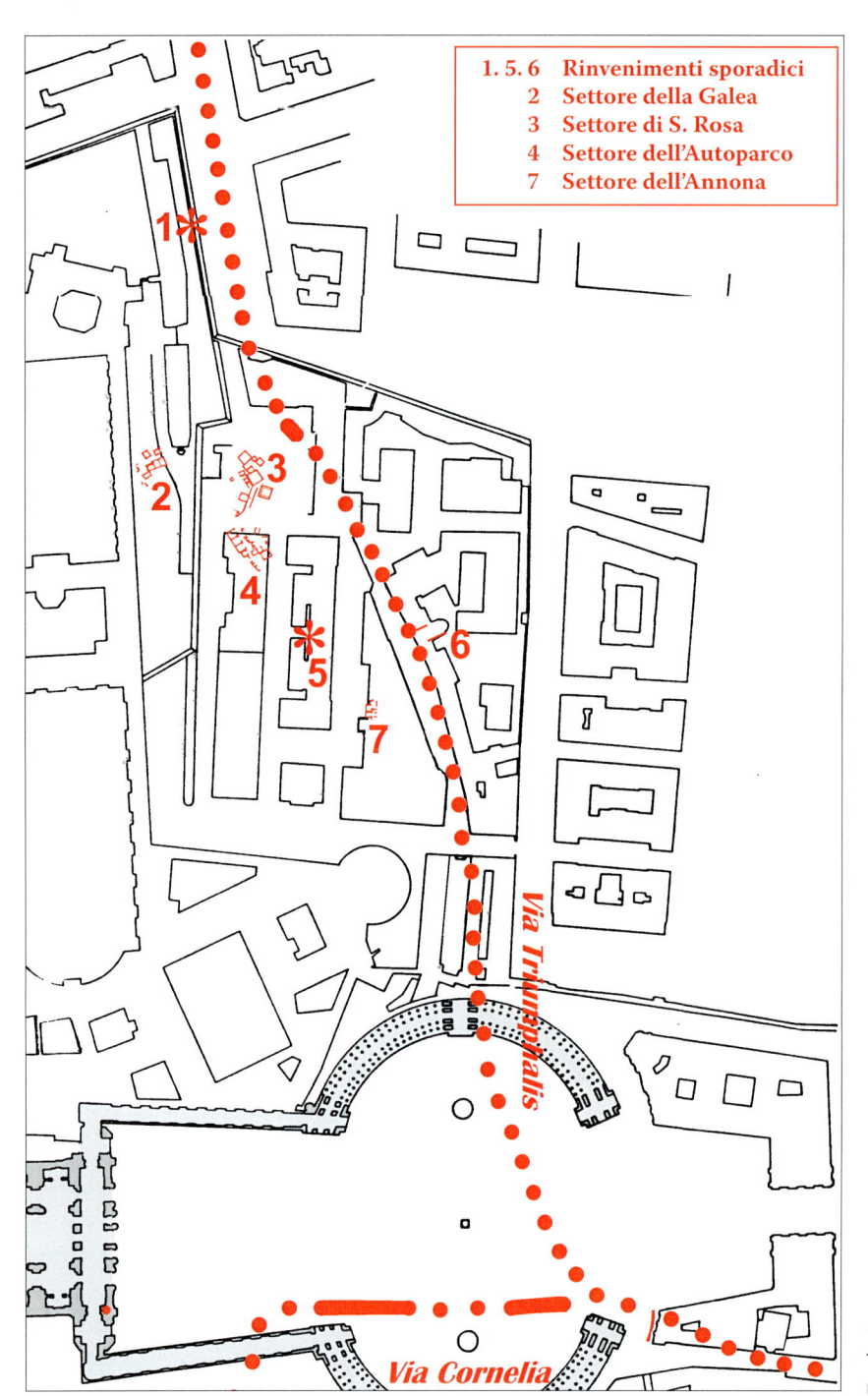

1. 5. 6 Rinvenimenti sporadici
2 Settore della Galea
3 Settore di S. Rosa
4 Settore dell'Autoparco
7 Settore dell'Annona

1 Pianta generale della via Triumphalis con i settori della necropoli

luglio del 45 a. C., fu il suo dubbio tra la scelta di un'area molto frequentata, ove celebrare pubblicamente Tullia, o di un luogo più isolato e quindi più consono alla quasi divinizzazione della figlia, anche se privo di un'adeguata visibilità[5].

Alla fine sembra rinunciare all'idea del tempietto sepolcrale per Tullia nel *campus Vaticanus*, forse anche per il progetto di Cesare di deviare il Tevere e unire così la zona al Campo Marzio, di fatto urbanizzandola e quindi smantellando od obliterando i sepolcri già costruiti. Questa vicenda, quindi, sembra dar credito a una vocazione sepolcrale dell'area già prima dell'età imperiale e – a quanto sembra – si tratterebbe di una necropoli anche molto frequentata ed edificata, almeno, presumibilmente, in prossimità degli antichi assi viari.

5 Setaioli 1999, 169 s.

La necropoli vaticana lungo la via Triumphalis

2 Pianta dei settori della Galea e dell'Annona

Ad una cronologia leggermente più tarda, forse ad età augustea, potrebbe tipologicamente esser assegnata la *Meta Romuli*, sul lato opposto – rispetto a quello dei settori vaticani – della *via Triumphalis*[6]; questo imponente monumento doveva certamente essere inserito in un più ampio contesto sepolcrale e, a sua volta, logicamente avrà costituito un polo di attrazione per altre sepolture minori, come di consueto nel mondo romano[7]. In seguito, la costruzione del c.d. *Pons Neronianus*, probabilmente ad opera di Caligola, deve aver contribuito a incrementare il numero delle tombe, comunque già esistenti, sul pendio del colle

---

6 Liverani 2006b. La Steinby (Steinby 2003, 14) ipotizza che la tomba piramidale, come anche il sepolcro di Vipsania Agrippa o degli *Asinii*, siano monumenti isolati, costruiti nei rispettivi orti di famiglia.

7 Cfr. ad esempio Olivanti – Spanu 2018, nn. 15–20.

177

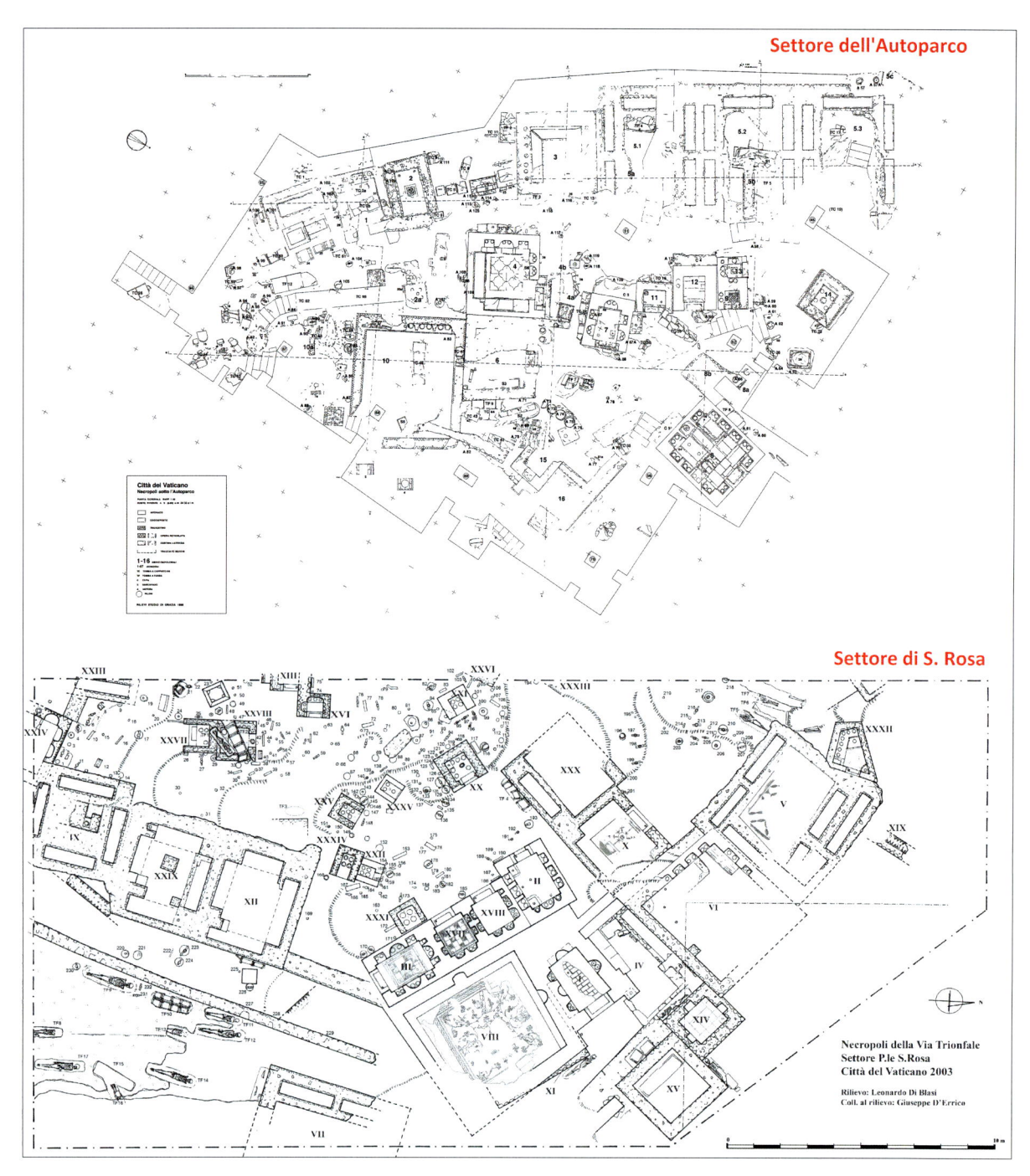

3 Pianta dei settori dell'Autoparco e di S. Rosa

Vaticano, potendosi raggiungere con più facilità e velocità le vie sottostanti e le relative aree sepolcrali[8].

In particolare, le tombe povere nell'area vaticana della necropoli lungo la *via Triumphalis* – inumazioni »a cappuccina« e incinerazioni entro olle in terra o piccoli monumenti sepolcrali – sembrano databili a partire dall'età augustea, anche se non si può assolutamente escludere un uso sepolcrale precedente della zona, non avendo gli scavi raggiunto le fasi più antiche (figg. 2. 3)[9]. Di tale cronologia dubita però Eva

---

8 Si è ipotizzato che tale ponte potesse esser stato voluto da Caligola per raggiungere meglio i giardini della madre, gli *Horti Agrippinae* (cfr. Liverani 1999a, 36; Liverani 1999b; Steinby 2003, 12–14; Liverani – Spinola 2010, 16. 18); in precedenza l'area doveva essere servita da un ponte ligneo o da un servizio di barche (cfr. Maiuro 2008, 203). Cfr. anche una recente sintesi generale in Liverani 2016a.

9 Circa due metri a nord della tomba a fornetto 14 dell'Autoparco, a mio avviso databile in età tiberiano-claudia (cfr. *infra*), e ad una profondità di circa un metro e mezzo al di sotto del relativo

M. Steinby, che ritiene documentabile una prima fase della necropoli solo a partire dall'età neroniana[10]. A questo punto sarà utile analizzare, in fase preliminare, alcuni primi dati a favore della cronologia più alta e seguirne poi l'evoluzione, limitandoci al corso del I sec. d. C.

Le prime fasi documentabili della necropoli

Nel settore di S. Rosa, al momento, la tomba più antica finora esposta sembra essere quella della liberta *Licinia Chila*, liberta di *Marcus* (*Licinius*), sorella di *Stilicho* (*Stilico*) e concubina di *Hermolaus* e di *Protogenes* (*Protocenes*)[11]. La stele di travertino – con grafia incerta e irregolare – è stata infissa nel terreno ad un livello di camminamento molto inferiore (di circa 30 cm.) rispetto allo spiccato delle tombe dei primi decenni del I sec. d. C. (cfr. *infra*). Si può quindi ipotizzare per questa sepoltura una cronologia entro la fine del I sec. a. C.[12].

Tra le tombe più antiche sono da segnalare la tomba XXXIV, di S. Rosa, ove nell'urna 2 è stato rinvenuto un quadrante del 4 a. C., un dato che da solo comunque non rende certa una cronologia del sepolcro in età augustea. Le olle di questo piccolo sepolcro – realizzato con la fronte in una muratura che prevede il reimpiego di *cubilia* per un irregolare paramento a scacchiera ed il resto in opera reticolata – sono di grandi dimensioni e murate nel pavimento, come del resto quelle della vicina e coeva tomba XXXI[13]; queste olle appartengono ad una tipologia ben attestata nella primissima età imperiale[14].

4 S. Rosa, stele di *Grathus*

A pochissima distanza è anche il cippo in travertino (fig. 4), relativo ad un cinerario interrato, di *Gratus*, un servo imperiale che lavorava nel *Nemus Cai et Luci*[15]; la modesta tomba gli era stata dedicata da un altro schiavo *Abascantus*, che si definisce *aquarius* e che quindi forse lavorava nello stesso contesto. Il *nemus*, un boschetto sacro su di un isolotto artificiale all'interno della Naumachia di Augusto a Trastevere, venne fatto costruire o, quantomeno, venne dedicato da Augusto alla memoria dei suoi due nipoti, Lucio e Caio Cesare, morti rispettivamente nel 2 e nel 4 d. C. Già sotto Tiberio, però, ebbe dei rifacimenti, a seguito di un incendio che ne bruciò il ponte di accesso, poi – per altri due secoli – continuò a essere usato per spettacoli ludici e battaglie navali[16], fino ad aver forse provvisoriamente accolto le spoglie di *Iulia Domna*[17]. Il toponimo *nemus Cai et Luci* è nuovamente noto in questa forma solo dopo due secoli da Cassio Dione[18], questa volta in lingua greca, e sembrerebbe però re-

---

piano di camminamento, il georadar ha individuato e parzialmente documentato un sepolcro più antico – e di struttura apparentemente simile – non ancora scavato. Un indizio, particolarmente suggestivo, di sepolture molto antiche proviene dal settore dell'Annona. P. Liverani sospetta che la presenza dell'urna in marmo pario (Liverani 1999a, 61. 67; cfr. *infra*), databile intorno al 500 a. C., posta sotto il pavimento del colombario 3 dell'Annona possa essere frutto di un rinvenimento casuale in occasione dello scavo della tomba stessa o di una nelle vicinanze: se così fosse, l'area conterrebbe – a una quota non inferiore a quella raggiunta dalle fondazioni del colombario – una presenza sepolcrale documentabile addirittura in età arcaica.

10 Cfr. Steinby 2003, 14. 17; Maiuro 2008, 204 s.; Steinby 2013, 544. 549 s.
11 TC 176, inv. 52424; Liverani – Spinola 2010, 216. Sulla particolare formula di doppio concubinaggio cfr. Cristaldi 2014, soprattutto 176 s. e note 160, 170–172.
12 Una miglior definizione della cronologia delle nuove iscrizioni, rinvenute nel settore di S. Rosa e nello scavo del 2010–2011, verrà dallo studio in corso a opera di Ivan Di Stefano Manzella e Rosanna Barbera, che ringrazio per alcune anticipazioni e consigli.

13 Cfr. Liverani – Spinola 2010, 222. La tomba XXII, in appoggio alla tomba XXXIV e realizzata con cortina laterizia, è di poco successiva (forse di età claudia).
14 Queste grandi olle ovoidi – tipo I di C. Coletti, in Steinby 2003, 187–190 – vengono documentate a partire dalla prima fase dell'Autoparco, che viene datata alla metà del I sec. d. C., anche se si ammette che in altri contesti romani e ostiensi è riscontrabile un inizio più antico della loro produzione.
15 *Grathus* (!), *Caes*(*aris*) *serus* (!) *ex Nemore C*[*ai*] *et Luci. Posuit Abascantus, aquarius Caes*(*aris*) *se*(*r*)*vi* (!). *D*(*is*) *M*(*anibus*) *s*(*acrum*). Cfr. Liverani – Spinola 2006, 69; Liverani – Spinola 2010, 216.
16 Cfr. Papi 1996b; Mazzei 2007, 153 s. 160; Letta 2012, 100 nota 52; 102 nota 62.
17 Cfr. Palombi 2013, 126 nota 25 (con bibl. precedente).
18 Dio Cass. 66, 25, 3–4: ἐν τῷ ἄλσει τῷ τοῦ Γαΐου τοῦ τε Λουκίου. Probabilmente Cassio Dione definisce il luogo con i nomi dei due nipoti di Augusto in quanto si serve di una fonte coeva all'evento, direttamente accessibile in virtù dei suoi incarichi politici e amministrativi a Roma.

5 S. Rosa, edicola con il ritratto di Tiberius Natronius Venustus

lativo all'originaria denominazione del luogo, visto che dopo Augusto questo piccolo bosco risulta comunemente noto come *nemus Caesarum*. Infatti, i precedenti pessimi rapporti di Tiberio con Gaio – e forse anche con Lucio – autorizzano a supporre che a seguito dei restauri tiberiani dopo l'incendio si sia definitivamente scelto il più generico toponimo *nemus Caesarum*. Tiberio si deve confrontare anche con altri monumenti dedicati da Augusto ai nipoti; quindi diplomaticamente crea o sfrutta ogni occasione – rifacimenti, modifiche, restauri – per generalizzare le dediche, non abolendole ma estendendole ad altri giovani membri – vivi o defunti – della famiglia imperiale[19]. Nel caso del *nemus Cai et Luci* l'occasione si presenta appunto con l'incendio del ponte e i conseguenti restauri.

Questa considerazione sembrerebbe favorire una cronologia del cippo precedente all'incendio tiberiano[20]. L'iscrizione di *Gratus*, però, si chiude con la formula »DMS«, poco frequente in quella posizione terminale; sebbene la prima epigrafe contenente tale abbreviazione sia databile al 58 d. C.[21], non si può escludere – vista anche la particolarità della dedica agli Dei Mani posta alla fine dell'iscrizione – che l'abbreviazione abbia avuto origine qualche decennio prima[22]. Infatti, sono soprattutto le relazioni fisiche del cippo di *Gratus* con i sepolcri vicini a suggerire una sua cronologia in età tiberiana, risultando esso infisso ad una quota simile a quella del piano di costruzione della tomba XXXIV e grossomodo in fase con la tomba XXXV di *Erotis*, anch'esse da assegnare all'età tiberiana (cfr. *infra*), ma inferiore a quello del

---

19 Casi simili possono essere considerati le dediche di Augusto ai suoi due nipoti – in questi casi viventi – di vecchi o nuovi monumenti, come la *Basilica Iulia*, bruciata nel 12 a. C. (Suet. Aug. 29), e la *porticus Gai et Luci*, edificata dopo l'incendio del 14 a. C. tra la Basilica Emilia e il tempio del Divo Giulio. Con Tiberio, l'imbarazzo della loro memoria (cfr. Tac. ann. 1, 3) fece sì che questi toponimi avessero diffusione solo fino ai primi anni del suo regno. Sulla particolarità di un'epigrafe con Caio e Lucio Cesare e Tiberio cfr. Panciera 2006; in questo caso l'iscrizione è ritenuta una »riedizione« di testi precedenti che vedevano i due in associazione con altri membri della famiglia giulio-claudia.

20 Non si può comunque escludere che, in un testo privato e presso le classi popolari, si sia conservato più a lungo l'originario toponimo, non più ufficiale.
21 CIL VI 7303. Cfr. Di Stefano Manzella 2001; Buonocore 1984, 132 s. n. 101; tav. 23. fig. 62, 5. Si tratta ovviamente della più antica attestazione della formula »DMS« con una cronologia precisa.
22 Come potrebbe far pensare anche il cippo in travertino, purtroppo non reperibile, di *Caius Iulius Hilario* (CIL VI 8099). Del resto l'abbreviazione »DM« è invece già attestata a partire dall'età tiberiana (cfr. CIL VI 2489).

sepolcro XX di *Alcimus*, servo di Nerone e *custos* delle scene del teatro di Pompeo.

Tra il 20 ed il 40 d. C. viene anche realizzata la sepoltura per *Tiberius Natronius Venustus*, all'interno di un sepolcro a camera di famiglia (sepolcro IV). Il ritratto del fanciullo – morto a 4 anni, 4 mesi e 10 giorni – era posto entro una piccola edicola marmorea in fondo alla stretta camera sepolcrale, davanti ad un cassone in travertino che probabilmente contiene i suoi resti (fig. 5). Il ritratto era stato eseguito poco prima della sua morte prematura – raffigura infatti un fanciullo di 3 o 4 anni di vita – presumibilmente per un gruppo familiare, presentando delle correzioni ottiche che privilegiano una visuale che lo vedeva alla destra di altri personaggi, probabilmente i genitori; inoltre è lavorato anche sul retro, non più visibile dopo il suo allestimento nell'edicola. In occasione della sepoltura la testa è stata staccata dal corpo e montata con un perno di bronzo nella piccola edicola, anch'essa rilavorata con lo scavo del fondo[23]. Il lavoro appare stilisticamente ben inseribile nella produzione di età tiberiana, sia per il trattamento dei delicati lineamenti del fanciullo, sia per la resa della capigliatura, a larghe, distanziate e mosse ciocche a »S«; manca invece quel forte colorismo e il rilievo che prendono piede a partire dall'età claudia.

All'età tiberiano-claudia sono da assegnare la stele di *Poppidia Musa* e il retrostante (ma non in diretta relazione) sepolcro XXII, che si appoggia al sepolcro XXXIV[24]. Di poco successive, intorno alla metà del I sec. d. C., sembrano invece altre sepolture segnalate da iscrizioni. Tra queste possiamo ricordare l'ara in travertino dello scultore *Tiberius Claudius Thesmus* (fig. 6), con alcune incinerazioni accanto, e le stele di travertino di due *tabellarii*, *Primus* e *Priscus*[25]; dei due »portalettere«, il primo è servo di un privato, mentre il secondo è uno schiavo imperiale, forse di Claudio o di Nerone[26]. Ad una fase immediatamente successiva sono da assegnare la tomba di *Alcimus* e quella dei

6 S. Rosa, Altare dello scultore Thesmus

Passieni, che le iscrizioni attribuiscono senza alcun dubbio al regno di Nerone.

Nell'area dell'Autoparco, a una cronologia compresa tra la tarda età augustea e quella tiberiana ritengo siano da porsi varie tombe, come i recinti 10 e 4a, mentre alcune are-cinerario e la tomba a fornetto 14 possono essere assegnate tra il regno di Tiberio e quello di Claudio. Questi sepolcri presentano infatti un paramento murario in opera reticolata e la stessa tipologia di urne; oltre a ciò va considerata la loro evi-

---

23 I margini alla base del collo sono piuttosto irregolari e scheggiati, presumibilmente a causa di una forzatura nell'estrarre la testa. Sul frontone e sul listello di base è incisa l'iscrizione: *Hic situs est. Ti(berius) Natronius Venustus vixit ann(os) IIII, menses IIII, dies X*. »Qui è sepolto *Tiberius Natronius Venustus*; visse 4 anni, 4 mesi, 10 giorni«. Il sepolcro dei *Natronii* viene obliterato nella tarda età flavia da un'altra tomba a camera.
24 Liverani – Spinola 2010, 222; Steinby 2013, 550.
25 Liverani – Spinola 2006, 60 fig. 56; Liverani – Spinola 2010, 216 fig. 68.
26 Le due iscrizioni riportano: 1) *Primus, tabellari se vivo feci* (!) *sibi et Herenniae Secundae* (altre righe interrate?). »Il corriere *Primus* fece (porre questa tomba) da vivo a sé e ad *Herennia Secunda* (...?)«. 2) *Claudia Stacte cippum posuit de suo Prisco, tabellario Caesaris servs* (!), *q(ui) vixit anno* (!) *XXV et sibi et conservo suo Succeso* (!), *Claudiae* (altre righe interrate?). »*Claudia Stacte* pose il cippo, a

sue spese, a *Priscus*, schiavo e corriere di un imperatore, che visse 25 anni, e a se stessa e al suo (ex) compagno di servitù *Successus*, a *Claudia* (...?)«. Contrariamente a quanto riportato dalla Steinby (Steinby 2013, 550), per la seconda iscrizione si ribadisce quanto già scritto in Liverani – Spinola 2010, 216, che *Claudia Stacte*, probabilmente liberta, era stata conserva di *Successus* e possa essere stata contubernale o comunque legata a *Priscus*. Il dativo »*conservo suo*« è certamente riferito a *Successus* e fa cenno al precedente *status* di schiava della dedicante, come avviene anche in altre iscrizioni, mentre il suo preciso legame con *Priscus* potrebbe essere stato omesso a seguito del *Senatoconsultum Claudianum* del 52 d. C., ove – tra le altre disposizioni – si sanciva che in caso di *contubernium*, dopo tre avvertimenti del padrone dello schiavo a desistere, la donna libera sarebbe divenuta anch'essa serva di quel *dominus*.

dente anteriorità rispetto ai vicini sepolcri di età neroniana, che sono realizzati in appoggio alle tombe cui si è accennato o su di un livello del terreno chiaramente superiore e posteriore. In particolare la tomba a recinto 10 è costruita in reticolato con un solo ricorso – in realtà una modanatura – in tegole smarginate a metà altezza della sua parete interna di sud-ovest; per quanto si possa considerare non troppo attendibile la tecnica edilizia, va rilevato che si tratta di un sistema costruttivo che a Roma raramente oltrepassa l'età augusteo-tiberiana: quindi, se non vi sono degli elementi di datazione che ostacolano questa cronologia, a mio avviso, non vi sono motivi per considerare il recinto posteriore ai primi anni del regno di Tiberio[27]. Del resto i confronti migliori per la struttura e per la tecnica edilizia descritte si possono trovare proprio in sepolcri della seconda metà del I sec. a. C. o dei primi due decenni del I sec. d. C.[28]. A questo va aggiunto che la tomba a recinto 10 è stata costruita ad un livello molto inferiore rispetto al colombario 6, datato ad età neroniana, che gli si appoggia su gran parte del lato nord-ovest, sfruttandolo come muro di fondo[29]. Lo stesso rapporto di appoggio il colombario 6 lo presenta con il piccolo recinto 4a, in reticolato, databile probabilmente in età tiberiana.

Su di un terrazzamento immediatamente al di sotto del recinto 10 e ben allineati con esso, sono presenti due are-cinerario, in travertino e in marmo (nn. 4 e 5 nella pianta dell'Autoparco), la cui onomastica sembra rimandare ad un *Marcus Oppius* (la n°4) e ai *Valerii Messallae* (la n° 5); la loro datazione è discussa, variando tra l'età tiberiana e la seconda metà del I sec. d. C., ma la cronologia alta sembra quella più consona all'esame stilistico delle are e a quello epigrafico dei testi[30]. Da un lato l'allineamento con il recinto 10, ne prevede l'esistenza, dall'altro i migliori confronti stilistici sono riconoscibili con altari di età tiberiana; inoltre il formulario prevede la formula »*Dis* (o *Diis*) *Manibus*« estesa. Questi dati fanno propendere per una datazione entro il regno di Tiberio.

Presso il limite settentrionale del settore dell'Autoparco è la tomba 14, anch'essa in opera reticolata; questa è stata realizzata circa un metro al di sopra di una tomba a cappuccina di tegole e a una quota di poco inferiore a quella dell'ara 39, posta a poco più di un metro di distanza e con un orientamento differente[31]. L'ara marmorea in questione è stilisticamente databile tra l'età claudia e quella neroniana[32] e ciò lascerebbe pensare ad una cronologia precedente per la tomba 14 e a una ancor più antica per la sottostante cappuccina[33]. In questo caso, però, intervengono a porre dei dubbi una serie di cippi in travertino – a una quota simile a quella del fondo della cappuccina – che menzionano, tra gli altri, *Caius Licinius Syneros* e *Marcus Masurius Pothinus*, messi in relazione a due omonimi personaggi presenti in una famosa dedica a Vespasiano del 70 d. C. (CIL V 200, IV 61 e 66). Se realmente non si trattasse di un improbabile caso di omonimia – in pratica se i cippi non fossero in relazione con gli antenati dei due personaggi di età vespasianea – questo dato creerebbe certamente un problema cronologico difficilmente superabile, se non ipotizzando un loro inserimento successivo, in occasione di un piccolo sbancamento per regolarizzare il terreno.

Dei primi decenni del I sec. d. C. dovrebbero essere alcune povere inumazioni del settore della Galea. Una di esse era costituita da una fossa con copertura a semicappuccina con bipedali, di cui due con un bollo degli inizi del I sec. d. C.; l'inumazione si appoggia alle fondazioni di un sepolcro a camera, purtroppo distrutto, che si dovrà immaginare di poco precedente[34].

27 Nelle ultime edizioni (Liverani – Spinola 2006, 43 s.; Liverani – Spinola 2010, 164. 171) si era preferito lasciare la cronologia neroniana proposta in precedenza (Steinby 2003, 96–98; Liverani 1999a, 55), malgrado altri avessero già ipotizzato una sua datazione in età augustea (cfr. Magi 1958, 92; Manacorda 1974/1975, 502; Steinby 2003, 98, note 89 e 90).
28 Cfr. ad esempio alcuni recinti e colombari ostiensi lungo la via Laurentina: Floriani Squarciapino 1956–1958, 63–107; Heinzelmann 2000, 220–222 n°VL A3a/A4a; 225 s. n. VL A6; 227–234 n. VL B1/C1; 242 s. n. C3a/C4a; 245–247 n. VL C5a; 248–251 nn. VL D1, VL D2 e VL D4a; 257–264 nn. VL D7 e VL E1.
29 Liverani 1999a, 54; Steinby 2003, 85–88; Liverani – Spinola 2010, 171. Questo uso del muro del recinto 10 fa sospettare che esso fosse ormai in disuso.
30 Boschung 1987, n. 770; Steinby 2003, 46 s.; Liverani – Spinola 2006, 43 s. fig. 39; Liverani – Spinola 2010, 164.
31 Al di sotto dell'ara è un basamento in travertino che conteneva le ceneri del defunto. A filo con la fronte, ma ad un livello ben inferiore del piano di camminamento, è un cinerario del tipo I della Coletti (cfr. *supra*), che probabilmente è indipendente dall'ara e più antico.

32 Boschung 1987, n. 741; Steinby 2003, 47.
33 Per realizzare la tomba 14 presumibilmente si è partiti da una quota di poco superiore al piano di camminamento ove è stata scavata la fossa per realizzare la cappuccina. Quest'ultima, di conseguenza, è certamente precedente, ma le due cronologie dovrebbero essere abbastanza vicine.
34 Cfr. Liverani – Spinola 2006, 13; Liverani – Spinola 2010, 145 s. Il bollo in questione (CIL XV 824) – *Apol(lonius?) Ant(oni) L(uci) s(ervus)* – databile agli inizi del I sec. d. C., è contemporaneamente presente su due mattoni adiacenti, integri e senza tracce di malta, quindi certamente non di reimpiego. Questi dati sembrano suggerire una cronologia non troppo distante per la semipuccina, ove i due bipedali sono impiegati, e per il sepolcro a camera alle cui fondazioni quest'ultima si addossa (*contra* Steinby 2003, 17 e 29; Steinby 2013, 549 s.). La presenza di fosse per inumati, oltre che di cinerari, nella pavimentazione della tomba a camera in questione è stata solo individuata in sezione e potrebbe riferirsi ad un riuso successivo, proprio come avviene nel vicino colombario 1b.

LA NECROPOLI VATICANA LUNGO LA VIA TRIUMPHALIS

7 S. Rosa, Altari dei Passieni

Se fino alla tarda età augustea la presenza di sepolcri su questo versante del colle vaticano appare piuttosto sporadica e poco organizzata, in seguito sembra presentarsi con una maggiore densità e omogeneità. A livello di ipotesi, la presenza tra i vari defunti, per tutto il I sec. d. C., di vari schiavi e liberti della casa imperiale potrebbe esser fatta risalire a un incentivo dell'uso sepolcrale dell'area proprio a seguito di una concessione a loro favore di Augusto, da estendersi a tutti coloro che lavoravano nelle tenute vaticane di proprietà di membri della famiglia giulio-claudia. Ciò potrebbe essere avvenuto dopo la morte di Agrippa nel 12 a. C., quando la figlia Agrippina Maggiore – che allora aveva solo due anni ed era sotto la severa tutela di Augusto – sembra aver ereditato dal padre gli *horti* nell'area vaticana, al cui margine passava la *via Triumphalis*[35].

Gli stessi *Horti Agrippinae* sembrano poi esser stati congiunti ai vicini *Horti Domitiae*, forse frutto dell'eredità ricevuta da Agrippina Minore da parte del suo secondo marito, Passieno Prisco[36]. A seguire, potrebbero esser stati coloro che lavoravano nei vicini *Horti Serviliani*, forse già allora possesso imperiale[37], tra i primi a sfruttare il colle per le loro sepolture, visto che, almeno a partire dall'età neroniana, essi sono ampiamente documentati[38] – insieme ad alcuni liberti dei *Passienii* (fig. 7) – nella necropoli vaticana della *Triumphalis*[39]. Del resto, in precedenza, qui era stato sepolto anche *Grathus*, che lavorava nel *nemus Cai et Luci*, all'interno della Naumachia di Augusto, nell'area di Trastevere più a valle delle tenute menzionate.

Se *Alcimus* lavora nel Teatro di Pompeo nel Campo Marzio, quindi nella riva sinistra del Tevere, contemporaneamente altri defunti sono invece legati ad un monumento dell'area vaticana, il *Circus Gai et Neronis*, come attestano due bustini e alcune iscrizioni di aurighi e *hortatores*[40]. In questa vasta zona sulla riva

35 Cfr. Tomei 2001; Liverani 2016b, 86–90. Più a valle del Tevere, fin dall'età augustea, la grande tenuta era servita da un ponte (cfr. Coarelli 1999) e da un *iter privatum* di Agrippa (cfr. CIL VI 29781).
36 La Domizia in questione poteva essere Domizia Lepida, la prima moglie di *Caius Sallustius Passienus Priscus*, che era anche zia di Nerone e da lui fu fatta uccidere nel 59 d. C. (cfr. Liverani – Spinola 2010, 16–18), o Domizia Paulina Lucilla Maggiore, madre di Adriano (cfr. Di Vita-Évrard 2000). Lo stesso Passieno Prisco, morto nel 47 d. C., era proprietario di *horti* poco più a nord, nell'attuale area di piazza Cavour, che passarono in eredità ad Agrippina Minore e poi – ancora una volta nel 59 d. C. – a Nerone. Cfr. Brando u. a. 2018.

37 Cfr. Chioffi 1996, ove viene riportata una precedente ipotesi di passaggio a proprietà imperiale degli *Horti Serviliani* già nella primissima età imperiale. La Steinby, pur non escludendo quanto ipotizzato, invece sottolinea che non è determinabile il momento di questa acquisizione (Steinby 2003, 20 s. 26; Steinby 2008).
38 Steinby 2003, 56–59. 93; Liverani – Spinola 2010, 173.
39 Liverani – Spinola 2006, 42. 47. 87 s.; Liverani – Spinola 2010, 173. 235–240; Steinby 2013, 544. Dal 59 d. C. tutti gli *horti* menzionati sembrano di proprietà di Nerone.
40 Liverani – Spinola 2010, 190 fig. 46; 222.

183

destra del Tevere, a questo punto con certezza, non sono solo i grandi sepolcri di famiglia a essere costruiti all'interno o in prossimità delle tenute[41], ma anche le più modeste tombe di chi vi lavorava.

Ad un contesto non vaticano, ma comunque tiberino (nel caso sulla sponda opposta rispetto alla Naumachia di Augusto), potrebbe forse riferirsi il lavoro menzionato su di un altare del settore di S. Rosa. L'altare di *Marcus Vibius Marcellus*, della fine del I – inizi del II sec. d. C., che sigilla l'incinerazione del personaggio entro il basamento sottostante[42]. Egli era un *Legatus Coloniae Augustae Firmae*, un rappresentante, una sorta di ›ambasciatore commerciale‹[43], inviato presso le autorità centrali da una città della provincia *Baetica* in Spagna, *Augusta Firma Astigi* (l'odierna Écija presso Siviglia). In virtù della sua origine betica, della cronologia dell'altare e del suo lavoro di *legatus*, si potrebbe infatti ipotizzare un suo incarico commerciale relativo alle vaste importazioni di olio dalla *Baetica*, che, trasportato nelle anfore Dressel 20, veniva scaricato nell'*Emporium* e immagazzinato nei vari *horrea* gravitanti su quel porto dell'area del Testaccio[44].

La prima fase di queste aree della necropoli lungo la *via Triumphalis* si chiude nella seconda metà del I sec. d. C., quando la distribuzione dei sepolcri appare più regolare e strutturata. Molte tombe, appunto, cominciano ad essere edificate in file grossomodo parallele e su terrazzamenti comuni. Non a caso, infatti, a partire da questo periodo su alcune sepolture compaiono le prime indicazioni della pedatura, per sancire lo spazio di rispetto dei sepolcri, che suggeriscono un'organizzazione giuridica dell'area necropolare.

L'organizzazione delle pratiche funerarie e i rituali

I rituali funerari e le pratiche sepolcrali sono stati oggetto di un'infinita serie di studi, che sono partiti da analisi storiche, letterarie ed epigrafiche o dall'occasione generata da scavi sistematici o rinvenimenti occasionali[45]. In questo caso ci si può avvalere di un contesto particolare, prezioso in quanto sigillato da una serie di frane che ne hanno garantito una straordinaria integrità.

Da questa particolare condizione deriva anche l'opportunità di ottenere dei dati molto dettagliati e affidabili dalle analisi antropologiche, che – se confrontate e messe in rapporto con le evidenze archeologiche di tutti i settori vaticani della necropoli lungo la *via Triumphalis* – permettono di ricavare delle informazioni inedite, basilari per lo sviluppo di futuri studi. Naturalmente bisognerà tenere conto di alcuni limiti: si tratta di un campione numericamente contenuto, pur se non irrisorio; le principali novità derivate dai primi studi antropologici riguardano prevalentemente le incinerazioni, in particolare quelle concentrate nell'arco cronologico compreso tra gli inizi del I sec. d. C. e la prima metà del II sec. d. C.; viene analizzata la sola classe sociale medio-bassa, costituita prevalentemente da schiavi e liberti. Proprio le persone appartenenti a questa fascia sociale medio-bassa appaiono meno influenzate dalle mode dell'epoca e più legate alle tradizioni familiari e ai gusti personali, oltre che, ovviamente, condizionate dalle necessità economiche; ne deriva una maggior libertà di esprimersi e una ricca varietà e ›fantasia‹ anche nelle soluzioni architettoniche sepolcrali come nei rituali funerari[46].

Soprattutto per la prima fase documentabile – quella giulio-claudia – si può notare uno sviluppo piuttosto disomogeneo della necropoli e una distribuzione irregolare delle sepolture. Le prime tombe sembrano grossomodo seguire le linee di livello del colle, con gli ingressi preferibilmente orientati verso valle o verso dei viottoli, allo stato attuale solo intuibili. Un forte condizionamento doveva esser causato dagli alberi, dai cespugli e dai fossi che hanno certamente influito sulla forma e sull'orientamento di questi primi sepolcri. Diversamente sarebbe inspiegabile il ›disordine‹ urbanistico che intercorre tra alcune tombe vicine e coeve. Le perdite dell'originaria morfologia del pendio del colle, modificata dalle fasi successive, e dell'originaria vegetazione ci hanno quindi privato di elementi fondamentali per una più precisa comprensione delle prime occupazioni sepolcrali nell'area.

Il dissolvimento del materiale organico, a causa dell'acidità del terreno, ha anche resa difficoltosa l'in-

---

41 Cfr. Steinby 2003, 14. In generale cfr. Fasold u. a. 2001, 25 s.
42 Buranelli u. a. 2005/2006, 467 fig. 16; Liverani – Spinola 2006, 63 fig. 60; Spinola 2006, 44 s.; Liverani – Spinola 2010, 241 fig. 87.
43 Non si può determinare quale preciso incarico rivestisse, né se lo svolgesse presso l'imperatore o presso un'amministrazione pubblica o privata. Sono infatti vari gli incarichi di queste legazioni provenienti da municipi e colonie (cfr. in proposito Iacopi 1959).
44 Remesal Rodríguez 2018.
45 Cfr. ad esempio Scheid 1984 (in particolare 127–136); Morris 1992; Fasold u. a. 2001 (in particolare Steinby 2001); Scheid 2008; Ciampoltrini 2009; Colonnelli – Mannino 2012.
46 Cfr. ad esempio Angelucci u. a. 1990; Graham 2006.

dividuazione e il recupero delle sepolture più povere che, per motivi economici o per un legame con vecchie tradizioni, utilizzavano soprattutto legno, vimini, stoffe per le tombe, per i sarcofagi e per i contenitori di ceneri. L'aggregazione di alcune sepolture, con cinerari – o semplici nuclei di ossa combuste – raggruppati in spazi ridotti e regolari, permette di intuire delle piccole camere sepolcrali realizzate con assi di legno. Allo stesso modo i nuclei di ceneri menzionati, liberi entro piccole fosse, attestano l'originaria presenza di ceste di vimini o di legno per accogliere i sacchetti di stoffa che li contenevano[47]. Per identificare i defunti sepolti nelle tombe in materiale organico si può ipotizzare l'originaria disposizione di stele di legno con le iscrizioni dipinte, anch'esse ormai dissolte[48].

Questa deperibilità rendeva più labile e reversibile lo spazio sepolcrale. Spesso, nel corso del tempo, le tombe si sovrapposero le une alle altre e il loro rispetto appare dovuto solo fin quando le cerimonie per i defunti venivano officiate: quando cessarono i riti per i defunti sembra venga meno anche il rispetto del sepolcro che li conteneva. Nelle tombe più povere – ed ancor più in quelle realizzate con materiale deperibile – questo rispetto non sembra durare più di due generazioni.

Un'altra particolarità riguarda ugualmente le sepolture più povere. Si può infatti osservare un riuso diffuso delle anfore dette »di Spello«, nelle incinerazioni databili tra la metà del I sec. d. C. e la metà del II sec. d. C., impiegate dopo aver tagliato ed eliminato la loro metà inferiore, per proteggere i contenitori di ossa e fornire loro l'imbocco per le libagioni. In questi decenni, in ambito urbano romano, il rapporto in percentuale tra la presenza di anfore »di Spello« e le analoghe anfore vinarie tipo Dressel 2–4 (inizi del I sec. – prima metà del II sec. d. C.)[49] vede prevalere quest'ultima, almeno in età neroniana[50], mentre qui in necropoli è esattamente invertito. Certamente il reimpiego delle prime risulta essere una scelta privilegiata, a causa della loro morfologia, essendo caratterizzate da una spalla più ampia e un corpo più ovoidale, quindi più adatto alla nuova funzione.

Il passaggio dall'incinerazione all'inumazione

Un dato di sicuro interesse consiste nella verifica, calcolabile in percentuale, del passaggio progressivo dall'incinerazione all'inumazione nel corso del II sec. d. C. Nella necropoli vaticana lungo la *via Triumphalis* questi dati sono ben documentabili anche grazie alle frane che scandiscono la vita dell'area sepolcrale.

Sulla base di quanto verificabile nei vari settori della necropoli, si può affermare che intorno alla metà del II sec. d. C. le percentuali di incinerazioni e inumazioni si equivalgono. Precedentemente, in età adrianea, grossomodo le incinerazioni rappresentano il 70% e le inumazioni il 30% delle sepolture, mentre successivamente, nella tarda età antonina, le percentuali risultano ribaltate[51].

La pratica dell'inumazione non va comunque considerata completamente dominante alla fine del II sec. d. C., ma solo prevalente, in considerazione dell'occasionale esistenza di colombari o incinerazioni anche in periodi successivi. Ne sono esempi il colombario 9 del settore dell'Annona[52], della prima metà del III sec. d. C., e l'urna cineraria di *Trebellena Flaccilla*, nel sepolcro T sotto la basilica di S. Pietro, che presenta una dedica agli Dei Mani e contiene una monetina costantiniana del 317–318[53], quindi persino successiva all'editto costantiniano del 313. La scelta per il cambiamento dovrà essere attribuita al prender piede di una ›moda‹, ma allo stesso tempo può trovare delle resistenze in forme di tradizionalismo familiare, in scelte religiose o in necessità di ottimizzare gli spazi sepolcrali. La gradualità del passaggio dall'incinerazione all'inumazione ne limi-

---

47 L'uso dei sacchetti di lana è attestato dai recenti rinvenimenti pompeiani nella necropoli di Porta Nocera (Van Andringa u. a. 2018, 4. 8 s.), come anche dal rinvenimento delle loro impronte e di impronte di cinerari di vimini su frammenti di stucco (posto a sigillare le sepolture) in tombe ad incinerazione nel settore di S. Rosa. In particolare, della memoria dei poveri cinerari in vimini rimane anche traccia in alcune urne marmoree che li riproducono (cfr. Liverani – Spinola 2010, 217 fig. V), evidentemente legate ad una tradizione popolare, cara anche a chi ha raggiunto una maggior disponibilità economica.
48 Cfr. Fioretti 2012, *passim*.
49 Il contenitore vinario detto »di Spello«, prodotto nell'alta valle del Tevere, sembra diffuso in un ambito cronologico ben definito – tra il 50 e la fine del II sec. d. C. – e poco oltre (Lapadula

1997). Le anfore Dressel 2–4 erano prevalentemente adibite al trasporto dei vini campani, laziali e spagnoli, dagli inizi del I sec. d. C. alla metà del II sec. d. C. (cfr. Panella – Fano 1977; Fariñas del Cerro u. a. 1977, 38). In alcuni casi l'anfora Dressel 2–4, in una variante più tarda, compare anche in contesti posteriori (cfr. Desbat – Savay Guerraz 1990).
50 Riguardo le presenze in età neroniana cfr. Rizzo 2003, 144–150 (grafico a p. 148); dall'età domizianea inizia la maggior diffusione delle anfore »tiberine«.
51 Liverani – Spinola 2010, 24. 257.
52 Cfr. Liverani – Spinola 2010, 208.
53 Cfr. Guarducci 1966/1967; Pietri 1974, 414; Sinn 1987, 53. 265 s. n. 714 tav. 104 f; Papi 2000/2001, 262 nota 70; Liverani 2006b, 182 IV.2.

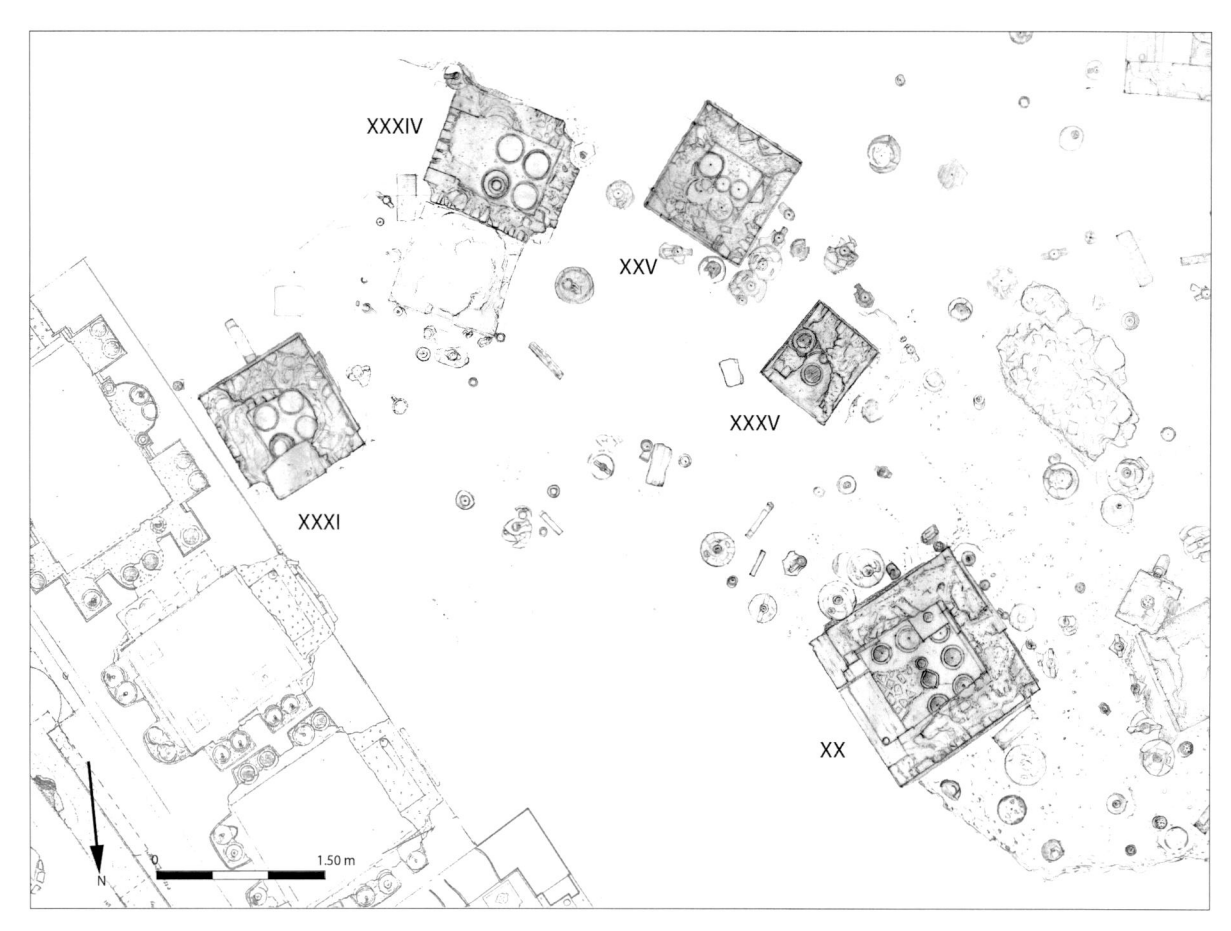

8 S. Rosa, pianta della c.d. piazzola di *Alcimus*

ta forse la percezione – e infatti questo mutamento non appare chiarito dalla letteratura antica[54] – ma comporta ovviamente anche un progressivo cambiamento delle architetture sepolcrali e dei rituali funerari[55].

La riunione delle ceneri

In questi ultimi anni, la c. d. piazzola di *Alcimus*, nel settore di S. Rosa, è stata oggetto di una ricerca archeologica più accurata, approfondita dalle analisi antropologiche (fig. 8)[56]. Si tratta di una relazione tra i due tipi d'indagine che si è rivelata particolarmente ricca di informazioni, a volte chiarificatrici, altre volte contrastanti o in apparente contraddizione. L'accuratissimo lavoro di Henri Duday lo ha portato ad esaminare poco meno di 50.000 frammenti di ossa combuste provenienti da cinque piccoli edifici sepolcrali, un esame che – come vedremo – ha portato subito a svincolare il numero delle urne da quello dei defunti. Le ricerche antropologiche dello studioso (al cui saggio si rimanda per i dettagli) hanno infatti restituito una situazione quanto mai complessa: le olle spesso contenevano, insieme ad elementi di corredo, i resti di due, tre e perfino quattro defunti e, in qualche caso, le ossa combuste di un bambino risultano distribuite in due olle differenti, forse quelle dei suoi genitori.

Si apre quindi un interessantissimo aspetto da approfondire, quello relativo alla riunione delle ceneri, un elemento di alto valore simbolico e affettivo, di cui si forniranno alcuni esempi.

Tra le tombe di maggior interesse si può ricordare quella di *Alcimus*, un servo di Nerone che come lavoro faceva l'addetto ed il custode delle scene del Teatro di Pompeo (figg. 9. 10)[57]. Le analisi antropologiche di Duday hanno individuato nell'urna 1 i resti di un

---

54 Jones 1981, 15–19; Koch – Sichtermann 1982, 27–30; Aa.Vv. 1991, *passim*.
55 Cfr. Fasold u. a. 2001, 26; Taglietti 2001; Vismara 2015.
56 Spinola 2014; Spinola – Di Blasi 2014; Duday u. a. 2013–2015; Ricciardi u. a. 2018; Spinola 2022.

57 *Alcimo, Neronis Claudi Caesaris Aug(usti) ser(vo), custodi de Theatro Pompeiano de scaena. Fecit Fabia Philtate coniugi carissimo. In fr(onte) p(edes) IIII, in agr(o) p(edes) V.*

9   S. Rosa, Sepolcro XX, di *Alcimus*

10   S. Rosa, Sepolcro XX, di *Alcimus*, pavimento

11 S. Rosa, Tomba XXV, pavimento e muratura esterna affrescata con foglie d'acqua

bambino di 8/10 anni, insieme a poche ossa di un adulto di sesso non definibile, non attribuibili ad un errore di raccolta, e due sole ossa di un bambino più piccolo (probabilmente quello dell'urna 7). Nell'urna 2 sono i resti di una sepoltura individuale, una donna di circa 25 anni. Nell'urna 3 sono le ossa di un adulto di sesso non determinabile. Nell'urna 4 sono i resti di tre individui: un uomo e altri due adulti di sesso non determinabile. L'urna 5 ha due individui adulti, come anche l'urna 6, di cui uno è certamente un uomo. All'interno dell'urna di vetro 7 sono principalmente le ossa di un bambino di 3/6 anni, insieme a pochi resti di un bambino poco più grande (probabilmente quello dell'urna 1) e di due adulti. Alcune connessioni suggeriscono altri passaggi – volontari – di ossa da un'urna all'altra. Insieme con i frammenti ossei rinvenuti sparsi sul pavimento del sepolcro (pertinenti ad un bambino di 10/12 anni, forse all'interno di un contenitore ligneo) e quelli nella fossa 8, realizzata più tardi, Duday valuta in totale un numero minimo di 16 individui: 12 adulti e 4 bambini, cui andranno aggiunti i defunti presenti nello spazio sottopavimentale (cfr. *infra*)[58].

Altri interessanti spunti di ricerca nascono dalle analisi di alcune tombe vicine. La tomba XXXV di *Erotis*, di età tiberiano-claudia, presenta una curiosa struttura, formata da due tombe sovrapposte. Superiormente è una tomba a fornetto con tre olle murate nel piano, di cui solo una ha restituito pochissime ossa combuste. Al centro del piano stesso è presente il foro per un tubulo che si connette con uno spazio sotterraneo ove è un secondo tubulo – ›tappato‹ da una lucerna – inserito all'interno di una cassetta coperta da laterizi, che si pensava contenesse proprio le ossa combuste della quattordicenne *Erotis*, visto che al di sopra queste – se pertinenti alla giovane defunta – non sarebbero sufficientemente rappresentate. In realtà, anche in questo spazio più profondo non sono contenuti che pochissimi frammenti di ossa umane, anche se compatibili con la fanciulla[59].

La lastra con la dedica a *Erotis*, per la posizione dei perni, sembra riposizionata dalla tomba inferiore, che quindi – dopo un tempo contenuto – sarebbe stata rifatta con la tomba superiore. La modesta tomba di famiglia è stata costruita e poi ricostruita per la fanciulla, da parte di due dedicanti – il marito *Onesimus* e il padre *Glaucia* – che in seguito presumibilmente decisero di essere sepolti altrove, portandosi via quasi completamente i resti combusti di *Erotis*[60].

A S. Rosa anche la tomba XXV si presenta con una struttura simile (fig. 11)[61]. Il sepolcro XXV prevede, come quello di *Alcimus*, uno spazio sotterraneo servi-

---

58 Duday u. a. 2013; Ricciardi u. a. 2018, 435–439. 441. 450 s. figg. 4. 8.
59 Le poche ossa rinvenute in una sola delle tre olle del piano superiore sembrano compatibili con una quattordicenne, si dovrà quindi pensare a una parziale traslazione dall'incinerazione sotto il piano, che conserva poche ossa combuste, anch'esse compatibili con un soggetto immaturo. Cfr. Ricciardi u. a. 2018, 439. 449–451.

60 Liverani – Spinola 2010, 222. Il precoce abbandono è anche attestato da un primo interro franoso, su cui viene scavata la fossa per un altro cinerario, che danneggia le murature del piccolo sepolcro.
61 Ricciardi u. a. 2018, 435–441. 447 s. 451 figg. 7. 9. 10. All'altezza dello spiccato dell'alzato esterno della tomba XX di *Alcimus* è un piano di malta che, conservato solo a chiazze, arriva fino davanti al sepolcro XXV, anch'esso costruito in età neroniana; il piano sembra relativo al cantiere per le due tombe.

12 S. Rosa, Tomba XXXI

to da un grande tubulo; murate nel piano pavimentale rialzato sono quattro urne, tre di grandi dimensioni e una di dimensioni minori. L'urna 1 contiene i resti di un bambino di 6/7 anni, l'urna 2 quelli di un bambino di 4/5 anni, l'urna 3 un adulto di sesso non determinabile, insieme a parte dei due bambini delle urne 1 e 2, e l'urna 4 una giovane donna, con parte del bambino dell'urna 2 e dell'adulto dell'urna 3. L'ordine cronologico delle sepolture sembra prevedere l'utilizzo prima dell'urna 2, poi 1, quindi 3 e infine 4. Proprio l'urna 2 è quella più piccola e non a caso contiene le ossa di un bambino di 4/5 anni, la cui morte è certamente la causa della costruzione della tomba, in quanto prevista già di dimensioni minori nella fase costruttiva del sepolcro. Almeno l'adulto della tomba 3 deve invece essere vissuto a lungo – circa mezzo secolo dopo l'infante – e questo spiega perché un sepolcro neroniano possa aver restituito nell'urna 3 un sesterzio di Galba e un quadrante di Traiano. Nello spazio sotto il pavimento sono state rinvenute poche ossa, una moneta di Traiano del 100 d. C. ed una lucerna a semivolute (tipo Bailey C IV) databile tra età flavia ed età traianea, a testimonianza dell'uso del sepolcro fino agli inizi del II sec. d. C.

La tomba XXXI presenta tre urne cinerarie previste in fase costruttiva, cui in seguito si aggiungono altre due urne fittili (fig. 12). In particolare l'urna 3 è stata inserita solo per contenere carboni e ceneri – non ossa umane – che quindi devono essere ricollegate ad un particolare cerimoniale di raccolta dall'ustrino che non ci è noto dalle fonti, ma che abbiamo potuto già osservare in altri sepolcri. Infatti, a volte queste ceneri costituiscono il riempimento delle fosse nel terreno che contengono i cinerari[62].

Un caso curioso da segnalare è anche quello relativo alla tomba XXXIV: solo un'urna contiene le ossa di un uomo, morto molto anziano, mentre altre due urne sono piene solo di ceneri del legno della pira e del letto funebre, raccolte dall'ustrino. La quarta urna contiene un vasetto più piccolo, con le ossa combuste dell'unico altro membro della famiglia: si tratta di un cane, di taglia molto piccola, incinerato e sepolto accanto al suo padrone[63]. Per le dimensioni potrebbe forse trattarsi di un cane Maltese, assai comune in questo periodo[64]. Nell'Iliade, sulla pira di Patroclo, Achille, insieme al cadavere dell'amico, brucia due dei suoi cani, quattro cavalli e ben dodici giovani prigionieri troiani.

---

62 Ricciardi u. a. 2018, 435–437. 439–441. 447 s. 451 fig. 5.
63 Ricciardi u. a. 2018, 435–437. 439–441. 447 s. 451 figg. 3. 9. Alcuni cani e anche altri animali, in questo caso inumati, si sono ritrovati in tombe della necropoli di via della Serenissima. Cfr. anche Amoroso u. a. 2000; Buccellato u. a. 2008, 80. 83 s. 87 s.; De Grossi Mazzorin 2008; Migliorati u. a. 2018.

64 Il Maltese è presente sin dai tempi più antichi: nella nomenclatura dei cani esistenti all'epoca, Aristotele (384–322 a. C.) inserisce una razza di soggetti di piccola taglia, ai quali attribuisce il nome successivamente tradotto in latino come »canes melitenses«. Questo animale era conosciuto nella Roma antica, dove era il compagno preferito delle matrone. È anche stato cantato da Strabone, storico e geografo (ca. 60 a. C. – 24 d. C.).

Da alcuni passi letterari si possono ricavare anche dei cenni a proposito della riunione delle ceneri. Si può anche in questo caso partire dall'epopea omerica, ove questa cerimonia è ricordata in conclusione di alcuni funerali di eroi. Antiloco, figlio di Nestore e amico di Achille, venne bruciato nella stessa pira con Memnone, il re di Persia e di Etiopia, alleato dei Troiani e suo uccisore, a sua volta vittima di Achille. Nella stessa urna vennero inserite poi le ceneri del corpo di Patroclo e, in seguito, quando fu ucciso da Paride, si aggiunsero anche quelle dello stesso Achille[65]. La tomba comune, assai venerata, era un'urna d'oro (fabbricata da Efesto e data come dono nuziale da Dioniso a Teti) posta in un tumulo a Capo Sigeo nell'Ellesponto[66].

Più indiretto è l'episodio, ricordato da diversi autori[67], che vede Artemisia, dopo la morte e la cremazione del marito Mausolo, volerne bere le ceneri. Si assiste, in questo caso, ad una relazione ancora più fisica, determinata dal grande dolore, un assorbimento del corpo dell'amato marito per far vivere Mausolo dentro di sé[68].

In ambito romano si può ricordare il caso delle ceneri di Domiziano, anche se la loro riunione con quelle di Giulia, figlia di Tito, ebbe delle particolari motivazioni. Il corpo di Domiziano fu trasportato quasi di nascosto in un sarcofago molto umile nella casa della sua nutrice *Phyllys*, lungo la via Latina, e, dopo la cremazione, le sue ceneri furono tumulate nel *Templum Gentis Flaviae*, sul Quirinale[69], mischiandole con quelle di sua nipote Giulia, la figlia di Tito molto amata dal popolo di Roma, proprio perché non venissero disperse[70].

Forse un'ideale menzione di questa pratica potrebbe esser colta in una poetica iscrizione di Roma (CIL VI 18817), comunque allusiva al forte desiderio di riunione *post mortem*. Potrebbe trattarsi solo di una suggestione, ma nella formula finale »*et ego possim dulcius et celerius apud eum pervenire*« sembra potersi alludere a una riunione anche fisica dei due coniugi.

La riunione delle ceneri dei figli con i genitori o di coniugi sembra avvenire prevalentemente all'interno di una tomba di famiglia, ove è più facile accedere ed individuare le sepolture precedenti. Vi sono delle stele dedicate a bambini che vengono poi estese ai genitori, morti molto tempo dopo, data l'età matura. Come esempio si può ricordare a S. Rosa la stele in travertino di *Pyramus*, che segnala l'area sepolcrale ove è un contenitore interrato che accoglieva le ceneri di più familiari[71]: »*Ianuarius* visse 11 mesi (*e fu*) dolcissimo verso la madre e il padre. *Restitutus* visse 3 anni, 5 mesi (*e fu*) dolcissimo verso la madre e il padre. *Tiberius Claudius Pyramus* visse 50 anni. *Faenia Favor* (...?).« La morte del padre *Pyramus* sembra costituire quindi l'occasione per aggiungersi lì ai bambini e riunire le ceneri di tutti i familiari.

Nel Cortile Ottagono del Museo Pio Clementino è un esempio di un cinerario della tarda età flavia che, come riportato nello specchio epigrafico, ha accolto le ceneri di *Caius Clodius Primitivus*, morto a 11 anni e 25 giorni; a lui i genitori – *Caius Cluodius Secundus* e *Clodia Prima* – hanno in seguito unito le ceneri di *Caius Clodius Apollinaris*, morto a 5 anni, 6 mesi e 8 giorni, come riportato in seguito sul bordo del coperchio[72].

Tale particolarità è presente a S. Rosa anche in inumazioni, come attesta ad esempio il sarcofago, non bisomo, di Flavia Vera e di sua madre Aurelia Agrippina, acquistato per la sola figlia (il cui ritratto non è finito) ma poi utilizzato anche per sua madre[73].

Gli Dei Mani

Nel pavimento del sepolcro di *Alcimus*, come in altri piccoli e vicini sepolcri del I sec. d. C., sono murate varie olle cinerarie, mentre al centro è presente una cavità sottopavimentale, realizzata in laterizi con copertura a doppio spiovente (cfr. fig. 10). Proprio dallo

---

65 Hom. Od. 24, 71–79.
66 Nell'*Eroico* di Lucio Flavio Filostrato, Elena e i tre eroi greci dovevano vivere insieme nell'Isola Bianca sul Mar Nero, sacra ad Achille, un Aldilà felice con piaceri terreni.
67 Gell. 10, 18; Val. Max. 4, 6, ext. 1; Cic. Tusc. 3, 31, 75.
68 Caliò 2007/2008, 501–505.
69 Cfr. La Rocca 2009; Coarelli 2009b.
70 Suet. Dom. 17: »*Occisus est XIV Kalendas Octobres anno aetatis quadragesimo quinto, imperii quinto decimo. Cadaver eius, populari sandapila per vespillones exportatum, Phyllis nutrix in suburbano suo Latina via funeravit; sed reliquias tempo Flaviae gentis clam intulit, cineribusque Iuliae Titi filiae, quam et ipsam educarat, conmiscuit*«; »Fu ucciso il diciotto di settembre, nell'anno quarantacinquesimo della sua vita, e quindicesimo del suo impero. Al suo cadavere, trasportato in una bara comune dai becchini, la nutrice Fillide rese le estreme onoranze funebri nel suo fondo suburbano sulla via Latina; ma portò di nascosto i resti nel tempio della gente Flavia, e li mescolò con le ceneri di Giulia, la figlia di Tito, che era stata pure allevata da lei«.
71 *Ianuarius vix(it) m(ensibus) XI, dul(cissimus) mat(ri) et pat(ri). Restitutus v(ixit) a(nnis) III, m(ensibus) V, d(ulcissimus) m(atri) et p(atri). Ti(berius) Claudius Pyramus v(ixit) a(nnis) L, Faenia Favor.* TC 108, inv. 52431. Cfr. Liverani – Spinola 2010, 341 nota 241.
72 CIL VI 15699; Spinola 1996, 54 n. PS 4 e 5; Andreae 1998, tav. 227. Altri esempi sono menzionati in Di Stefano Manzella 2006; Di Stefano Manzella 2008, 304, 311–322.
73 Cfr. Liverani – Spinola 2010, 265 figg. 109–111.

13 Annona, colombario 3, pavimento e urna marmorea

spazio sotterraneo si deduce che la tomba di *Alcimus* ha una vita piuttosto lunga, come provano le lucerne e le monete rinvenute, che arrivano ai primi anni del II sec. d. C. Qui sono le ossa di almeno altri 21 individui, ma probabilmente sono molti di più: chi sono? L'iscrizione fa cenno solo alla tomba che *Fabia Philtate* dedica al marito *Alcimus*, ma già in fase progettuale le urne erano ben sei. Va anche precisato che non vi è lo spazio temporale né alcuna forma di abolizione o modifica nel *titulus* che possano far pensare ad un riuso del sepolcro, quindi sarà opportuno pensare ad un ampliamento d'uso, esteso – in un secondo tempo – a membri della famiglia inizialmente non previsti.

Al momento della costruzione del sepolcro, dedicato ad *Alcimus* presumibilmente in occasione della sua morte, lo spazio sottopavimentale poteva accogliere le sue ossa e, forse, quelle dei suoi antenati, qui traslati da precedenti e più umili sepolture. I due coppi affrontati per dare un largo accesso alla grande cassetta sotterranea, con a fianco il tubulo per le libagioni, indicano che questo spazio era stato progettato per accogliere delle ossa combuste anche durante la vita del sepolcro.

Sull'originaria funzione di questi spazi sottopavimentali, frequenti soprattutto dalla metà del I agli inizi del II sec. d. C., si può proporre anche una suggestiva ipotesi, confortata dallo studio di altri sepolcri dell'area con le stesse caratteristiche. È possibile che siano stati inizialmente creati per accogliere gli Dei Mani? E materialmente queste entità erano fisicamente rappresentate dai corpi degli antenati, lì traslati allo scopo di proteggere le tombe di famiglia e i defunti? E quest'ultimi, progressivamente e all'interno di uno spazio appositamente creato, potevano divenire *Manes*?[74]

A questo proposito si può considerare emblematico il caso dell'urna di marmo pario del colombario 3 del settore dell'Annona (fig. 13). Il colombario, di età traianea, era pavimentato da un mosaico, nel quale, al centro, era inserito un imbocco circolare in travertino con accanto una tabella marmorea, su cui era iscritta la sola dedica »DM«, »agli Dei Mani«.

Di notevole interesse è quindi risultato lo scavo che si fece sotto il mosaico: qui si portarono alla luce due pozzetti collegati con la pavimentazione tramite due tubuli per le libagioni. In particolare, il tubulo al centro del pavimento a mosaico conduceva a un'urna di marmo pario della fine del VI – inizi del V sec. a. C., di produzione greca, composta da una cassetta e dal suo tettuccio (poi forato per inserirvi un grande tubulo) con acroteri angolari[75]. La distanza cronologica tra la realizzazione dell'urna greca e la costruzione

---

[74] Sul valore dei *Manes* cfr. Scheid 1984, *passim*; Lepetz – Van Andringa 2008, 105. 117. 120; Chioffi 2009; Ricci 2010, 166–168; Paturet 2012, 22 s. 25. 27; Tantimonaco 2013.

[75] Inv. 38847. Josi 1931, fig. 6; Castagnoli 1992, tav. 71 fig. 142; Liverani 1999a, 61. 67 figg. 57. 58; Liverani – Spinola 2010, 199 figg. 55. 57; Spinola 2022, 377 s.

14 Annona, Colombario 23, spazi sottopavimentali

15 S. Rosa, tombe XIII e XVI

della tomba è di almeno sei secoli e pone una questione non facilmente risolvibile[76]: si tratta forse di un acquisto antiquario di lusso per destinarvi le ceneri di uno o più defunti – presumibilmente antenati – dai gusti particolarmente ricercati, lì traslati in occasione della costruzione del nuovo sepolcro di famiglia.

Di fatto, l'urna venne lì collocata prima della disposizione della pavimentazione musiva e deve considerarsi un omaggio esclusivo al defunto o ai defunti che vi erano sepolti, non essendo più visibile da chi avrebbe frequentato il sepolcro. Come accennato, la tabella marmorea inserita nel mosaico accanto all'imbocco per le libagioni reca la sola iscrizione »DM«, lasciando chiaramente intendere che quello era lo spazio dedicato agli Dei Mani, spiritualmente e materialmente lì presenti[77].

Nella necropoli lungo la *via Triumphalis* vi sono altri esempi in proposito da ricordare. Sempre nel settore dell'Annona e ugualmente di età traianea è la tomba 23 (fig. 14), con due pozzetti sotto il pavimento, costituiti da cassette affiancate e, sugli spioventi, due bolli su bipedali (CIL XV 811d); anche in questo caso le cassette si collegavano al pavimento tramite dei tubuli. Nelle cassette erano le ossa combuste di vari defunti, mentre sotto il centro del pavimento era un'altra fossa, con un sarcofago fittile in cui erano più deposizioni[78]. Lo scavo di S. Rosa ha invece restituito il piano in travertino di un piccolo sepolcro, con un condotto centrale molto grande per uno spazio sotterraneo e incassi rettangolari per tre urne cinerarie[79].

Come già accennato, nel passaggio da tombe singole a tombe di famiglia gli antenati potrebbero essere intesi come Dei Mani. Sempre a S. Rosa sulla tomba XIII viene posta l'ara-cinerario di *Aulus Cocceius Hilarus*, destinata a proteggere lo spazio della tomba, sovrastando la formula di pedatura incisa sull'architrave (fig. 15)[80]. Parte dell'iscrizione[81] – che menziona anche la concessione di sepoltura ai liberti, liberte e posteri – è stata infatti scolpita in seguito, dopo aver eraso un testo precedente. Presumibilmente la dedica originaria di *Vivia Antiochis* era solo al marito *Hilarus* e per la sola ara-cinerario, entro cui si conservano poche ossa combuste, poi – traslata e divenuta il supporto del *titulus maior* sopra la porta di un nuovo e più grande sepolcro – si è trascritta una dedica differente, creata per la tomba di famiglia e includendo gli altri aventi diritto alla sepoltura. Con questa seconda collocazione dell'ara-cinerario le ossa combuste di *Hilarus* introducono al nuovo sepolcro, presentandolo e, se divenuto lui uno dei *Manes*, proteggendolo.

La presenza fisica dei *Manes* nei sepolcri sembra attestabile non oltre gli inizi del II sec. d. C. e comunque circoscritta alla pratica dell'incinerazione, a meno che non si possa ipotizzare una simile destinazione per il sarcofago fittile della menzionata tomba 23 dell'Annona, non visibile e non segnalato da iscrizioni, che presenta più deposizioni ed è inserito in una fossa prima della realizzazione del pavimento a mosaico, quindi precede l'inizio del suo utilizzo.

Alcune iscrizioni possono alludere a quanto sopra affermato. Su di un'urna cineraria, da Vigna Codini, è riportata la seguente dedica: »Né tangito, ó mortalis, reveréré Manes Deos«, quindi non vi è menzione di alcun defunto ma solo la dedica agli Dei Mani, che sembrano contenuti in essa[82]. Allo stesso modo su di un'ara rinvenuta presso S. Giorgio al Velabro è riportata la formula »Dis Manib(us) eorum qui hic conditi sunt«, che si può estendere genericamente all'intero sepolcro o ad una particolare parte di esso dedicata ai *Manes*[83].

Elementi simbolici e superstizioni

Nella necropoli vaticana lungo la *via Triumphalis* sono rari i richiami alla religione e al sacro, mentre molto più frequenti appaiono gli elementi allegorici e quelli legati alle superstizioni. In questi rinvenimenti in ambito necropolare, soprattutto nelle sepolture più modeste e quindi legate a radicate tradizioni popolari e familiari, bisogna sempre distinguere i manufatti in almeno tre generiche categorie: gli elementi rituali, destinati alle pratiche funerarie, rinvenuti

---

76 Riguardo a simili esportazioni si può vedere Schilardi 2000. Un'urna assai simile venne rinvenuta nel 1888, nella necropoli Esquilina ed ora è conservata alla Centrale Montemartini (inv. 455).
77 Inv. 30685. I. Di Stefano Manzella, in: Castagnoli 1992, 130 n. 2; Liverani 1999a, 61. Altre due piccole lastre dei Musei Vaticani, di cui la prima con l'imbocco per le libagioni, riportano la sola dedica agli Dei Mani: inv. 28422 e inv. 28425; Lega 1995, 69. 71 nn. 11. 13. Questa particolare dedica specifica è comunque riscontrabile in molte altre iscrizioni sepolcrali romane: cfr. ad esempio CIL VI 29852–29881. In particolare è presente la sola iscrizione »DM« in un imbocco cilindrico marmoreo per libagioni da S. Agnese, purtroppo perduto, di cui si conserva un disegno del Fabretti (CIL VI 29877).
78 Liverani – Spinola 2010, 199.
79 Liverani – Spinola 2010, 235 fig. VII.
80 Liverani – Spinola 2010, 241 fig. 85; Spinola 2022, 378 s.
81 »D(is) M(anibus) A(ulo) Cocceio Hilaro Vivia Antiocis (!) coi(ugi) (!) b(ene) m(erenti) fecit et lib(erti) pos(terisque) eor(um)«.
82 Ringrazio della segnalazione Daniele Manacorda. Roma, via Appia, Vigna Codini, primo colombario (parete G, filare II, loculo 3; Museo Nazionale Romano, inv. 234800). CIL VI 5075=29948; Storoni Mazzolani 1973, 124 s.; Spinola 2022, 379 s. fig. 14.
83 CIL VI 29852; Chioffi 2009, 386 tav. 4, 2; Spinola 2022, 380 fig. 14.

16 Autoparco, telo di amianto

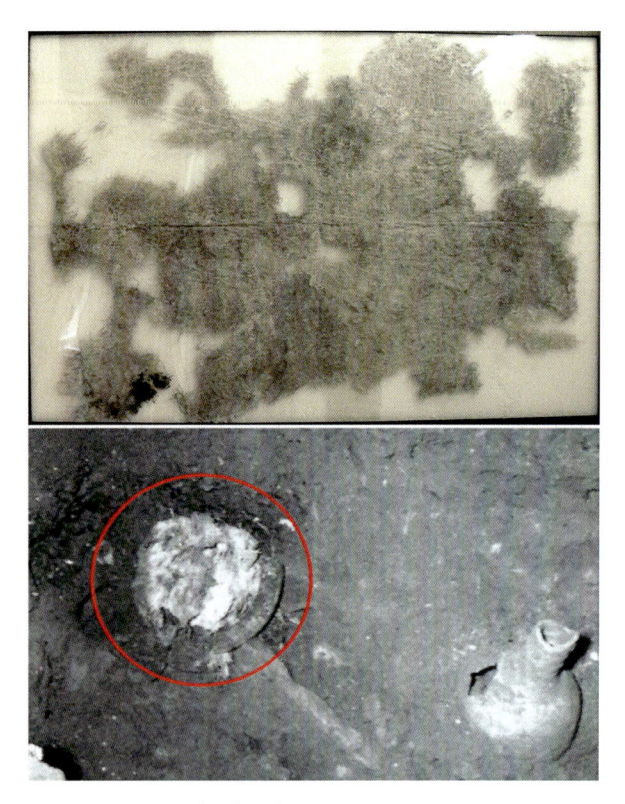

17 S. Rosa, sepoltura infantile con uovo e corredo

nelle tombe; gli oggetti e i manufatti strettamente legati alla persona defunta, rinvenuti nelle tombe o negli *ustrina*; gli oggetti simbolici, allegorici o scaramantici, associati ai sepolcri.

Pur se episodicamente e in una forma privata, la reale fede in una vita oltre la morte è comunque attestata – sia in tombe modeste sia in tombe di maggior livello sociale – ad esempio da tutti quei manufatti che rimanevano non visibili e non godibili dai vivi, come i corredi, le decorazioni interne, l'urna greca di marmo pario, la statuetta di *lanternarius*, l'uovo nella mano del bambino, gli amuleti e gli altri elementi simbolici nelle urne. Solo alcuni di essi facevano parte dei rituali di sepoltura. Questa fede è anche intuibile nella riunificazione *post mortem* del nucleo familiare attraverso la ricollocazione in un'unica urna di parte delle ossa combuste dei figli e dei genitori, come anche nella presenza degli antenati defunti con la funzione di *Manes*.

Si possono ora fare alcune considerazioni proprio riguardo ad alcuni rinvenimenti che hanno offerto l'occasione per approfondire gli aspetti relativi a diverse simbologie e superstizioni.

Negli scavi degli anni 1956–1958 del settore dell'Autoparco si è ritrovato, interrato accanto a una tomba a cappuccina, un recipiente entro cui era piegato un telo di amianto, in realtà un sacco, di probabile provenienza dalle Alpi Occidentali (fig. 16)[84]. La sua collocazione in un contenitore sepolto lascerebbe intendere un accantonamento provvisorio – e nascosto, vista la sua preziosità – in attesa di nuove cremazioni (del resto le tracce di bruciato indicano un suo utilizzo precedente).

Si ritiene che questi sacchi tessuti con fili d'amianto intrecciati servissero negli *ustrina* per contenere i cadaveri durante le incinerazioni, in modo da raccoglierne poi i resti combusti ed inserirli nelle urne, senza che i legni usati per la pira entrassero a contatto con i corpi ed evitando anche le contaminazioni – durante la raccolta delle ceneri – con i resti residui di precedenti pire. Plinio (nat. 19, 19) infatti menziona delle *funebres tunicae*, proprio con questo utilizzo, ricordando che queste vesti funerarie erano preziosissime e difficili da tessere. Per i rinvenimenti in tombe povere si è quindi pensato ad una loro sottrazione da sepolture più ricche.

Questa funzione sembra però non esclusiva, potendosi riscontrare anche un diverso impiego. Altri rarissimi rinvenimenti di tessuti di amianto sono infatti relativi a inumazioni: un frammento di telo del

---

84 Steinby 2003, 158 tav. 41, 1. 2; tav. 66; Liverani – Spinola 2010, 187 fig. 32; Bianchi – Bianchi 2015, 84 s. fig. 1.

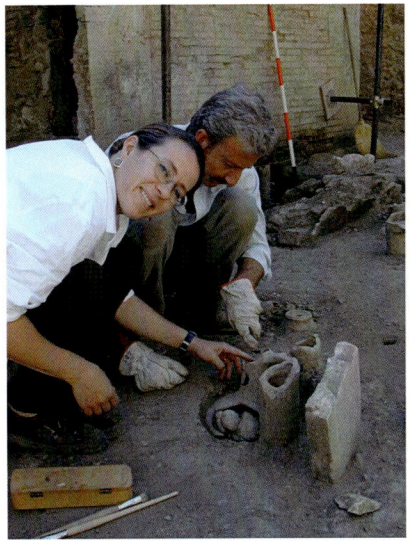

18 S. Rosa, statuetta del *servus lanternarius*

Museo Profano della Biblioteca Apostolica Vaticana fu rinvenuto in un sarcofago marmoreo tardoimperiale di grande qualità[85], mentre nella necropoli di via della Serenissima, sulla Collatina, alcune fasce di amianto avvolgono la testa di una donna inumata, ugualmente all'interno di un sarcofago. In questi casi si deve supporre che l'uso del telo d'amianto abbia un valore particolare, legato alla sua incorruttibilità: questo sudario diviene il simbolo fisico dell'immortalità che si augura ai defunti.

Una particolare sepoltura è stata messa in luce con un piccolo sondaggio a S. Rosa: sotto un sesquipedale si sono rinvenuti i resti di un piccolo defunto di poco più di un anno di età; accanto sono due vasetti in ceramica acroma »a pareti sottili« e un uovo di gallina, posto in corrispondenza della mano destra (fig. 17)[86]. Questo elemento funerario appare particolarmente interessante e raramente attestato: talvolta si è ritrovato un uovo forato e riempito di piccoli semi, quindi si è ipotizzata una sua funzione di sonaglio per bambini (*tintinnabulum*), in questo caso è invece del tutto integro.

L'uovo compare ovviamente nelle tombe di tutte le civiltà antiche come cibo per i defunti, ma gli alimenti delle libagioni funerarie romane sono prevalentemente costituiti da cibi liquidi: latte, miele, vino, che penetravano verso la sepoltura da tubuli inseriti nel terreno, spesso dotati di tappi e filtri, apposti per impedire il passaggio di tutto ciò che era solido. Quindi questo uovo, probabilmente tenuto nella mano dal piccolo defunto, doveva avere un significato simbolico, probabilmente era un'allegoria di una nuova vita, un augurio di una futura rinascita assai caro soprattutto all'orfismo[87]. »Nel seno sconfinato di Erebo, la Notte dalle ali di tenebra generò dapprima un uovo pieno di vento. Col trascorrere delle stagioni, da questo sbocciò Eros, fiore del desiderio: sul dorso gli splendevano ali d'oro ed era simile al rapido turbine dei venti« (Aristoph. Av. 694–700).

Legata alla luce, ancor più direttamente dell'uovo, si può intendere la figura del *lanternarius*, rappresentata in una statuetta di marmo collocata sotto parte di un'anfora e sopra un'incinerazione di S. Rosa[88] (fig. 18). La sua collocazione sopra l'olla cineraria

---

85 Mercati 1719, 157 s. Il telo di amianto, purtroppo irreperibile, era di grandi dimensioni (più di 1,80 × 1,50 m) e fu ritrovato nel 1702 in una tomba un miglio fuori Porta Maggiore; all'interno erano un teschio e alcune ossa combuste. Altri due frammenti di telo di amianto vennero ritrovati in una tomba negli scavi del 1845 di Giuseppe De Rosa lungo la via Appia (Musei Vaticani, inv. 66631).
86 Liverani – Spinola 2010, 225. 229 fig. 74.
87 Vi sono numerosi esempi di sepolture di bambini e di donne con un uovo, utilizzato come un evidente augurio di immortalità; alcune uova risultano fecondate, con i resti del pulcino, altre no (cfr. Bottini 1992, 64–70; Casas – Ruiz De Arbulo 1997, in particolare 221–223; Chevalier – Gheerbrandt 1999; Coletti – Buccellato 2018, 591). Un argomento da tempo dibattuto riguarda se il suo

valore simbolico sia o meno legato a dottrine orfiche o misteriche (cfr. Turcan 1961; West 1983, 103–107; Guzzo 1997; Buora 2003, 122; D'Anna 2011). Un esempio è l'ekkolapsis (ἐκκόλαψις) di Elena, con la schiusa dell'uovo, una piccola scultura dalla necropoli della Torretta ora nel Museo Archeologico Nazionale di Metaponto, come anche l'uovo dipinto nella mano del defunto negli affreschi della tomba etrusca delle Leonesse a Tarquinia.
88 Liverani – Spinola 2010, 217 fig. 69. Il lavoro dei *servi lanternarii* era prevalentemente dedicato all'illuminazione notturna in occasione della stesura pittorica di bandi e iscrizioni lungo le strade (cfr. Hug 1921; AE 1915, 62). In alcuni casi fungevano anche da *ostiari*, attendendo il ritorno dei padroni presso l'ingresso delle abitazioni (cfr. Cic. Pis. 20). Cfr. CIL IV 7621; CIL X 3970; Zimmer 1982, 203 s. n. 149; Andreae 1995, 101* n. 340 tav. 1068.

deve aver avuto un significato simbolico. Va infatti precisato che la statuetta è mancante di parte della gamba destra e presenta anche altre piccole lacune; le parti fratturate non sono state ritrovate sotto l'anfora, di conseguenza si può ritenere che la piccola scultura sia stata sepolta nello stesso imperfetto stato di conservazione del rinvenimento. Si tratta quindi del riuso di un manufatto lesionato, originariamente con un'altra destinazione, probabilmente il piccolo arredo dismesso di un giardino.

L'occasione di tale reimpiego è quindi casuale e deve avere un valore indiretto: presumibilmente il defunto non era un *servus lanternarius*, ma a lui si voleva destinare una rassicurante presenza, destinata idealmente ad illuminare l'oscuro tragitto del defunto verso l'ultima dimora. In linea è una formula augurale presente in alcune iscrizioni sepolcrali »*sit tibi lux dulcis et mihi terra levis*«[89].

Al tema della luce potrebbe anche riferirsi il rinvenimento di alcune pietre focaie entro cinerari in alcune tombe della c.d. piazzola di Alcimo nel settore di S. Rosa. Le pietre focaie certamente potevano essere utilizzate durante i rituali per accendere le lucerne – rinvenute in gran quantità sopra i coperchi delle urne e i tubuli per le libagioni – ma all'interno delle urne avrebbero potuto forse assolvere una funzione allegorica.

All'interno o accanto a cinerari sono stati rinvenuti altri elementi con un evidente valore simbolico: in un caso si è ritrovato un dado e, in due occasioni, uno specchio, certamente tagliato prima di costituire il corredo del defunto[90]. Le allusioni all'intervento della sorte nel destino umano, per il dado, e alla fine dell'immagine, per lo specchio tagliato, sono evidenti. Questo genere di rinvenimenti è però occasionale e probabilmente frutto di tradizioni familiari o, addirittura, personali del defunto[91].

Altri ritrovamenti sono invece assai frequenti e su di essi non è invece il caso di ritornare. Tra questi il noto e ampiamente trattato argomento del c.d. obolo di Caronte, costituito dalle monete rinvenute frequentemente nella bocca, su di un occhio e sul petto di molti inumati, come anche all'interno di olle cinerarie, che è ampiamente rappresentato in tutti i settori della necropoli[92].

Altri elementi rinvenuti entro i cinerari e accanto agli inumati hanno invece un chiaro valore apotropaico, essendo destinati ad allontanare il malocchio. Tra questi i più comuni sono i chiodi, solitamente in ferro, spesso piegati e talvolta associati alle monete[93]. I chiodi erano infatti spesso utilizzati nella sfera magico-rituale: con il loro impiego simbolico si voleva ›fissare‹ il defunto nella sua nuova condizione ultraterrena, impedendone così il ritorno nel mondo dei vivi; inoltre venivano usati per trafiggere le figurine (in cera, legno o altro) che rappresentavano una negatività, sia per il defunto sia per il familiare in vita, minacciando in qualche modo anche gli eventuali profanatori della tomba[94].

Nel settore dell'Autoparco vi sono due tombe con pavimento a mosaico che recano un motivo geometrico noto come »nodo di Salomone«, una sorta di treccia che illusionisticamente non ha né inizio né fine (fig. 19). Per questa ragione il motivo è interpretabile come un'allegoria dell'immortalità o, secondo studi più recenti, è possibile vedere, nel suo andamento ›labirintico‹, un valore apotropaico, risultando una sorta di rete magica che avrebbe imprigionato il malocchio[95].

Nel caso delle *defixiones*, come quelle rinvenute entro alcune tombe del settore dell'Autoparco[96], il malocchio era invece augurato. Su queste sottili lamine di piombo erano incise varie maledizioni dirette a personaggi in vita, poi le lamine venivano ripiegate e inserite – attraverso i tubuli delle libagioni o tramite un piccolo scavo – entro le tombe, affidando così ai defunti il compito di trasmetterle alle divinità infere perché potessero causare le malattie e le disgrazie auspicate. Anche in questo caso – come per il ferro dei chiodi – il materiale impiegato aveva la sua importanza: il piombo è certamente facile da incidere e duraturo, non ossidandosi, ma rivestiva anche un valore magico, come attestano le numerose figurine apotropaiche di questo metallo.

Un curioso aspetto da segnalare, di cui andrebbe approfondito il senso, è anche la presenza di un nu-

---

89 Cfr. ad esempio CIL III 2267 e 3572.
90 Spinola 2014, 21; Spinola – Di Blasi 2014, 1195 fig. 3.
91 Gli specchi, solitamente intesi come elemento di corredo, sono spesso rinvenuti in contesti sepolcrali (cfr. ad esempio Ciampoltrini 2009, 12; Bolla 2011, 78. 80. 118–120. 123. 261. 264–266) e, nella medesima accezione di corredo con valore simbolico, possono essere intesi i dadi e, in genere, i manufatti per i giochi (cfr. Bolla 2011, 70 s. 115. 120. 249. 264. 266 s.; Cicala 2014, 360 s.).

92 Cfr. Steinby 2003, 126–140, in particolare 134 n. 40; 137 n. 71; Liverani – Spinola 2010, 180 nota 107. Cfr. da ultimo Camilli – Taglietti 2018.
93 Cfr. Ceci 2001; Sannazaro 2001, 110–113.
94 Bevilacqua 2001; Bevilacqua 2010, 58 s.; Alfayé Villa 2010.
95 Liverani – Spinola 2010, 184. 187 s. figg. 26. 31. Sull'argomento cfr. Sansoni 1998 (cfr. anche la recensione in Liverani 1999/2000); Fratti u. a. 2010.
96 Steinby 2003, 162; Liverani – Spinola 2010, 190. Cfr. da ultimo Borgia 2018.

19   Autoparco, tomba 2 e tomba 9, mosaici con il nodo di Salomone

mero straordinario di laterizi bollati – utilizzati per le tombe a cappuccina e come divisori dei diversi piani delle *formae* – che non ha confronti con le percentuali di quelli presenti in ambito urbano, sia pubblico sia privato. Questo dato sembrerebbe il frutto di una particolare scelta – riscontrabile soprattutto presso le classi sociali inferiori – che deve prescindere dal contenuto del testo e dal tipo di manufatto su cui si trovano questo genere di iscrizioni. Tale evidente ricorrenza potrebbe esser stata motivata da un particolare valore magico o apotropaico, o forse semplicemente ornamentale o di affermazione socio-culturale assunto, in questo caso, dai laterizi bollati[97].

Appaiono quindi rari i richiami alla religione tradizionale e al sacro ›istituzionale‹; questi perlopiù compaiono con funzione ornamentale o come dotte citazioni letterarie e teatrali[98]. Il ricordo di una festività religiosa, invece, può esser riconosciuto nella rosa selvatica o rosa gallica, la pianta officinale cui si collegava la festa dei *Rosalia* per commemorare i defunti, talvolta dipinta all'interno dei sepolcri e certamente anche presente fisicamente.

La raffigurazione di una serie di figure di *Agathodaimones*, affrontati ai lati di urne cinerarie, sembra costituire l'unico elemento che si potrebbe definire »sacro« (fig. 20). Questo soggetto – che trova rari confronti in ambito sepolcrale e, ovviamente, assai più frequenti in ambito domestico – è infatti affrescato sulla parete della tomba 8 dell'Autoparco, un sepolcro da identificarsi come la tomba di un collegio funeraticio. Si ipotizza la lontana derivazione del tema, in ambito sepolcrale, da ambiti funerari alessandrini, ma si può ritenere che la presenza di questo genio protettore sia stata traslata direttamente dai larari domestici, con la medesima funzione: la tutela della casa e dei suoi abitanti come quella del sepolcro e dei suoi defunti. *Agathodaimon* è un genio legato alla fecondità e alla ricchezza, ma è anche un genio funerario, accompagnatore e guardiano dei morti; rappresentato spesso con il caduceo di *Hermes* assolve infatti il compito di psicopompo[99]. Qui è moltiplicato ai lati di cinerari e ciò conferma la sua diretta protezione dei defunti; in particolare, trattandosi di un sepolcro collegiale, la scelta della loro rappresentazione riguarda solo un gruppo

---

97   Cfr. Bevilacqua 2010, *passim*.
98   Raffigurazioni di divinità classiche e di episodi mitologici sono comunque presenti, soprattutto sui sarcofagi del sepolcro VIII di S. Rosa (cfr. Liverani – Spinola 2010, 265–279 figg. 109–118). Dioniso compare su di un mosaico e su di un altare, Venere su di una statua con Priapo. Il ciclo dei rilievi in stucco del colombario III di S. Rosa prevede Medea con il re Pelia e le Peliadi, Enea che entra nell'Ade, accanto a Cerbero e all'Averno, e probabilmente il commiato di Protesilao da Laodamia (cfr. Liverani – Spi-

nola 2010, 208 fig. 59; 240 figg. 80. 82; 251. 256 figg. 98–100; 263–265 fig. 108).
99   Con il tirso è invece raffigurato nell'anticamera della tomba di Kom esch Schukafa in Egitto. Forse in forme umane, con la patera o il corno dell'abbondanza nella sinistra e spighe e papavero nella destra appare raffigurato in un dipinto sepolcrale da Kerč, Panticapaem, in Crimea (Reinach 1922, 402, 1. 3) e su alcune gemme.

20 Autoparco, tomba 8, *Agathodaimones* affrescati sulla parete

di individui, relativo alle urne di una sola parete[100]. Particolarmente simile alla serie dipinta nella tomba 8 dell'Autoparco è l'*Agathodaimon* scolpito su di una metopa di un fregio dorico di una tomba di Vasanello (ora nel Museo Archeologico di Firenze), che ripete lo schema del dio serpentiforme accanto ad un'urna cineraria[101].

Sono anche stati rinvenuti due altari – riusati come are-cinerario – con dedica a Silvano, certamente in relazione al *Phrigianum* o *Vaticanum*, il vicino santuario di Cibele[102], ma non vi sono altri espliciti elementi cultuali che si possano associare alla religione classica.

Questi sono solo alcuni fra i tanti temi, ancora da approfondire, emersi nelle recenti indagini della necropoli vaticana lungo la *via Triumphalis*. Ad essi vanno aggiunti i sorprendenti dati derivati dalle complesse e affascinanti analisi antropologiche, con cui gli studi archeologici sono chiamati a confrontarsi. Proprio i dati antropologici, se posti in relazione con i rinvenimenti archeologici, evidenziano ancora di più come nell'atto della sepoltura intervengano tradizioni popolari, aspetti privati e familiari – del tutto indipendenti dalla religione pubblica e dal concetto del »sacro« ufficiale – che esprimono le personali speranze e le intime paure.

Si tratta certamente di un riflesso della profonda crisi religiosa del tempo. Già nei primi decenni del II sec. d. C. Giovenale (*Satire* II, 149–152) mette in ridicolo alcune credenze religiose sull'Aldilà: »*[...] esse aliquos manes et subterranea regna, Cocytum et Stygio ranas in gurgite nigras, atque una transire uadum tot milia cumba nec pueri credunt, nisi qui nondum aere lauantur [...]*«; »[...] che vi siano i Mani e i regni sotterranei e rane nere nei gorghi del Cocito e dello Stige e che le anime attraversino il fiume su di una barchetta a migliaia non lo credono neppure i bimbi, se non quelli che entrano ai bagni senza pagare [...]«.

Queste considerazioni possono essere ben riassunte anche dalla coeva – e sempre attuale – iscrizione sul sepolcro dell'*aerarius Q. Vibius Maximus Smin*-

---

100 La tomba 8 dell'Autoparco (Liverani – Spinola 2010, 171. 173 fig. 21) presenta una decorazione che appare ›indipendente‹ per nicchie e gruppi di urne, con diverse fasi di realizzazione.
101 Ciampoltrini 1992; Polito 2010, 26 s. fig. 4.

102 Inv. 49430 (dall'Autoparco) e inv. 52150 (da S. Rosa); Di Stefano Manzella 1993, 5 s. n. 1 fig. 1; Liverani – Spinola 2010, 241 nota 267.

tius: »*Hic lapis et tutamen erit post morte(m) sepulcri et dabit indicium obitos hic esse sepultos si tamen at Manes credimus esse aliquit vivere quo prodest nisi si post morte(m) cavemus nomen fama volat tantum corpusque crematur [...]*«; »Questa pietra sarà tutela della tomba dopo la morte, se crediamo che i Mani siano qualcosa, e indicherà che qui ci sono sepolti morti. A cosa serve vivere se non pensiamo a quel che segue alla morte? Il nome, la fama volano soltanto e il corpo viene bruciato [...]«[103].

Riassunto

Le recenti indagini archeologiche e antropologiche nei settori riunificati dell'Autoparco e di S. Rosa, nell'area vaticana della necropoli lungo la via Triumphalis, consentono di proporre alcuni primi approfondimenti che saranno oggetto di specifici futuri studi e pubblicazioni. Sarà però necessario partire da alcuni aspetti topografici, che permettono di inquadrare meglio questo articolato contesto sepolcrale. Innanzitutto bisogna precisare che la necropoli lungo la via Triumphalis e la necropoli lungo la via Cornelia costituiscono in realtà un unico grande complesso sepolcrale sui fianchi orientale e meridionale del colle vaticano, probabilmente senza alcuna soluzione di continuità.

Zusammenfassung

Die jüngsten archäologischen und anthropologischen Untersuchungen in den miteinander verbundenen Sektoren des Autoparco und S. Rosa, im vatikanischen Bereich der Nekropole entlang der Via Triumphalis, erlauben es uns, einige erste Erkenntnisse vorzuschlagen, die Gegenstand spezifischer zukünftiger Studien und Publikationen sein werden. Es ist jedoch notwendig, mit einigen topographischen Aspekten zu beginnen, die es uns ermöglichen, diesen artikulierten Grabkontext besser zu erfassen. Zunächst ist darauf hinzuweisen, dass die Nekropolen an der Via Triumphalis sowie an der Via Cornelia tatsächlich einen einzigen großen Grabkomplex an der Ost- und Südflanke des Vatikanhügels bilden, der wahrscheinlich keine Kontinuitätslösung aufweist.

Fonti delle immagini

Abb. 1–20   Disegni e foto Musei Vaticani

---

103   Da Tremoleto (Firenze, Museo Archeologico inv. 88081); CIL XI 1616; Ciampoltrini 1982, 2 s. fig. 11; Ciampoltrini 2009, 15 s. fig. 3. Una parte rilevante di questo pensiero scettico deriva probabilmente dal successo, nel II sec. d.C., della c.d. seconda sofistica, quando vennero ripresi e adattati alcuni concetti originari, come nella fattispecie la considerazione di Protagora (framm. 4): »Degli Dei non sono in grado di sapere né se sono né se non sono né quali sono. Molte sono infatti le difficoltà che si frappongono: la grande oscurità della cosa e la limitatezza della vita umana«.

Bibliographie

Abkürzungen

Aa.Vv. 1991 Aa.Vv., Incinérations et inhumations dans l'Occident romain aux trois premiers siècles de notre ère: France, Espagne, Italie, Afrique du Nord, Suisse, Allemagne, Belgique, Luxembourg, Pays-Bas, Grande-Bretagne. Actes du colloque international, IVe Congrès Archéologique de Gaule Méridionale, Tolouse – Montréjeau 7–10 octobre 1987 (Toulouse 1991)

AE Année épigraphique

Carta 1962 Commissione per la carta archeologica (Hrsg.), Carta archeologica di Roma I (Florenz 1962)

Carta 1964 Commissione per la carta archeologica (Hrsg.), Carta archeologica di Roma II (Florenz 1964)

EDCS Epigraphische Datenbank Clauss Slaby, <http://www.manfredclauss.de/> (22.07.2022)

EDR Epigraphic Database Roma, <http://www.edr-edr.it> (22.07.2022)

FIRA² III Fontes Iuris Romani Antejustiniani III, hg. V. Arangio-Riuz ²(Florenz 1969)

Libitina 2 F. Feraudi-Gruénais, Inschriften und ›Selbstdarstellung‹ in stadtrömischen Grabbauten, Libitina 2 (Rom 2003)

rF Römischer Fuß

Literatur

Agnoli 1998 N. Agnoli, Note preliminari allo studio delle lastre di chiusura di loculo in Ostia, in: G. Koch (Hrsg.), Akten des Symposiums »125 Jahre Sarkophag-Corpus«, Marburg 1995 (Mainz 1998) 129–137

Agnoli 2002 N. Agnoli, Officine ostiensi di scultura funeraria, in: Ch. Bruun – A. Gallina Zevi (Hrsg.), Ostia e Portus nelle loro relazioni con Roma. Atti del Convegno all'Institutum Romanum Finlandiae, 3 e 4 dicembre 1999, ActaInstRomFin 27 (Rom 2002) 192–212

Alföldy 1995 G. Alföldy, Bricht der Schweigsame sein Schweigen? Eine Grabinschrift aus Rom, RM 102, 1995, 251–268

Altman 1905 W. Altmann, Die römischen Grabaltäre der Kaiserzeit (Berlin 1905)

Alfayé Villa 2010 S. Alfayé Villa, Nails for the Dead. A Polysemic Account of an Ancient Funerary Practice, in: R. L. Gordon – F. M. Simón (Hrsg.), Magical Practice in the Latin West. Papers from the International Conference held at the University of Zaragoza 30 Sept. – 1 Oct. 2005, Religions in the Greco-Roman World 168 (Leiden 2010) 427–456

Alpers 1995 M. Alpers, Das nachrepublikanische Finanzsystem. Fiscus und Fisci in der frühen Kaiserzeit, Untersuchungen zur antiken Literatur und Geschichte 45 (Berlin 1995)

Amedick 1991 R. Amedick, Die Sarkophage mit Darstellungen aus dem Menschenleben 4. Vita privata. ASR I 4 (Berlin 1991)

Amici 2005 C. M. Amici, Le tecniche di cantiere e il procedimento costruttivo, in: C. Giavarini (Hrsg.), La Basilica di Massenzio. Il monumento, i materiali, le strutture, la stabilità, StA 137 (Rom 2005) 126–160

Amoroso u. a. 2000 A. Amoroso – J. De Grossi Mazzorin – F. Di Gennaro, Sepoltura di cane (IX–VIII sec. a.C.) nell'area perimetrale dell'antica Fidenae (Roma), in: I. Fiore – G. Malerba – S. Ghilardi (Hrsg.), Atti del 3° Convegno Nazionale di Archeozoologia, Siracusa 3–5 novembre 2000 (Rom 2000) 311–327

Andermahr 1998 A. M. Andermahr, Totus in praediis. Senatorischer Grundbesitz in Italien in der Frühen und Hohen Kaiserzeit, Antiquitas 37 (Bonn 1998)

Ando 2008 C. Ando, Decline, Fall, and Transformation, Journal of Late Antiquity 1, 2008, 31–60

Andreae 1963 B. Andreae, Studien zur römischen Grabkunst, RM Ergh. 9 (Heidelberg 1963)

Andreae 1980 B. Andreae, Die Sarkophage mit Darstellungen aus dem Menschenleben 2. Die römischen Jagdsarkophage, ASR I 2 (Berlin 1980)

Andreae 1982 B. Andreae, Bossierte Porträts auf römischen Sarkophagen, WissZBerl 31, 1982, 137 f.

Bibliographie

Andreae 1995 B. Andreae (Hrsg.), Bildkatalog der Skulpturen des Vatikanischen Museums I. Museo Chiaramonti (Berlin 1995)

Andreae 1998 B. Andreae (Hrsg.), Bildkatalog der Skulpturen des Vatikanischen Museums II. Museo Pio Clementino. Cortile Ottagono (Berlin 1998)

Andronikos 1994 M. Andronikos, Vergina II. The ›Tomb of Persephone‹ (Athen 1994)

Angelucci u. a. 1990 S. Angelucci – I. Baldassarre – I. Bragantini – M. G. Lauro – V. Mannucci – A. Mazzoleni – C. Morselli – F. Taglietti, Sepolture e riti nella necropoli di Porto all'Isola Sacra, BA 5/6, 1990, 49–113

Antico Gallina 1997 M. V. Antico Gallina, Locus datus decreto decurionum. Riflessioni topografiche e giuridiche sul suburbium attraverso i tituli funerari, Epigraphica 59, 1997, 205–224

Apollonj Ghetti u. a. 1951 B. M. Apollonj Ghetti – A. Ferrua – E. Josi – E. Kirschbaum, Esplorazioni sotto la confessione di San Pietro in Vaticano eseguite negli anni 1940–1949 (Vatikanstadt 1951)

Arbeiter 1988 A. Arbeiter, Alt-St. Peter in Geschichte und Wissenschaft. Abfolge der Bauten. Rekonstruktion. Architekturprogramm (Berlin 1988)

Arizza – Di Mento 2017 M. Arizza – M. Di Mento, La scelta di un monumento funerario come memoria di appartenenza sociale. Le pseudo *cupae* da una necropoli suburbana sulla *via Triumphalis*, StClOr 63, 2017, 373–388

Ashby 1910 Th. Ashby, The Columbarium of Pomponius Hylas, PBSR 5, 1910, 463–471

Aurigemma 1961 S. Aurigemma, La basilica sotterranea neopitagorica di Porta Maggiore in Roma ²(Rom 1961)

Aurigemma 1963 S. Aurigemma, I monumenti della necropoli romana di Sarsina, BArchit 19, 1963, 1–107

Baldassarre 1984 I. Baldassarre, Una necropoli imperiale Romana. Proposta di lettura, AIONArch 1984, 141–149

Baldassarre 1987 I. Baldassarre, La necropoli dell'Isola Sacra (Porto), in: H. von Hesberg – P. Zanker (Hrsg.), Römische Gräberstraßen. Selbstdarstellung, Status, Standard. Kolloquium in München vom 28. bis 30. Oktober 1985, AbhMünchen 96 (München 1987) 125–138

Baldassarre 2002 I. Baldassarre, La necrópoli dell'Isola Sacra, in: D. Vaquerizo (Hrsg.), Espacio y usos funerarios en el Occidente romano. Actas del Congreso Internacional celebrado en la Facultad de Filosofía y Letras de la Universidad de Córdoba, 5–9 de junio, 2001 (Córdoba 2002) 11–26

Baldassarre u. a. 1996 I. Baldassarre – I. Bragantini – C. Morselli, Necropoli di Porto, Isola Sacra, Itinerari dei musei, gallerie, scavi e monumenti d'Italia 38 (Rom 1996)

Baldassarre u. a. 2019 I. Baldassarre – I. Bragantini – A. M. Dolciotti – C. Morselli – F. Taglietti, Necropoli dell'Isola Sacra. Le ricerche 1968–1989. Ripercorrendo un'esperienza, in: M. Cébeillac-Gervasoni – N. Laubry – F. Zevi (Hrsg.), Ricerche su Ostia e il suo territorio. Atti del terzo seminario Ostiense, Roma, École française de Rome, 21–22 ottobre 2015, CEFR 533 (Rom 2019) 53–66

Baldassarri 1988 A. Giuliano (Hrsg.), Museo Nazionale Romano I. Le sculture 10, 2 (Rom 1988) 11 f. Nr. 12; 30 f. Nr. 32; 33 f. Nr. 36 (P. Baldassarri)

Bang 1921–1923 M. Bang, Preise von Grabdenkmälern, in: L. Friedländer, Darstellungen aus der Sittengeschichte Roms in der Zeit des Augustus bis zum Ausgang der Antonine IV ¹⁰(Leipzig 1921–1923) 304–309

Baratte 1995 F. Baratte, Observations sur le portrait romain à l'époque tétrarchique, AnTard 3, 1995, 65–76

Baratte – Metzger 1985 F. Baratte – C. Metzger, Musée du Louvre. Catalogue des sarcophages en pierre d'époques romaine et paléochrétienne (Paris 1985)

Barresi 2002 P. Barresi, Il ruolo delle colonne nel costo degli edifici pubblici, in: M. De Nuccio – L. Ungaro (Hrsg.), I marmi colorati della Roma imperiale. Ausstellungskatalog Rom (Venedig 2002) 69–81

Bartoli 1697 P. S. Bartoli, Gli antichi sepolcri, overo Mavsolei romani et etrvschi, trouati in Roma & in altri luoghi celebri, nelli quali si contengono molte erudite memorie: raccolti, disegnati, & intagliati (Rom 1697)

Basso 1981 M. Basso, Simbologia escatologica nella Necropoli Vaticana (Vatikanstadt 1981)

Bauer 2012 F. A. Bauer, Saint Peter's as a Place of Collective Memory in Late Antiquity, in: R. Behrwald – Ch. Witschel (Hrsg.), Rom in der Spätantike. Historische Erinnerungen im städtischen Raum, Heidelberger althistorische Beiträge und epigraphische Studien 51 (Stuttgart 2012) 155–170

Bendinelli 1922 G. Bendinelli, Il monumento sepolcrale degli Aureli al Viale Manzoni in Roma, MonAnt 28, 1922, 289–520

Bendinelli 1926 G. Bendinelli, Il monumento sotterraneo di Porta Maggiore di Roma, MonAnt 31, 1926, 601–859

Benndorf – Niemann 1889 O. Benndorf – G. Niemann, Das Heroon von Gjölbaschi-Trysa, Jahrbuch der kunsthistorischen Sammlungen des Allerhöchsten Kaiserhauses 9 (Wien 1889)

Bergmann 1977 M. Bergmann, Studien zum römischen Porträt des 3. Jahrhunderts n. Chr. (Bonn 1977)

Bevilacqua 2001 G. Bevilacqua, Chiodi magici, ArchCl 52, 2001, 129–150

Bevilacqua 2010 G. Bevilacqua, Scrittura e magia. Un repertorio di oggetti iscritti della magia greco-romana, Opuscula Epigraphica 12 (Rom 2010)

Bianchi – Bianchi 2015 C. Bianchi – T. Bianchi, Asbestos between Science and Mith. A 6,000-year story, La Medicina del Lavoro 106, 2, 2015, 83–90

Bielefeld 1997 D. Bielefeld, Die stadtrömische Eroten-Sarkophage 2. Weinlese- und Ernteszenen, ASR V 2, 2 (Berlin 1997)

Bielfeldt 2003 R. Bielfeldt, Orest im Medusengrab. Ein Versuch zum Betrachter, RM 110, 2003, 117–150

Bielfeldt 2019 R. Bielfeldt, Vivi fecerunt. Roman Sarcophagi for and by the Living, in: Chr. H. Hallett (Hrsg.), Flesheaters. International Symposium on Roman Sarcophagi. University of California at Berkeley 18–19 September 2009, SarkSt 11 (Wiesbaden 2019) 65–96

Birk 2013 S. Birk, Depicting the Dead. Self-Representation and Commemoration on Roman Sarcophagi with Portraits, Aarhus Studies in Mediterranean Antiquity (ASMA) 11 (Aarhus 2013)

Bisconti 1999 LTUR IV (1999) 276 f. s. v. Sepulcrum Aurelii (F. Bisconti)

de Blaauw 1994 S. de Blaauw, Cultus et décor. Liturgia e architettura nella Roma tardoantica e medievale: Basilica Salvatoris, Sanctae Mariae, Sancti Petri, Studi e testi 355–356 (Vatikanstadt 1994)

Blanc 2001 N. Blanc, Tombes jumelles et symbolism funéraire. Les grand hypogées de fondo di Fraia à Pouzzoles et les hypogées (Y) et (Z) sous St.-Sébstien à Rome, in: A. Barbet (Hrsg.), La peinture funéraire antique: IVe siècle av. J.-C. – IVe siècle ap. J. C. Actes du VIIe colloque de l'Association Internationale pour la Peinture Murale Antique (AIPMA), 6–10 octobre 1998, Saint-Romain-en-Gal, Vienne (Paris 2001) 109–118

Bodel 2000 J. Bodel, Dealing with the Dead. Untertakers, Executioners and Potter's Fields in Ancient Rome, in: V. M. Hope – E. Marshall (Hrsg.), Dead and Disease in the Ancient City (London 2000) 128–151

Bodel 2004 J. P. Bodel, The Organisation of the Funerary Trade at Puteoli and Cumae, in: S. Panciera (Hrsg.), Libitina e dintorni. Libitina e i luci sepolcrali, Iura sepulcrorum. Vecchie e nuove iscrizioni, Rencontre franco-italienne sur l'épigrahie du monde romain, Libitina 3 (Rom 2004) 147–172

Bodel 2010 J. P. Bodel, Tombe e immobili. Il caso dei praedia Patulciana (CIL, X 3334), in: L. Chioffi (Hrsg.), Il Mediterraneo e la storia. Epigrafia e archeologia in Campania. Letture storiche. Atti dell'incontro internazionale di studio, Napoli, 4–5 dicembre 2008 (Neapel 2010) 247–264

Bodel 2014 J. Bodel, The Life and Death of Ancient Roman Cemeteries. Living with the Dead in Imperial Rome, in: Ch. Häuber – F. X. Schütz – G. M. Winder (Hrsg.), Reconstrution and the Historic City. Rome and Abroad. An Interdisciplinary Approach, Beiträge zur Wirtschaftsgeographie München 6 (München 2014) 177–195

Bolla 2011 M. Bolla, Le tombe e i corredi; Tipologie tombali e riti funerari; I recipienti in vetro; I reperti in materie prime diverse, in: R. Invernizzi (ed.), … Et in memoriam eorum. La necropoli romana nell'area Pleba di Casteggio (Casteggio 2011) 39–129. 105–129. 249–260. 261–280

Booms 2007 D. Booms, Scaffolding Signatures. Putlog Holes and the Identification of Individual Builders in Two Ostian Baths, JRA 20, 2007, 273–282

Borbonus 2014 D. Borbonus, Columbarium Tombs and Collective Identity in Augustan Rome (New York 2014)

Borbonus 2020 D. Borbonus, Bauliche Eingriffe in den frühkaiserzeitlichen Kolumbarien Roms, in: U. Wulf-Rheidt – K. Piesker (Hrsg.), Umgebaut: Umbau-, Umnutzungs- und Umwertungsprozesse in der antiken Architektur. Internationales Kolloquium in Berlin vom 21.–24. Februar 2018, DiskAB 13 (Regensburg 2020) 177–190

Borg 2007 B. Borg, Bilder für die Ewigkeit oder glanzvoller Auftritt? Zum Repräsentationsverhalten der stadtrömischen Eliten im 3. Jh. n. Chr. in: F. A. Bauer – Ch. Witschel (Hrsg.), Statuen in der Spätantike. Spätantike – frühes Christentum – Byzanz. Kunst im 1. Jahrtausend. Reihe B. Studien und Perspektiven (Wiesbaden 2007) 43–77

Borg 2018 B. Borg, Crisis and Ambition. Tombs and Burial Customs in Third-Century CE Rome (Oxford 2018)

Borgia 2018 E. Borgia, Una tabella defixionis dalla necropoli dell'Isola Sacra, in: M. Cébeillac-Gervasoni – N. Laubry – F. Zevi (Hrsg.), Ricerche su Ostia e il suo territorio. Atti del Terzo Seminario Ostiense Roma, École française de Rome 21–22 ottobre 2015 (Rom 2018) 125–138

Boschung 1987 D. Boschung, Antike Grabaltäre aus den Nekropolen Roms, Acta Bernensia 10 (Bern 1987)

Boschung 2010 D. Boschung, Zum Aufstellungskontext römischer Sarkophage, KölnJb 43, 2010, 139–146

Boschung 2017 D. Boschung, Werke und Wirkmacht. Morphomatische Studien zu archäologischen Fallstudien, Morphomata 36 (Paderborn 2017)

Bosman 2020 L. Bosman, Constantine's Spolia. A Set of Columns for San Giovanni in Laterano and the Arch of Constantine in Rome, in: L. Bosman – I.-P. Haynes – P. Liverani (Hrsg.), The Basilica of Saint John Lateran to 1600 (Cambridge 2020) 168–196

Bottini 1992 A. Bottini, Archeologia della salvezza. L'escatologia greca nelle testimonianze archeologiche (Mailand 1992)

Bradley 2018 J. W. Bradley, The Hypogeum of the Aurelii. A New Interpretation as the Collegiate Tomb of Professional Scribae, Archaeopress Roman Archaeology 50 (Oxford 2018)

Bragantini 1993 I. Bragantini, La decorazione a mosaico nelle tombe di età imperiale. L'esempio della necropoli dell'Isola Sacra, in: XL Corso di cultura sull'arte ravennate e bizantina. 1° colloquio dell'Associazone Italiana per lo Studio e la Conservazione del Mosaico (AISCOM), seminario internazionale di studi su »L'Albania dal Tardoantico al Medioevo, aspetti e problemi di Archeologia e Storia dell'Arte«, Ravenna, 29 aprile – 5 maggio, 1993 (Ravenna 1993) 53–74

Brandenburg 2004 H. Brandenburg, Die frühchristlichen Kirchen Roms vom 4. bis zum 7. Jh. (Regensburg 2004)

Brandenburg 2017 H. Brandenburg, Die konstantinische Petersbasilika am Vatikan in Rom. Anmerkungen zu ihrer Chronologie, Architektur und Ausstattung (Regensburg 2017)

Brando u. a. 2018 M. Brando – F. M. Paolo Carrera – V. Pica, Roma, gli Horti Domitiae nell'Ager Vaticanus. Governare le acque in un Hortus imperiale, in: M. Buora – S. Magnani (Hrsg.), I sistemi di smaltimento delle acque nel mondo antico. Atti del Convegno Aquileia 6–8 aprile 2017, Antichità Altoadriatiche 87 (Triest 2018) 397–418

Braune 2008 S. Braune, Convivium funebre – Gestaltung und Funktion römischer Grabtriklinien als Räume für sepulkrale Bankettfeiern, Spudasmata 121 (Hildesheim 2008)

Buccellato u. a. 2008 A. Buccellato – P. Catalano – S. Musco, Alcuni aspetti rituali evidenziati nel corso dello scavo della necropoli Collatina (Roma), in: J. Scheid (Hrsg.), Pour une archéologie du rite. Nouvelles perspectives de l'archéologie funéraire, CEFR 407 (Rom 2008) 59–88

Brenk 1995 B. Brenk, Microstoria sotto la chiesa dei SS. Giovanni e Paolo, RIA 3, 18, 1995, 169–205

Brink 2013 S. Brink, Depicting the Dead. Self-Representation and Commemmoration on Roman Sarcophagi with Portraits, Aarhus Studies in Mediterranean Antiquity 11 (Aarhus 2013)

Brown 1951 F. E. Brown, Cosa I. History and Topography 1951, MemAmAc 20, 1951, 5–114

Bürgin-Kreis 1968 H. Bürgin-Kreis, Auf den Spuren des römischen Grabrechts in August und in der übrigen Schweiz, in: E. Schmid – L. Berger – P. Bürgin (Hrsg.), Provincialia. Festschrift für R. Laur-Belart (Basel 1968) 25–56

Buonocore 1984 M. Buonocore, Schiavi e liberti dei Volusi Saturnini. Le iscrizioni del colombario sulla via Appia antica (Rom 1984)

Buonopane 2012 A. Buonopane, Un'officina epigrafica e una »minuta« nel laboratorio di un marmorarius a Ostia?, in: A. Donati – G. Poma (Hrsg.), L'officina epigrafica romana. In ricordo di Giancarlo Susini. Colloquio internazionale AIEGL Bertinoro, Italia (Faenza 2012) 201–206

Buora 2003 M. Buora (Hrsg.), Paestum ad Aquileia. Austellungskatalog Aquileia (Triest 2003)

Buranelli u. a. 2005/2006 F. Buranelli – P. Liverani – G. Spinola, I nuovi scavi della necropoli della via Trionfale in Vaticano, RendPontAc 78, 2005/2006, 451–472

Buranelli 2014 F. Buranelli, The Necropolis along Via Triumphalis. A History of the Archaeological Discoveries, the Conservation, and the Reconstruction of Part of the Suburban Landscape of Rome, in: Ch. Häuber – F. X. Schütz – G. M. Winder (Hrsg.), Reconstruction and the Historic City. Rome and Abroad, an Interdisciplinary Approach, Beiträge zur Wirtschaftsgeographie München 6 (München 2014) 209–228

Calabresi – Fattorini 2005 G. Calabresi – M. Fattorini, Il sottosuolo e le fondazioni, in: C. Giavarini (Hrsg.), La Basilica di Massenzio. Il monumento, i materiali, le strutture, la stabilità, StA 137 (Rom 2005) 75–91

Caliò 2007 L. M. Caliò, La morte del sapiente. La tomba di Valerius Herma nella necropoli vaticana, in: O. D. Cordovana – M. Galli (Hrsg.), Arte e memoria culturale nell'età della Seconda Sofistica (Catania 2007) 289–318

Caliò 2007/2008 L. M. Caliò, Tombe e culto dinastico nelle città Carie, in: G. Bartoloni – M. G. Benedettini (Hrsg.), Sepolti tra i vivi. Evidenza ed interpretazione di contesti funerari in abitato. Atti del Convegno Internazionale Roma 26–29 Aprile 2006, ScA 14, 2007/2008, 497–535

Calza 1925 G. Calza, Ostia – Ricognizioni topografiche nel porto di Traiano, NSc 1925, 54–80

Calza 1928 G. Calza, Ostia. Rinvenimenti nell'Isola Sacra, NSc 53, 1928, 132–175

Calza 1940 G. Calza, La necropoli del Porto di Roma nell'Isola Sacra (Rom 1940)

Calza 1977 R. Calza, Antichità di Villa Doria Pamphilj (Rom 1977)

Camilli – Taglietti 2018 L. Camilli – F. Taglietti, Sepolture e monete: il prezzo dell'Ade? A proposito dei rinvenimenti monetali in tombe della necropoli di Porto all'Isola Sacra, in: M. Cébeillac-Gervasoni – N. Laubry – F. Zevi (Hrsg.), Ricerche su Ostia e il suo territorio. Atti del Terzo Seminario Ostiense Roma, École française de Rome 21–22 ottobre 2015, CEFR 533 (Rom 2018) 79–102

Camilli – Taglietti 2019a L. Camilli – F. Taglietti, Sepolture e monete. Il prezzo dell'Ade? A proposito dei rinvenimenti monetali in tombe della necropolis di Porto all'Isola Sacra, in: M. Cébeillac-Gervasoni – N. Laubry – F. Zevi (Hrsg.), Ricerche su Ostia e il suo territorio. Atti del terzo seminario Ostiense, Roma, École française de Rome, 21–22 ottobre 2015, CEFR 533 (Rom 2019) 79–102

Camilli – Taglietti 2019b L. Camilli – F. Taglietti, Contributi per un'archeologia di cantiere, I bolli laterizi dalla necropolis di Porto all'Isola Sacra, in: M. Cébeillac-Gervasoni – N. Laubry – F. Zevi (Hrsg.), Ricerche su Ostia e il suo territorio. Atti del terzo seminario Ostiense, Roma, École française de Rome, 21–22 ottobre 2015, CEFR 533 (Rom 2019) 103–123

Candida 1979 B. Candida, Altari e cippi nel Museo Nazionale Romano, Archaeologica 10 (Rom 1979)

Cardini 1967 L. Cardini, Ergebnis der osteologischen Untersuchung der tierischen Skelettreste, in: M. Guarducci, Hier ist Petrus. Die Gebeine des Apolstelfürsten in der Confessio von St. Peter (Regensburg 1967)

Carpicei – Krautheimer 1996 A. C. Carpiceci – R. Krautheimer, Nuovi dati sull'antica basilica di San Pietro in Vaticano, BdA 95, 1996, 1–84

Casas – Ruiz De Arbulo 1997 J. Casas – J. Ruiz De Arbulo, Ritos domésticos y cultos funerarios. Ofrendas de huevos y galináceas en villas romanas del territorio emporitano (s. III d.C.), Pyrenae 28, 1997, 211–227

Castagnoli 1959/1960 F. Castagnoli, Il circo di Nerone in Vaticano, RendPontAc 32, 1959/1960, 97–121

Castagnoli 1992 F. Castagnoli, Il Vaticano nell'antichità classica, Studi e Documenti per la Storia del Palazzo Apostolico Vaticano pubblicati a cura della biblioteca Apostolica Vaticana VI (Vatikanstadt 1992)

Catalano u. a. 2001 P. Catalano – L. Capasso – L. Ottini – F. Di Gennaro – L. R. Angeletti – R. Mariani-Costantini, The Evidence of Cranial Surgery from the necropolis of Fidene and its Relevance for the History of Classical Medecine, in: Fasold u. a. 2001, 67–75

Catalli 1997 F. Catalli, La necropoli di Villa Doria Pamphilj, Collana archeologica 5 (Rom 1997)

Ceci 2001 F. Ceci, L'interpretazione di monete e chiodi in contesti funerari. Esempi dal suburbia Romano, in: Fasold u. a. 2001, 87–97

Champlin 1991 E. Champlin, Final Judgments. Duty and Emotion in Roman Wills. 200 BC – AD 250 (Berkeley 1991)

Chevalier – Gheerbrandt 1999 J. Chevalier – A. Gheerbrandt, Dizionario dei simboli (1999) II 520–524 s. v. Uovo

Chioffi 1996 LTUR III (1996) 84. s. v. Horti Serviliani (L. Chioffi)

Chioffi 1998 L. Chioffi, Mummificazione e imbalsamazione a Roma ed in altri luoghi del mondo Romano, Opuscola Epigraphica 8 (Rom 1998)

Chioffi 2009 L. Chioffi, Anonime adprecationes, in: J. Bodel – M. Kajava (Hrsg.), Dediche sacre nel mondo greco romano: diffusione, funzioni, tipologie / Religious Dedications in the Greco-roman World: Distribution, Typology, Use, ActaInstRomFin 35, 2009, 383–402

Christern 1967 J. Christern, Der Aufriss von Alt-St. Peter, RömQuartSchr 62, 1967, 133–183

Ciampoltrini 1982 G. Ciampoltrini, Le stele funerarie d'età imperiale dell'Etruria settentrionale, Prospettiva 30, 1982, 2–12

Ciampoltrini 1992 G. Ciampoltrini, Un monumento con fregio dorico dall'agro di Orte, ArchCl 44, 1992, 287–295

Ciampoltrini 2009 G. Ciampoltrini (Hrsg.), Munere mortis. Complessi tombali d'età romana nel territorio di Lucca (Florenz 2009)

Ciancio Rossetto 1993 LTUR I (1993) 272–277 s. v. Circus Maximus (P. Ciancio Rossetto)

Ciancio Rossetto 2001 LTUR Suburbium I (2001) 170–186 s. v. Aurelia Via (P. Ciancio Rossetto)

Cicala 2014 G. Cicala, La vita oltre la vita. Oggetti di uso quotidiano dalle tombe di Asculum, in: G. Paci (Hrsg.), Storia di Ascoli. Dai Piceni all'epoca romana 1 (Ascoli Piceno 2014) 355–367

Coarelli 1999 LTUR IV (1999) 107 f. s. v. Pons Agrippae; Pons Aurelius; Pons Valentiniani (F. Coarelli)

Coarelli 2009a F. Coarelli, Il circo di Caligola, RendPontAc 81, 2009, 3–13

Coarelli 2009b F. Coarelli, Il pomerio di Vespasiano e Tito, in: L. Capogrossi Colognesi – E. Tassi Scandone (Hrsg.), La lex de imperio Vespasiani e la Roma dei Flavi. Atti del Convegno Roma 20–22 novembre 2008 (Rom 2009) 299–309

Coates-Stephens 2012 R. Coates-Stephens, The Walls of Aurelian, in: R. Behrwald – Ch. Witschel (Hrsg.), Rom in der Spätantike. Historische Erinnerungen im städtischen Raum, Heidelberger althistorische Beiträge und epigraphische Studien 51 (Stuttgart 2012) 83–109

Coletti – Buccellato 2018 F. Coletti – A. Buccellato, Silicernium e parentalia. Nuovi dati sul banchetto nelle feste in onore dei morti: strutture, vasellame e resti alimentari dalle necropoli del suburbio romano, in: V. Nizzo (Hrsg.), Antropologia e archeologia a confronto. Archeologia e antropologia della morte. Atti del 3° incontro internazionale di studi, Roma 20–22 maggio 2015 (Rom 2018) 585–603

Colonnelli – Mannino 2012 G. Colonnelli – M. Mannino, I rituali funerari in epoca romana. Studi storico-archeologici e archeozoologici, Antrocom Online Journal of Anthropology 8, 2, 2012, 331–340

Colini 1944 A. M. Colini, Storia e topografia del Celio nell'antichità, MemPontAc 7 (Rom 1944)

Correnti 1967 V. Correnti, Bericht über die Untersuchung von drei Gebeinfunden aus dem Bereich der Confessio der Vatikanischen Baslika, in: M. Guarducci, Hier ist Petrus. Die Gebeine des Apostelfürsten in der Confessio von St. Peter (Regensburg 1967) 89–171

Crema 1940 L. Crema, Due monumenti sepolcrali, in: Serta Hoffileriana – Hoffillerov zbornik. Naučni radovi posvećeni Viktoru Hoffilleru o 60 godišnjici njegova života 19. veljače 1937 bodine (Zagreb 1940) 263–283

Cristaldi 2014 S. Cristaldi, Unioni non matrimoniali a Roma, in: F. Romeo (Hrsg.), Le relazioni affettive non matrimoniali (Turin 2014) 141–200

Cumont 1942 F. Cumont, Recherches sur le symbolisme funéraire des Romains (Paris 1942)

Cumont 2015 F. Cumont, Recherches sur le symbolisme funéraire des Romains, volume édité par Janine et Jean-Charles Balty, avec la collaboration de Charles Bossu, Academica Belgica, Institut historique belge de Rome (Rom 2015)

Cupitò 2001 C. Cupitò, Riti funebri alle porte di Roma: la necropoli di Via Salaria, in: Fasold u. a. 2001, 47–52

Cupitò 2007 C. Cupitò, Il territorio tra la via Salaria, l'Aniene, il Tevere e la via »Salaria Vetus«, Quaderni della carta dell'agro romano 1 (Rom 2007)

Cupitò 2008 LTUR Suburbium V (2008) 35–40 s. v. Via Salaria (C. Cupitò)

D'Anna 2011 N. D'Anna, Da Orfeo a Pitagora. Dalle estasi arcaiche alle armonie cosmiche (Rom 2011) 17–76

Darwall-Smith 1996 R. H. Darwall-Smith, Emperors and Architecture. A Study of Flavian Rome, Collection Latomus 231 (Leuven 1996)

De Angelis Bertolotti 1989/1990 R. De Angelis Bertolotti, Via Aurelia, BCom 93, 1989/1990, 276–285

De Caro – D'Ambrosio 1983 S. De Caro – A. D'Ambrosio, Un impegno per Pompei (Mailand 1983)

De Filippis 2001a M. De Filippis, Ricerche in sepolcreti suburbani tra Salaria e Nomentana, in: Fasold u. a. 2001, 55–61

De Filippis 2001b M. De Filippis, Riti particolari in un sepolcreto a Fidene, in: Fasold u. a. 2001, 63–65

Degrassi 1939 A. Degrassi, P. Cluvius Maximus Paullinus, Epigraphica 1, 1939, 307–321

Degrassi 1962 A. Degrassi, Scritti vari di antichità 1–2 (Rom 1962)

De Grossi Mazzorin 2008 J. De Grossi Mazzorin, L'uso dei cani nel mondo antico nei riti di fondazione, purificazione e passaggio, in: F. D'Andria – J. De Grossi Mazzorin – G. Fiorentino (Hrsg.) Uomini, piante e animali nella dimensione del sacro. Seminario di studi di Bioarcheologia 28–29 giugno 2002 (Bari 2008) 71–81

Deichmann 1967 F. W. Deichmann (Hrsg.), Repertorium der christlich-antiken Sarkophage I. Rom und Ostia, bearbeitet von G. Bovini und H. Brandenburg (Wiesbaden 1967)

DeLaine 1996 J. DeLaine, The Insula of the Paintings. A Model for the Economics of Construction in Hadrianic Ostia, in: A. Gallina Zevi – A. Claridge (Hrsg.), ›Roman Ostia‹ Revisited (Rom 1996) 165–184

DeLaine 2000 J. DeLaine, Building the Eternal City. The Construction Industry of Imperial Rome, in: J. Coulston – H. Dodge (Hrsg.), Ancient Rome. The Archaeology of the Eternal City, Oxford University School of Archaeology 54 (Oxford 2000)

DeLaine 2002 J. DeLaine, Building Activity in Ostia in the Second Century AD, in: Ch. Bruun – A. Gallina Zevi (Hrsg.), Ostia e Portus nelle loro relazioni con Roma. Atti del Convegno all'Institutum Romanum Finlandiae, 3 e 4 dicembre 1999, ActaInstRomFin 27 (Rom 2002) 41–101

De Martino 1991 F. De Martino, Wirtschaftsgeschichte des Alten Rom ²(München 1990)

De Paolis 2010 M. De Paolis, Iura sepulgcrorum a Ostia: consuntivi tematici ragionati, ArchCl 61, 2010, 583–629

De Rossi 1967 G. M. De Rossi, Tellenae, Forma Italiae I 4 (Rom 1967)

De Rossi 1979 G. M. De Rossi, Bovillae, Forma Italiae I 15 (Florenz 1979)

Desbat – Savay Guerraz 1990 A. Desbat – H. Savay Guerraz, Note sur la découverte d'amphores Dressel 2/4 italiques tardives, à Saint-Romain-en-Gal (Rhône), Gallia 47, 1990, 203–213

De Visscher 1956/1957 F. De Visscher, Monumentum sub ascia dedicatum, RendPontAc 29, 1956/1957, 69–81

De Visscher 1963 F. De Visscher, Le droit des tombeaux romains (Mailand 1963)

De Vos 1980 M. De Vos, L'egittomania in pitture e mosaici romano-campani della prima età imperiale, EPRO 84 (Leiden 1980)

Diels 1914 H. Diels, Antike Technik (Leipzig 1914)

Di Gennaro 2001 F. Di Gennaro, Dove i messaggi sono più intensi. Per un ritorno dell'interesse sui sepolcreti ordinari. Il caso dei territori fidenate, ficulense e crustumino, in: Fasold u. a. 2001, 53 f.

Di Gennaro – Griesbach 2003 F. Di Gennaro – J. Griesbach, Le sepolture al interno, in: Ph. Pergola – R. Santangeli Valenzani – R. Volpe (Hrsg.), Suburbium. Il suburbio di Roma dalla crisi del sistema delle ville a Gregorio Magno, CEFR 311 (Rom 2003) 123–166

Dilke 1971 O. A. W. Dilke, The Roman Land Surveyers (Newton Abbot 1971)

Dimas 1998 St. Dimas, Untersuchungen zur Themenwahl und Bildgestaltung auf römischen Kindersarkophagen (Münster 1998)

Di Stefano Manzella 1993 I. Di Stefano Manzella, Lapidario Profano ex Lateranense. Altre iscrizioni inedite o ricomposte, BMonMusPont 13, 1993, 5–17

Di Stefano Manzella 2001 I. Di Stefano Manzella, Lucius Volusius Saturninus ›pontifex‹ e ›Patruus‹. Ricerca su CIL VI 7393, 7288, 7303, 7375, Epigraphica 63, 2001, 43 Nr. 1

Di Stefano Manzella 2006 I. Di Stefano Manzella, Bis funeratus et conditus. Appunti sulle doppie sepolture, sui cenotafi ed altri problemi connessi, in: C. Fernández Martínez – C. J. Gómez Pallarès (Hrsg.), Temptanda uiast. Nuevos estudios sobre la poesía epigráfica latina (Cerdanyola del Vallès 2006)

Di Stefano Manzella 2008 I. Di Stefano Manzella, Q(uinti) n(epos) o Q(uinti) n(ostri)? Tre are della famiglia degli Antigoni nel monumentum Volusiorum, fra datio loci e permissus, in: M. L. Caldelli – G. L. Gregori – S. Orlandi (Hrsg.), Epigrafia 2006. Atti della XIVᵉ rencontre sur l'Épigraphie in onore di Silvio Pancera con altri contributi di colleghi, allievi e collaboratori (Rom 2008) 299–322

Di Vita-Évrard 2000 G. Di Vita-Évrard, La famiglia dell'imperatore. Per delle nuove »memorie di Adriano«, in: Adriano. Architettura e progetto. Ausstellungskatalog Tivoli (Mailand 2000) 31–39

Domingo 2013 J. Á. Domingo, The Differences in Roman Construction Costs. The Workers' Salary, Boreas 36, 2013, 119–144

Donderer 1996 M. Donderer, Die Architekten der späten römischen Republik und der Kaiserzeit. Epigraphische Zeugnisse, Erlanger Forschungen. Geisteswissenschaften 69 (Erlangen 1996)

Dresken-Weiland 1998 J. Dresken-Weiland, Repertorium der christlich-antiken Sarkophage 2. Italien mit einem Nachtrag Rom und Ostia, Dalmatien, Museen der Welt (Mainz 1998)

Dresken-Weiland 2003 J. Dresken-Weiland, Sarkophagbestattungen des 4.–6. Jahrhunderts im Westen des römischen Reiches, RQSchr Suppl. 55 (Rom 2003)

Dresken-Weiland 2014 J. Dresken-Weiland, Laien, Kleriker, Märtyrer und die unterirdischen Friedhöfe im 3. Jh., AntTard 22, 2014, 287–296

Dubouloz 2014 J. Dubouloz, La propriété immobilière à Rome et en Italie (Iᵉʳ–Vᵉ siècles). Organisation et transmission des »praedia urbana« (Paris 2014)

Ducos 1995 M. Ducos, Le tombeau, locus religiosus, in: F. Hinard (Hrsg.), La mort au quotidien dans le monde Romaine. Actes du colloque organisé par l'Université de Paris IV, 7–9 octobre 1993, De l'archéologie à l'histoire (Paris 1995) 141

Duday u. a. 2013 H. Duday – L. Di Blasi – M. Ricciardi – G. Spinola, Il mausoleo di Alcimus nella necropoli della via Triumphalis a Roma (Città del Vaticano). Un giallo antropologico, Forma Urbis 18, 1, gennaio 2013, 19–21

Duday u. a. 2013–2015 H. Duday – C. Caldarini – S. Di Giannantonio – G. Spinola – L. Di Blasi – M. Ricciardi, Nécropole Santa Rosa (Rome, Cité du Vatican), Chronique des activités archéologiques de l'École Française de Rome. Italie centrale (2013–2015) <https://journals.openedition.org/cefr/975>

Duday – Van Andringa 2017 H. Duday – W. Van Andringa, Archaeology of Memory. About the Forms and the Time of Memory in a Necropolis of Pompeii, in: C. Moser – J. Wright Knust (Hrsg.), Ritual Matters. Material Remains and Ancient Religion, MemAmAc Suppl. 13 (Ann Arbor 2017) 73–85

Duday 2018 H. Duday, Les restes humaines et la définition de la tombe à l'époque romaine, in: M.-D. Nenna – S. Huber – W. van Andringa (Hrsg.), Constituer la tombe, honorer les défunts en Méditerranée antique, Études alexandrines 4 (Alexandria 2018) 403–429

Dunbabin 1978 K. Dunbabin, The Mosaics of Roman North Africa (Oxford 1978)

Duncan-Jones 1965 R. Duncan-Jones, An Epigraphic Survey of Costs in Roman Italy, PBSR 33, 1965, 189–306

Duncan-Jones 1974 R. Duncan-Jones, The Economy of the Roman Empire – Quantitative Studies (Cambridge 1974)

Duncan-Jones 1980 R. Duncan-Jones, Length-units in Roman Town Planning. The pes monetalis and the pes Drusianus, Britannia 11, 1980, 127–133

Eck 1986 W. Eck, Inschriften aus der Vatikanischen Nekropole unter St. Peter, ZPE 65, 1986, 245–293

Eck 1987 W. Eck, Römische Grabinschriften. Aussageabsicht und Aussagefähigkeit im funerären Kontext, in: H. von Hesberg – P. Zanker (Hrsg.), Römische Gräberstraßen. Selbstdarstellung, Status, Standard. Kolloquium in München vom 28. bis 30. Oktober 1985 (München 1987) 61–83

Eck 1989 W. Eck, Inschriften und Grabbauten in der Nekropole unter St. Peter, in: G. Alföldy – W. Schmitthenner (Hrsg.), Vom frühen Griechentum bis zur römischen Kaiserzeit, Gedenk- und Jubiläumsvorträge am Heidelberger Seminar für Alte Geschichte, Heidelberger althistorische Beiträge und epigraphische Studien 6 (Stuttgart 1989) 55–90

Eck 1996a LTUR III (1996) 83 s. v. Horti Scapulani (W. Eck)

Eck 1996b W. Eck, Tra epigrafia, prosopografia e archeologia. Scritti scelti, rielaborati e aggiornati, Vetera 10 (Rom 1996)

Eck 2001 W. Eck, Grabgrösse und sozialer Status, in: Fasold u. a. 2001, 197–201

Eck 2008 W. Eck, Römische Grabinschriften als Rechtsquelle, in: M. Avenarius (Hrsg.), Hermeneutik der Quellentexte zum römischen Recht (Baden-Baden 2008)

Eck 2018a W. Eck, Korrekturen zu stadtrömischen Inschriften, ZPE 206, 2018, 242–246

Eck 2018b W. Eck, Zur Topographie des Mons Vaticanus in Rom. Eine schola für argentarii und exceptores und zwei unerkannte curatores aedium sacrarum et operum locorumque publicorum, in: M. Aufleger – P. Tutlies (Hrsg.), Das Ganze ist mehr als die Summe seiner Teile. Festschrift für Jürgen Kunow, Materialien zur Bodendenkmalpflege im Rheinland 27 (Bonn 2018) 499–507

Eck 2022 W. Eck, Consul designatus als Statusbezeichnung eines Verstorbenen am Beispiel des Ostorius Euhodianus, gestorben als consul designatus im Jahr 226, ZPE 223, 2022, 223–226

Egidi 1987/1988 R. Egidi – A. Vodret, Relazione sui scavi, trovamenti, restauri, Sepolcro Barberini, BCom 92, 1987/1988, 389–393

Egidi u. a. 2003 R. Egidi – P. Catalano – D. Spadoni (Hrsg.), Aspetti di vita quotidiana dalle necropoli della Via Latina – località Osteria del Curato (Rom 2003)

Ehlich 1953 W. Ehlich, Bild und Rahmen im Altertum. Die Geschichte des Bilderrahmens (Leipzig 1953)

Ehrhardt 2012 W. Ehrhardt, Dekorations- und Wohnkontext. Beseitigung, Restaurierung, Verschmelzung und Konservierung von Wandbemalungen in den kampanischen Antikenstätten, Palilia 26 (Wiesbaden 2012)

Eichner 1981 K. Eichner, Die Produktionsmethoden der stadtrömischen Sarkophagfabrik in der Blütezeit unter Konstantin, JAChr 24, 1981, 84–113

Eisner 1986 M. Eisner, Zur Typologie der Grabbauten im Suburbium Roms, RM Ergh. 26 (Mainz 1986)

Engels 1998 J. Engels, Funerum sepulcrorumque magnificentia. Begräbnis- und Grabluxusgesetze in der griechisch-römischen Welt. Mit einigen Ausblicken auf Einschränkungen des funeralen und sepulkralen Luxus im Mittelalter und in der Neuzeit, Hermes Einzelschrift 78 (Stuttgart 1998)

Engemann 1973 J. Engemann, Untersuchungen zur Sepulkralsymbolik der späteren römischen Kaiserzeit, JBAC Ergh. 2 (Münster 1973)

Ewald 1999 B. Ch. Ewald, Der Philosoph als Leitbild. Ikonographische Untersuchungen an römischen Sarkophagreliefs, RM Ergh. 34 (Mainz 1999)

Fariñas del Cerro u. a. 1977 L. Fariñas del Cerro – A. Hesnard – W. F. de la Vega, Contribution à l'établissement d'une typologie des amphores dites »Dressel 2–4«: in: Méthodes classiques et méthodes formelles dans l'étude typologique des amphores. Actes du colloque de Rome 27–29 mai 1974 (Rom 1977) 179–206

Fasold u. a. 2001 P. Fasold – M. Heinzelmann – J. Ortalli – M. Witteyer (Hrsg.), Römischer Bestattungsbrauch und Beigabensitten in Rom, Norditalien und den Nordwestprovinzen von der späten Republik bis in die Kaiserzeit (= Culto dei morti e costumi funerari romani. Roma, Italia settentrionale e province nord-occidentali dalla tarda Repubblica all'età imperiale), Palilia 8 (Wiesbaden 2001)

Felletti Maj 1953 B. M. Felletti Maj, Le pitture di una tomba della Via Portuense, RIA 2, 1953, 40–76

Fellmann 1957 R. Fellmann, Das Grab des Lucius Munatius Plancus bei Gaeta (Basel 1957)

Feraudi-Gruénais 2001a F. Feraudi-Gruénais, Ubi diutius nobis habitandum est. Die Innendekoration der kaiserzeitlichen Gräber Roms, Palilia 9 (Wiesbaden 2001)

Feraudi-Gruénais 2001b F. Feraudi-Gruénais, Grabinschriften im archäologischen Kontext. Komplementarität von Schrift und Bild?, in: Fasold u. a. 2001, 203–213

Feraudi-Gruénais 2003 F. Feraudi-Gruénais, Inschriften und ›Selbstdarstellung‹ in stadtrömischen Grabbauten, Libitina 2 (Rom 2003)

Ferrua 1941 A. Ferrua, Nelle grotte di san Pietro, La Civiltà Cattolica 93, 3, 1941, 358–365. 424–433

Ferrua 1942a A. Ferrua, Nuove scoperte sotto san Pietro, La Civiltà Cattolica 93, 4, 1942, 72–85. 228–241

Ferrua 1942b A. Ferrua, Lavori e scoperte nelle Grotte di San Pietro, BCom 70, 1942, 95–106

Ferrua 1947–1949 A. Ferrua, Un mausoleo della necropoli scoperta sotto San Pietro, RendPontAc 23/24, 1947–1949, 217–229

Filippi 2008 F. Filippi, Horti et sordes. Uno scavo alle falde del Gianicolo (Rom 2008)

Fiocchi Nicolai u. a. 1998 V. Fiocchi Nicolai – F. Bisconti – D. Mazzoleni, Roms christliche Katakomben. Geschichte, Bilderwelt, Inschriften (Regensburg 1998)

Fiocchi Nicolai 2001 V. Fiocchi Nicolai, Strutture funerarie ed edifici di culto paleocristiani di Roma dal IV al VI secolo, Studi e ricerche 3 (Vatikanstadt 2001)

Fioretti 2012 P. Fioretti, Gli usi della scrittura dipinta nel mondo romano, in: P. Fioretti (Hrsg.), Storie di cultura scritta. Studi per Francesco Magistrale (Spoleto 2012) 409–425

Fittschen u. a. 2010 K. Fittschen – P. Zanker – P. Cain, Katalog der römischen Porträts in den Capitolinischen Mussen und den anderen kommunalen Sammlungen der Stadt Rom II. Die männlichen Privatporträts (Berlin 2010)

Fittschen – Zanker 1983 K. Fittschen – P. Zanker, Katalog der römischen Porträts in den Capitolinischen Museen III. Kaiserinnen- und Prinzessinnenbildnisse, Frauenporträts (Mainz 1983)

Fittschen – Zanker 2014 K. Fittschen – P. Zanker, Katalog der römischen Porträts in den Capitolinischen Museen und den anderen kommunalen Sammlungen der Stadt Rom IV. Kinderbildnisse. Nachträge zu den Bänden I–III. Neuzeitliche oder neuzeitliche verfälschte Bildnisse. Bildnisse an Reliefdenkmälern (Berlin 2014)

Floriani Squarciapino 1958 M. Floriani Squarciapino, Scavi di Ostia 3. Le necropolis 1. Le tombe di età repubblicana e augustea, Scavi di Ostia III 1 (Rom 1958)

Floriani Squarciapino 1956–1958 M. Floriani Squarciapino, Piccolo corpus dei mattoni scolpiti Ostiensi, BCom 76, 1956–1958, 183–204

Floriani Squarciapino 1961 M. Floriani Squarciapino, Ostia. Scoperte in occasione di lavori stradali tra la via Guido Calza e la via dei Romagnoli, NSc 15, 1961, 145–177

Flutsch – Hauser 2012 L. Flutsch – P. Hauser, Le mausolée nouveau est arrivé, les monuments funéraires d'Avenches-en Chaplix, Aventicum 18 (Lausanne 2012)

Focke Tannen 1974 H. Focke Tannen, Die Geschichte der gromatischen Institutionen. Untersuchungen zu Landverteilung, Landvermessung, Bodenverwaltung und Bodenrecht im römischen Reich (Wiesbaden 1974)

Fornari 1917 F. Fornari, Roma, nuove scoperte nell'area dell'antica città, NSc 1917, 174–179

Frank 1959 T. Frank, An Economic Survey of Ancient Rome [6](Paterson 1959)

Frantz u. a. 1969 A. Frantz – H. A. Thompson – J. Travlos, The ›Temple of Pythios‹ on Sikinos, AJA 73, 1969, 398–422

Fratti u. a. 2010 L. Fratti – U. Sansoni – R. Scotti (Hrsg.), Il nodo di Salomone. Un simbolo nei millenni (Turin 2010)

Freyberger 1990 K. S. Freyberger, Stadtrömische Kapitele aus der Zeit von Domitian bis Alexander Severus. Zur Arbeitsweise und Organisation stadtrömischer Werkstätten der Kaiserzeit (Mainz 1990)

Friedländer 1922 L. Friedländer, Darstellungen aus der Sittengeschichte Roms in der Zeit von Augustus bis zum Ausgang der Antonine II [10](Leipzig 1922)

Fritsch 2018 B. Fritsch, Die Dekonstruktion antiker Räume und die Spolienverwertung beim Neubau von St. Peter in Rom, Berlin Studies of the Ancient World 63 (Berlin 2018)

Fusco 2006 LTUR Suburbium IV (Rom 2006) 96–113 s. v. Nomentana Via (U. Fusco)

Gaggadis-Robin 1998 V. Gaggadis-Robin, Sarcophages d'Arles. Art attique et influences micrasiatiques, in: G. Koch (Hrsg.), Akten des Symposiums »125 Jahre Sarkophag-Corpus«, Marburg 4.–7. Oktober 1995, SarkSt 1 (Mainz 1998) 262–277

Gasparri 1972 C. Gasparri, Il sarcofago romano del museo di Villa Giulia, RendLinc 27, 1972, 1–45

Gasparri 1992 C. Gasparri, in: P. C. Bol (Hrsg.), Villa Albani. Katalog der Bildwerke III (Berlin 1992) 33–44 Nr. 260 Taf. 4. 10

Gatti 1908 G. Gatti, Roma. Nuove scoperte nella città e nel suburbio, NSc 1908, 12–19

Gee 2011/2012 R. Gee, Cult and Circus »In Vaticanum«, MemAmAc 56/57, 2011/2012, 63–83

Geppert 1996 St. Geppert, Castor und Pollux. Untersuchungen zu den Darstellungen der Dioskuren in der römischen Kaiserzeit, Charybdis 8 (Münster 1996)

Gering 2018 A. Gering, Ostias vergessene Spätantike. Eine urbanistische Deutung zur Bewältigung von Verfall, Palilia 31 (Wiesbaden 2018)

von Gerkan 1927 A. von Gerkan, Die christlichen Anlagen unter San Sebastiano, Beilage zu H. Lietzmann, Petrus und Paulus in Rom, Liturgische und archäologische Studien, Arbeiten zur Kirchengeschichte 1 ²(Berlin 1927) 248–304

Germoni 2011 P. Germoni, The Isola Sacra. Reconstructing the Roman Landscape, in: M. Millet – S. J. Keay (Hrsg.), Portus and its Hinterland (London 2011) 231–260

Germoni u. a. 2019 P. Germoni – S. Keay – M. Millett – K. Strutt, Ostia Beyond the Tiber. Recent Archaeological Discoveries in the Isola Sacra, in: M. Cébeillac-Gervasoni – N. Laubry – F. Zevi (Hrsg.), Ricerche su Ostia e il suo territorio. Atti del terzo seminario Ostiense, Roma, École française de Rome, 21–22 ottobre 2015, CEFR 533 (Rom 2019) 149–168

Giavarini 2005 C. Giavarini, La Basilica di Massenzio. Il monumento, i materiali, le strutture, la stabilità, StA 137 (Rom 2005)

Giuliani 1966 C. F. Giuliani, Tibur 2, Forma Italiae I 3 (Rom 1966)

Giuliano 1985 A. Giuliano (Hrsg.), Museo Nazionale Romano I. Le sculture 8, 1 (Rom 1985)

Goette 1990 H. R. Goette, Studien zu römischen Togadarstellungen, BeitrEskAr 10 (Mainz 1990)

Graham 2006 E.-J. Graham, The Burial of the Urban Poor in Italy in the Late Roman Republic and Early Empire, BARIntSer 1565 (Oxford 2006)

Gregori 1987/1988 G. L. Gregori, Horti sepulcrales e cepotaphia nelle iscrizone urbane, BCom 92, 1987/1988, 175–188

Gregori 2004 G. L. Gregori, ›Si quis contra legem sepucri fecerit‹. Violazioni e pene pecuniare, in: S. Panciera (Hrsg.), Libitina e dintorni. Libitina e i luci sepolcrali, Iura sepulcrorum. Vecchie e nuove iscrizioni, Rencontre franco-italienne sur l'épigrahie du monde romain, Libitina 3 (Rom 2004) 391–404

Griesbach 2000 J. Griesbach, Le aree funerarie del contado suburbano. Alcune riflessioni su rinvenimenti recenti nel territorio ad est di Fidenae, in: F. Di Gennaro (Hrsg.), Fidenae e il suo territorio in età romana. Atti della giornata di studio, 26 maggio 2000, Istituto Archeologico Germanico, Roma, BCom 101, 2000, 213–224

Griesbach 2001 J. Griesbach, Grabbeigaben aus Gold im Suburbium von Rom, in: Fasold u. a. 2001, 99–121

Griesbach 2011 J. Griesbach, Eine Krise des ›portrait habit‹? Zu den Aufstellungskontexten von Ehren- und Porträtstatuen im 3. Jh. n. Chr., in: St. Faust – F. Leitmeir (Hrsg), Repräsentationsformen in severischer Zeit (Berlin 2011) 77–110

Gros 2001 P. Gros, L'architecture romaine: du début du IIIe siècle av. J.-C. à la fin du Haut-Empire 2. Maisons, palais, villas et tombeaux, Manuels d'art et d'archéologie antiques (Paris 2001)

Grosser 2021 F. Grosser, Darstellungen von Wagenlenkern in der römischen Kaiserzeit und frühen Spätantike (Wiesbaden 2021)

Guarducci 1953 M. Guarducci, Ein vorkonstantinisches Denkmal Christi und Petri in der vatikanischen Nekropole (Rom 1953)

Guarducci 1956/1957 M. Guarducci, Documenti del I secolo nella necropoli Vaticana, RendPontAc 29, 1956/1957, 111–137

Guarducci 1959 M. Guarducci, La tomba di Pietro. Notizie antiche e nuove scoperte (Rom 1959)

Guarducci 1959/1960 M. Guarducci, Nuove iscrizioni nella zona del circo di Nerone in Vaticano, RendPontAc 32, 1959/1960, 123–132

Guarducci 1963 M. Guarducci, La tradizione di Pietro in Vaticano (Vatikanstadt 1963)

Guarducci 1966/1967 M. Guarducci, Una moneta nella necropoli vaticana, RendPontAc 39, 1966/1967, 135–143

Guarducci 1983a M. Guarducci, Pietro in Vaticano (Rom 1983)

Guarducci 1983b M. Guarducci, Aspetti religiosi pagani nella necropoli sotto la Basilica Vaticana, Studi e materiali di storia delle religioni 7, 1983, 103–122

Guarducci 1992 M. Guarducci, L'urnetta cineraria di C. Clodius Romanus nella necropoli vaticana, ArchCl 44, 1992, 185–191

Gunnter 1997 LIMC VIII (1997) 969 Nr. 223 s. v. Persephone (G. Gunnter)

Günther 1913 R. T. Günther, Pausilypon – The Imperial Villa near Neaples (Oxford 1913)

Gury 1986 LIMC III (1986) 608–635 s. v. Dioskouroi/Castores (F. Gury)

Gütschow 1938 M. Gütschow, Das Museum der Prätextat-Katakombe, MemPontAc 4, 2, 1938, 29–268

Guzzo 1997 P. G. Guzzo, Il corvo e l'uovo. Un'ipotesi sciamanica, BdA 67, 1997, 123–128

Häusle 1980 H. Häusle, Das Denkmal als Garant des Nachruhms. Beiträge zur Geschichte und Thematik eines Motivs in lateinischen Inschriften, Zetemata 75 (München 1980)

Haug 2003 A. Haug, Die Stadt als Lebensraum. Eine kulturhistorische Analyse zum spätantiken Stadtleben in Norditalien, Internationale Archäologie 85 (Rahden/Westf. 2003)

Heilmeyer 1970 W. D. Heilmeyer, Korinthische Normalkapitelle. Studien zur Geschichte der römischen Architekturdekoration, RM Ergh. 16 (Heidelberg 1970)

Heimberg 1977 U. Heimberg Römische Landvermessung: Limitatio, Kleine Schriften zur Kenntnis der römischen Besetzungsgeschichte Südwestdeutschlands 17 (Aalen 1977)

Heinzelmann 2000 M. Heinzelmann, Die Nekropolen von Ostia. Untersuchungen zu den Gräberstraßen vor der Porta Romana und an der Via Laurentina, Studien zur antiken Stadt 6 (München 2000)

Heinzelmann 2001 M. Heinzelmann, Grabarchitektur, Bestattungsbrauch und Sozialstruktur. Zur Rolle der familia, in: Fasold u. a. 2001, 179–191

Henrich 2010 P. Henrich, Die römische Nekropole und die Villenanlage von Duppach-Weiermühle, Vulkaneifel, TrZ Beih. 33 (Trier 2010)

von Hesberg 1976 H. von Hesberg, Zur Entstehung des Gebälkes der römischen Repräsentationsarchitektur, in: P. Zanker (Hrsg.), Hellenismus in Mittelitalien. Kolloquium in Göttingen vom 5. bis 9. Juni 1974, AbhGöttingen 97 (Göttingen 1976) 439–449

von Hesberg 1980 H. von Hesberg, Konsolengeisa des Hellenismus und der frühen Kaiserzeit, RM Ergh. 16 (Heidelberg 1980)

von Hesberg 1984 H. von Hesberg, Römische Grundrisspläne auf Marmor, in: W. Hoepfner (Hrsg.), Bauplanung und Bautheorie der Antike. Kolloquium des Architekturreferats 16.–18. November 1983, DiskAB 4 (Berlin 1984) 120–133

von Hesberg 1987a H. von Hesberg, Planung und Ausgestaltung der Nekropolen Roms im 2. Jh. n. Chr., in: H. von Hesberg – P. Zanker (Hrsg.), Römische Gräberstraßen. Selbstdarstellung, Status, Standard. Kolloquium in München vom 28. bis 30. Oktober 1985 (München 1987) 43–60

von Hesberg 1987b H. von Hesberg, ›La grotta nella via Salaria‹. Ein Ziegelgrab antoninischer Zeit in Rom, JdI 102, 1987, 391–411

von Hesberg 1992 H. von Hesberg, Römische Grabbauten (Darmstadt 1992)

von Hesberg 2002 H. von Hesberg, Il profumo del marmo. Cambiamenti nei riti di seppellimento e nei monumenti funerari nel I sec. d. C., in: D. Vaquerzo Gil (Hrsg.), Espacio y usos funerarios en el Occidente romano. Actas del Congreso Internacional celebrado en la Facultad de Filosofía y Letras de la Universidad de Córdoba, 5–9 de junio, 2001 (Cordoba 2002) 33–49

von Hesberg – Panciera 1994 H. von Hesberg – S. Panciera, Das Mausoleum des Augustus. Der Bau und seine Inschriften, AbhMünchen 108 (München 1994)

von Hesberg – Pfanner 1988 H. von Hesberg – M. Pfanner, Ein augusteisches Columbarium im Park der Villa Borghese, JdI 103, 1988, 465–487

Herdejürgen 1996 H. Herdejürgen, Stadtrömische und italische Girlandensarkophage 1. Die Sarkophage des 1. und 2. Jahrhunderts, ASR VI 2, 1 (Berlin 1996)

Helttula 2007 A. Helttula, Le iscrizioni sepolcrali latine nell'Isola Sacra, ActaInstRomFin 30 (Rom 2007)

Hope 2000 V. M. Hope, Contempt and Respect. The Treatment of the Corpse in Ancient Rome, in: V. M. Hope – E. Marshall (Hrsg.), Dead and Disease in the Ancient City (London 2000) 104–127

Hueber 1999 F. Hueber, Ephesos. Optical Refinements in Roman Imperial Architecture and Urban Design of the East, in: H. Bankel – L. Haselberger (Hrsg.), Appearance and Essence. Refinements of Classical Architecture – Curvature. Proceedings of the Second Williams Symposium on Classical Architecture held at the University of Pennsylvania, Philadelphia, April 2–4, 1993, University Museum Monograph 107 (Philadelphia 1999) 211–223

Hug 1921 Pauly-Wissowa XII 1 (1921) 693 s. s. v. Lanterna (A. Hug)

Humphrey 1986 J. H. Humphrey, Roman Circuses. Arenas for Chariot Racing (London 1986)

Huskinson 1996 J. Huskinson, Roman Children's Sarcophagi. Their Decoration and its Social Significance (Oxford 1996)

Iacopi 1959 G. Iacopi in: E. De Ruggiero, Dizionario epigrafico di antichità romane IV (1959) 512–521 s. v. Legatus Nr. 5

Jastrzębowska 1981 E. Jastrzębowska, Untersuchungen zum christlichen Totenmahl aufgrund der Monumente des 3. und 4. Jahrhunderts unter der Basilika des Hl. Sebastian in Rom, Europäische Hochschulschriften 38, 2 (Frankfurt am Main 1981)

Jastrzębowska 2016 E. Jastrzębowska, Maxentius' damnatio memoriae and Constantine's inventio basilicae in Rome, in: O. Brandt – V. Fiocchi Nicolai – G. Castiglia (Hrsg.), Costantino e i Costantinidi. L'innovazione costantiniana, le sue radici e i suoi sviluppi. Acta XVI congressus internationalis archaeologiae christianae, Romae 22.–28.9.2013 (Vatikanstadt 2016) 509–522

Jones 1981 R. F. Jones, Cremation and Inhumation-Change in the Third Century, in: A. King – M. Henig (Hrsg.), The Roman West and the Third Century, BARIntSer 109 (Oxford 1981) 15–19

Joshel 1992 S. Joshel, Work, Identity and Legal Status at Rome. A Study of the Occupational Inscriptions, Oklahoma Series in Classical Culture 11 (London 1992)

Josi 1931 E. Josi, Scoperta di un sepolcreto romano nel territorio della Città del Vaticano, L'Illustrazione vaticana 2, 1931, 26–35

Joyce 1990 H. Joyce, Hadrian's Villa and the »Dome of Heaven«, RM 97, 1990, 347–381

Jucker 1961 H. Jucker, Das Bildnis im Blätterkelch. Geschichte und Bedeutung einer römischen Porträtform (Olten 1961)

Jucker 1967 H. Jucker, Zwei konstantinische Porträtköpfe, in: Gestalt und Geschichte. Festschrift K. Schefold, AntK Beih. 4 (Bern 1967) 121–131

Kammerer-Grothaus 1974 H. Kammerer-Grothaus, Der Deus Rediculus im Triopion des Herodes Atticus. Untersuchungen am Bau und zu polychromer Ziegelarchitektur des 2. Jahrhunderts n. Chr. in Latium, RM 81, 1974, 131–252

Kammerer-Grothaus 1978 H. Kammerer-Grothaus, Zu den antiken Gräberstraßen unter S. Sebastiano an der Via Appia antica, RM 85, 1978, 113–150

Kaser 1978 M. Kaser, Zum römischen Grabrecht, ZSav 95, 1978, 15–92

de Kersauson 1996 K. de Kersauson, Musée du Louvre. Catalogue des portraits II (Paris 1996)

Kirschbaum 1957 E. Kirschbaum, Die Gräber der Apostelfürsten (Frankfurt am Main 1957)

Kirschbaum 1959 E. Kirschbaum, The Tombs of St. Peter and St. Paul (London 1959)

Kirschbaum 1974 E. Kirschbaum, Die Gräber der Apostelfürsten ³(Frankfurt am Main 1974)

Knosala 2022 Th. Knosala, Die Grabrepräsentation der ritterlichen und senatorischen Bevölkerungsgruppe in Lazio, Beginn der Republik – spätseverische Zeit (Heidelberg 2022) <https://archiv.ub.uni-heidelberg.de/propylaeumdok/volltexte/2022/5467>

Koch 1975 G. Koch, Die mythologischen Sarkophage. Meleager, ASR XII 6 (Berlin 1975)

Koch 2000 G. Koch, Frühchristliche Sarkophage, HdAW 12, 6 (München 2000)

Koch – Sichtermann 1982 G. Koch – H. Sichtermann, Römische Sarkophage, Handbuch der Archäologie (München 1982)

Kockel 1983 V. Kockel, Die Grabbauten vor dem Herkulaner Tor in Pompeji, BeitrESkAr 1 (Mainz 1983)

Kockel – Weber 1983 V. Kockel – B. Weber, Die Villa delle colonne a mosaico in Pompeji, RM 90, 1983, 51–89

Kockel 1986 V. Kockel, Archäologische Funde und Forschungen in den Vesuvstädten 2, AA 1986, 443–569

Kockel 1993 V. Kockel, Porträtreliefs stadtrömischer Grabbauten. Ein Beitrag zur Geschichte und zum Verständnis des spätrepublikanisch-frühkaiserzeitlichen Privatporträts, BeitrESkAr 12 (Mainz 1993)

Kolb 1993 A. Kolb, Die kaiserliche Bauverwaltung in der Stadt Rom, Geschichte und Aufbau der cura operum publicorum unter dem Prinzipat, Heidelberger Althistorische Beiträge und epigraphische Studien 13 (Stuttgart 1993)

Koortbojian 2019 M. Koortbojian, Standardization and Transformation. Some Observations on the Sarcophagus Trade and Sarcophagus Production, in: Chr. H. Hallett (Hrsg.), Flesheaters. International Symposium on Roman Sarcophagi. University of California at Berkeley 18–19 September 2009, SarkSt 11 (Wiesbaden 2019) 125–143

Kossatz-Deissmann 1994 LIMC VII (1994) 176–188 s. v. Paridis Iudicium (A. Kossatz-Deissmann)

Koßmann 2019 D. Koßmann, Lateinische Steininschriften im Antikenhandel (2016–2018), ZPE 211, 2019, 257–273

Kovacs 2019 M. Kovacs, Medienwandel und Medienpersistenz. Zur weitgehenden Absenz des rundplastischen Porträts in spätantiken Grabmonumenten, in: D. Boschung – F. Queyrel (Hrsg.), Das Porträt als Massenphänomen (= Le portrait comme phénomène de masse), Morphomata 40 (Paderborn 2019) 319–376

Kranz 1984 P. Kranz, Die Jahreszeiten-Sarkophage, ASR V 4 (Berlin 1984)

Krautheimer u. a. 1970 R. Krautheimer – S. Corbett – W. Frankel, Corpus basilicarum Christianarum Romae IV. Monumenti di antichità Cristiana 2, 2 (Vatikanstadt 1970)

Krautheimer u. a. 1977 R. Krautheimer – S. Corbett – A. K. Frazer, Corpus basilicarum Christianarum Romae V, Monumenti di antichità Cristiana 2, 2 (Vatikanstadt 1977)

Kyllingstad – Sjöqvist 1965 R. Kyllingstad – E. Sjöqvist, Hellenistic Doorways and Thresholds from Morgantina, ActaAArtHist 2, 1965, 23–34

Lancaster 2005 L. C. Lancaster, The Process of Building the Colosseum. The Site, Materials, and Construction Techniques, JRA 18, 1, 2005, 57–82

Lange 2011 M. Lange, The »Carvoran Modius«. A New Interpretation of a Roman Measure from the Province Britannia, Boreas 34, 2011, 153–163

Lapadula 1997 E. Lapadula, Le anfore di Spello nelle Regiones VI e VII, BSR 65, 1997, 127–156

La Rocca 1993 E. La Rocca, Due monumenti a pianta circolare in circo Flaminio. Il perirhanterion e la columna Bellica, in: R. T. Scott – A. R. Scott (Hrsg.), Eius Virtutis Studiosi. Classical and Postclassical Studies in Memory of Frank Edward Brown, Studies in the History of Art, Symposion Papers 23 (Washington 1993) 17–29

La Rocca 2009 E. La Rocca, Il templum gentis Flaviae, in: L. Capogrossi Colognesi – E. Tassi Scandone (Hrsg.), La lex de imperio Vespasiani e la Roma dei Flavi. Atti del Convegno Roma 20–22 novembre 2008 (Rom 2009) 271–297

Laubry 2007 N. Laubry, Le transfer des corps dans l'empire Romain, MEFRA 119, 1, 2007, 149–188

Laubry 2019 N. Laubry, Iura sepulcrorum à Ostie, in: M. Cébeillac-Gervasoni – N. Laubry – F. Zevi (Hrsg.), Ricerche su Ostia e il suo territorio. Atti del terzo seminario Ostiense, Roma, École française de Rome, 21–22 ottobre 2015, CEFR 533 (Rom 2019) 349–367

Lazzarini 1991 S. Lazzarini, Sepulcra familiaria. Un'indagine epigrafico giuridica (Padua 1991)

Lega 1995 C. Lega, Alcuni inediti dal Lapidario Profano ex Lateranense, BMonMusPont 15, 1995, 55–80

Lepetz – Van Andringa 2008 S. Lepetz – W. Van Andringa, Archéologie du rituel. Méthode appliquée à l'étude de la nécropole de Porta Nocera à Pompéi, in: J. Scheid (Hrsg.), Pour une archéologie du rite. Nouvelles perspectives de l'archéologie funéraire, CEFR 407 (Rom 2008) 105–126

Leppin – Ziemssen 2007 H. Leppin – H. Ziemssen, Maxentius. Der letzte Kaiser in Rom, Zaberns Bildbände (Mainz 2007)

Letta 2012 C. Letta, Il Collegium ararum luciarum di Alba Fucens. Un'eco della morte di Lucio Cesare?, in: H. Solin (Hrsg.), Le epigrafi della Valle di Comino. Atti dell'ottavo convegno epigrafico Cominense Atina 28–29 Maggio 2011 (San Donato Val di Comino FR 2012) 89–104

Lindermann 2014 O. Lindermann, Locus, ager, spatium. Wortuntersuchungen zum Raumbegriff der Gromatici veteres, in: E. Knobloch – C. Möller (Hrsg.), In den Gefilden der römischen Feldmesser. Juristische, wissenschaftsgeschichtliche, historische und sprachliche Aspekte, Topoi. Berlin Studies of the Ancient World 13 (Berlin 2014) 199–213

Lindsay 2000 H. Lindsay, Death-Pollution and Funerals in the City of Rome, in: V. M. Hope – E. Marshall (Hrsg.), Dead and Disease in the Ancient City (London 2000) 152–173

Lindner 1984 R. Lindner, Der Raub der Persephone in der antiken Kunst, Beiträge zur Archäologie 16 (Würzburg 1984)

Ling 1999 R. Ling, Stuccowork and Painting in Roman Italy (Ashgate 1999)

Lissi Caronna 1969 E. Lissi Caronna, Roma. Rinvenimenti di un tratto del diverticulum a via Salaria Vetere, NSc 23, 1969, 72–113

Lissi Caronna 1970 E. Lissi Caronna, Roma. Resti di sepolcri e di alcune strutture romane nel parco della villa Doria-Pamphili al Gianicolo, NSc 24, 1970, 345–361

Liverani 1992/1993 P. Liverani, Le colonne e il capitello in bronzo d'età romana dell'altare del SS. Sacramento in Laterano. Analisi archeologica e problematica storica, RendPontAc 65, 1992/1993, 75–124

Liverani 1998 P. Liverani, Laterano 1. Scavi sotto la Basilica di S. Giovanni in Laterano, Monumenta Sanctae Sedis 1 (Vatikanstadt 1998)

Liverani 1999a P. Liverani, La topografia antica del Vaticano, Monumenta Sanctae Sedis 2 (Vatikanstadt 1999)

Liverani 1999b LTUR IV (1999) 111 s. v. Pons Neronianus (P. Liverani)

Liverani 1999/2000 P. Liverani, Rev. di U. Sansoni Il nodo di Salomone. Simbolo e archetipo d'alleanza, ArchCl 51, 1999/2000, 513–515

Liverani 2000/2001 P. Liverani, Due note di topografia Vaticana. Il theatrum Neronis e i toponimi legati alla tomba di S. Pietro, RendPontAc 73, 2000/2001, 129–146

Liverani 2006a LTUR IV Suburbium (2006) 275 f. s. v. Pyramis in Vaticano (P. Liverani)

Liverani 2006b P. Liverani, L'area vaticana e la necropoli prima della basilica, in: Petros eni – Pietro è qui. 500 anni della Basilica di S. Pietro. Ausstellungskatalog Vatikanstadt (Vatikanstadt 2006) 173–195

Liverani 2008 P. Liverani, Il »Phrygianum« Vaticano, in: B. Palma Venetucci (Hrsg.), Culti Orientali tra scavo e collezionismo (Rom 2008) 40–48

Liverani 2008 P. Liverani, Saint Peter's, Leo the Great and the Leprosy of Constantine, PBSR 76, 2008, 155–172

Liverani 2013 P. Liverani, The Lateran-Project. Interim Report on the July 2012 and January 2013 Seasons (Rome), PBSR 81, 2013, 360–363

Liverani 2016a P. Liverani, Un destino di marginalità. Storia e topografia dell'area vaticana nell'antichità, in: C. Parisi Presicce – L. Petacco (Hrsg.), La Spina. Dall'Agro Vaticano a via della Conciliazione. Ausstellungskatalog Rom (Rom 2016) 21–29

Liverani 2016b P. Liverani, I giardini imperiali di Roma, in: G. Di Pasquale – F. Paolucci, Il giardino antico da Babilonia a Roma. Scienza, arte e natura (Livorno 2016) 86–97

Liverani 2016c P. Liverani, The Sunset of 3D, in: T. M. Kristensen – L. M. Stirling (Hrsg.), The Afterlife of Greek and Roman Sculpture (Ann Arbor 2016) 310–329

Liverani – Spinola 2006 P. Liverani – G. Spinola, La necropoli vaticana lungo la via Trionfale, Musei Vaticani. Le Guide (Rom 2006)

Liverani – Spinola 2010 P. Liverani – G. Spinola, Le necropoli vaticane. La città dei morti di Roma, Monumenta Vaticana selecta/Die Nekropolen im Vatikan (Vatikanstadt 2010)

Llinas 1973 C. Llinas, Inter duas januas à la Maison du lac, in: A. Plassart (Hrsg.), Etudes déliennes publiées à l'occasion du centième anniversaire du début des fouilles de l'Ecole française d'Athènes à Délos, BCH Suppl. 1 (Paris 1973) 291–328

Lo Cascio 2012 E. Lo Cascio (Hrsg.), L'impatto della »Peste Antonina«, PRAGMATEIAI 22 (Bari 2012)

Lugli 1917 G. Lugli, Via Salaria. Esplorazione di un nuovo tratto del sepolcreto Salario, NSc 1917, 288–310

Lugli 1919 G. Lugli, Via Ostiense. Scavo di un sepolcreto Romano presso la Basilica di S. Paolo, NSc 1919, 285–354

MacMullen 1993 R. MacMullen, The Unromanized in Rome, in: S. J. D. Cohen – E. S. Frerichs (Hrsg.), Diasporas in Antiquity (Atlanta 1993)

Magi 1958 F. Magi, Relazione preliminare sui ritrovamenti archeologici nell'area dell'autoparco vaticano, in: Triplice Omaggio a Sua santità Pio XII, vol. II (Vatikanstadt 1958) 87–115

Magi 1966 F. Magi, Un nuovo mausoleo presso il Circo Neroniano e altre minori scoperte, RACr 42, 1966, 207–226

Magi 1972/1973 F. Magi, Il circo Vaticano in base alle più recenti scoperti, il suo obelisco e i suoi ›carceres‹, RendPontAc 45, 1972/1973, 37–73

Magi 1976 F. Magi, Omaggio a Venere. Su architrave domizianeo di Castel Gandolfo, RM 83, 1976, 157–164

Maiuro 2008 LTUR Suburbium (2008) 202–207 s. v. Via Triumphalis (M. Maiuro)

Malaise 1972 M. Malaise, Inventaire préliminaire des documents égyptiens découverts en Italie, EPRO 21 (Leiden 1972)

Manacorda 1974/1975 D. Manacorda, A proposito delle iscrizioni dell'autoparco vaticano, DialA 8, 1974/1975, 491–511

Manacorda 1979 D. Manacorda, Un'officina lapidaria sulla via Appia. Studio archeologico sull'epigrafia sepolcrale d'età giulio-claudia in Roma, StA 26 (Rom 1979)

Mancini 1911 G. Mancini, Roma. Nuove scoperte, NSc 1911, 63–75

Mancini 1923 G. Mancini, Scavi sotto la basilica di S. Sebastiano sull'Appia Antica, NSc 20, 1923, 3–79

Manodori 1976 A. Manodori, Quadrighe circensi dei Musei Capitolini, ArchCl 28, 1976, 179–197

Marchegay u. a. 1998 S. Marchegay – M.-Th. Le Dinahet – J.-F. Salles (Hrsg.), Nécropoles et pouvoir. Idéologies, pratiques et interpretations. Actes du colloque Théories de la nécropole antique, Lyon 21–25 janvier 1995, Travaux de la Maison de l'Orient 27 (Lyon 1998)

Mari 2005 LTUR III (2005) 241–243 s. v. M. Lucilii Paeti Sepulcrum (Z. Mari)

Martin 1989 S. D. Martin, The Roman Jurists and the Organisation of Private Building in the Republic and Early Empire, Collection Latomus 204 (Brüssel 1989)

Mathea-Förtsch 1999 M. Mathea-Förtsch, Römische Rankenpfeiler und -pilaster. Schmuckstützen mit vegetabilem Dekor, vornehmlich aus Italien und den westlichen Provinzen, BeitrErSkAr 17 (Mainz 1999)

Matsson 1990 B. Matsson, The Ascia Symbol on Latin Epitaphs, Studies in Mediterranean Archaeology and Literature, Pocket-book 70 (Göteborg 1990)

Matz 1958 F. Matz, Ein römisches Meisterwerk; der Jahreszeitensarkophag Badminton-New York, JdI Ergh. 19 (Berlin 1958)

Matz 1968 F. Matz, Die dionysischen Sarkophage, ASR IV 2 (Berlin 1968)

Matz 1971 F. Matz, Stufen der Sepulkralsymbolik in der Kaiserzeit, AA 1971, 102–116

Matz 1975 F. Matz, Die dionysischen Sarkophage, ASR IV 4 (Berlin 1975)

Mazzei 2007 P. Mazzei, Una nuova epigrafe da San Cosimato in Mica Aurea. Traiano restaura la Naumachia di Augusto?, RM 113, 2007, 147–173

Meinecke 2014 K. Meinecke, Sarcophagum posuit. Römische Steinsarkophage im Kontext, SarkSt 7 (Wiesbaden 2014)

Meloni 2013 S. Meloni, Uno schiavo di Publius Ciartius Sergianus sul retro di una lastra del Lapidario Profano ex Lateranense, BMonMusPont 31, 2013, 160–165

Meneghini 2013 R. Meneghini, Le vicende del 408–410 e la comparsa delle sepolture urbane a Roma, in: J. Lipps – C. Machado – Ph. von Rummel (Hrsg.), The Sack of Rome in 410 AD. The Event, its Context and its Impact. Proceedings of the Conference held at the German Archeological Institute at Rome 4–6 November 2010, Palilia 28 (Wiesbaden 2013) 403–407

Mercati 1719 M. Mercati, Metallotheca Vaticana (Rom 1719)

Messineo – Rosella 1989/1990 G. Messineo – R. Rosella, Torraccio della Cecchina, BCom 93, 1989/1990, 180–188

Meyer 1986 H. Meyer, Zu römischen Umbestattungen (noch eine Behauptung des Balbinus), BCom 91, 1986, 279–290

Micheli 1985 A. Giuliano (Hrsg.), Museo Nazionale Romano I. Le sculture 8, 1 (Rom 1985) 94–96 Nr. II 19 (M. E. Micheli)

Mielsch 1973/1974 H. Mielsch, Hadrianische Malereien der Vatikannekropole „ad circum", RendPontAc 46, 1973/1974, 79–89

Mielsch 1975 H. Mielsch, Römische Stuckreliefs, RM Ergh. 21 (Heidelberg 1975)

Mielsch 1978 H. Mielsch, Zur stadtrömischen Malerei des 4. Jahrhunderts n. Chr., RM 85, 1978, 151–207

Mielsch 1981 H. Mielsch, Funde und Forschungen zur Wandmalerei der Prinzipatszeit von 1945–1975, mit einem Nachtrag 1980, in: ANRW II 12, 2 (Berlin 1981) 157–264

Mielsch 1988 H. Mielsch, Das Valeriergrab in der Nekropole unter St. Peter in Rom, in: K. Stemmer (Hrsg.), Kaiser Marc Aurel und seine Zeit. Das römische Reich im Umbruch, Ausstellungskatalog Berlin (Berlin 1988) 186–188

Mielsch 2009 H. Mielsch, Überlegungen zum Wandel der Bestattungsformen in der römischen Kaiserzeit, Vorträge/Nordrhein-Westfälische Akademie der Wissenschaften. Geisteswissenschaften 421 (Paderborn 2009)

Mielsch 2011 H. Mielsch, Die Umgebung des Petrusgrabes im 2. Jahrhundert, in: St. Heid (Hrsg.), Petrus und Paulus in Rom. Eine interdisziplinäre Debatte (Freiburg 2011) 383–404

Mielsch – von Hesberg 1986 H. Mielsch – H. von Hesberg, Die Mausoleen A–D. Die heidnische Nekropole unter St. Peter in Rom, MemPontAc 16, 1 (Rom 1986)

Mielsch – von Hesberg 1995 H. Mielsch – H. von Hesberg, Die Mausoleen E–I und Z–Psi. Die heidnische Nekropole unter St. Peter in Rom, MemPontAc 16, 2 (Rom 1995)

Migliorati u. a. 2018 L. Migliorati – I. Fiore – A. Pansini – P. F. Rossi – T. Sgrulloni – V. Vaccari – A. Sperduti, Trattamento funerario differenziale di neonati di epoca tardo-romana. Le deposizioni di infanti e cani a Peltuinum, in: V. Nizzo (Hrsg.), Antropologia e archeologia a confronto. Archeologia e antropologia della morte. Atti del 3° incontro internazionale di studi, Roma 20–22 maggio 2015 (Rom 2018) 4 f.

Millar 1963 F. Millar, The Fiscus in the First Two Centuries, JRS 53, 1963, 29–42

Miranda 2001 S. Miranda, La pittura funeraria di Roma attraverso la documentazione antiquaria, in: A. Barbet (Hrsg.), La peinture funéraire antique: IVe siècle av. J.-C. – IVe siècle ap. J.C. Actes du VIIe colloque de l'Association Internationale pour la Peinture Murale Antique (AIPMA), 6–10 octobre 1998, Saint-Romain-en-Gal, Vienne (Paris 2001) 181–193

Möller 2014 C. Möller, Finis und via, iter und limes. Die Sicht von Gromatikern und Juristen auf das Wegenetz, in: E. Knobloch – C. Möller (Hrsg.), In den Gefilden der römischen Feldmesser. Juristische, wissenschaftsgeschichtliche, historische und sprachliche Aspekte, Topoi. Berlin Studies of the Ancient World 13 (Berlin 2014) 65–81

Moormann 2001 M. Moormann, Scene storiche come decorazioni di tombe romane, in: A. Barbet (Hrsg.), La peinture funéraire antique: IVe siècle av. J.-C. – IVe siècle ap. J.-C. Actes du VIIe colloque de l'Association Internationale pour la Peinture Murale Antique (AIPMA), 6–10 octobre 1998, Saint-Romain-en-Gal, Vienne (Paris 2001) 99–107

Morris 1992 I. Morris, Death-ritual and Social Structure in Classical Antiquity, Key Themes in Ancient History (Cambridge 1992)

Murer 2016 C. Murer, The Reuse of Funerary Statues in Late Antique Prestige Buildings at Ostia, in: T. M. Kristensen – L. M. Stirling (Hrsg.), The Afterlife of Greek and Roman Sculpture (Ann Arbor 2016) 177–196

Murer 2018   C. Murer, From the Tombs into the City. Grave Robbing and the Reuse of Funerary Spolia in Late Antique Italy, ActaAArtHist 30, 2018, 115–137

Musatti 2009   G. Musatti, L'intervento di restauro e considerazioni sulla tecnica pittorica, BdA 94, 2, 2009, 21–116

Nava u. a. 2018   A. Nava – P. F. Rossi – A. Sperduti – L. Bondioli, Lo studio antropologico delle sepolture di Lacrius Felix ed Onesime, in: M. Cébeillac-Gervasoni – N. Laubry – F. Zevi (Hrsg.), Ricerche su Ostia e il suo territorio. Atti del terzo seminario Ostiense, Roma, École française de Rome, 21–22 ottobre 2015, CEFR 553 (Rom 2018) 259–266

Neuerburger 1919   A. Neuerburger, Die Technik des Altertums ³(Leipzig 1919)

Nicolosi 1955   L. Nicolosi, Alcuni sarcofagi romani della necropoli vaticana, ArchCl 7, 1955, 33–49

Noack – Lehmann-Hartleben 1936   F. Noack – K. Lehmann-Hartleben, Baugeschichtliche Untersuchungen am Stadtrand von Pompeji, Denkmäler antiker Architektur 2 (Berlin 1936)

Olivanti – Spanu 2018   P. Olivanti – M. Spanu, Necropoli dell'Isola Sacra, scavo 1988–1989. Alcune riflessioni su occupazione degli spazi, cronologia delle sepolture, corredi, in: M. Cébeillac-Gervasoni – N. Laubry – F. Zevi (Hrsg.), Ricerche su Ostia e il suo territorio. Atti del Terzo Seminario Ostiense Roma, École française de Rome 21–22 ottobre 2015, CEFR 553 (Rom 2018) 67–77

Orlandini 2017   S. Orlandini, Orations in Stone, in: K. Bolle – C. Machado – Ch. Witschel, The Epigraphic Cultures of Late Antiquity, Heidelberger althistorische Beiträge und epigraphische Studien 60 (Stuttgart 2017) 407–425

Ortalli 1987   J. Ortalli, La via dei sepolcri di Sarsina. Aspetti funzionali, formali e sociali, in: H. von Hesberg – P. Zanker (Hrsg.), Römische Gräberstraßen. Selbstdarstellung, Status, Standard. Kolloquium in München vom 28. bis 30. Oktober 1985 (München 1987) 155–182

Ortalli 2011   ThesCRA VI (2011) 177–215 s. v. Morte e inumazione nel mondo Romano (J. Ortalli)

Pagliardi – Cecchini 2002/2003   M. N. Pagliardi – M. G. Cecchini, Roma. La necropoli romana di via di Grottaperfetta, NSc 13/14, 2002/2003, 331–456

Pallottino 1934–1936   M. Pallottino, I colombari Romani di Via Taranto, BCom 62/63, 1934–1936, 41–63

Palombi 2013   D. Palombi, Roma. Culto imperiale e paesaggio urbano, in: F. Fontana (Hrsg.), Sacrum facere. Atti del I Seminario di Archeologia del Sacro Trieste 17–18 febbraio 2012 (Triest 2013) 119–164

Panciera 1963/1964   S. Panciera, L'architetto Ti. Claudius Vitalis ed il suo sepolcro, RendPontAc 36, 1963/1964, 93–105

Panciera 1987   S. Panciera, La collezione epigrafica dei Musei Capitolini, Tituli 6 (Rom 1987)

Panciera 2006   S. Panciera, Tiberio con Gaio e Lucio Cesari nella Basilica Emilia, in: S. Panciera, Epigrafi, epigrafia, epigrafisti. Scritti vari editi e inediti (1956–2005) con note complementari e indici (Rom 2006) 999–1003

Panella 2001   C. Panella, Le anfore di età imperiale del Mediterraneo occidentale, in: P. Lévêque – J.-P. Morel (Hrsg.) Céramiques Hellénistiques et Romaines III, Presses universitaires Franc-Comtoises (Paris 2001) 177–275

Panella – Fano 1977   C. Panella – M. Fano, Le anfore con anse bifide conservate a Pompei. Contributo ad una loro classificazione, in: Méthodes classiques et méthodes formelles dans l'étude des amphores. Actes du colloque de Rome 27–29 mai 1974, CEFR 32 (Rom 1977) 133–177

Papi 1996a   LTUR III (1996) 76 s. v. Horti: Otho (E. Papi)

Papi 1996b   LTUR III (1996) 340 s. v. Nemus Caesarum (E. Papi)

Papi 2000/2001   C. Papi, Le iscrizioni della Necropoli Vaticana. Una revisione, RendPontAc 73, 2000/2001, 239–265

Paribeni 1922   R. Paribeni, Roma. Via Portuense, NSc 19, 1922, 408–424

Patterson 2000   J. R. Patterson, On the Margins of the City of Rome, in: V. M. Hope – E. Marshall (Hrsg.), Dead and Disease in the Ancient City (London 2000) 85–103

Paturet 2012   A. Paturet, Funérailles publiques et sépulture privée: le paradoxe de la mort dans l'ancienne Rome, Acta Iasyensia Comparationis 10, 2012, 22–29

Paturet 2014   A. Paturet, La distinctionente tombeaus de famille et tombeaux héréditaire en droit Romain Classique, Comtemporary Readings in Law and Social Justice, 6/1, 2014, 137–191

Pflug 2017   J. Pflug, Der Baustellen-Workflow im Ziegelbau. Spuren der Planungs- und Bauprozesse im ›Versenkten Peristyl‹ der ›Domus Augustana‹, in: D. Kurapkat – U. Wulf-Rheidt (Hrsg.), Werkspuren – Materialverarbeitung und handwerkliches Wissen im antiken Bauwesen. Internationales Kolloquium Berlin 13.–15. Mai 2015, DiskAB 12 (Regensburg 2017) 313–332

Pensabene 1978/1979   P. Pensabene, Stele funeraria a doppia edicola dalla Via Latina, BCom 86, 1978/1979, 17–38

Petrachi 2010   R. Petrachi, Il »Torrione di Micara« a Frascati (Rm). Documentazione grafica e analisi strutturale, in: M. Valenti (Hrsg.), Monumenta. I mausolei romani, tra commemorazione funebre e propaganda celebrative. Atti del convegno di studi, Monte Porzio Catone, 25 ottobre 2008, Tusculana 3 (Rom 2010) 173–182

Picuti 2008   M. R. Picuti, Il contributo dell'epigrafia latina allo scavo delle necropoli antiche, in: Pour une archéologie du rite. Nouvelles perspectives de l'archéologie funéraire, Études réunies par John Scheid, CEFR 407 (Rom 2008) 43–58

Pietri 1974   C. Pietri, Observations sur le martyrium constantinien du Vatican, in: Mélanges d'histoire ancienne offerts à William Seston (Paris 1974) 409–418

Pirson 1999   F. Pirson, Mietwohnungen in Pompeji und Herkulaneum. Untersuchungen zur Architektur, zum Wohnen und zur Sozial- und Wirtschaftsgeschichte der Vesuvstädte, Studien zur antiken Stadt 5 (München 1999)

Platscheck 2009–2012   H. Platscheck, Una iscrizione funeraria emendata nella necropoli sottostante la basilica di S. Pietro, MinEpigrP 12–15, 2009–2012, 14–17. 289–292

Pochmarski 1990   E. Pochmarski, Dionysische Gruppen. Eine typologische Untersuchung zur Geschichte des Stützmotivs, Sonderschriften Österreichisches Archäologisches Institut 19 (Wien 1990)

Polito 2010   E. Polito, Fregi dorici e monumenti funerari. Un aggiornamento, in: M. Valenti (Hrsg.), Monumenta. I mausolei romani, tra commemorazione funebre e propaganda celebrativa. Atti del Convegno di Studi Monte Porzio Catone, 25 ottobre 2008, Tusculana 3 (Rom 2010) 23–34

Pöhlmann 1884   R. Pöhlmann, Die Übervölkerung der antiken Großstädte (Leipzig 1884)

Poulsen 1992   B. Poulsen, The Written Sources in: I. Nielsen – B. Poulsen (Hrsg.), The Temple of Castor and Pollux I. The Pre-Augustan Temple Phases with Related Decorative Elements, Lavori e studi di archeologia 17 (Rom 1992) 54–60

Prandi 1957   A. Prandi, La zona archeologica della Confessio vaticana. I monumenti del II secolo (Vatikanstadt 1957)

Priester 2002   S. Priester, Ad summas tegulas. Untersuchungen zu vielgeschossigen Gegbäudeblöcken mit Wohneinheiten, BCom Suppl. 11 (Rom 2002)

Pucci 1968/1969   G. Pucci, L'epitaffio di Flavio Agricola e un disegno della collezione Dal Pozzo-Albani, BCom 81, 1968/1969, 173–177

Quilici 1974   L. Quilici, Collatia, Forma Italiae I 19 (Rom 1974)

Rainer 2002   J. M. Rainer, Aspekte des römischen Baurechts, in: Ch. Bruun – A. Gallina Zevi (Hrsg.), Ostia e Portus nelle loro relazioni con Roma. Atti del Convegno all'Institutum Romanum Finlandiae 3 e 4 dicembre 1999, ActaInstRomFin 27 (Rom 2002) 33–39

Rambaldi 2002   S. Rambaldi, Monopteros. Le edicole circolari nell'architettura dell'Italia romana (Bologna 2002)

Rasch 1985   J. J. Rasch, Die Kuppel in der römischen Architektur. Entwicklung, Formgebung, Konstruktion, Architectura 15, 1985, 117–139

Rasch 1990   J. J. Rasch, Zur Rekonstruktion der Andreasrotunde an Alt-St. Peter, RömQSchr 85, 1990, 1–18

Reinach 1922   S. Reinach, Répertoire de peintures grecques et romaines (Paris 1922)

Reinsberg 2006   C. Reinsberg, Die Sarkophage mit Darstellungen aus dem Menschenleben. Vita Romana, ASR I 3 (Berlin 2006)

Remesal Rodríguez 2018   J. Remesal Rodríguez, I provvedimenti annonari. La Baetica, l'olio per Roma e il Monte Testaccio, in: C. Panella – R. Rea – A. D'Alessio (edd.), I Severi. Roma Universalis. L'impero e la dinastia venuta dall'Africa (Mailand 2018) 232–241

Reschke 1966   E. Reschke, Römische Sarkophagkunst zwischen Gallienus und Konstantin d. Gr., in: F. Altheim – R. Stiehl, Die Araber in der alten Welt III (Berlin 1966)

Resko – Heinzelmann 2018   C. Resko – M. Heinzelmann, Untersuchungen zur antiken Bauökonomie, KuBA 8, 2018, 143–155

Riccardi 1966   M. L. Riccardi, Il sepolcro ›Barberini‹ sulla via Latina, Palladio 16, 1966, 151–182

Ricci 2010   C. Ricci, Sepulcrum e(st) memoria illius. Una riflessione sull'impiego del termine »memoria« negli epitaffi latini di Roma, ScA 16, 2010, 163–180

Ricciardi u. a. 2018   M. Ricciardi – L. Di Blasi – I. Bucci – H. Duday – C. Caldarini – S. Di Giannantonio, I sepolcri della ›piazzola di Alcimo‹. Aspetti del rituale funerario nella necropoli della via Triumphalis (Stato Città del Vaticano), in: V. Nizzo (Hrsg.), Antropologia e archeologia a confronto. Archeologia e antropologia della morte. Atti del 3° incontro internazionale di studi, Roma 20–22 maggio 2015 (Rom 2018) 435–457

Righini 1965   V. Righini, Forma e struttura delle porte romane. Gli esemplari di Sarsina, StRomagn 16, 1965, 393–418

Ritti 1977 T. Ritti, Immagini onomastiche sui monumenti sepolcrali di età imperiale, MemLinc 8, 21, 1977, 255–396

Rizzo 1905 G. E. Rizzo, Theaterdarstellung und Tragödienscene. Tonrelief des P. Numitorius Hilarus, ÖJh 8, 1905, 203–229

Rizzo 2003 G. Rizzo, Instrumenta urbis I. Ceramiche fini da mensa, lucerne ed anfore a Roma nei primi due secoli dell'impero, CEFR 307 (Rom 2003)

Rocchetti 1961 L. Rocchetti, Il mosaico con scene d'arena al Museo Borghese, RIA 10, 1961, 79–115

Romeo u. a. 2014 I. Romeo – D. Panariti – R. Ungaro, La tomba bella. Un heroon giulio-claudio e il suo sarcofago, Hierapolis di Frigia VI (Istanbul 2014)

Romeo 2016/2017 I. Romeo, La fine del ritratto antico ad Ostia, RendPontAc 89, 2016/2017, 407–428

Ronczewski 1903 K. Ronczewski, Gewölbeschmuck im römischen Altertum. Studien und Aufnahmen, (Berlin 1903)

Rossi 2012 D. Rossi (Hrsg.), Sulla via Flaminia. Il mausoleo di Marco Nonio Macrino (Rom 2012)

Rumpf 1939 A. Rumpf, Die Meerwesen auf den antiken Sarkophagreliefs, ASR V 1 (Berlin 1939)

Russenberger 2015 Ch. Russenberger, Der Tod und die Mädchen. Amazonen auf römischen Sarkophagen (Berlin 2015)

Sannazaro 2001 M. Sannazaro (Hrsg.), La necropoli tardoantica. Atti della giornata di studio, Milano 25–26 gennaio 1999, Contributi di archeologia 1 (Mailand 2001)

Sansoni 1998 U. Sansoni, Il nodo di Salomone. Simbolo e archetipo d'alleanza (Mailand 1998)

Sapelli 1984 M. Sapelli, in: A. Giuliano (Hrsg.), Museo Nazionale Romano I. Le sculture 7, 2 (Rom 1984) 303 f. Nr. X 5

Scardozzi 2015 G. Scardozzi, Nuovo atlante di Hierapolis di Frigia, Hierapolis VII (Istanbul 2015)

Schauenburg 1995 K. Schauenburg, Stadtrömische Eroten-Sarkophage. Zirkusrennen und verwandte Darstellungen, ASR V 3 (Berlin 1995)

Scheid 1984 J. Scheid, Contraria facere. Renversements et déplacements dans les rites funéraires, AIONArch 6, 1984, 117–139

Scheid 2008 J. Scheid (Hrsg.), Pour une archéologie du rite. Nouvelles perspectives de l'archéologie funéraire, CEFR 407 (Rom 2008)

Schilardi 2000 D. U. Schilardi, Paros and the Export of Marble Sarcophagi to Rome and Etruria, in: D. U. Schilardi – D. Katsonopoulou (Hrsg.), Paria lithos. Parian Quarries, Marble and Workshops of Sculpture. Proceedings of the First International Conference on the Archaeology of Paros and the Cyclades, Paros 02.–05.10.1997 ²(Athen 2000) 537–557

Schneider 1928 A. M. Schneider, Der Eingang zum ›Hypogäum Flaviorum‹, RM 43, 1928, 1–12

Schollmeyer 2008 P. Schollmeyer, Römische Tempel. Kult und Architektur im Imperium Romanum (Mainz 2008)

Schrumpf 2006 S. Schrumpf, Bestattung und Bestattungswesen im Römischen Reich. Ablauf, soziale Dimension und ökonomische Bedeutung der Totenfürsorge im lateinischen Westen (Göttingen 2006)

Schumacher 1986 W. N. Schumacher, Das Baptisterium von Alt-St. Peter und seine Probleme, in: O. Feld – U. Peschlow (Hrsg.), Studien zur spätantiken und byzantinischen Kunst, Friedrich Wilhelm Deichmann gewidmet, RGZM Monographien 10, 1 (Bonn 1986) 215–233

Scrinari 1982–1984 V. Santa Maria Scrinari, Il complesso cimiteriale di Santa Tecla I. La necropolis pagana, RendPontAc 55/56, 1982–1984, 389–434

Sear 1977 F. B. Sear, Roman Wall and Vault Mosaics, RM Ergh. 23 (Heidelberg 1977)

Seipel 1998 W. Seipel – M. Laubenberger, Bilder aus dem Wüstensand. Mumienportraits aus dem Ägyptischen Museum Kairo. Ausstellungskatalog Wien (Wien 1998)

Setaioli 1999 A. Setaioli, La vicenda dell'anima nelle Consolatio di Cicerone, Paideia 54, 1999, 145–174

Sichtermann 1992 H. Sichtermann, Mythologische Sarkophage 2. Apollon bis Grazien, ASR XII 2 (Berlin 1992)

Silvestrini 1987 F. Silvestrini, Sepulcrum Marci Artori Gemini. La tomba detta dei Platorini nel Museo nazionale romano, Lavori e studi di archeologia 9 (Rom 1987)

Sinn 1987 F. Sinn, Stadtrömische Marmorurnen, BeitrESkAr 8 (Mainz 1987)

Sinn 2018 F. Sinn, Urnen und Grabaltäre im Kontext ausgewählter Gräber in Rom und Ostia, in: O. Dally – J. Fabricius – H. von Hesberg (Hrsg.), Bilder und Räume. Antike Sarkophage im Kontext. Internationale Tagung, 11.–12. August 2011 in der Abteilung Rom des Deutschen Archäologischen Instituts, SarkSt 10 (Wiesbaden 2018) 15–49

Sinn – Freyberger 1996 F. Sinn – K. S. Freyberger, Vatikanische Museen. Museo Gregoriano Profano ex Lateranense. Die Grabmäler 2. Die Ausstattung des Hateriergrabes, MAR 24 (Mainz 1996)

Solin 2003 H. Solin, Die griechischen Personennamen in Rom. Ein Namenbuch, Corpus inscriptionum Latinarum. Auctarium. Series nova 2 ²(Berlin 2003)

Speier 1950   H. Speier, Die neuen Ausgrabungen unter der Peterskirche in Rom, in: R. Herbig (Hrsg.), Vermächtnis der antiken Kunst. Gastvorträge zur Jahrhundertfeier der Archäologischen Sammlungen der Universität Heidelberg (Heidelberg 1950)

Spinazzola 1953   V. Spinazzola, Pompei alla luce degli scavi nuovi di Via dell'Abbondanza, anni 1910–1923 (Rom 1953)

Spinola 1996   G. Spinola, Il Museo Pio Clementino 1, Guide cataloghi dei Musei Vaticani 3 (Vatikanstadt 1996)

Spinola 2006   G. Spinola, Vivere (e morire) al tempo di Augusto, Archeo 262, 2006, 36–49

Spinola 2014   G. Spinola, Excavations and Conservation Problems in the Roman Necropolis along Via Triumphalis in the Vatican, in: C. Saiz-Jimenez (Hrsg.), The Conservation of Subterranean Cultural Heritage. Proceedings of the Workshop, Sevilla 25–27 March 2014 (London 2014) 17–26

Spinola 2022   G. Spinola, Le indagini nella c.d. piazzola di Alcimo della necropoli di S. Rosa in Vaticano. Dati antropologici e ricerca archeologica, in: M. Marcelli (Hrsg.), Il Sepolcreto della via Ostiense a Roma. Nuovi studi e ricerche. Atti della Giornata di studi, 3 Aprile 2019; Escuela Española de Historia y Arqueología en Roma, EEHAR, BCom 123, 2022, 369–381

Spinola – Di Blasi 2014   G. Spinola – L. Di Blasi, Rituali funerari e pratiche sepolcrali nella necropoli romana lungo il tratto vaticano della via Triumphalis, in: J. M. Álvarez – T. Nogales – I. Rodà (Hrsg.), CIAC. Actas XVIII Congreso Internacional Arqueología Clásica. Centro y periferia en el Mundo Clasico. Las necropolis y los monumentos funerarios en Grecia y Roma (Mérida 2014) II, 1193–1196

Steinby 1987   E. M. Steinby, La necropoli della Via Triumphalis. Pianificazione generale e tipologia dei monumenti funerari, in: H. von Hesberg – P. Zanker (Hrsg.), Römische Gräberstraßen. Selbstdarstellung, Status, Standard. Kolloquium in München vom 28. bis 30. Oktober 1985 (München 1987) 85–110

Steinby 2001   M. Steinby, La necropoli lungo la via Triumphalis. Il rito funerario nel I sec. d. C., in: Fasold u. a. 2001, 31–34

Steinby 2003   E. M. Steinby, La necropoli della Via Triumphalis. Il tratto sotto l'autoparco vaticano, MemPontAc III 4, 17 (Rom 2003)

Steinby 2008   LTUR V Suburbium (2008) 64 s. s. v. Horti Serviliani (M. Steinby)

Steinby 2013   E. M. Steinby, Necropoli vaticane. Revisioni e novità, JRA 26, 2013, 543–552

Storoni Mazzolani 1973   L. Storoni Mazzolani, Iscrizioni funerarie, sortilegi e pronostici di Roma antica (Turin 1973)

Strobel 1993   K. Strobel, Das Imperium Romanum im »3. Jahrhundert«. Modell einer historischen Krise? Zur Frage mentaler Strukturen breiterer Bevölkerungsschichten in der Zeit von Marc Aurel bis zum Ausgang des 3. Jh. n. Chr., Historia Einzelschr. 52 (Stuttgart 1993)

Strocka 2011   V. M. Strocka, Aeneas und Laokoon auf einem Mosaikemblem aus Frascati, JdI 126, 2011, 221–251

Stroszeck 1998   J. Stroszeck, Löwen-Sarkophage. Sarkophage mit Löwenköpfen, schreitenden Löwen und Löwen-Kampfgruppen 1. Die dekorativen römischen Sarkophage, ASR VI 1 (Berlin 1998)

Studer-Karlen 2012   M. Studer-Karlen, Verstorbenendarstellungen auf frühchristlichen Sarkophagen, Bibliothèque de l'Antiquité Tardive 21 (Turnhout 2012)

Stutzinger 1983   M. Stutzinger, in: Spätantike und frühes Christentum. Ausstellungskatalog Frankfurt (Frankfurt 1983) 417 f. Nr. 35

von Sydow 1977   W. von Sydow, Eine Grabrotunde an der Via Appia Antica, JdI 92, 1977, 241–321

Taccalite 2009   F. Taccalite, I colombari sotto la Basilica di San Sebastiano fuori le mura (Rom 2009)

Taglietti 1990   F. Taglietti, Il lato ovest. Le tombe non architettoniche: i tipi di sepolture, in: Angelucci u. a. 1990, 75–87

Taglietti 2001   F. Taglietti, Ancora su incinerazione e inumazione. La necropolis dell'Isola Sacra, in: Fasold u. a. 2001, 149–158

Taglietti 2020   F. Taglietti, Rappresentazione del lavoro in un mattone scolpito dalla necropoli di Porto all'Isola Sacra, ArchCl 71, 2020, 329–362

Tantimonaco 2013   S. Tantimonaco, La formula Dis Manibus nelle iscrizioni della Regio X, in: F. Fontana (Hrsg.), Sacrum facere. Atti del I Seminario di Archeologia del Sacro Trieste 17–18 febbraio 2012 (Triest 2013) 261–275

Thür 2014   G. Thür, Der Tote im Leben. Das Leben im Tode. Einführung in den Band, in: G. Thür (Hrsg.), Grabrituale. Tod und Jenseits in Frühgeschichte und Altertum. Akten der 3. Tagung des Zentrums Archäologie und Altertumswissenschaften an der Österreichischen Akademie der Wissenschaften, 21.–22. März, Denkschr-Wien 467 (Wien 2014) 9–11

Tolotti 1984   F. Tolotti, Sguardo d'insieme al monumento sotto S. Sebastiano e nuovo tentativo di interpretarlo, RACr 60, 1984, 123–161

Tomei 2001   LTUR I Suburbium (2001) 37–39 s. v. Agrippinae Horti (M. A. Tomei)

Tortorella 2010   St. Tortorella, Mausolei imperiali tardo-antichi. Le decorazioni pittoriche e musive delle cupole, in: M. Valenti (Hrsg.), Monumenta. I mausolei romani, tra commemorazione funebre e propaganda celebrative. Atti del convegno di studi, Monte Porzio Catone, 25 ottobre 2008, Tusculana 3 (Rom 2010) 131–146

Toynbee 1971   J. M. C. Toynbee, Death and Burial in the Ancient Roman World (London 1971)

Toynbee – Ward Perkins 1956   J. Toynbee – J. Ward Perkins, The Shrine of St. Peter and the Vatican Excavations (London 1956)

Townend 1958   G. Townend, The Circus of Nero and the Vatican Excavations, AJA 62, 1958, 216–218

Turcan 1961   R. Turcan, L'oeuf orphique et les quatre éléments, RHistRel 160, 1, 1961, 11–23

Turcan 1966   R. Turcan, Les sarcophages romains à représentations dionysiaques. Essai de chronologie et d'histoire religieuse (Paris 1966)

Vaccaro Mellucco 1963/1964   A. Vaccaro Mellucco, Sarcofagi romani di caccia al leone, Studi Miscellanei 11, 1963/1964, 7–60

Vaglieri 1907   D. Vaglieri, Roma. Nuove scoperte nella città e nel suburbio, NSc 4, 1907, 5–17

Valenti 2010   M. Valenti, Tusculana monumenta. Problemi di distribuzione topografica, tipologica architettonica e pertinenza sociale, in: M. Valenti (Hrsg.), Monumenta. I mausolei romani, tra commemorazione funebre e propaganda celebrative. Atti del convegno di studi, Monte Porzio Catone, 25 ottobre 2008, Tusculana 3 (Rom 2010) 107–120

Van Andringa 2018   W. Van Andringa, Le monument et la tombe. Deux façons de mourir à l'époque romaine (Alexandria 2018), in: M.-D. Nenna – S. Huber – W. Van Andringa (Hrsg.), Constituer la tombe, honorer les défunts en Méditerranée antique, Études alexandrines 4 (Alexandria 2018) 381–402

Van Andringa 2021   W. Van Andringa, Archéologie du geste: rites et pratiques à Pompéi (Parigi 2021)

Van Andringa u. a. 2013   W. Van Andringa – H. Duday – S. Lepetz – D. Joly – M. Tuffreau-Libre – T. Lind, Mourir à Pompéi. Fouille d'un quartier funéraire de la nécropole romaine de Porta Nocera (2003–2007), CEFR 468 (Rom 2013)

Van Andringa u. a. 2018   W. Van Andringa – T. Creissen – H. Duday, La necropoli romana di Porta Nocera a Pompei. Campagna 2017, Fasti Online. Documents & Research <www.fastionline.org/docs/FOLDER-it-2017-384.pdf> (13.10.2022)

Verrando 1995   G. N. Verrando, Topografia viaria e sepolcrale del tratto suburbano delle due Vie Aurelie, ArchStorRom 118, 1995, 5–46

Verzár Bass 1998   M. Verzár Bass, A proposito dei mausolei negli horti e nelle villae, in: M. Cima – E. La Rocca (Hrsg.), Horti romani. Atti del convegno internazionale, Roma, 4–6 maggio 1995, BCom Suppl. 6 (Rom 1998) 401–424

Visconti – Vespigniani 1881   C. L. Visconti – V. Vespigniani, Delle scoperte avvenute per la demolizione delle torri della Porta Flaminia, BCom 9, 1881, 174–188

Vismara 2015   C. Vismara, Dalla cremazione all'inumazione (?), ArchCl 66, 2015, 595–613

Vollmer 2019   C. Vollmer, Von Elagabals solarem Grabtempel zum Mausoleum Konstantins? Zu Datierung und Funktion der St.-Andrea-Rotunde an der Südseite von Alt-St. Peter, JdI 134, 2019, 311–350

Volpe 1999   LTUR IV (Rom 1999) 275 s. v. Sepulcrum: Arruntii (R. Volpe)

Volpe – Rossi 2012   R. Volpe – F. M. Rossi, Nuovi dati sull'esedra sud-ovest delle terme di Traiano sul colle oppio. Percorsi, iscrizioni dipinte e tempi di costruzione, in: St. Camporeale – H. Dessales – A. Pizzo (Hrsg.), Arqueología de la construcción III. Los procesos constructivos en el mundo romano: la economía de las obras, École Normale Supérieure, Paris, 10–11 de dieciembre de 2009 (Madrid 2012) 69–81

Wadsworth 1924   E. Wadsworth, Stucco Reliefs of the First and Second Centuries Still Extant in Rome, MemAmAc 4, 1924, 1–102

Ward Perkins 1992   J. B. Ward-Perkins, The Trade in Sarcophagi, in: H. Dodge – J. B. Ward-Perkins, Marble in Antiquity. Collected Papers of J. B. Ward Perkins, Archaeological Monographs of the British School at Rome (London 1992) 31–37

Waurick 1973   G. Waurick, Untersuchungen zur Lage der römischen Kaisergräber in der Zeit von Augustus bis Constantin, JbRGZM 20, 1973, 107–146

Weaver 1972   P. Weaver, Familia Caesaris. A Social Study of the Emperor's. Freedmen and Slaves (Cambridge 1972)

Weber 2011   W. Weber, Die Suche nach dem Petrusgrab. Zu den archäologischen Untersuchungen im Bereich der Confessio von St. Peter, in: St. Heid (Hrsg.), Petrus und Paulus in Rom: eine interdisziplinäre Debatte (Freiburg 2011) 67–113

Wegner 1966   M. Wegner, Die Musensarkophage, ASR V 3 (Berlin 1966)

Wesch-Klein 1993 G. Wesch-Klein, Funus publicum. Eine Studie zur öffentlichen Beisetzung und Gewährung von Ehrengräbern in Rom und den Westprovinzen, Heidelberger althistorische Beiträge und epigraphische Studien 14 (Stuttgart 1993)

West 1983 M. L. West, The Orphic Poems (Oxford 1983)

Wiegartz 1974 H. Wiegartz, Marmorhandel, Sarkophagherstellung und die Lokalisierung der kleinasiatischen Säulensarkophage, in: Mansel'e armağan. Mélanges A. M. Mansel (Ankara 1974) 345–383

Wilpert 1929. 1932. 1936 J. Wilpert, I sarcofagi cristiani antichi I (Rom 1929). II (Rom 1932) III (Rom 1936)

Wolf 1977 U. Wolf, Die Nekropole »In Vaticano ad Circum« (Rom 1977)

Wolski – Berciu 1973 W. Wolski – I. Berciu, Contribution au problème des tombes Romaines à dispositive pour les libations funéraires, Latomus 32, 1973, 370–379

Wrede 1971 H. Wrede, Das Mausoleum der Claudia Semne und die bürgerliche Plastik der Kaiserzeit, RM 78, 1971, 125–166

Wrede 1977 H. Wrede, Stadtrömische Monumente, Urnen und Sarkophage des Klinentypus in den beiden ersten Jahrhunderten n. Chr., AA 1977, 395–431

Wrede 1981 H. Wrede, Consecratio in formam deorum. Vergöttlichte Privatpersonen in der römischen Kaiserzeit (Mainz 1981)

Wrede 1981 H. Wrede, Klinenprobleme, AA 1981, 86–131

Zadoks-Josephus Jitta 1962 A. N. Zadoks-Josephus Jitta, Dionysos in Amber, BABesch 37, 1962, 61–66

Zander 2007 P. Zander, La necropoli sotto la basilica di San Pietro in Vaticano (Rom 2007)

Zander 2012/2013 P. Zander, La necropoli di San Pietro in Vaticano alla luce degli ultimi restauri, RendPontAc 85, 2012/2013, 203–244

Zander 2014 P. Zander, La necropoli di San Pietro. Arte e fede nei sotterranei della Basilica Vaticana (Rom 2014)

Zander 2016/2017 P. Zander, Il restauro della tomba »degli Aelii« nella necropoli di San Pietro alla luce dei recenti restauri, RendPontAc 89, 2016/2017, 649–687

Zanker 2000 P. Zanker, Die mythologischen Sarkophagreliefs und ihre Betrachter, SBMünchen 2 (München 2000) 1–47

Zanker 2002 P. Zanker, Discorsi presso la tomba. Le immagini dei sarcophagi mitologici. Un linguagio al superlative, in: D. Vaquerizo (Hrsg.), Espacio y usos funerarios en el Occidente romano. Actas del Congreso Internacional celebrado en la Facultad de Filosofía y Letras de la Universidad de Córdoba, 5–9 de junio, 2001 (Córdoba 2002) 51–65

Zanker 2004 P. Zanker, Die Apotheose der römischen Kaiser. Ritual und städtische Bühne (München 2004)

Zanker 2019 P. Zanker, Putting the Deceased in the Picture. ›Pictorial Devices‹ as Visual Cues, in: Chr. H. Hallett (Hrsg.), Flesheaters. International Symposium on Roman Sarcophagi. University of California at Berkeley 18–19 September 2009, SarkSt 11 (Wiesbaden 2019) 9–26

Zanker – Ewald 2004 P. Zanker – B. Ch. Ewald, Mit Mythen leben. Die Bilderwelt der römischen Sarkophage (München 2004)

Zevi 1982 F. Zevi, Urbanistica di Pompei, in: La regione sotterrata dal Vesuvio. Studi e prospettive. Atti del Convegno internazionale 11–15 novembre 1979 (Neapel 1982) 353–365

Zevi 2003 F. Zevi, Pompei, prima e dopo l'eruzione, in: M. V. Fontana – B. Genito (Hrsg.), Studi in onore di Umberto Scerrato per il suo settantacinquesimo compleanno (Neapel 2003) 851–866

Ziehen 1898 J. Ziehen, Archäologische Bemerkungen zur lateinischen Anthologie. Festschrift für Otto Benndorf (Wien 1898) 49–58

Zimmer 1982 G. Zimmer, Römische Berufsdarstellungen, AF 12 (Berlin 1982)

Zimmermann 2012 N. Zimmermann, Zur Deutung spätantiker Mahlszenen. Totenmahl im Bild, in: G. Danek – I. Hellerschmid (Hrsg.), Rituale – Identitätsstiftende Handlungskomplexe. 2. Tagung des Zentrums Archäologie und Altertumswissenschaften an der Österreichischen Akademie der Wissenschaften 2.–3. November 2009, DenkschrWien 437 (Wien 2012) 171–185

Zimmermann 2007 N. Zimmermann, Verstorbene im Bild. Zur Intention römischer Katakombenmalerei, JbAC 50, 2007, 154–179